박상민
JUSTICE
범죄학

20회분
핵지총 + 모의고사

박상민 편저

미래인재경찰학원

박영사

머리말

이 책의 특징은 다음과 같습니다.

1. 효율적인 학습이 가능하도록 시험에 빈출 가능한 예상지문과 꼭 숙지해야 할 핵심
지문을 정리하여 단권화하였습니다.

2. 경위 채용시험과 순경 채용시험 모두에 적합하도록 회당 20문제를 범죄학 일반이
론 문제(10%), 범죄유형론 문제(10%), 범죄원인론 문제(50%), 범죄대책론 문제
(30%)로 나누어 수록하였고, 경위 채용시험 준비생은 한번에 2회분 단위로 학습하
여 10회분, 순경 채용시험 준비생은 20회분이 되도록 구성하였습니다.

3. 기본서 및 단원별 객관식문제집과 연계하면 고득점이 가능하도록 편집하였고, 상세
한 해설을 통해 불필요하게 기본서를 찾는 일이 없도록 하였습니다.

마지막으로 최종 마무리는 본 교재의 핵심지문과 연계교재인 적중지문 총정리로 정리
하기 바라며, 부디 이 졸저가 조금이나마 여러분들의 합격에 일조할 수 있기를 기대합
니다.

겨울, 연구실에서
박상민 드림

차례

핵심지문총정리

JUSTICE
범 · 죄 · 학

001 각각의 사회문화와 전통 등에 따라 일탈에 대한 인식이 다를 수 있다.

002 인플레이션은 생계형 범죄의 증가를 불러온다.

003 일탈행위가 모두 범죄인 것은 아니다.

004 서덜랜드와 크레시가 주장한 범죄학의 관심영역은 범죄원인의 규명, 법률의 제정과 적용과정, 법위반에 대한 통제이다.

005 범죄학은 규범학적 성격이 없다.

006 상호작용론적 관점에서 범죄의 정의는 어떠한 객관적 기준에 의한 것이 아닌 임의적인 것으로, 대체로 권력이 있는 사람들에게 유리하도록 기준을 만들고 그 기준에 의하여 범죄를 규정한다. 따라서 권력집단의 도덕적 기준에 의해 필연적인 영향을 받을 수밖에 없게 되고, 이에 따라 얼마든지 변화할 수 있다.

007 서덜랜드와 크레시의 범죄학 개념정의에 비추어 보면, 범죄학자들의 주요 관심영역에 형사법의 제정과 집행이 포함된다.

008 범죄학은 다양한 학문분야가 자신의 학문적 관점에서 독립적으로 관계하는 복수의 학제로, 때로는 이들 복수의 학제가 공동으로 관계하는 독립과학이 아닌 종합과학적 특성을 가지고 있다.

009 합의론적 관점은 법률이 사회 주류의 가치, 신념, 의견을 반영하여 제정된다고 주장한다.

010 공식범죄통계는 암수범죄가 많은 단점이 있다.

011 범죄백서는 법무연수원에서 매년 발행하는 공식범죄통계자료를 말한다.

012 일반적으로 범죄율은 인구 10만 명당 범죄발생 건수로 작성한다.

013 설문조사는 대규모의 표본에 사용하기 적합하고, 연구결과를 일반화하기 쉽다.

014 특정 범죄자를 대상으로 그들의 성격, 성장배경, 삶의 경험, 사회생활 등의 생애과정을 분석함으로써 범죄행위와 위험요인을 연구하는 방법은 사례연구이다.

015 자기보고방법은 응답의 성실성에 따라 조사결과의 신빙성이 좌우되는 문제점이 있다.

016 울프강과 동료들이 수행한 필라델피아 코호트연구의 결과에 따르면, 소수의 만성범죄자가 저지른 범죄가 전체 범죄의 대부분을 차지한다.

017 GIS(지리정보시스템), HotSpot(범죄다발지역), 범죄패턴분석과 관련된 연구방법은 범죄지도이다.

018 실험연구는 일정한 조건을 인위적으로 설정하고 그 속에서 발생하는 사실을 관찰함으로써 어떤 가설의 타당성을 검증하고 새로운 사실을 관찰하는 방법이다.

019 범죄학에서의 실험연구는, 인간을 대상으로 한 인위적인 조사 또는 관찰방법이 윤리적인 측면이나 인도적인 측면에서 바람직하지 못한 점이 많아 거의 사용할 수 없다는 단점이 있다.

020 사례연구는 질적으로 깊은 연구가 가능하다.

021 헤이건의 권력통제이론은 '계급적 위치'와 '남자와 여자에 대한 사회적 통제'의 차이에 의해 가족구조가 결정된다고 강조하였다.

022 공식범죄통계에서 범죄율은 인구변동과 관계없이 범죄발생의 일반적 경향을 알 수 있다.

023 신고율이 높은 강력범죄(살인)는 숨은 범죄의 발생비율이 높은 범죄가 아니다.

024 참여관찰방법은 체포되지 않은 범죄자들의 일상을 관찰할 수 있는 장점을 지닌 연구방법이다.

025 월킨스는 특정 사회에서 일어나는 다양한 행위의 발생빈도에 초점을 맞추어 발생빈도가 높은 것은 정상으로, 발생빈도가 낮은 것은 일탈적인 것으로 본다. 이는 통계적 접근에 해당한다.

026 자기보고식 조사는 결측치가 문제 될 수 있다.

027 A집단과 B집단의 청소년들을 무작위로 선발하여 A집단만 교도소를 방문시켰다. 3개월 후 A집단과 B집단의 비행행동 빈도를 비교한 결과, 교도소를 방문하였던 A집단의 비행행동이 감소하였다. 이는 연구방법 중 실험연구의 한 사례이다.

028 셀린에 의하면, 모든 집단은 행위규범이라고 일컬어지는 자신의 행위기준을 가지고 있으나, 이 기준이 반드시 법으로 규정되는 것은 아니라고 주장한다. 이는 비교문화적 접근에 해당한다.

029 자기보고조사는 자신의 범죄를 스스로 보고하게 하는 것으로, 기억력의 한계 때문에 오래된 범죄를 조사하는 데에는 적합하지 않다.

030 여성의 사회적 역할이 변하고 생활양식이 남성과 비슷해지면서 여성의 범죄율도 남성의 범죄율에 근접할 것이라고 설명하는 개념은 신여성범죄자(new female criminal)이다.

031 고전주의 범죄학파는, 모든 인간은 자유의사를 가진 합리적 존재인 동시에 일탈할 잠재성을 지진 존재라고 가정하고 공리주의 의사자유론, 인도주의, 자유주의적 경향을 띤 학파로, 형법개혁운동과 감옥개량운동에 관심을 가졌다(거시론).

032 고전주의 범죄이론에서는 범죄자의 특성을 고려하지 않는 예외 없는 처벌을 중시하는 반면, 실증주의 범죄이론에서는 범죄자의 특성을 고려하여 형벌을 개별화한다.

033 실증주의 범죄학은 개별적 범죄인, 고전주의 범죄학은 형법의 특성과 형사사법의 운영에 초점을 맞추고 있다.

034 벤담은 파놉티콘 감옥을 구상하는 데에 그치고 실제로 건설하지는 못하였다.

035 고전주의 범죄이론은 미국 범죄학 사회이론 중 억제이론의 이론적 기초가 되었다.

036 페리는 범죄의 요소로서 인류학적 요소, 물리적 요소, 사회적 요소 세 가지를 열거하였고, 그중 사회적 요소가 가장 큰 요소라 하였다.

037 페리는 범죄사회학과 범죄포화법칙을 연구하였다.

038 페리의 범죄인 분류에서 상습범죄인은 개선 가능한 자와 개선 불가능한 자로 나뉜다.

039 가로팔로는 사회범죄학에 바탕을 둔 살인, 강도, 절도와 같은 자연범은 생래적인 것이므로, 어떠한 사회제도나 정책도 이들에게는 효과가 없다고 강조한다.

040 셀던이 분류한 신체유형 중 중배엽형은 손목이나 손이 크고, 몸이 마르지 않은 우람한 체형이다.

041 생물학적 범죄원인론은 행위자 개인의 기본적 특성인 소질을 강조한다.

042 폭력적 범죄와 관련이 높은 염색체는 XYY이다.

043 고다드는 지능과 범죄를 연구하였고, 쌍생아연구를 범죄생물학에 도입하여 체계화하고 그 획기적인 연구결과를 발표한 학자는 랑게이다.

044 범죄성향의 유전성을 밝히기 위해 허칭스와 매드닉이 코펜하겐에서 수행한 연구는 입양아연구이다.

045 테스토스테론 수준이 낮으면 폭력범죄 가능성도 낮고, 반대로 높으면 폭력성이 강하다.

046 각성수준이 높은 사람은 범죄행동을 할 가능성이 낮다.

047 유년기의 ADHD는 반사회적 행동의 가능성을 높인다.

048 범죄가계연구의 가장 큰 문제점은 범죄자가 이미 많이 출현한 가계를 중심으로 통계조사를 한다는 점이다.

049 크로우의 연구는 범죄자 어머니를 둔 양자와 정상적인 어머니를 둔 양자의 비교연구를 통해 어머니가 범죄자였던 양자의 범죄율이 더 높다는 것을 밝혔다.

050 허칭스와 메드닉(Hutchings & Mednick)의 입양아연구 결과 양부모와 생부모의 범죄성 상관관계는 생부와 양부 모두 범죄자 > 생부만 범죄자 > 양부만 범죄자 > 생부와 양부 모두 비범죄자 순이었다.

051 심리학적 범죄원인론에 따르면, 범죄인 교정을 위해 범인성에 대한 치료적 접근이 필요하다.

052 프로이트 정신분석학에서는, 범죄를 본능적인 충동을 갖는 '이드'와 행위에 대한 사회적 기대 및 금지를 나타내는 '슈퍼에고' 사이의 갈등을 '에고'가 적절하고 균형 있게 조절하지 못한 결과로 보며, 슈퍼에고의 과잉발달도 범죄의 원인이 될 수 있다(아이이 호른은 슈퍼에고의 미발달로 본다).

053 프로이트의 방어기제 중에서 직접적인 대상이 아닌 다른 약한 사람이나 짐승에게 화풀이하는 것을 전위라고 한다.

054 범죄자의 방어기제 중에서 외적인 상황이 감당하기 어려울 때 일단 그 상황을 거부하여 심리적인 상처를 줄이고, 보다 효율적으로 대처하는 것을 부정이라고 한다.

055 방어기제 중에서 불쾌한 경험이나 받아들여지기 어려운 욕구, 반사회적인 충동 등을 무의식 속으로 몰아넣거나 생각하지 않도록 억누르는 것을 억압이라고 한다.

056 슈나이더는 정신병질을 10가지로 구별하였는데, 이는 발양성, 우울성, 의지박약성, 무정성(정신박약성), 폭발성, 기분이변성, 자기현시욕성(허영성), 자신결핍성(자기불확실성), 열광성, 무력성 정신병질자이다.

057 로렌츠와 위그는 언어로써 자신의 분함을 타인에게 돌리는 것을 외벌형, 자신에게 원인을 돌리고 스스로 비난하여 상처받는 것을 내벌형이라고 하였다.

058 헨리와 쇼트는 좌절로부터 나온 결과가 자신을 죽이도록 공격하는 것은 자살이고, 타인을 죽이도록 공격하는 것은 살인이라고 하였다.

059 헨리와 쇼트는 자살과 살인은 모두 공격적인 행위이고, 좌절로부터 나온다고 주장하였다.

060 아이젠크는 정신이상, 외향성, 신경성의 성격차원을 제시하였다.

061 레윈은 접근 대 접근 갈등, 기피 대 기피 갈등, 접근 대 기피 갈등으로 갈등을 구분하였다.

062 초요인(골드버그의 성격 5요인)을 밝히려는 시도에서 나타난 이론인 성격 5요인 모델은 그 요인을 외향성, 우호성, 성실성, 신경성, 개방성으로 분류한다.

063 자극의 강도와 그것에 대한 행동적 반응이 일치하지 않는 것은 반사회적 인성의 특성이다.

064 인지이론과 관련이 가장 적은 것은 행동학습이다.

065 행동학습은 학습을 경험이나 관찰의 결과로, 유기체에서 일어나는 비교적 영속적인 행동의 변화 또는 행동잠재력의 변화라고 정의한다.

066 고다드의 범죄자 정신박약설은 정신박약과 범죄 사이에 관계가 있음을 확인하기 위해 수형자들의 지능을 측정한 결과, 수형자의 대부분이 저지능이라는 사실을 강조하였다.

067 습관화는 어떠한 자극에 반복적으로 노출되어서 친숙하게 되면 그 자극에 반응하는 경향성이 감소하는 현상이다.

068 인지발달단계에서 추상적인 문제의 해결이 가능해지는 시기는 형식적 조작기이다.

069 콜버그의 도덕발달이론에서 도덕발달단계는 전인습적 도덕성이 1수준, 인습적 도덕성이 2수준, 후인습적 도덕성이 3수준이다.

070 콜버그는 피아제의 인지발달이론에 따라, 도덕적 단계를 1단계인 타율적 도덕단계, 2단계인 개인주의단계, 3단계인 대인 간 기대단계, 4단계인 사회시스템 도덕단계, 5단계인 개인의 권리 및 사회적 계약단계, 6단계인 보편적 윤리원칙단계로 세분하였는데, 이 중 범죄인들은 도덕적 추론이 가장 낮은 단계인 1단계와 2단계에서 도덕적 발달이 머물러 있는 경우가 많다고 한다.

071 심리학적 연구는 실증적·객관적 원인연구로서는 생물학적·사회학적 연구보다 검증이 어렵고 타당성이 낮지만, 특히 교정론이나 범죄예측 분야에서 그 활용가치가 높다.

072 사이코패스에 대한 원인은 아직까지도 정확하게 파악하지 못하고 있다.

073 행동 및 학습이론은 다른 심리학적 이론과 달리, 초기 아동기의 무의식적 영향이나 인지발달보다 일상생활에서 일어나는 실제행위를 중시한다. 이 이론에 의하면, 범죄는 비정상적이거나 도덕적으로 미성숙한 반응의 표현이 아니고, 일상적으로 그렇게 반응하도록 학습된 내용의 표출에 지나지 않는다고 한다. 또한 행동의 동기요인을 중시하는데, 이는 주로 재강화와 보상으로 설명된다. 따라서 이 이론은 처벌과 보상을 통한 범죄자의 행동수정요법에 응용되고 있다.

074 사회학습이론(Social Learning Theory)은 스키너의 행동주의를 반두라가 비판적으로 계승 · 발전시킨 이론이다.

075 아들러는 인간의 심층심리에 작용하는 원동력은 프로이트가 말하는 성욕이 아닌 '권력에 대한 의지'라고 보았다. 그는 목적론적 입장에서 자기 신체기관의 열등성에서 유래하는 열등감과 그것을 보상하려는 '권력에 대한 의지'를 중시하였고, 신경증이나 범죄의 원인으로 자아의 욕구나 성격경향을 지목하였으며, 사람은 거의 실현 불가능한 목표를 추구하는 과정에서 신경증적이고 범죄적으로 된다고 보았다.

[미시이론과 거시이론 비교]

미시적 이론	거시적 이론

• 학습이론
  – 차별적 접촉이론(서덜랜드)
  – 차별적 동일화이론(글래이저)
  – 차별적 강화이론(버제스, 에이커스)
• 통제이론
  – 개인 및 사회통제이론(라이스, 나이)
  – 자기관념이론(디니츠, 머레이, 레클리스)
  – 봉쇄이론(레클리스)
  – 중화기술이론(맛차, 사이크스)
  – 표류이론((맛차)
  – 사회연대이론(허쉬)
  – 동조성전념이론(브라이어, 필리아빈)
• 낙인이론(탄넨바움, 레머트, 베커, 슈어)
	• 사회해체이론(쇼, 맥케이)
	• 아노미이론(머튼)
	• 범죄적 하위문화이론
	  – 하위계층문화이론(밀러)
	  – 비행적 하위문화이론(코헨)
	  – 차별적 기회구조이론(클로워드, 오린)
	• 갈등론적 이론
	  – 보수적 갈등이론 : 문화갈등이론(셀린), 집단갈등이론(볼드), 범죄화론(터크)
	  – 급진적 갈등이론(봉거, 퀴니, 스피처 등)

076 쇼(Shaw)와 맥케이(Mckay)는 미국 시카고시의 범죄발생률을 조사하면서 이 지역에 거주하는 주민의 인종, 국적과 그 지역의 특성이 범죄발생과 관련성이 없다고 보았다.

077 사회해체이론은 비행이 사회해체에 기인하므로, 비행예방을 위해서는 개별비행자의 처우보다 도시생활환경에 영향을 미치는 사회의 조직화가 필요하다고 한다.

078 인구이동이 많은 지역에서 흔히 볼 수 있는 주민이동과 주민이질성은 사회해체의 원인이된다.

079 버식(Bursik)과 웹(Webb)은 사회해체지역에서는 공식적인 행동지배규범이 결핍되어 있기 때문에 비공식적 감시와 지역주민에 의한 직접적인 통제가 축소된다고 주장하였다.

080 사회해체이론은 주로 경찰이나 법원의 공식기록에 의존하였으므로, 그 연구결과의 정확성을 신뢰하기 어렵다(암수범죄).

081 머튼(Merton)은 아노미의 발생원인을 문화적 목표와 제도화된 수단 간의 괴리에서 찾았다.

082 머튼의 아노미이론은 어느 사회든지 문화적 목표나 가치에 대해서는 사람들 간에 기본적인 합의가 이루어져 있다는 가치공유설을 전제로 한다.

083 머튼은 아노미상황에서의 개인의 적응방식을 동조형(conformity), 혁신형(innovation), 의례형(ritualism), 도피형(retreatism), 반역형(rebellion)으로 구분하였고, 혁신형(Innovation)의 범죄가능성이 제일 크다고 보았다.

084 머튼의 긴장이론은 하층계급에 한하여 경험할 수 있는 긴장을 범죄의 주요 원인으로 제시하였고, 에그뉴의 일반긴장이론은 모든 계층을 그 대상으로 하였다.

085 밀러는 비행하위문화의 특징으로 사고치기(trouble), 강인함(toughness), 기만성(smartness), 흥분추구(excitement), 운명주의(fatalism), 자율성(autonomy) 등을 들었다.

086 코헨(Albert Cohen)은 사회의 중심문화와 빈곤계층 출신 소년들의 익숙한 생활 사이에서 긴장이나 갈등이 발생하며, 이러한 긴장관계를 해결하려는 시도로부터 비행적 하위문화가 형성된다고 보았고, 그 특징으로 비공리성, 악의성, 부정성(否定性) 등을 들었다.

087 밀러(Miller)나 코헨(Cohen)의 하위문화이론으로는 중산층 출신 청소년의 범죄를 설명하기 곤란하다.

088 차별적 기회구조이론은 합법적 수단을 사용할 수 없는 사람들은 곧바로 불법적 수단을 사용할 것이라는 머튼(Merton)의 가정에 동의하지 않는다.

089 클로워드(Cloward)와 올린(Ohlin)은 하류계층의 문화를 범죄적 하위문화, 갈등적 하위문화, 도피적 하위문화로 분류하였고, 범죄적 하위문화는 청소년범죄자에게 성공적인 역할모형이 될 수 있는 조직화된 성인범죄자들의 활동이 존재하는 지역에서 나타난다고 하였다.

090 클로워드(Cloward)와 올린(Ohlin)의 차별적 기회구조이론에 의하면, 성인들의 범죄가 조직화되지 않아 청소년들이 비합법적 수단에 접근할 수 없는 지역에서는 갈등적 하위문화가 형성되는데, 범죄기술을 전수받을 기회가 없기 때문에 이 지역의 청소년들은 범죄적 하위문화에서 나타나는 비폭력적 범죄나 절도와 같은 재산범죄가 아닌, 과시적인 폭력과 무분별한 갱전쟁을 주로 저지른다.

091 서덜랜드(Sutherland)는, 범죄자는 원래부터 정상인과 다르기 때문에 범죄를 저지르는 것이 아니라, 타인들과 접촉하는 과정에서 범죄행위를 학습하기 때문에 범죄를 저지른다고 보았다.

092 서덜랜드는 범죄행위의 학습에 있어서 대중매체의 영향을 중시하지 않았다.

093 서덜랜드(Sutherland)의 차별적 접촉이론에 의하면, 범죄행위를 학습할 때에 학습되는 내용은 범죄기술, 범죄행위에 유리한 동기, 충동, 합리화방법, 태도 등이다.

094 서덜랜드(Sutherland)에 따르면, 범죄자와 비범죄자의 차이는 학습과정의 차이가 아닌 접촉유형의 차이에서 발생한다.

095 글레이저(D. Glaser)의 차별적 동일화이론(differentaal identification theory)은 공간적으로 멀리 떨어져 있는 준거집단도 학습대상으로 고려했다는 점에서 차별적 접촉이론과 차이가 있다.

096 버제스(Burgess)와 에이커스(Akers)에 따르면, 범죄행위를 학습하는 원인은 과거에 이러한 행위를 하였을 때에 주위로부터 칭찬, 인정, 더 나은 대우를 받는 등의 보상이 있었기 때문이다.

097 나이(Nye)는 사회통제방법을 직접통제, 간접통제, 내부통제로 나누고, 소년비행 예방에 가장 효율적인 방법은 비공식적 간접통제라고 보았다.

098 통제이론은, 인간은 본질적으로 범죄성을 지니고 있기 때문에 그대로 두면 누구든지 범죄를 저지를 것이라는 가정에서 출발한다.

099 레클리스의 자아관념이론에 따르면, 비행다발지역의 청소년들 중에서 다수가 비행에 가담하지 않는 것은, 자신에 대한 좋은 이미지를 통해 비행의 유혹이나 압력을 단절시키기 때문이다.

100 레클리스(Reckless)는 봉쇄이론(containment theory)을 주장하면서 범죄나 비행으로 이끄는 힘을 압력요인, 유인요인, 배출요인으로 나누었다.

101 맛차와 사이크스에 따르면, 비행소년이라도 대부분의 경우에는 다른 사람들과 마찬가지로 일상적이고 준법적인 행위를 하며, 특별한 경우에 한하여 위법적인 행위에 빠져들게 된다.

102 사이크스(Sykes)와 맛차(Matza)의 중화기술(techniques of neutralization)이론에 의하면, 중화기술의 유형에는 책임의 부정, 가해의 부정, 피해자의 부정, 비난자에 대한 비난, 고도의 충성심에 대한 호소 등 5가지가 있다.

103 허쉬의 사회통제이론은 개인이 일상적인 사회와 맺고 있는 유대가 범죄발생을 통제하는 기능을 한다고 보고, 개인과 사회 간의 애착(attachment), 전념(commitment), 참여(involvement), 신념(belief)의 네 가지 관계를 중요시한다.

104 낙인이론은 범죄행위 자체보다 범죄행위에 대한 형사사법기관의 반작용에 관심을 둔다.

105 낙인이론은 형사입법자나 법집행종사자들의 가치관과 행동양식 등을 그 연구대상으로 한다.

106 낙인이론에 의하면, 범죄현실은 범죄행위의 구조와 범죄자의 선별로써 결정되고, 그 결정은 사회적 강자가 내린다.

107 레머트는 행위자의 정체성과 그의 사회적 역할수행에 영향을 미치는 이차적 일탈에 관심을 보였다.

108 슈어(Schur)에 따르면, 이차적 일탈로의 발전은 레머트(Lemert)의 주장처럼 정형화된 발전단계를 거치는 것이 아니라, 그 사람이 사회적 낙인에 어떻게 반응하는지에 따라 그 낙인이 자아정체성에 영향을 미칠 수도 있고, 미치지 않을 수도 있다고 한다.

109 슈어(E. Schur)는 사회적 낙인보다 스스로 일탈자라고 규정함으로써 2차적 일탈에 이르는 경우도 있다는 점을 강조한다.

110 갈등이론에 의하면, 형사사법절차에서는 빈부나 사회적 지위에 따라 불평등하게 법이 집행된다.

111 볼드의 집단갈등이론에서 범죄란, 집단 사이에 갈등이 일어나고 있는 상황에서 자신들의 이익과 목적을 제대로 방어하지 못한 집단의 구성원들이 자기의 이익을 추구하기 위해 표출하는 행위이다.

112 터크의 범죄화론에 따르면, 피지배집단의 힘이 약하면 법집행은 강화된다.

113 봉거(Bonger)는 범죄발생의 원인을 계급갈등과 경제적 불평등으로 보고, 근본적인 범죄대책은 사회주의사회의 달성이라고 하였다.

114 퀴니는 피지배집단(노동자계급)의 범죄를 적응(accommodation)범죄와 대항(resistance)범죄로 구분하였다.

115 발전이론에는 샘슨과 라웁의 연령-등급이론, 모피트의 이원적 경로이론, 손베리의 상호작용이론이 있다.

116 손베리의 상호작용이론은 청소년 초기에는 가족의 애착이 중요하나, 중기에는 가족의 영향력이 친구, 학교, 청소년문화로 대체된다고 강조하였다.

117 손베리는 성인기에는 관습적 사회와 가족 내 자신의 위치에 따라 애착이 형성된다고 주장하였다.

118 인생항로이론에 따르면, 일생 동안 여러 가지 경험, 사건, 환경 등에 의해 범죄성 또한 변한다.

119 샘슨과 라웁은 청소년비행의 원인을 약화된 사회유대 때문이라고 본다. 따라서 비행청소년이 어떠한 계기로 사회와의 유대가 회복되거나 강화될 경우, 더 이상 비행을 저지르지 않고 비행을 중단하며 사회유대 혹은 사회자본을 형성하게 된다고 한다.

120 샘슨과 라웁의 인생항로이론에서는 생애에 걸쳐 발생하는 전환기적 사건들의 영향을 중요하게 다룬다.

121 법무연수원에서 발간한 범죄백서의 분류기준에 의하면, 강력범죄란 살인, 강도, 강간, 방화범죄를 일컫는다.

122 연쇄살인은 충동에 의한 살인이 아닌 철저한 계획하에 행해진다.

123 긴 기간 동안 심리적 냉각기를 거치며 다수의 장소에서 4인 이상 살해하는 것은 연쇄살인에 해당한다.

124 한 사건에서 1명 또는 여러 명의 가해자에게 4명 이상이 살해당하고, 같은 시간에 같은 장소에서 여러 명을 살해하는 것은 대량살인에 해당한다.

125 2급살인은 사람을 죽일 의도가 있는 경우, 생명이 위험할 수 있다는 것을 알면서 그 행동을 하는 경우 등에 살인을 저지른 것이다.

126 개인적 살인은 주로 치정, 원한, 금품, 갈취 등의 동기로 범행을 저지르고, 보통 가해자와 피해자가 서로 아는 사이인 경우가 많다.

127 헤어(Hare)가 주장한 '사이코패스 진단척도'는 'PCL-R'이다.

128 그로스가 분류한 강간유형 중 피해자를 힘으로 자신의 통제하에 놓고 싶어 하는 유형은 지배 강간이다.

129 전문절도범은 계획적이며 용의주도한 것이 특징이다.

130 강도범죄는 주로 농어촌지역보다 도시지역에서 많이 발생한다.

131 「가정폭력범죄의 처벌 등에 관한 특례법」상 별거 중인 배우자, 동거하는 계모, 동거하는 사촌, 동거하지 않는 부친은 가정구성원에 해당된다.

132 은행처럼 꾸민 가짜 웹사이트를 개설하고 개인정보를 입력하도록 유도하여 금융사기를 일으키는 신종범죄는 피싱이다.

133 경찰청은 사이버범죄를 '정보통신망 침해 범죄', '정보통신망 이용 범죄', '불법콘텐츠 범죄'로 구분한다.

134 조직범죄의 일반적인 특성으로는 비이념성, 위계성, 자격의 엄격성, 영속성, 불법적 수단의 사용, 활동의 전문성과 분업성 그리고 조직에 대한 충성심 등이 있다.

135 조직범죄는 오로지 돈과 권력을 목적으로 하는 비이념성을 지니므로 정치적 이데올로기를 지향하지 않는다.

136 화이트칼라범죄는 부유한 사람과 권력 있는 사람들의 범죄활동을 기술하기 위해 서덜랜드가 처음 사용한 용어이다.

137 마약류 중 프로포폴(propofol)은 향정신성의약품에 속한다.

138 엑스터시는 암페타민류의 유기화합물로, 환각을 일으키는 향정신성의약품이다.

139 황금의 초승달지역은 아프가니스탄, 파키스탄, 이란 3국의 접경지역이다.

140 지위비행은 성인이 하면 범죄에 해당하지 않지만, 청소년이 하면 범죄가 성립하는 것을 말한다.

141 청소년비행은 개인화보다 집단화되는 경향이 있다.

142 학부모의 형사처벌은 학교폭력예방 및 대책에 관한 법률에 규정된 주요내용이 아니다.

143 학교 내에서 학생이 교사를 폭행하는 행위는 학교폭력에 속하지 않는다.

144 화이트칼라범죄는 하류계층보다 사회적 지위가 높고 비교적 존경받는 사람들이 자신의 직업수행과정에서 행하는 직업적 범죄이다.

145 화이트칼라범죄는 일반인들의 피해감정이 희박하다는 것이 특징이다.

146 공무원의 성범죄행위는 그 직무상의 권한과 범죄행위 간의 직접적인 관련성을 찾기 어렵고, 또한 직업활동의 과정에서 저지른 범죄라고 볼 만한 근거도 없으므로, 화이트칼라범죄에 해당된다고 할 수 없다.

147 화이트칼라범죄의 전문직업범적 성격은 다른 범죄와 구별되는 특징이다.

148 피해자의 인종, 종교, 성적 취향, 민족, 장애 등에 대한 편견과 반감을 가지고 상대방을 공격하는 범죄를 증오범죄라고 한다.

149 헤어진 연인에 대한 복수의 목적으로 사귈 당시 촬영한 성적인 영상이나 사진을 유포하는 것을 리벤지포르노라고 한다.

150 전자장치 부착명령의 대상행위는 성폭력범죄, 미성년자 대상 유괴범죄, 살인범죄, 강도범죄다.

151 제프리의 범죄예방모델 중 교정시설의 개선은 사회복귀모델의 예이다.

152 1차적 예방은 물리적·사회적 환경 중에서 범죄원인이 되는 조건들을 개선시키는 데 초점을 두며, 일반대중을 그 대상으로 한다.

153 환경은 상업지역과 분리된 안전한 지역에 거주지를 건설해야 한다는 뉴먼(Newman)의 주장과 관련이 깊다.

154 CCTV 설치에 대한 비판으로 사생활 침해, 범죄의 전이, 고비용 등이 있다.

155 상황적 범죄예방프로그램에는 재물표시, 목표물 강화, 목표물 제거 등이 있다.

156 상황적 범죄예방이론이나 방어공간이론은 범죄자의 범죄실행을 어렵게 하기 위한 환경을 조성하거나, 거주자가 그 공간을 통제할 수 있도록 주거환경에 실제적·상징적 방어물이나 감시기회 등을 확대시켜 범죄가 발생하기 어렵게 만든다는 이론이다.

157 깨진유리창이론은 깨진 유리창을 방치해 두면 그 지점을 중심으로 슬럼화가 진행된다는 이론으로, 사소한 무질서에 대한 무관용을 의미한다.

158 레페토는 범죄의 전이를 영역적 전이, 시간적 전이, 전술적 전이, 목표의 전이, 기능적 전이 등으로 분류하였다.

159 특정한 지역에서 이웃감시프로그램을 시작하자 절도범들이 인근의 다른 지역으로 이동하여 절도범죄를 저지르는 현상은, 범죄전이의 유형 중 영역적 전이이다.

160 일상활동이론으로 실업률, 경제적 불평등, 인종차별 등 범인성을 증대시키는 구조적 조건이 저하됨에도 불구하고 범죄율이 지속적으로 증가하고 있는 이유를 설명할 수 있다.

161 비공식적 사회통제의 강화를 중시하고, 지역사회의 구성원들이 적극적으로 참여하는 것이 범죄문제 해결의 열쇠라고 주장하는 이론은 집합효율성이론이다.

162 회복적 사법프로그램들의 주요 유형으로는 피해자-가해자 조정프로그램, 가족집단회합, 양형써클 등이 있다.

163 통계적 범죄예측방법은 범죄자의 특성을 계량화하는 방법이다.

164 수사단계의 예측은 선도조건부 기소유예와 같은 처분의 결정 시 소년에 대한 잠재적 비행성을 판단하는 데 유용하다.

165 전환이론, 즉 다이버전은 형사사법의 탈제도화라는 의미에서 낙인이론의 산물이라고 할 수 있다.

166 범죄피해자가 형사사법절차를 통해 받을 수 있는 피해자화는 제2차 피해자화이다.

167 피해자와 가해자 또는 지역사회 등 범죄사건 관련자들이 사건의 해결과정에 능동적으로 참여하여 피해자 또는 지역사회의 손실을 복구하고, 관련 당사자들의 재통합을 추구하는 일체의 범죄대응방식은 회복적 사법이다.

168 샘슨의 집합효율성이론은 지역사회 구성원들의 끈끈한 유대강화로 범죄 등 사회문제에 공동의 주의를 기울인다면 범죄를 예방할 수 있다고 주장하는 이론이다.

169 재범방지대책으로 형벌 및 보안처분, 전문기술응용 개선법, 사회여건 개선법, 집단관계 개선법 등이 있다.

170 범죄예측의 전제조건으로 거론되는 것은 신뢰성(객관성), 타당성, 단순성, 경제성(효율성) 등이다.

171 임상적 예측방법은 조사자의 주관이 개입이 될 여지가 있어 객관성에 한계가 있다.

172 통계적 범죄예측방법(점수법)은 범죄자의 특성을 계량화(수량화)하여 그 점수의 많고 적음에 따라 장래의 범죄행동을 예측하는 방법을 말한다.

173 글룩(Glueck) 부부는 주요 예측요인을 선정하고 그 점수를 합산하는 가중실점방식을 이용하였는데, 이 조기비행예측표는 예측률이 높아 청소년범죄에 많이 쓰인다.

174 엘렌베르거는 피해자의 유형을 잠재적 피해자와 일반적 피해자로 나누었다.

175 코헨과 펠슨의 일상활동이론은 범죄발생의 세 가지 필수요건으로서 적절한 표적, 보호의 부재, 동기화된 범죄자를 제시하였는데, 특정 범죄피해가 발생하기 위해서는 이 세 가지 요소가 모두 일정한 시간과 공간에서 수렴되어야 한다고 주장하였다. 이 이론으로 실업률, 경제적 불평등, 인종차별 등 범인성을 증대시키는 구조적 조건이 저하됨에도 불구하고 범죄율이 지속적으로 증가하고 있는 이유를 설명할 수 있다.

176 범죄피해자 구조금은 유족구조금·장해구조금 및 중상해구조금으로 구분하며, 일시금으로 지급한다.

177 구조금 지급신청은 해당 구조대상 범죄피해의 발생을 안 날부터 3년이 지나거나, 해당 구조대상 범죄피해가 발생한 날부터 10년이 지나면 할 수 없다.

178 다이버전(Diversion)이란, 일반적으로는 공식적 형사절차로부터의 일탈과 동시에 사회 내 처우프로그램에 위탁하는 것으로, 형사사법의 탈제도화라는 의미에서 낙인이론의 산물이라고 할 수 있다.

179 형사사법의 공식적 통제권한에는 변함이 없으면서도, 일정한 행위양태에 대한 형사사법체계의 점진적 활동축소로써 이루어지는 '사실상의 비범죄화'도 비범죄화의 유형에 속한다.

180 다이버전(Diversion)은 심각한 범죄보다는 경미한 범죄에 더욱 유용하게 이용된다.

181 다이버전은 형사사법기관이 통상의 형사절차를 중단하고 이를 대체하는 새로운 절차로의 이행을 통해 형사제재의 최소화를 도모할 수 있다는 점에서 통상의 형사절차에 해당하는 보석이나 구속적부심과 구별된다.

182 선고유예제도는 특별예방효과의 목적달성을 위한 책임주의의 중대한 양보를 의미한다.

183 선고유예의 실효제도(형법 제61조)는 존재하나, 선고유예의 취소제도는 존재하지 않는다.

184 집행유예의 선고를 받은 후 그 선고의 실효 또는 취소됨이 없이 유예기간을 경과한 때에는 형의 선고는 효력을 잃는다.

185 집행유예기간 중 고의로 금고 이상의 형의 선고를 받아 판결이 확정된 때에만 집행유예 선고의 효력을 잃는다. 중과실로 인한 경우는 해당되지 않는다.

186 형의 선고를 받은 자는 시효의 완성으로 인하여 그 집행이 면제된다.

187 가석방의 처분을 받은 후 그 처분이 실효 또는 취소되지 아니하고 가석방기간을 경과한 때에는 형의 집행을 종료한 것으로 본다.

188 형량은 불법과 책임에 따라 결정하고, 형벌의 종류와 집행 여부는 예방을 고려하여 결정해야 한다는 이론을 양형이론 중 단계이론이라고 한다.

189 우리나라에서 설치·운영 중인 양형위원회에서 설정한 양형기준은 법관을 구속시키지 않는다.

190 판결 전 조사제도는 양형의 합리화뿐만 아니라, 재판단계 이후의 절차인 보호관찰 또는 교정단계에 있어서 범죄자처우에 필요한 자료를 제공함으로써 범죄자처우의 개별화에 기여한다.

191 부정기형은 단기자유형의 개선방안과 직접적 관련이 없다.

192 현행법은 주말구금, 휴일구금, 충격구금을 도입하지 않고 있다.

193 대통령령으로 정한 금액(500만원 이하) 범위 내의 벌금형이 확정된 벌금 미납자는 검사의 납부명령일부터 30일 이내에 주거지를 관할하는 지방검찰청(지방검찰청지청을 포함한다)의 검사에게 사회봉사를 신청할 수 있다. 다만, 검사로부터 벌금의 일부납부 또는 납부연기를 허가받은 자는 그 허가기한 내에 사회봉사를 신청할 수 있다.

194 사회봉사의 집행은 사회봉사가 허가된 날부터 6개월 이내에 마쳐야 한다. 다만, 보호관찰관은 특별한 사정이 있으면 검사의 허가를 받아 6개월의 범위에서 한 번 그 기간을 연장하여 집행할 수 있다.

195 법원은 사회봉사를 허가하는 경우 벌금 미납액에 의하여 계산된 노역장 유치기간에 상응하는 사회봉사시간을 산정하여야 한다. 다만, 산정된 사회봉사시간 중 1시간 미만은 집행하지 아니한다.

196 행위자에게 유죄판결을 하지 않을 때에도 몰수요건이 있는 때에는 몰수만을 선고할 수 있다.

197 선고하는 벌금이 1억원 이상 5억원 미만인 경우에는 300일 이상, 5억원 이상 50억원 미만인 경우에는 500일 이상, 50억원 이상인 경우에는 1,000일 이상의 유치기간을 정하여야 한다.

198 보안처분의 우선적 목적은 과거의 범죄에 대한 처벌이 아닌 장래의 재범위험을 예방하기 위한 범죄인의 교화 · 개선에 있고, 형벌은 책임의 원칙, 보안처분은 비례의 원칙이 적용된다.

199 형벌은 일반예방적 목적과 특별예방적 목적이 있지만, 보안처분은 특별예방적 목적만 있다.

200 형벌과 보안처분 일원주의는 형벌과 보안처분 모두 사회방위와 범죄인의 교육 · 개선을 목적으로 하므로, 본질적인 차이가 없다고 본다.

201 이원주의에서는 형벌은 책임을 근거로, 보안처분은 행위자의 장래 위험성을 근거로 과해지는 처분이라고 본다.

202 형벌과 보안처분의 병존을 인정하는 이원주의(응보형주의)에 대해서는 이중처벌의 위험성이 있다는 비판이 제기된다(명칭사기 · 상표사기).

203 대체주의는 이원주의적 입장에서 형벌은 책임의 정도에 따라 선고하되, 그 집행단계에서 보안처분으로 대체하거나 보안처분의 집행이 종료된 후에 집행하는 주의를 말한다.

204 「치료감호 등에 관한 법률」은 치료감호의 대상을 심신장애인, 마약류 및 알코올 중독자, 정신성적 장애자로서 성폭력범죄를 지은 자 중 금고(벌금 X) 이상의 형에 해당하는 죄를 지은 자로 규정하고 있다.

205 검사는 공소제기된 사건의 항소심 변론종결 시까지 치료감호를 청구할 수 있다.

206 피의자가 심신장애로 의사결정능력이 없기 때문에 벌할 수 없는 경우, 검사는 공소제기 없이 치료감호만을 청구할 수 있다.

207 「형법」상 살인죄(제250조 제1항)의 죄를 범한 자의 치료감호기간을 연장하는 신청에 대한 검사의 청구는 치료감호기간 또는 치료감호가 연장된 기간이 종료하기 6개월 전까지 하여야 한다.

208 피치료감호자가 치료감호시설 외에서 치료받도록 법정대리인 등에게 위탁되었을 때에는 「보호관찰 등에 관한 법률」에 따른 보호관찰이 시작되고, 이때 보호관찰의 기간은 3년으로 한다.

209 치료감호심의위원회의 치료감호 종료결정이 있으면 보호관찰기간이 남아 있어도 보호관찰이 종료된다.

210 보호관찰 대상자가 보호관찰의 준수사항을 위반한 경우에는 경고, 구인, 긴급구인, 유치 등의 제재수단을 사용할 수 있다.

211 보호관찰소의 장은 보호관찰 대상자를 긴급구인한 경우에는 긴급구인서를 작성하여 즉시 관할 지방검찰청 검사의 승인을 받아야 한다.

212 보호관찰의 임시해제기간에는 보호관찰이 중단되지만, 보호관찰 대상자의 준수사항에 대한 준수의무는 계속된다.

213 법원은 「형법」상 사회봉사를 명할 경우에 대상자가 사회봉사를 할 분야와 장소 등을 지정할 수 있다.

214 만 19세 미만의 자에 대하여는 전자장치를 부착할 수 없을 뿐, 부착명령을 선고할 수는 있다.

215 검사는 성폭력범죄로 징역형의 실형을 선고받은 사람이 그 집행을 종료한 후 또는 집행이 면제된 후 10년 이내에 성폭력범죄를 저지르고, 성폭력범죄를 다시 범할 위험성이 있다고 인정되는 때에는 전자장치를 부착하도록 하는 명령을 법원에 청구할 수 있다.

216 부착명령의 청구는 공소가 제기된 특정범죄사건의 항소심 변론종결 시까지 하여야 한다.

217 전자장치 부착기간으로 최장 30년까지 명할 수 있다.

218 전자장치 피부착자는 주거를 이전하거나 7일 이상의 국내여행 또는 출국할 때에는 미리 보호관찰관의 허가를 받아야 한다.

219 보호관찰심사위원회가 필요하지 아니하다고 결정한 경우를 제외하고, 부착명령 판결을 선고받지 아니한 특정범죄자로서 형의 집행 중 가석방되어 보호관찰을 받게 되는 자는, 준수사항 이행 여부 확인 등을 위하여 가석방기간 동안 전자장치를 부착하여야 한다.

220 형벌법령에 저촉되는 행위를 할 우려가 있는 우범소년도 소년법의 규율대상으로 하는 것과 직접적으로 관계되는 원칙은 예방주의이다.

221 「소년법」상 소년보호사건은 소년의 행위지, 거주지 또는 현재지의 가정법원 소년부 또는 지방법원 소년부의 관할에 속한다.

222 소년부는 사건이 그 관할에 속하지 아니한다고 인정하면 결정으로써 그 사건을 관할 소년부에 이송하여야 한다.

223 「소년법」상 소년보호사건에 있어서 보호자는 소년부 판사의 허가 없이 변호사를 보조인으로 선임할 수 있다.

224 「소년법」상 사건의 조사·심리를 위한 임시조치로서 소년분류심사원에 위탁하는 경우에 그 기간은 최장 2개월을 넘지 못한다.

225 「소년법」상 보호관찰과 사회봉사명령, 수강명령은 모두 병합하여 부과할 수 있다.

226 「소년법」상 최대 100시간을 초과하지 않는 범위 내에서 수강명령처분을 결정할 수 있다.

227 보호처분이 계속 중일 때에 사건 본인에 대하여 유죄판결이 확정된 경우에 보호처분을 한 소년부 판사는 결정으로써 보호처분을 취소할 수 있다.

범·죄·학

모의고사

01 제프리(C.R. Jeffery)가 범죄대책으로 제시한 모델이 아닌 것은?

① 범죄통제모델
② 사회복귀모델
③ 교정교화모델
④ 환경공학적 범죄통제모델

02 범죄피해자가 형사사법절차를 통하여 받을 수 있는 피해자화는?

① 제1차 피해자화
② 제2차 피해자화
③ 제3차 피해자화
④ 제4차 피해자화

03 형의 유예제도에 대한 내용으로 적절하지 않은 것은?

① 선고유예에 대한 보호관찰의 기간은 1년으로 한다.
② 집행유예에 대한 보호관찰의 기간은 집행을 유예한 기간으로 함을 원칙으로 한다.
③ 집행유예 선고시 보호관찰, 사회봉사 또는 수강을 명할 수 있다.
④ 선고유예 선고시 보호관찰, 사회봉사 또는 수강을 명할 수 있다.

04 범죄학에서 고전주의와 실증주의에 관한 설명으로 옳지 않은 것은?

① 고전주의가 범죄행위에 초점을 둔다면, 실증주의는 개별적 범죄인에 초점을 둔다.
② 고전주의 범죄학은 인간에 대한 기본가정은 인간이 선하게 태어났는데 다양한 이유로 범죄를 하게 된다는 입장을 갖는다.
③ 실증주의가 인간행동에 대해 결정론적으로 해석을 한다면, 고전주의는 자유의지를 강조하는 편이다.
④ 고전주의가 계몽주의 사조의 영향을 받았다면, 실증주의는 자연과학 발전의 영향을 받았다.

05 보안처분제도의 특징으로 보기 어려운 것은?

① 범죄위험성을 근거로 한다.
② 예방주의 내지 사회방위사상을 실현하기 위한 제도이다.
③ 행위자의 과거 책임성에 따라 부과하는 형벌 이외의 정책적 제재이다.
④ 사람뿐만 아니라 물건에 대해서도 보안처분이 부과될 수 있다.

06 「보호관찰 등에 관한 법률」상 사회봉사명령과 수강명령에 대한 설명으로 옳지 않은 것은?

① 법원은 「형법」 제62조의2에 따른 사회봉사를 명할 때에는 500시간, 수강을 명할 때에는 200시간의 범위에서 그 기간을 정하여야 한다. 다만, 다른 법률에 특별한 규정이 있는 경우에는 그 법률에서 정하는 바에 따른다.

② 법원은 「형법」 제62조의2에 따른 사회봉사 또는 수강을 명하는 판결이 확정된 때부터 3일 이내에 판결문 등본 및 준수사항을 적은 서면을 피고인의 주거지를 관할하는 보호관찰소의 장에게 보내야 한다.

③ 사회봉사ㆍ수강명령 대상자는 주거를 이전하거나 10일 이상의 국외여행을 할 때에는 미리 보호관찰관에게 신고하여야 한다.

④ 사회봉사ㆍ수강명령 대상자가 사회봉사ㆍ수강명령 집행 중 금고 이상의 형의 집행을 받게 된 때에는 해당 형의 집행이 종료ㆍ면제되거나 사회봉사ㆍ수강명령 대상자가 가석방된 경우 잔여 사회봉사ㆍ수강명령을 집행한다.

07 비형벌화(Depenalization)에 관한 설명으로 옳지 않은 것은?

① 비형벌화란 형벌 대신에 다른 제재를 가하는 것을 말한다.

② 소년범죄ㆍ사상범죄 등이 논의의 대상이 될 수 있다.

③ 형벌을 행정벌로 전환하는 것은 비형벌화라고 볼 수 없다.

④ 기소유예ㆍ집행유예 등은 형사사법상 비형벌화의 대표적인 경우이다.

08 범죄피해자조사에 관한 설명으로 옳은 것은?

① 범죄예방대책 자료로 활용할 수 없다.

② 조사대상자에게 범죄피해에 대한 경험이 있는지를 묻고 응답을 통해 수집한다.

③ 범죄피해자의 특성을 파악하기 어렵다.

④ 공식통계에 비해 암수범죄를 파악하기 어렵다.

09 다음 설명 중 옳지 않은 것은?

① 향정신성의약품에는 메트암페타민, 날부핀, LSD 등이 있다.

② 성매매의 법률적 통제에 있어 우리나라는 원칙적으로 성매매를 금지하고 있으며, 성판매자와 성구매자를 모두 처벌하는 엄격한 금지주의를 취한다.

③ 글룩 부부(S. Glueck & E. Glueck)는 가정훈육 결함의 범인성은 빈곤의 범인성보다 4배가 높다고 하고, 가정훈육 결함이 범죄의 중요한 원인 중 하나임을 강조하였다.

④ 헤어(Hare)가 주장한 사이코패스 진단 척도는 PCL-R이 가장 많이 사용된다.

10 「마약류 관리에 관한 법률」 중 향정신성의약품으로 옳은 것은?

① 코카인(cocaine) ② 헤로인(heroin)
③ 프로포폴(propofol) ④ 모르핀(morphine)

11 롬브로조의 범죄인 분류방법 중 범죄의 위험성은 없으나, 자신의 생존이나 명예를 지키기 위하여 범행할 수 있는 자는?

① 준범죄인 ② 사이비범죄인
③ 잠재적 범죄인 ④ 기회범죄인

12 범죄생물학적 관점의 연구와 관련이 없는 것은?

① 가계연구 ② 쌍생아연구
③ 인성연구 ④ 호르몬연구

13 다음 범죄학자들의 공통된 이론은?

롬브로조(Lombroso)	고링(Goring)	셸던(Sheldon)

① 정치학적 원인론 ② 생물학적 원인론
③ 사회학적 원인론 ④ 심리학적 원인론

14 습관화에 대한 설명으로 적절하지 않은 것은?

① 모든 형태의 학습 중 가장 간단한 형태이다.
② 어떤 자극에 대해 반복적으로 노출되어서 친숙하게 되면 그 자극에 대해 반응하는 경향성이 감소하는 현상이다.
③ 습관화는 도피반응을 유발시키는 자극범위를 확대시킨다.
④ 유기체의 생존에 유리하게 작용한다.

15 에이커스(Akers)의 차별적 접촉강화이론에서 주장하는 주요 개념이 아닌 것은?

① 모방 ② 정의
③ 신념 ④ 차별적 강화

16 머튼(Robert K. Merton)의 긴장이론(Strain Theory)에 대한 설명으로 옳지 않은 것은?

① 사회 내에 문화적으로 널리 받아들여진 가치와 목적, 그리고 그것을 실현하고자 사용하는 수단 사이에 존재하는 괴리가 아노미적 상황을 이끌어낸다고 보았다.
② 특정 사회 내의 다양한 문화와 추구하는 목표의 다양성을 무시하고 있다.
③ 다섯 가지 적응유형 중에 혁신형(Innovation)이 범죄의 가능성이 제일 높은 유형이라고 보았다.
④ 하급계층을 포함한 모든 계층이 경험할 수 있는 긴장을 범죄의 주요 원인으로 제시하였다.

17 맛차(D. Matza)의 표류이론에 관한 설명으로 옳지 않은 것은?

① 코헨의 비행부문화이론을 계승하여 이를 더욱 발전시켰다.
② 비행소년은 비행과 무비행의 생활양식 사이에서 표류하고 있는 존재에 불과하다는 이론을 말한다.
③ 비행자는 비범죄적 행동양식에 차별적으로 사회화되어 범죄로 나아가는 것이 아니라고 주장하여 서덜랜드의 차별적 접촉이론을 비판하였다.
④ 느슨한 사회통제가 소년을 비행으로 유인한다고 보았다.

18 에이커스(R.Akers)의 사회학습이론(Social Learning Theory)에 대한 설명으로 옳은 것을 모두 고른 것은?

> ㉠ 사회구조적 요인은 개인의 행동에 간접적인 영향을 미치고, 사회학습변수는 개인의 행동에 직접적인 영향을 미친다고 본다.
> ㉡ 스키너(B.Skinner)의 행동주의심리학의 조작적 조건화 원리를 도입하였다.
> ㉢ 사회적 강화나 자극을 강조하는 반면, 비사회적 강화나 자극의 범죄관련성은 철저히 부정한다.
> ㉣ 사회적 상호작용만을 중시하고 개인의 욕구와 같은 비사회적 사정들을 배제시킨 이론이라는 점에 특징이 있다.

① ㉠, ㉡   ② ㉡, ㉢
③ ㉠, ㉢   ④ ㉢, ㉣

19 낙인이론에 관한 다음 설명 중 옳은 것은?

① 형법규범의 구성요건표지가 서술적 성격을 가지고 있다고 주장한다.
② 결정론에 입각한 낙인이론은 외부 환경적 요인뿐 아니라 내적 자아의 역할에 주목한다.
③ 범죄에 대한 거시적이고 역사적인 방법을 선호한다.
④ 최초의 일탈원인을 분석하는 데 유용하다.

20 다음과 관련 있는 범죄이론은?

> - 개인적 권력, 집단 권력과 형법 제정의 관계
> - 자본주의, 자유기업경제와 범죄율과의 관계
> - 퀴니(Quinney), 챔블리스(Chambliss)가 대표 학자

① 억제이론　　　　　　　　　② 환경범죄학이론
③ 생활양식노출이론　　　　　④ 비판범죄론

2회 모의고사

범 죄 학

01 합리적 선택이론에 대한 설명으로 옳지 않은 것은?

① 합리적 선택이론은 인간의 자유의지를 인정하지 않는 결정론적인 인간관에 입각하여 범죄자는 자신에게 유리한 경우에 범죄를 행한다고 본다.

② 클라크 & 코니쉬의 합리적 선택이론은 체포의 위험성과 처벌의 확실성을 높여 효과적으로 범죄를 예방할 수 있다.

③ 합리적 선택이론은 사람들이 이윤을 극대화하고 손실을 최소화하기 위한 결정을 한다는 경제학의 기대효용원리에 기초하고 있다.

④ 합리적 선택이론에 따르면 범죄자는 주어진 조건에서 자신의 이익에 가장 유리한 것을 선택하게 되므로 그 합리적 선택에 따라 범죄의 실행 여부를 결정한다.

02 회복적 사법에 관한 설명으로 옳은 것은?

① 사회방위를 통한 공동체의 안녕과 질서회복에 중점을 둔다.

② 범죄로 인한 피해자의 물질적 피해의 회복에 그 목적을 둔다.

③ 회복적 사법에 있어 가족집단 회합모델(family group conference)은 뉴질랜드 마오리족의 전통에서 유래하였다.

④ 범죄는 사회적 병리현상이라는 관념을 이론적 토대로 한다.

03 선고유예제도에 관한 설명 중 옳지 않은 것으로 묶인 것은?

> ㉠ 일정한 기간 동안 형의 선고를 유예하고, 그 유예기간이 경과하면 면소된 것으로 간주하는 제도이다.
> ㉡ 14세기 영국보통법의 관행인 서약제도에서 유래하였다.
> ㉢ 일반예방효과의 목적달성을 위한 책임주의의 중대한 양보를 의미한다.
> ㉣ 1년 이하의 징역이나 금고의 형을 선고할 경우가 그 요건이다.

① ㉠, ㉡   ② ㉠, ㉣   ③ ㉡, ㉢   ④ ㉢, ㉣

04 단기자유형에 대한 문제점으로 옳지 않은 것은 모두 몇 개인가?

> ㉠ 구금시설의 과밀화 및 악풍감염의 우려가 있다.
> ㉡ 과실범죄자, 청소년범죄자에게 충격요법의 효과를 줄 수 있다.
> ㉢ 전과자로 낙인찍혀 사회복귀를 어렵게 할 수 있다.
> ㉣ 단기자유형도 누범문제에 포함되므로 3년 동안 집행유예의 결격사유가 된다.
> ㉤ 수형자의 구금으로 가족의 경제력이 파탄되기 쉽다.

① 1개   ② 2개   ③ 3개   ④ 4개

05 보안처분 법정주의에 관한 설명으로 옳지 않은 것은?

① 보안처분의 종류·요건·효과 등은 법률에 규정되어야 한다는 것을 의미한다.
② 보안처분에는 소급효금지의 원칙이 적용되지 않는다는 것이 다수설의 입장이다.
③ 우리 대법원은 1997.6.13 판결을 통해 개정 형법 제62조의2에서 규정하고 있는 보호관찰처분은 재판 시의 규정에 의하여 그 이전의 행위자에 대하여 보호관찰을 명할 수 없다고 판시하였다.
④ 보안처분도 유추해석이 금지된다는 것이 다수설이다.

06 다음 설명 중 옳은 것은?

① 최근 정책에 대한 연구는 연구결과들을 요약하여 평균적인 효과를 계산하는 수준으로 발전하고 있는데, 최근 의견기반 정책결정과정을 통해 정책이 결정된다.
② 일탈과 실질적 범죄는 사회학적 개념이라는 공통점이 있으나 일탈과 실질적 범죄가 동일한 개념은 아니다.
③ 합리적 선택이론, 일상활동이론, 범죄패턴이론은 사회학적 이론 중 사회발전이론에 속한 내용으로 분류된다.
④ 실증주의 범죄학파는 합의의 결과물인 실정법에 반하는 행위를 범죄로 규정하고, 범죄에 상응하는 제재(처벌)를 부과하여야 한다고 본다.

07 암수조사방법 중 자기보고방법(self−report)에 관한 설명으로 옳지 않은 것은?

① 암수범죄를 파악하는 데에 유용하다.
② 일정한 집단을 대상으로 개개인의 범죄를 스스로 보고하게 하는 방식이다.
③ 강력범죄의 암수범죄를 파악하는 데에 유용하다.
④ 다양한 종류의 범죄를 모두 조사하기 곤란하다.

08 참여관찰(participant observation)에 관한 설명으로 옳지 않은 것은?

① 자연관찰의 고릴라와 동물원의 고릴라가 서로 다른 행태를 보이는 것에 착안한 조사방법이다.

② 일탈자의 일상생활을 자연스럽게 관찰할 수 있다는 장점이 있다.

③ 체포되지 않은 자만을 연구대상으로 하므로 시설에 수용된 자를 대상으로 삼을 수는 없다.

④ 사례의 관찰에 걸리는 시간이 길기 때문에 대규모 집단을 대상으로 실시하기 어렵다는 단점이 있다.

09 다음 설명 중 옳은 것은?

① 범죄인을 범죄동기에 따라 이욕범, 곤궁범, 격정범, 유쾌범, 정치범으로 구분하기도 한다.

② 젠더폭력에는 리벤지포르노, 데이트강간, 학교폭력 등이 해당된다.

③ FBI는 주거침입절도와 단순절도의 차이점은 타인의 재물을 절취하기 위해 주거를 위한 건축물을 불법적으로 침입했는지 여부가 중요하며, 침입을 위해서는 반드시 무력이 필요하다는 입장이다.

④ Gardner & Anderson은 미국의 경우, 50주의 형법에 따라 강도의 유형은 상이하나, 강도범죄를 크게 침입강도, 인질강도, 주거침입강도, 차량탈취강도로 구분한다.

10 「마약류 관리에 관한 법률」상 향정신성의약품에 해당하는 것은?

① 메스암페타민　　　② 헤로인　　　　③ 아편　　　　　④ 모르핀

11 이탈리아학파에 관한 설명 중 옳지 않은 것은?

① 이탈리아학파는 자연과학적 방법을 도입하여 범죄원인을 실증적으로 분석하였다.

② 롬브로조(C. Lombroso)는 생래적 범죄인에 대해서 무기형을 과해야 하고, 사형을 과해서는 안 된다고 주장하였다.

③ 페리(E. Ferri)는 마르크스 유물사관, 스펜서의 발전사관, 다윈의 진화론 등의 영향을 받았다.

④ 페리(E. Ferri)는 형벌대용물사상과 범죄포화의 법칙을 주장하였다.

12 범죄학에 관한 학자와 그 이론의 연결이 옳지 않은 것은?

ㄱ. 롬브로조(C. Lombroso)	a. 체형이론
ㄴ. 페리(E. Ferri)	b. 범죄인류학, 생래적 범죄인
ㄷ. 슐징어(Schulsinger)	c. 쌍생아연구
ㄹ. 랑게(J. Lange)	d. 범죄사회학, 범죄포화법칙

① ㄱ － b　　　② ㄴ － d　　　③ ㄷ － a　　　④ ㄹ － c

13 생물학적 범죄원인론에 대한 설명으로 틀린 것은?

① 행위자 개인의 기본적 특성인 소질을 강조한다.

② 다윈의 진화론으로부터 영향을 받았다.

③ 크레취머와 셸던은 체형과 정신적인 기질의 일치 정도를 연구함으로써 생물학적 범죄원인론을 발전시켰다.

④ 롬브로조는 생래적 범죄인, 기회범죄인, 과실범죄인, 잠재적 범죄인으로 범죄인을 분류하였다.

14 성격의 5요인 중 심리적 디스트레스, 비현실적 생각과 관련이 깊은 것은?

① 신경증(N) ② 외향성(E) ③ 개방성(O) ④ 우호성(A)

15 다음은 네 가지의 사회적 범죄원인론의 내용을 설명한 것이다. 이와 관련이 없는 것은?

> ㉠ 사람들이 법률을 위반해도 무방하다는 관념을 학습한 정도가 법률을 위반하면 안 된다는 관념을 학습한 정도보다 클 때에 범죄를 저지르게 된다.
> ㉡ 중산층의 가치나 규범을 중심으로 형성된 사회의 중심문화와 빈곤계층 출신 소년들에게 익숙한 생활 사이에는 긴장이나 갈등이 발생하며, 이러한 긴장관계를 해결하려는 시도에서 비행문화가 형성되어 이로 인해 범죄가 발생한다.
> ㉢ 조직적인 범죄활동이 많은 지역에서는 범죄기술을 배우거나 범죄조직에 가담할 기회가 많으므로 범죄가 발생할 가능성이 큰 반면, 조직적인 범죄활동이 없는 지역에서는 비합법적인 수단을 취할 수 있는 기회가 제한되어 있으므로 범죄가 발생할 가능성이 적다.

① 문화갈등이론(Culture Conflict Theory)

② 차별적 기회구조이론(Differential Opportunity Theory)

③ 차별적 접촉이론(Differential Association Theory)

④ 비행하위문화이론(Delinquent Subculture Theory)

16 각각의 범죄원인론에 대한 비판을 잘못 연결한 것은?

① 베카리아(Beccaria)의 고전학파이론 – 형벌중심의 범죄원인론으로서 범죄를 유발하는 외부적 영향에 대한 고려가 부족하다.

② 머튼(Merton)의 아노미이론 – 범죄통계에서 범죄자가 하류계층에 가장 많은 이유를 설명하지 못한다.

③ 코헨(Cohen)의 비행하위문화이론 – 하위계층의 비행소년들이 자신의 행동을 후회하는 이유를 설명하지 못한다.

④ 레클리스(Reckless)의 자아관념이론 – 긍정적 자아개념이 어떻게 생성되는가를 설명하지 못한다.

17 통제이론에 관한 설명으로 옳은 것은?

① 통제이론은 "사람들이 왜 범죄행위로 나아가지 않고 합법적인 행동을 하는가"라는 물음에 중점을 두고 있다.

② 통제이론의 공통된 견해는 생물학적이거나 심리학적 혹은 사회적인 특정 요인이 사람들로 하여금 범죄에 빠지게 한다는 것이다.

③ 갓프레드슨(Gottfredson)은 인간의 본성은 악하기 때문에 그냥 두면 범죄를 저지를 위험성이 높아 어릴 때부터 부모나 주변 사람들과의 정서적 유대를 강화하여 행동을 통제해야 한다고 강조했다.

④ 갓프레드슨과 허쉬는 성인기 사회유대의 정도가 한 개인의 자기통제능력을 변화시킬 수 있다고 주장한다.

18 사회적 구조이론이 아닌 것은?

① 동심원이론   ② 사회반응이론
③ 아노미이론   ④ 사회해체론

19 낙인이론의 관점에 대한 설명으로 옳지 않은 것은?

① 범죄자에 대한 부정적인 사회적 반응이 범죄문제를 악화시키는 근본적 원인이라고 주장한다.

② 규범이나 가치에 대하여 단일한 사회적 합의가 존재한다는 관점에 입각하고 있다.

③ 범죄는 행위의 속성이 아니고, 법적·제도적 통제기관의 행태에서 생긴 산물이라고 본다.

④ 사회구조보다는 사회과정에 관심을 두고 있다.

20 비판범죄학과 다른 범죄이론과의 차이점에 관한 설명으로 가장 거리가 먼 것은?

① 주류범죄학이 범죄의 원인만을 제거하면 범죄방지가 가능하다고 본 반면, 비판범죄학은 이를 미봉책에 불과하다고 평가절하 하였다.

② 갈등론적 입장에 있다는 점에서 합의론적 입장에 있는 다른 범죄이론과 구별된다.

③ 낙인이론이 범죄원인을 미시적으로 접근하였다면, 비판범죄학은 범죄원인을 사회구조적·거시적으로 접근하였다.

④ 낙인이론이 범죄의 정치경제성을 강조한다면, 비판범죄학은 범죄자에 대한 사회적 반응을 강조한다.

모의고사

01 브랜팅햄과 파우스트(Brantingham & Faust)의 범죄예방에 관한 설명으로 옳은 것은?

① 환경설계는 2차적 범죄예방이다.
② 범죄예방교육은 3차적 범죄예방이다.
③ 재범예방프로그램은 2차적 범죄예방이다.
④ 브랜팅햄과 파우스트의 범죄예방모델은 질병예방의 보건의료모형을 차용하였다.

02 범죄자의 가해행위를 유발시킨 피해자, 부주의에 의한 피해자 등은 멘델존(Mendelsohn)의 피해자 유형 중 어느 것에 해당하는가?

① 책임 없는 피해자
② 조금 책임 있는 피해자
③ 가해자와 같은 정도의 책임이 있는 피해자
④ 가해자보다 더 책임 있는 피해자

03 다음 설명 중 가장 부적당한 것은?

① 우리나라는 기소편의주의를 취하나, 독일은 기소법정주의를 취한다.
② 선고유예의 효과는 형의 선고의 효력을 잃는다.
③ 집행유예의 효과는 형의 선고의 효력을 잃는다.
④ 마약사용 그 자체는 피해자가 없는 범죄이다.

04 부정기형제도에 관한 설명 중 옳은 것은?

① 상대적 부정기형은 죄형법정주의에 위배된다는 견해가 지배적이다.
② 단기자유형의 대체방안으로 거론되고 있다.
③ 현행법상 성인범에 대해서는 어떠한 경우에도 부정기형을 선고할 수 없다.
④ 교도관의 권한을 약화시킬 우려가 있다.

05 보안처분의 전제조건에 관한 설명으로 옳지 않은 것은?

① 보안처분의 대상이 되기 위해서는 구성요건과 위법성만 갖추면 되고, 유책성까지 갖출 필요는 없다.

② 보안처분의 대상이 되기 위해서는 구성요건과 위법성뿐만 아니라, 범죄위험성을 징표하는 요소들이 존재해야 한다.

③ 자유박탈을 내용으로 하는 보안처분을 부과하기 위해서는 위법행위의 기대가 중대하여야 한다.

④ 위험성에 대한 판단의 기준시기는 행위 시이다.

06 「전자장치 부착 등에 관한 법률」상 검사가 위치추적 전자장치 부착명령을 법원에 반드시 청구하여야 하는 경우는?

① 미성년자 대상 유괴범죄로 징역형의 실형 이상의 형을 선고받아 그 집행이 종료 또는 면제된 후 다시 미성년자 대상 유괴범죄를 저지른 경우

② 강도범죄를 2회 이상 범하여 그 습벽이 인정된 경우

③ 성폭력범죄로 징역형의 실형을 선고받은 사람이 그 집행을 종료한 후 또는 집행이 면제된 후 10년 이내에 성폭력범죄를 저지른 경우

④ 신체적 또는 정신적 장애가 있는 사람에 대하여 성폭력범죄를 저지른 경우

07 범죄의 대한 설명으로 옳은 것은?

① 결정론에 따르면 인간의 사고나 판단은 이미 결정된 행위과정을 정당화하는 것에 불과하므로 자신의 사고나 판단에 따라 자유롭게 행위를 선택할 수 없다고 본다.

② 범죄와 구별되는 개념으로 일탈은 비범죄화 정책을 수립할 때 중요한 판단척도가 된다.

③ 형식적 범죄개념과 상대적 범죄개념은 실정법을 전제로 하는 개념이다. 형식적 범죄개념은 범죄학적 개념이라고도 한다.

④ 집단현상으로서의 범죄는 사회병리적 현상이므로 사회심리학의 관점에서 다루어야 하며 범죄학의 연구대상이 되지 않는다.

08 범죄학의 연구방법에 관한 설명으로 옳지 않은 것은?

① 가치중립적이고 윤리적인 방법을 택하여 다른 사람들이 신뢰할 수 있는 방법이어야 한다.

② 연구자료의 객관성을 담보하기 위하여 실험에 의한 자료수집이 일반적으로 행해진다.

③ 범죄통계의 방법은 널리 사용되는 방법이나 암수의 문제가 발생하는 문제점이 있다.

④ 참여관찰방법에 의하면 대규모 조사나 범죄통계 등에서 나타나지 않는 정확한 내용을 알아낼 수 있는 장점이 있다.

09 영리목적의 광고성 정보(이른바 스팸메일)를 전송하는 자가 그 광고성 정보에 명시하여야 할 사항이 아닌 것은?

① 수신자의 비밀누설 금지
② 전송자의 명칭 및 연락처
③ 전자우편주소를 수집한 출처
④ 수신거부의 의사표시를 쉽게 할 수 있는 조치 및 방법에 관한 사항

10 화이트칼라범죄(White-Collar Crime)에 관한 설명 중 옳지 않은 것은?

① 어떠한 범죄가 화이트칼라범죄인지 여부는 범죄자의 사회적 지위만으로 판단할 수 있는 것이 아니다.
② 화이트칼라범죄자의 범죄의식은 낮은 편이다.
③ 공무원의 뇌물수수, 회사원의 금융사기나 횡령 등을 예로 들 수 있다.
④ 무어(Moore)는 화이트칼라범죄를 범죄동기에 따라 신용사기(stings/swindles), 사취(chiseling), 조직 내의 권한의 사적 이용, 횡령, 고객사기, 정보판매와 뇌물, 고의적으로 규정을 위반하는 행위 등 7가지 유형으로 구분하였다.

11 가로팔로(R. Garofalo)의 범죄인 분류 중 자연범에 해당되지 않는 것은?

① 모살범죄인   ② 폭력범죄인
③ 재산범죄인   ④ 과실범죄인

12 양자(養子)연구를 통하여 범죄와 유전과의 관계를 연구한 학자가 아닌 것은?

① 슐징거(Schulsinger)   ② 크로우(Crowe)
③ 허칭스(Hutchings)   ④ 제이콥스(Jacobs)

13 고다드(H. Goddard)의 범죄연구에 대한 설명으로 옳은 것은?

① 매스컴과 범죄의 무관성을 주장하였다.
② 인신범죄는 따뜻한 지방에서, 재산범죄는 추운지방에서 보다 많이 발생한다고 하였다.
③ 고다드(H. Goddard)는 범죄연구에 있어 범죄자의 정신박약이나 지능과의 관계에 대하여 연구하였다.
④ 상습범죄자에 대한 조사에서 비행소년의 학업태만 등은 '범죄의 유치원'이라고 하였다.

14 범죄원인의 해명방법에 관한 설명 중 옳지 않은 것은?

① 소질과 환경 중에서 어느 하나에만 중점을 두어 범죄의 원인을 설명하는 입장은 일원론적 관점이다.
② 범죄의 원인을 여러 범인들의 복합관계로 파악하는 입장은 다원론적 관점이다.
③ 다원론적 관점은 1920년대 미국의 Show & Mckay의 연구에서 출발한다.
④ 범인성 요소들의 복합관계를 일반명제화하여 모든 범죄에 공통된 설명모델을 제시하려는 입장을 일반론이라 한다.

15 사회적 학습이론(Social Learning Theory)에 관한 설명으로 가장 거리가 먼 것은?

① 버제스(Bungess)와 에이커스(Akers)가 대표적 학자이다.
② 범죄행위의 결과로 보상이 이루어지고 처벌이 회피될 때 그 행위가 강화된다.
③ 차별적 강화이론 또는 분화적 접촉강화이론이라고도 한다.
④ 사회적 강화나 자극을 강조하는 반면, 비사회적 강화나 자극의 범죄관련성은 철저히 부정한다.

16 범죄학이론과 대표학자를 짝지은 것으로 옳지 않은 것은?

① 봉쇄이론 - 레클리스(Reckless)
② 사회해체이론 - 애그뉴(Agnew)
③ 비행하위문화이론 - 코헨(Cohen)
④ 사회학습이론 - 에이커스(Akers)

17 맛차(Matza)의 표류이론(drift theory)에 대한 설명으로 옳지 않은 것은?

① 비행청소년들은 비행의 죄책감을 모면하기 위해 다양한 중화의 기술을 구사한다.
② 비행이론은 표류를 가능하게 하는, 즉 사회통제를 느슨하게 만드는 조건을 설명해야 한다고 주장하였다.
③ 대부분의 비행청소년들은 합법적인 영역에서 오랜 시간을 보낸다.
④ 비행청소년들은 비행 가치를 받아들여 비행이 나쁘지 않다고 생각하기 때문에 비행을 한다.

18 레클리스(Reckless)가 주장한 견제(봉쇄)이론에 대한 설명으로 옳지 않은 것은?

① 열악한 환경에도 불구하고 많은 소년들이 비행을 저지르지 않고 정상적인 사회구성원으로 성장할 수 있는 것은 올바른 자아관념이 있기 때문이라고 본다.
② 범죄나 비행을 유발하는 힘으로 압력요인(pressures)·유인요인(pulls)·배출요인(pushes)을 제시하였다.

③ 범죄나 비행을 차단하는 힘으로 내적 봉쇄요인(inner containment)과 외적 봉쇄요(external containment)을 제시하였다.

④ 내적 봉쇄요인과 외적 봉쇄요인의 어느 한 가지만으로는 범죄나 비행을 효과적으로 예방하기 어렵다고 보았다.

19 낙인이론에 관한 평가 중 옳지 않은 것만으로 묶인 것은?

> ㉠ 특히 소년사법분야, 경미범죄자, 과실범죄자 분야의 이차적 일탈예방에 대한 대책수립에 영향을 주었다.
> ㉡ 최초 일탈의 원인분석이 미흡하여 반교정주의로 흐를 위험이 있다.
> ㉢ 낙인이 없으면 범죄도 없다는 극단적 절대주의 논리에 집착하고 있다.
> ㉣ 일탈자의 주체적 특성에 주안점을 두고 있다.
> ㉤ 사법기관이 범죄로 선언하지 않아도 법률위반행위는 여전히 존재한다는 사실에 대한 해명이 부족하다.

① ㉠, ㉡   ② ㉡, ㉢
③ ㉡, ㉣   ④ ㉢, ㉣

20 낙인이론과 비판범죄론의 비교에 관한 설명 중 옳지 않은 것은?

① 두 이론은 모두 형사사법기관의 편파성을 지적하고, 공식통계를 신뢰하지 않는다.

② 낙인이론은 범죄의 원인보다 범죄자에 대한 사회적 반응을 중시하며, 비판범죄학은 범죄의 정치경제성을 강조한다.

③ 두 이론은 모두 사회적 가치·규범 및 법률에 대한 사회적 합의를 인정하지 않는다는 점에서 유사하다.

④ 두 이론은 모두 범죄와 범죄통제의 문제를 개인적·사회적 차원에서 미시적으로 분석한다는 점에서 유사하다.

01 범죄원인론과 연구에 대한 설명으로 옳지 않은 것은?

① 기븐스(Gibbons)는 범죄학을 법의 기원, 형법의 제정과정과 범법행위에 대한 형사사법제도, 범죄량과 분포, 범죄의 원인 등을 연구하는 학문으로 정의하였다.

② 에이커스(Akers)와 셀러스(Sellers)가 제시한 범죄학 이론 평가의 기준에는 검증 가능성, 시대적 대응성, 경험적 타당성이 있다.

③ 윌슨 & 켈링의 깨진 유리창 이론 - 경미한 무질서에 대한 무관용 원칙과 지역주민 간의 상호협력이 범죄를 예방하는 데 중요한 역할을 한다.

④ 젤리히(Sellig)은 범죄인의 인격적 특성과 행동양식을 종합하여 범죄인을 8가지 유형으로 분류한다.

02 피해자의 유형을 잠재적 피해자와 일반적 피해자로 나눈 사람은?

① 레클리스   ② 미야자와
③ 엘렌베르거   ④ 코니쉬

03 집행유예에 관한 설명 중 옳지 않은 것으로 묶인 것은?

> ㉠ 형의 선고를 하면서 일정기간 동안 형의 집행을 유예하고, 그 유예기간을 무사히 경과한 때에는 형선고의 효력을 잃게 하는 제도이다.
> ㉡ 우리나라의 집행유예제도는 조건부 특사주의유형에 해당한다.
> ㉢ 선고유예제도의 법적 성격에 대해서는 형벌이나 보안처분과 구별되는 제3의 독립된 제재라는 견해와 형집행의 변형이라는 견해가 대립하고 있다.
> ㉣ 현행법령상 집행유예를 하면서 보호관찰을 부과할 수 있으나, 사회봉사나 수강명령은 부과할 수 없다.

① ㉠, ㉡   ② ㉠, ㉣
③ ㉡, ㉢   ④ ㉡, ㉣

04 다음은 부정기형제도에 관한 설명이다. 옳지 않은 것을 모두 고른 것은?

> ㉠ 우리나라 형법에서는 정기형과 부정기형을 모두 부과할 수 있도록 하고 있다.
> ㉡ 부정기형은 응보형주의자들로부터 주장되었다.
> ㉢ 상습범이나 위험성 있는 범죄인의 장기구금으로 사회를 방위할 수 있다는 장점이 있다.
> ㉣ 교정당국의 자의가 개입될 여지가 많다는 것이 단점으로 지적되고 있다.

① ㉠, ㉡   ② ㉡   ③ ㉢, ㉣   ④ ㉣

05 형벌과 보안처분의 관계에 관한 설명 중 옳지 않은 것은?

① 이원주의는 형벌의 본질이 책임을 전제로 한 응보이고, 보안처분은 장래의 위험성에 대한 사회방위처분이라는 점에서 양자의 차이를 인정한다.
② 대체주의는 형벌과 보안처분이 선고되어 보안처분이 집행된 경우 그 기간을 형기에 산입하여야 한다고 한다.
③ 일원주의는 형벌과 보안처분의 목적을 모두 사회방위와 범죄인의 교육·개선으로 보고, 양자 중 어느 하나만을 적용하자고 한다.
④ 일원주의는 행위자의 반사회적 위험성을 척도로 하여 일정한 제재를 부과하는 것이 행위책임원칙에 적합하다고 한다.

06 「전자장치 부착 등에 관한 법률」상 전자장치 부착명령에 대한 설명으로 옳은 것은?

① 전자장치 부착명령 대상자는 성폭력범죄자, 미성년자 대상 유괴 범죄자, 살인범죄자에만 국한된다.
② 검사는 부착명령을 청구하기 위하여 필요하다고 인정하는 때에는 소속 검찰청 소재지를 관할하는 보호관찰소의 장에게 피의자와의 관계, 심리상태 등 피해자에 관하여 필요한 사항의 조사를 요청할 수 있다.
③ 부착명령 청구사건의 제1심 재판은 지방법원 합의부의 관할로 한다.
④ 법원은 부착명령 청구가 있는 때에는 부착명령 청구서의 부본을 피부착명령 청구자 또는 그의 변호인에게 송부하여야 하며, 공판기일 7일 전까지 송부하여야 한다.

07 암수범죄에 관한 설명 중 옳지 않은 것으로 묶인 것은?

> ㉠ 실제로 범죄가 발생하였지만, 공식적 범죄통계에 나타나지 않는 범죄행위를 말한다.
> ㉡ 수사기관에게 인지되지 않은 경우는 암수범죄에 포함되나, 일단 인지된 경우에는 미해결의 상태로 남아있다 하더라도 암수범죄에 포함되지 않는다.
> ㉢ 초기에는 범죄와 암수범죄와의 관계가 일정한 비율을 유지하지 못하고 있다는 이유로 그 중요성을

인정받지 못하다가 20세기에 접어들면서 암수율은 일정하며, 규칙적으로 변화한다는 사실이 밝혀지면서 그 중요성이 인식되기에 이르렀다.
ⓔ 존스(H. Jones)는 경찰에서 알고 있는 범죄의 약 4배 정도가 암수범죄라고 주장하였다.

① ㉠, ㉡   ② ㉡, ㉢
③ ㉠, ㉣   ④ ㉢, ㉣

08 다음 설명 중 옳은 것을 모두 고른 것은?

㉠ 반두라의 보보인형실험(Bobo Doll Experiment)은 폭력과 같은 행동이 관찰자에게 제공되는 어떠한 강화자극이 없더라도 관찰과 모방을 통해 학습될 수 있음을 증명한다.
㉡ 타르드(Tarde)의 모방의 법칙 중 사회적 지위가 우월한 자로부터 아래로 이루어진다는 거리의 법칙을 주장하였다.
㉢ 비합법적인 수단에 대한 접근가능성에 따라서 비행 하위문화의 성격 및 비행의 종류도 달라진다는 주장은 서덜랜드의 차별교제이론을 보완한다.
㉣ 비행은 주위 사람들로부터 학습되지만 학습원리, 즉 강화의 원리에 의해 학습된다는 주장은 서덜랜드(Sutherland)의 차별접촉이론을 보완하는 주장이다.

① ㉠, ㉡   ② ㉡, ㉢
③ ㉠, ㉣   ④ ㉢, ㉣

09 사이버범죄에 대한 설명으로 옳은 것은?

① 사이버범죄(Cybercrime)라는 용어는 1955년 서스만과 휴스턴(Sussman & Heuston)이 최초로 사용하였다.
② 사이버범죄는 전문가나 내부자의 범행은 극소수이다.
③ 경찰청(KNP)에서는 사이버범죄를 테러형 사이버범죄와 일반 사이버범죄로 구분하였으며, 해킹·서비스거부 공격(디도스)·개인정보 침해 등은 테러형 사이버범죄에 속한다.
④ 경찰청 사이버범죄 분류(2021년 기준)에 따르면 몸캠피싱은 불법콘텐츠 범죄 중 사이버 성폭력에 속한다.

10 전문절도범에 관한 설명으로 옳지 않은 것은?

① 전문적인 절도기술을 가지고 있다.
② 즉흥적·무계획적으로 범행을 한다.
③ 장물처리가 능숙하다.
④ 돈을 얻기 위해 고도의 기술을 사용한다.

11 리스트(F. von Liszt)의 범죄인 분류에 관한 설명으로 옳지 않은 것은?

① 형벌의 목적과 관련하여 범죄자를 세 집단으로 분류하였다.

② 형벌의 목적달성방법을 개선·위협·무해화(無害化)의 세 가지로 나누고, 행위자의 유형에 따라 세 가지를 각각 달리 적용해야 한다고 주장하였다.

③ 성욕범죄인은 개선불가능자로 분류하고, 목적달성방법으로 무해화조치를 제시하였다.

④ 명예·지배욕범죄인은 기회범으로 분류하고, 목적달성방법으로 위협을 제시하였다.

12 다음 설명 중 옳은 것을 모두 고른 것은?

> ㉠ 롬브로조(Lombroso)는 진화론을 무시하였다.
> ㉡ 후튼(Hooton)은 롬브로조의 이론에 반대하였다.
> ㉢ 프로이트(Freud)는 이드, 에고, 슈퍼에고 이론 및 XXY, XYY이론에 대해 연구하였다.
> ㉣ 메드닉(Mednick)은 MMPI를 개발하였다.
> ㉤ 글룩(Glueck) 부부는 비행소년의 성격심리특징을 찾고자 하였다.
> ㉥ 크레취머(Kretschmer)는 신체구조와 성격의 연구를 통해 범죄의 상관성을 설명하고자 하였다.

① ㉠, ㉡   ② ㉡, ㉢

③ ㉢, ㉣   ④ ㉤, ㉥

13 범죄와 관련하여 생물학적 관점에 대한 설명으로 옳지 않은 것은?

① 신경전달물질 중에서 범죄와 가장 긴밀한 연관이 있는 것은 도파민과 세로토닌이다.

② 뇌 알레르기와 신경 알레르기 문제는 반사회적 행동과 연결되는 조건인 아동의 과잉행동과도 연결되어 있다고 본다.

③ 범죄행위에 영향을 미치는 뇌와 신경전달물질에 관하여 세로토닌 수치가 너무 높을 경우 충동, 욕구, 분노 등이 제대로 통제되지 않을 수 있다.

④ Walsh & Yun은 스트레스가 너무 강렬하거나 오랜 기간 지속되는 경우에는 반복적으로 활성화되는 교감신경계와 HPA축으로 인해 알로스테시스 부하(allostasis load)가 발생하고, 그 결과 DNA 메틸화, 신경전달물질 이상, 뉴런 손상 및 시냅스 가지치기가 심하게 발생하고, 인지능력 결핍, 정신장애, 마약중독, 범죄행위 등 다양한 신경심리행동 장애가 유발된다고 강조한다.

14 성격과 범죄에 대한 설명으로 옳지 않은 것은?

① 아이젠크(Eysenck)는 「범죄와 성격」에서 융의 내향성과 외향성의 개념을 파블로프의 고전적 조건이론으로 응용하여 범죄자의 성격특성을 설명하였다.

② 로렌츠(K. Lorenz)의 본능이론은 인간의 공격적 행동특징은 학습이 아니라 본능에 의존한다고 한다.

③ 좌절공격이론은 본능이론과는 달리 공격성이 외부조건에 의해 유발된 동기로 생긴다고 본다.

④ 아이젠크(Eysenck)는 사이코패스에 대한 표준화된 진단표(PCL－R)를 개발하였으며, 오늘날 사이코패스 검사 도구로 광범위하게 사용되고 있다.

15 다음 설명 중 옳지 않은 것을 모두 고른 것은?

> ㉠ 최근 MMPI연구는 각 하위척도와 관련되는 성격적 · 행동적 변인들을 발견하는 쪽으로 집중되고 있다.
>
> ㉡ 소질과 환경을 범죄발생원인으로서 보는 에이커스(Akers)는 범죄발생은 개인의 소질이 아니라 자본주의의 모순으로 인해 자연적으로 발생하는 사회현상이라고 보았다.
>
> ㉢ 반두라에 의하면 사회학습이론의 학습과정에서 관찰을 통해 학습한 정보를 기억하는 단계에 해당하는 것은 '집중단계'이다.
>
> ㉣ 아들러(Adler)는 신체적 결함뿐만 아니라 사회적 소외도 콤플렉스의 원인이 된다고 봄으로써 범죄원인을 개인심리적 영역에서 사회적 영역으로 확대하였다.

① ㉠, ㉡

② ㉡, ㉢

③ ㉠, ㉢

④ ㉢, ㉣

16 애그뉴(R. Agnew)의 일반긴장이론에서 좌절, 우울, 분노 등 부정적 감정을 일으켜서 긴장을 유발하는 원천이 아닌 것은?

① 목표달성의 실패

② 부정적 자극의 소멸

③ 긍정적 자극의 소멸

④ 기대와 성취 사이의 괴리

17 범죄이론과 그 내용의 연결이 옳은 것은?

① 사회유대(통제)이론 － 소년은 자기가 좋아하고 존경하는 사람들의 기대에 민감하고, 그들이 원하지 않는 경우 비행을 멀리하게 된다.

② 아노미이론 － 중산층 문화에 적응하지 못한 하위계층 출신의 소년들은 자신을 궁지에 빠뜨렸던 문화와 정반대의 문화를 만들어 자신들의 적응문제를 집단적으로 해결하려고 한다.

③ 비행적 하위문화이론 － 소년은 사회통제가 약화되었을 때 우연히 발생하는 상황을 어떻게 판단하는가에 따라 합법적인 행위를 하거나 비행을 저지르게 된다.

④ 봉쇄(견제)이론 － 소년비행에 있어서는 직접적인 대면접촉보다 자신의 행동을 평가하는 준거집단의 성격이 더 중요하게 작용한다.

18 데일리(Daly)가 형사법원에서 판결 전 보고서와 판결문을 분석하여 분류한 여성범죄자가 범죄에 처음 가담하게 되는 경로는 몇 개인가?

> ㉠ 거리여성(street women)
> ㉡ 경제적 동기로 범죄를 한 여성(economically − driven women)
> ㉢ 학대받은 여성(battered women)
> ㉣ 약물 관련 여성
> ㉤ 어린 시절 학대로 인해 공격적인 여성(harmed and harming women)

① 모두 ② 2개
③ 3개 ④ 4개

19 문화갈등이론에 관한 기술로 옳지 않은 것은?

① 하나의 사회에는 다양한 문화체계가 존재한다는 점을 전제로 범죄원인을 설명하려는 시도이다.
② 인간의 사회행동을 결정하는 데는 한 사회의 문화적 가치체계가 결정적 작용을 한다.
③ 개별집단의 문화적 행동규범과 사회전체의 지배적 가치체계 사이에 발생하는 문화적 갈등관계가 범죄원인이 된다.
④ 셀린은 동일문화 안에서 사회변화에 의해 분화갈등이 생기는 경우를 일차적 문화갈등이라 하고 이질적 문화의 충돌에 의한 갈등을 이차적 문화갈등이라 본다.

20 자본주의에 의해 곤경에 빠진 사람들이 다른 사람의 수입과 재산을 탈취함으로써 보상받으려 하거나 또는 자본주의에 의해 피해를 입은 사람들이 무력을 행사하여 다른 사람의 신체를 해 하는 유형의 범죄를 적응(화해)범죄(crime of accommodation)라고 칭한 학자는?

① 퀴니(R. Quinney) ② 타르드(G. Tarde)
③ 베커(H. Becker) ④ 코헨(A. Cohen)

01 브랜팅햄과 파우스트(Brantingham & Faust)의 범죄예방모델에서 분류한 2차적 범죄예방은?

① 민간경비   ② 재범예측

③ 교정교육   ④ 특별예방

02 피해자학에 관한 설명 중 옳지 않은 것으로 묶인 것은?

> ㉠ 피해자학이라는 용어를 처음 사용한 사람은 멘델존(B. Mendelsohn)이다.
> ㉡ 멘델존(Mendelsohn)은 피해자의 외적특성과 심리적 공통점을 기준으로 범죄피해자 유형을 5가지로 분류하였다.
> ㉢ 엘렌베르거(H. Ellenberger)는 '범죄의 이중주적(二重奏的) 구조'라는 가설을 제시하고, 범죄를 가해자와 피해자의 상호관계로 파악할 것을 주장하였다.
> ㉣ 멘델존(B. Mendelsohn)은 피해자학의 문헌을 수집하는 도서관의 창설, 피해자의 치료를 위한 중앙클리닉 창설, 피해자문제의 토의를 위한 국제회의 창설 등을 주장하였다.

① ㉠, ㉡   ② ㉡, ㉢

③ ㉠, ㉢   ④ ㉢, ㉣

03 집행유예의 요건에 관한 설명으로 옳은 것은?

① 5년 이하의 징역 또는 금고의 형을 선고할 경우이어야 한다.

② 형의 집행을 유예할 수 있는 기간은 1년 이상 3년 이하이다.

③ 금고 이상의 형을 선고한 판결이 확정된 때부터 그 집행을 종료하거나 면제된 후 3년까지의 기간에 범한 죄에 대하여 형을 선고하는 경우에는 집행을 유예할 수 없다.

④ 형법 제51조에 규정한 정상 참작사유가 없어도 집행유예가 가능하다.

04 벌금형에 대한 설명으로 옳은 것은?

① 벌금은 판결확정일로부터 90일 내에 납입하여야 하며, 벌금을 선고할 때에는 동시에 그 금액을 완납할 때까지 노역장에 유치할 것을 명할 수 있다.

② 벌금형의 형의 시효는 3년이며, 강제처분을 개시함으로 인하여 시효의 중단이 이루어진다.

③ 환형유치기간의 상한은 없다.

④ 500만원 이하의 벌금형이 확정된 벌금 미납자는 노역장유치를 대신하여 사회봉사 신청을 할 수 있다.

05 현행법상 채택되고 있지 않은 보호처분은?

① 보호관찰처분   ② 보안관찰처분   ③ 치료감호처분   ④ 보호감호처분

06 「성폭력범죄자의 성충동 약물치료에 관한 법률」에 대한 설명으로 옳지 않은 것은?

① '성충동 약물치료'란 비정상적인 성적 충동이나 욕구를 억제하기 위한 조치로서 성도착증 환자에게 약물투여 및 심리치료 등의 방법으로 도착적인 성기능을 일정기간 동안 약화 또는 무력화하는 치료를 말한다.

② 검사는 성도착증 환자로서 재범의 우려가 있다고 인정되는 19세 이상의 사람에 대하여 약물치료명령을 법원에 청구할 수 있다.

③ 검사는 치료명령 청구대상자에 대하여 정신건강의학과 전문의의 진단이나 감정을 받은 후 치료명령을 청구하여야 한다.

④ 치료명령은 검사의 지휘를 받아 보호관찰관이 집행한다.

07 다음은 암수범죄에 관한 학자들의 견해이다. 순서대로 옳게 나열된 것은?

> ㉠ (   )는(은) 암수범죄의 정확한 이해는 곧 범죄통계의 급소라고 하였다.
> ㉡ (   )는(은) 암수가 전체 범죄의 85%에 달하며, 특히 성범죄의 90% 이상이 암수범죄에 해당한다고 하였다.
> ㉢ (   )는(은) 여성범죄의 암수원인은 남성의 기사도정신에서 비롯된 것이라고 하였다.
> ㉣ (   )는(은) 경찰단계의 통계에서 암수가 가장 적게 나타난다고 보았다.

① 서덜랜드(Sutherland), 엑스너(Exner), 폴락(Polak), 셀린(Sellin)

② 엑스너(Exner), 래디노비츠(Radxinowicz), 폴락(Polak), 셀린(Sellin)

③ 래디노비츠(Radxinowicz), 엑스너(Exner), 폴락(Polak), 셀린(Sellin)

④ 폴락(Polak), 셀린(Sellin), 서덜랜드(Sutherland), 엑스너(Exner)

08 다음이 설명하는 범죄학의 연구방법은?

> 특정 범죄자를 대상으로 그들의 성격, 성장배경, 삶의 경험, 사회생활 등의 생애과정을 분석함으로써 범죄행위의 위험요인을 연구하는 방법

① 실험연구　　　② 사례연구　　　③ 문헌연구　　　④ 피해자조사연구

09 다음 범죄유형에 대한 설명으로 옳지 않은 것은?

① 코헨(Cohen)은 강간의 형태를 대체적 공격, 보상적 공격, 성공격 동시 수행, 충동에 의한 경우로 분류하였다.
② 환경범죄는 범죄수법에 따라 크게 불법처분, 불법운송, 불법저장, 부적절한 조치 및 처리로 구분된다.
③ Siegel & McCormick은 강도행위의 주요 목적은 금품취득에 있으며, 강도의 대상이나 목표물은 일반적으로 강취가능한 금품의 규모, 체포의 위험성, 범행의 용이성 등을 고려하여 합리적으로 결정된다는 입장을 갖는다.
④ 폭스와 레빈(Fox & Levin)은 세상을 변혁시키기 위한 어떤 임무를 수행하는 일환으로 연쇄살인범죄를 저지르는 유형을 이익추구형이라고 보았다.

10 사기범죄의 특성에 관한 설명으로 옳지 않은 것은?

① 사전에 범행 계획을 세운 후에 실행한다.
② 전문지식과 기술을 필요로 한다.
③ 지능적인 범행수법을 사용한다.
④ 격정적인 흥분상태에서 범행을 실행한다.

11 가로팔로(R. Garofalo)의 범죄인 분류와 그 처우방법이 바르게 연결되지 않은 것은?

① 모살범죄인 － 사형
② 풍속범 － 정기구금
③ 재산범죄인 － 본능적·상습적이면 무기유형
④ 과실범 － 불처벌

12 범죄원인론에 관한 설명 중 괄호 안에 들어갈 이름으로 옳은 것은?

- (A)은(는) 범죄통계적 분석에 기초하여 운동형(투사형), 세장형, 비만형 등으로 구분하고 체형에 따른 범죄특성을 설명하였다.
- (B)은(는) 정신병원에 수용된 환자들을 연구대상으로 하여 이들의 염색체를 조사한 결과 XYY형은 다른 정상인들에 비하여 수용시설에 구금되는 정도가 높다고 하였다.
- (C)은(는) 부모의 범죄성과 자식의 범죄성이 관련이 있다는 연구결과에 근거하여 범죄성은 유전에 의해 전수되는 것으로 보았다.

- (D)은(는) 크레펠린(E. Kraepelin)의 정신병질자 분류유형보다 더 세분된 10가지 유형으로 정신병 질적 성격유형을 구분하였다.

㉠ 제이콥스(P. Jacobs)	㉡ 크레취머(E. Kretschmer)
㉢ 셀던(W.H. Sheldon)	㉣ 고링(C. Goring)
㉤ 슈나이더(K. Schneider)	

	A	B	C	D		A	B	C	D
①	㉠	㉢	㉤	㉣	②	㉡	㉠	㉣	㉤
③	㉡	㉠	㉢	㉤	④	㉡	㉢	㉣	㉤

13 생물학적 범죄원인론에 관련된 설명 중 옳지 않은 것은?

① 덕데일(Dugdale)은 1700년대 중반에 미국에 살았던 쥬크라는 여자 범죄자의 후손들을 조사한 결과 상당수가 전과자, 포주, 창녀, 극빈자였다는 사실을 밝혀내어 범죄는 유전과 관계되는 것으로 결론지었다.

② 힐리와 브론너는 범죄연구에 대해 상습범죄자에 대한 조사에서 비행소년의 학업태만 등은 '범죄의 유치원'이라고 하였다.

③ 여성의 생리 주기가 시작될 때 과다한 양의 여성 호르몬이 분비되고, 이것이 반사회적이고 공격적인 행동에 영향을 미친다는 월경 전 증후군(premenstrual syndrome)은 카타리나 달튼(Katharina Dalton)에 의해 연구되었다.

④ 제이콥스(P. Jakobs)는 남성성을 나타내는 Y염색체가 많은 자는 외배엽형으로 공격적인 행동을 하는 신체긴장형에 속하는 것으로 보았다.

14 사회해체론의 내용이 아닌 것은?

① 인간은 사회적 동물이다.

② 도시화와 산업화는 기본적 사회제도를 더 비인간적으로 만들었다.

③ 범죄 또는 비행행위는 지배적인 문화와 갈등을 일으킴으로써 발생한다.

④ 범죄성은 개인의 사회화가 작용한 것이다.

15 초등학생인 A군의 장래희망은 도둑 또는 강도이다. 선생님과 친구에게 "은행강도가 되어서 돈을 벌겠다"고 공공연히 말한다. 이 사례에서 A군의 경우는 머튼(Merton)이 제시한 적응유형 중 어디에 해당하는가?

① 의례형(ritualism)

② 은둔형(retreatism)

③ 동조형(conformity)

④ 혁신형(innovation)

16 클로워드(R. Cloward)와 올린(L.E. Ohlin)의 차별적 기회구조이론에 관한 설명으로 옳지 않은 것은?

① 머튼의 아노미이론과 서덜랜드의 분화적 접촉이론을 종합한 이론이다.
② 하층계급소년들이 추구하는 문화적 목표와 그것을 달성할 기회 사이의 불균형을 '처치 불만'이라고 표현하였다.
③ 청소년의 비행을 중산계층의 가치나 규범에 대한 부정적인 표현으로 보았다.
④ 미국 존슨정부의 비행예방정책에 기여하였다.

17 맛차(D. Matza)의 표류이론에 관한 설명 중 옳지 않은 것만으로 묶인 것은?

⊙ 하층계급소년들의 비행은 중산계층의 가치관에 대한 반동형성에 근거한다.
ⓒ 대부분의 비행소년은 성년이 되면 합법적 가치체계로 환원한다.
ⓒ 사회통제가 지나치게 강화되면 소년들이 규범이나 가치에 전념하지 못하고, 위법적인 행위양식에도 몰입하지 않는 표류상태에 놓여진다.
ⓒ 지배적인 문화와 구별되는 하위문화가 독자적으로 존재한다.
ⓒ 비행자는 비범죄적 행동양식에 차별적으로 사회화되어 범죄로 나아간다.

① ⊙, ⓒ
② ⊙, ⓒ, ⓒ
③ ⊙, ⓒ, ⓒ
④ ⊙, ⓒ, ⓒ, ⓒ

18 브레이스웨이트(Braithwaite)의 재통합적 수치이론(Reintegrative Shaming Theory)에 대한 설명으로 옳은 것을 모두 고른 것은?

⊙ 브레이스웨이트는 낙인으로부터 벗어나도록 하기 위한 의식, 용서의 말과 몸짓만으로는 재통합적 수치가 이루어지기 어렵다고 주장하였다.
ⓒ 수치란 일종의 불승인 표시로서 당사자에게 양심의 가책을 느끼게 하는 것을 의미한다.
ⓒ 형사처벌의 효과에 대하여 엇갈리는 연구결과들을 통합하려는 시도의 일환이라고 할 수 있다.
ⓒ 일탈규정의 형성과정이나 적용메커니즘도 주요 연구대상으로 한다.

① ⊙, ⓒ
② ⓒ, ⓒ
③ ⊙, ⓒ
④ ⓒ, ⓒ

19 볼드(Vold)의 집단갈등이론(Group Conflict Theory)에 관한 설명으로 틀린 것을 모두 고른 것은?

> ㉠ 자신의 저서 「이론범죄학」을 통해 집단 간의 이해관계 대립이 범죄의 원인이라고 주장하였다.
> ㉡ 집단 간의 갈등을 사회발전의 저해요인으로 파악하였다.
> ㉢ 법의 제정, 위반 및 집행의 전 과정은 집단이익 간의 근본적인 갈등과 투쟁의 결과라고 보았다.
> ㉣ 범죄는 충분한 권력을 가진 사회집단이 자신들의 이익을 지키기 위한 투쟁의 표현이라고 보았다.

① ㉠, ㉡   ② ㉠, ㉢
③ ㉡, ㉣   ④ ㉢, ㉣

20 갈등이론에 대한 설명으로 옳지 않은 것은?

① 범죄통제는 지배계층의 피지배계층에 대한 억압수단이다.
② 어떤 사람들은 범죄를 범하고 그 외의 사람들은 범죄를 범하지 않는가를 물을 것이 아니라 어떤 행위들은 범죄로 정의되는 데 비해 그 외의 행위들은 왜 범죄로 보지 않는가를 물어야 한다.
③ 법의 제정과 적용은 권력을 차지한 집단이 이익을 도모하는 방향으로 이루어지기 때문에 형사사법절차에 있어서 빈부나 사회적 지위에 따라 불평등하게 법이 집행된다.
④ 범죄는 개인이 세운 목표와 수단 간의 괴리가 있는 경우에 제도화된 수단을 거부하고 불법적인 수단을 통해 목표를 이루려 할 때 발생한다.

모의고사

01 다음 설명 중 옳지 않은 것은?

① 상호작용론적 관점에서는 범죄를 사회권력을 가진 사람들의 선호 내지는 견해를 반영하는 것으로 보고 있어 언제든 변할 수 있다고 본다.

② 범죄학에서 범죄를 바라보는 합의론적 관점은 범죄를 법률의 위반인 동시에 사회의 전체 요소에 모순되는 행위로 규정한다.

③ 죄형법정주의의 강조는 범죄학의 연구대상으로 보기 어렵다.

④ 법과 범죄에 대한 합의론적 관점은 범죄는 실제 행위의 위해 여부와는 관계없이 사회세력에 의해 유지된다는 입장을 갖는다.

02 형사절차상 피해자 보호와 직접 관련이 없는 것은?

① 간이공판절차　　　　　　　　　② 배상명령

③ 심리의 비공개　　　　　　　　　④ 필요적 보석의 예외사유 인정

03 현행법상 형의 집행유예에 관한 설명 중 옳지 않은 것은?

① 3년 이하의 징역이나 금고 또는 500만원 이하의 벌금의 형을 선고할 경우에 양형의 조건을 참작하여 그 정상에 참작할 사유가 있는 때에는 1년 이상 5년 이하의 기간 형의 집행을 유예할 수 있다.

② 형을 병과할 경우에는 그 형의 일부에 대하여 집행을 유예할 수 없다.

③ 형의 집행을 유예하는 경우에는 보호관찰을 받을 것을 명하거나 사회봉사 또는 수강을 명할 수 있다.

④ 집행유예의 선고를 받은 자가 유예기간 중 고의로 범한 죄로 금고 이상의 실형을 선고받아 그 판결이 확정된 때에는 집행유예의 선고는 효력을 잃는다.

04 「벌금 미납자의 사회봉사 집행에 관한 특례법」 및 「동법 시행령」상 벌금 미납자의 사회봉사 집행에 대한 설명으로 옳은 것은?

① 징역 또는 금고와 동시에 벌금을 선고받은 사람은 사회봉사를 신청할 수 있다.

② 법원은 사회봉사를 허가하는 경우 벌금미납액에 의하여 계산된 노역장 유치기간에 상응하는

사회봉사시간을 산정하여야 하나, 산정된 사회봉사시간 중 1시간 미만은 집행하지 아니한다.
③ 천만원의 벌금형이 확정된 벌금 미납자는 검사의 납부명령일부터 30일 이내에 검사에게 사회봉사를 신청할 수 있다.
④ 사회봉사대상자는 사회봉사의 이행을 마치기 전에는 벌금의 전부 또는 일부를 낼 수 없다.

05 「치료감호 등에 관한 법률」에 대한 설명으로 옳지 않은 것은?

① 소아성기호증, 성적가학증 등 성적 성벽이 있는 정신성적 장애인으로서 금고 이상의 형에 해당하는 성폭력범죄를 지은 피치료감호자를 치료감호시설에 수용하는 기간은 15년을 초과할 수 없다.
② 치료감호사건의 제1심 재판관할은 지방법원 및 지방법원지원의 단독판사로 한다.
③ 치료감호가 청구된 사건은 판결의 확정 없이 치료감호가 청구되었을 때부터 15년이 지나면 청구의 시효가 완성된 것으로 본다.
④ 보호관찰기간이 끝나면 피보호관찰자에 대한 치료감호가 끝난다.

06 사회해체론에 관한 설명 중 옳지 않은 것을 모두 고른 것은?

> ㉠ 콘하우저는 이론적 차원에서 비행의 발생에 중요한 역할을 하는 것은 비행 하위문화이지 사회해체가 아니라고 본다.
> ㉡ 사회해체이론에서 비행이나 범죄가 가장 많이 발생한다고 보는 도시생태학적 지역은 '틈새지역'이다.
> ㉢ 사회해체이론은 주로 경찰이나 법원의 공식기록에 의존하였기 때문에 그 연구결과의 정확성은 문제되지 않는다.
> ㉣ 사회해체이론은 비행이 사회해체에 기인하기 때문에 비행예방을 위해서는 개별비행자의 처우보다 도시 생활환경에 영향을 미치는 사회의 조직화가 필요하다고 한다.
> ㉤ 사회해체론은 비판범죄학의 갈등론적 입장을 취한다.

① ㉠, ㉡   ② ㉡, ㉢
③ ㉠, ㉢, ㉤   ④ ㉡, ㉢, ㉣

07 일탈행위의 개념에 관한 설명으로 가장 적절하지 않은 것은?

① 일반적으로 사회적 규범에 의해 용인되지 않는 행위를 의미한다.
② 「형법」상 범죄개념보다 좁은 개념이다.
③ 형사정책적 의미의 범죄는 일탈을 포함하는 개념이다.
④ 일탈은 일반적으로 승인된 행동이 먼저 존재한다는 것을 전제로 한다는 점에 대해서는 실질적 의미의 범죄개념과 다를 바 없다.

08 범죄학연구 중 종단적 연구방법이 아닌 것은?

① 패널연구　　　　② 추세연구　　　　③ 코호트연구　　　　④ 실태연구

09 다음 중 사이버범죄에 대한 특징으로 옳지 않은 것은?

① 범행이 반복적이고 지속적이다.
② 피해가 매우 광범위할 수 있다.
③ 경찰청 사이버범죄 분류(2021년 기준)에 따르면 몸캠피싱은 불법콘텐츠 범죄 중 사이버 성폭력에 속한다.
④ 가장 넓은 의미에서의 사이버범죄는 신용카드 관련 범죄도 포함한다.

10 가정과 범죄의 상관성에 대한 학자와 주장내용으로 적절치 않은 것은?

① 슈테르네(Sterne)는 결손가정이 범죄의 원인이 된다기보다는 결손가정의 기능적 결함이 비행야기의 원인이 된다고 하였다.
② 힐리(Healy)는 경제상태가 직접 범행의 원인이 되는 비율은 0.5%에 불과하다고 주장하고, 소년비행과 빈곤의 관계성을 부인하였다.
③ 뉴마이어(M.H. Neumeyer)는 갈등가정은 가족원 상호간의 긴장관계가 계속되어 심리적으로 붕괴되기 때문에 형태적 결손가정보다 더 중요한 비행원인이 된다고 하였다.
④ 글룩 부부(S. Glueck & E. Glueck)는 가정훈육 결함의 범인성은 빈곤의 범인성보다 4배가 높다고 하고, 가정훈육 결함이 범죄의 중요한 원인 중 하나임을 강조하였다.

11 발달범죄학에 대한 설명으로 옳은 것은?

① 인생항로이론은 인간의 발달이 출생 시나 출생 직후에 나타나는 주된 속성에 따라 결정된다고 주장한다.
② 발달범죄학은 생애 전반에 걸쳐 반사회적 행동과 행위자에게 불리하고 부정적인 환경과 조건들이 상호작용하는 역동적 과정을 드러냈다는 점에서 한계를 극복했다고 평가받는다.
③ 패터슨(Patterson)은 신경심리학, 낙인이론, 긴장이론의 입장에서 범죄경력을 설명하였고, 생물학적 특성을 보다 강조하였다.
④ 1930년대 갓프레드슨(Gottfredson)과 허쉬(Hirschi)의 종단연구는 발달범죄학이론의 토대가 되었다.

12 생물학적 범죄원인론에 관련된 설명 중 옳지 않은 것은?

① 랑게(Lange)는 일란성 쌍생아들이 이란성 쌍생아들보다 범죄일치율(두 명 모두 범죄를 저지른 비율)이 현저히 높다는 점을 근거로 유전적 소질이 범죄에 영향을 미친다고 주장하였다.

② 제이콥스(Jakobs)는 염색체 구조와 범죄의 관계를 조사하여, 남성성을 나타내는 Y염색체가 일반 남성보다 많은 XYY형 남성은 폭력적이며 강한 범죄성향을 가진다고 주장하였다.
③ 고링(Goring)은 신체적 특징과 범죄의 관계를 분석하여, 범죄자가 일반인과 현저히 구별되는 신체적 특징을 지녔다는 롬브로조의 주장을 지지하였다.
④ 크레취머(Kretschmer)는 사람의 체형을 세장형, 운동형, 비만형으로 나누고 각 체형과 범죄 유형의 상관관계를 연구하였다.

13 고다드(H. Goddard)의 범죄연구에 대한 설명으로 옳은 것은?

① 매스컴과 범죄의 무관성을 주장하였다.
② 인신범죄는 따뜻한 지방에서, 재산범죄는 추운지방에서 보다 많이 발생한다고 하였다.
③ 범죄자의 정신박약이나 지능과의 관계에 대하여 연구하였다.
④ 상습범죄자에 대한 조사에서 비행소년의 학업태만 등은 '범죄의 유치원'이라고 하였다.

14 모피트(Moffitt)의 대한 설명으로 옳은 것을 모두 고른 것은?

㉠ 생애과정을 통해 사회유대와 범죄행위가 서로 영향을 미친다고 주장한다.
㉡ 모피트(Moffitt)는 범죄자를 청소년기에 한정된 범죄자와 생애지속형 범죄자로 구분하였다.
㉢ 모피트(Moffitt)는 신경심리학, 낙인이론, 긴장이론의 입장에서 범죄경력의 발전과정을 설명하였다.
㉣ 그는 인생지속형 범죄자보다 청소년기 한정형 범죄자가 정신건강상의 문제를 더 많이 가지고 있다고 하였다.

① ㉠, ㉡   ② ㉡, ㉢   ③ ㉠, ㉢   ④ ㉢, ㉣

15 아노미이론에 대한 설명으로 옳지 않은 것은?

① 머튼은 뒤르켐과는 달리 규범의 부재가 아노미를 야기하는 것이 아니라 사회적 목표와 제도화된 수단의 부조화로 인해 아노미가 초래된다고 주장했다.
② 문화적 목표와 제도화된 수단 간의 괴리 내지 갈등을 강조한다.
③ 개혁형(innovation)에는 통상적인 재산범죄자들이 포함된다.
④ 정상적인 방법으로는 부자가 될 수 없다고 판단하고 사기, 횡령 등을 한 자는 머튼(Merton)의 아노미이론에서 반역형(rebellion)에 해당한다.

16 밀러(Miller)의 하층계급문화이론에서 주장한 주요 관심(Focal concerns)이 아닌 것은?

① 말썽부리기(trouble)   ② 강인함(toughness)
③ 영악함(smartness)   ④ 소통(communication)

17 갓프레드슨과 허쉬(Gottfredson & Hirschi)가 일반이론에서 범죄의 유일하면서도 중요한 원인이라고 주장하는 것은?

① 긴장
② 자기통제력
③ 애착
④ 재통합적 수치

18 전환제도(diversion)의 이론적 근거는?

① 사회학습이론
② 갈등이론
③ 낙인이론
④ 발달이론

19 셀린(T. Sellin)의 문화갈등이론(Cultural Conflict Theory)에 관한 설명으로 옳지 않은 것을 모두 고른 것은?

> ㉠ 문화갈등이란 용어를 최초로 사용하였다.
> ㉡ 문화갈등이 존재하는 지역의 사람들은 서로 경쟁적이며, 이러한 경쟁은 사회통제를 강화하는 요인
> 　으로 작용하여 범죄예방효과로 나타난다고 보았다.
> ㉢ 범죄원인 연구분야에 문화적 측면을 중요한 요소로 포함시켰다.
> ㉣ 개인 간의 관계 악화, 규범혼란 등은 제1차적 문화갈등에 해당한다.
> ㉤ 문화갈등이론은 비판범죄학의 이론적 기초를 제공하였다.

① ㉠, ㉡
② ㉠, ㉢
③ ㉡, ㉣
④ ㉣, ㉤

20 비판범죄학자들의 주장으로 옳지 않은 것을 모두 고른 것은?

> ㉠ 봉거(Bonger)는 마르크스주의 입장에서 범죄원인론을 최초로 체계화하였다.
> ㉡ 퀴니(Quinney)는 자본주의가 노동자계급의 범죄만을 유발시키고, 자본가계급의 범죄는 유발시키
> 　지 않는다고 주장하였다.
> ㉢ 테일러(Taylor)는 과학기술의 발달로 인한 자동화로 인해 전문성 없는 비숙련노동자들이 생산활동
> 　에서 소외되는 문제인구로 전락되고, 이들이 일탈행위를 하게 될 것이라고 보았다.
> ㉣ 슈베딩거 부부(H. Schwedinger & J. Schwedinger)는 범죄개념의 정의에서 가치판단을 배제하
> 　고, 사법기관의 활동과 형법의 배후에 있는 동기가 인간적인가를 고려해야 한다는 휴머니즘 비판범
> 　죄학을 전개하였다.

① ㉠, ㉡
② ㉡, ㉢
③ ㉠, ㉣
④ ㉢, ㉣

01 브랜팅햄과 파우스트(Brantingham & Faust)의 범죄예방에 관한 설명으로 옳은 것은?

① 감시장비설치는 1차적 범죄예방이다.
② 환경설계는 2차적 범죄예방이다.
③ 범죄예방교육은 3차적 범죄예방이다.
④ 재범예방프로그램은 2차적 범죄예방이다.

02 현행 「범죄피해자 보호법」의 내용으로 옳지 않은 것은?

① 유족구조금을 지급받을 수 있는 유족의 범위에서 태아는 구조피해자가 사망할 때 이미 출생한 것으로 본다.
② 범죄행위 당시 구조피해자와 가해자가 사실상 혼인관계에 있는 경우 구조금을 지급하지 않는 것이 원칙이지만, 지급하지 않는 것이 사회통념에 위배된다고 인정할 만한 특별한 사정이 있는 경우에는 구조금의 일부를 지급할 수 있다.
③ 국가는 구조피해자나 유족이 해당 구조대상 범죄피해를 원인으로 하여 손해배상을 받았으면 그 범위에서 구조금을 지급하지 아니한다.
④ 구조금 지급의 대상범죄는 살인, 폭행, 상해와 같은 생명과 신체에 관한 범죄 및 절도, 강도와 같은 재산범죄이다.

03 우리나라의 형벌제도에 관한 설명 중 옳지 않은 것은?

① 피고인은 사형 또는 무기징역이나 무기금고가 선고된 판결에 대하여는 상소의 포기를 할 수 없다.
② 「소년법」에 의하면 법정형으로 장기 2년 이상의 유기형에 해당하는 죄를 범한 경우에는 그 형의 범위에서 장기와 단기를 정하여 선고하되, 장기는 10년, 단기는 5년을 초과하지 못한다.
③ 몰수는 타형에 부가하여 과하되 행위자에게 유죄의 재판을 아니할 때에도 몰수의 요건이 있는 때에는 몰수만을 선고할 수 있다.
④ 집행유예의 선고를 받은 후 그 선고의 실효 또는 취소됨이 없이 유예기간을 경과한 때에는 면소된 것으로 간주한다.

04 벌금미납자의 사회봉사에 대한 설명으로 옳은 것은?

① 법원으로부터 200만원의 벌금형을 선고받고 벌금을 완납할 때까지 노역장에 유치할 것을 명받은 사람은 지방검찰청의 검사에게 사회봉사를 신청할 수 있다.

② 검사는 납부능력확인을 위한 출석요구기간을 포함하여 피고인의 사회봉사신청일로부터 7일 이내에 사회봉사의 청구여부를 결정해야 한다.

③ 사회봉사신청을 기각하는 검사의 처분에 대해 불복하는 자는 사회봉사신청을 기각한 검사가 소속한 지방검찰청에 상응하는 법원에 이의신청을 할 수 있다.

④ 법원은 사회봉사를 허가하는 경우 벌금미납액에 의하여 계산된 노역장유치기간에 상응하는 사회봉사기간을 산정하되, 산정된 사회봉사기간 중 1시간 미만은 1시간으로 집행한다.

05 현행 치료감호에 대한 내용으로 거리가 먼 것은?

① 법원은 공소제기된 사건의 심리결과 치료감호를 할 필요가 있다고 인정할 때에는 검사에게 치료감호청구를 요구할 수 있다.

② 치료감호청구서에는 피치료감호청구인의 성명, 그 밖에 피치료감호청구인을 특정할 수 있는 사항, 청구의 원인이 되는 사실, 적용 법조문, 그 밖에 대통령령으로 정하는 사항을 기재하여야 한다.

③ 치료감호대상자에 대한 치료감호를 청구할 때에는 정신건강의학과 등의 전문의의 진단이나 감정을 참고하여야 한다.

④ 검사는 치료감호대상자가 치료감호를 받을 필요가 있는 경우 치료감호청구서를 관할 검찰청에 제출하여 치료감호를 청구할 수 있다.

06 다음 설명 중 옳지 않은 것을 모두 고르시오.

> ㉠ 엘리엇(Elliott)과 동료들의 통합이론(Integrated Theory)은 사회유대가 강한 청소년일수록 성공기회가 제약되면 긴장을 느끼고 불법적 수단으로 목표를 달성하려 할 가능성이 크다고 주장하였다.
>
> ㉡ 지오다노와 동료들에 의하면 범죄중지를 위해서는 4가지의 인지적 전환(cognitive transformation)이 필요하다고 하였다.
>
> ㉢ 엘리엇(Elliott)과 동료들의 통합이론(Integrated Theory)은 노동자계급 가정에서 양육된 청소년은 부모의 강압적 양육방식으로 인해 부모와의 유대관계가 약해져 범죄를 저지를 가능성이 크다고 강조한다.
>
> ㉣ 패터슨(Patterson)은 범죄의 시작, 유지, 중단의 연령에 따른 변화는 생애과정에서의 비공식적 통제와 사회유대를 반영하고, 인생의 중요한 전환기에 발생하는 사건들과 그 결과에 영향을 받는다고 보았다.

① ㉠, ㉡   ② ㉡, ㉢   ③ ㉠, ㉢   ④ ㉢, ㉣

07 범죄와 구별되는 일탈(deviance)에 대한 설명으로 적절하지 않은 것은?

① 특정 사회의 집단적 사회규범이나 행동규칙에 위반된 행위라고 정의할 수 있다.

② 비범죄화정책을 수립할 때 중요한 판단척도가 된다.

③ 낙인이론은 일탈을 정의할 때 규범위반 여부보다 사회적 반응을 중시한다.

④ 법규범은 사회규범의 일부에 불과하므로 일탈이 항상 범죄가 되는 것은 아니다.

08 울프강(Wolfgang)과 동료들이 수행한 필라델피아 코호트 연구의 대표적인 결과로 옳은 것은?

① 대부분의 범죄자는 청소년기에 비행경력이 없다.

② 연령과 범죄 사이의 관계는 발견되지 않는다.

③ 한 번 범죄를 저지른 사람들은 대부분 오랫동안 지속적으로 범죄를 저지른다.

④ 소수의 만성범죄자가 저지른 범죄가 전체 범죄의 대부분을 차지한다.

09 은행처럼 꾸민 가짜 웹사이트를 개설하고 개인정보를 입력하도록 유도하여 금융사기를 일으키는 신종범죄는?

① 스토킹(stalking)

② 피싱(phishing)

③ 디도스(DDos)

④ 스팸메일(spam mail)

10 살인에 관한 내용으로 옳지 않은 것은?

① 살인동기에 따라 분류한 유형 중 제2유형인 보통 동기살인은 원한 관계에 기인한 살인, 가정 불화로 인한 살인, 채권·채무관계에서 비롯된 불만으로 인한 살인 등을 포함한다.

② 살인동기에 따라 분류한 유형 중 제4유형인 비난 동기 살인은 보복살인, 금전, 불륜, 조직의 이익을 목적으로 한 살인 등 동기에 있어서 특히 비난할 사유가 있는 살인행위를 의미한다.

③ 주로 하층집단에 의해서 행해진다.

④ 우발적 동기에 의한 경우가 많다.

11 아샤펜부르크(G. Aschaffenburg)가 분류한 범죄인 유형에 해당하지 않는 것은?

① 우발범죄인

② 풍속범죄인

③ 관습범죄인

④ 예모범죄인

12 범죄생물학에 관한 설명 중 옳지 않은 것은?

① 제이콥스(Jakobs)는 남성성이 과잉인 XYY형 염색체를 가진 사람들이 폭력적이고 강한 범죄 성향을 가진다고 보았다.

② 아이센크(Eysenck)는 내성적인 사람의 경우 대뇌에 가해지는 자극이 낮기 때문에 충동적, 낙관적, 사교적, 공격적이 된다고 보았다.

③ 달가드(Dalgard)와 크린글렌(Kringlen)은 쌍둥이연구를 통해 범죄 발생에서 유전적 요소는 중요하지 않다고 주장하였다.

④ 코르테(Cortes)는 신체적으로 중배엽형의 사람일수록 범죄성향이 높다고 주장하였다.

13 범죄성향의 유전성을 밝히기 위해 웨스트와 페링턴(West & Farrington)이 연구한 분야는?

① 부모자녀 사이의 유전성
② 형제자매 사이의 유전성
③ 쌍둥이 사이의 유전성
④ 입양아와 생물학적 아버지 사이의 유전성

14 사회해체론에 대한 설명으로 옳은 것은 모두 고른 것은?

> ㉠ 버식(Bursik)과 웹(Webb)은 주민들이 공통된 가치체계를 실현하지 못하고 지역주민들이 공통적으로 겪는 문제를 해결할 수 없는 상태를 사회해체라고 정의하고, 원인을 주민의 비이동성과 동질성으로 보았다.
> ㉡ 윌슨(Wilson)과 켈링(Kelling)이 주장한 깨진 유리창이론은 특정 지역사회에 무질서가 확산하게 되면 지역주민들은 그 지역이 안전하지 않다는 불안감을 느끼게 되고, 이는 범죄에 대한 두려움으로 이어진다고 주장한다.
> ㉢ 사회해체이론은 지역사회의 생태학적 변화를 범죄 발생의 주요 원인으로 본다.
> ㉣ 조보(Zorbaugh)는 청소년비행의 지리적 집중현상이 중심상업지역으로부터 외곽으로 벗어날수록 약화된다고 지적하면서 도심집중현상이 가장 극심한 곳은 전이지대(zone in transition)라고 주장하였다.

① ㉠, ㉡   ② ㉡, ㉢   ③ ㉠, ㉢   ④ ㉢, ㉣

15 머튼이 주장한 긴장이론(Strain Theory)에 대한 설명으로 옳은 것은?

① 사회 내에 문화적으로 널리 받아들여진 가치와 목적, 그리고 그것을 실현하고자 사용하는 수단 사이에 존재하는 괴리가 아노미적 상황을 이끌어낸다고 보았다.

② 머튼(Merton)의 동조형은 안정적인 사회에서 가장 보편적인 행위유형으로서 문화적인 목표와 제도화된 수단을 부분적으로만 수용할 때 나타난다.

③ 하층계급을 포함한 모든 계층이 경험할 수 있는 긴장을 범죄의 주요 원인으로 제시하였다.

④ 아노미이론은 머튼이 기초를 제공하고 뒤르켐이 체계화하였다. 뒤르켐에 의하면 인간의 욕구란 상대적인 것이라고 본다.

16 클로워드(R.A. Cloward)와 올린(L.E. Ohlin)은 청소년비행을 비행하위문화의 영향으로 파악하는데 아래에 해당하는 하위문화는?

> 범죄가 조직화되지 않았지만 과시적 폭력이 빈번하다. 이러한 지역에서는 폭력성이 일종의 지위와 성공을 성취하는 수단이 된다. 성인들의 범죄가 조직되지 않아 불법적 기회마저 거의 가질 수 없는 지역에서 발견된다.

① 갈등적 하위문화
② 도피적 하위문화
③ 합법적 하위문화
④ 범죄적 하위문화

17 미국의 사회심리학적 범죄이론에 관한 설명으로 바르지 않은 것은?

① 중화이론이란 범죄가 범죄자에게 이미 내면화되어 있는 규범의식, 가치관을 중화·마비시키면서 발생하는 것으로 본다.
② 자아관념이론에 의하면 올바른 자기관은 비행을 억제하는 절연체 구실을 한다.
③ 표류이론은 비행소년과 일반소년의 근본적인 차이가 있고 그 차이로 인하여 비행소년들이 어쩔 수 없이 범죄에 빠져든다고 보았다.
④ 표류이론에 의하면 사회통제가 약화되었을 때 소년들이 합법적인 규범이나 가치에 전념하지 못하고 그렇다고 위법인 행위양식에도 몰입하지 못하는 상태를 표류상태라 한다.

18 낙인이론에 관한 설명으로 옳지 않은 것은?

① 전통적·심리학적·다원적 범죄원인론을 배격하고, 법집행기관을 주요 연구대상으로 삼았다.
② 공식적 낙인은 차별적 기회구조와 차별적 접촉을 낳는다고 보아 사법기관의 역할에 대해 회의적이다. 즉 처벌이 범죄를 억제하기보다는 오히려 증가시킨다고 본다.
③ 범죄의 원인보다 범죄자에 대한 사회적 반응을 중시하고, 사회적 금지가 일탈행위를 유발하거나 강화시킨다고 주장하였다.
④ 고전적 억제이론과 낙인이론은 형사처벌과 재범 간의 관계를 설명하는 매개변수가 같다.

19 범죄학이론과 학자가 다르게 연결된 것은?

① 실증주의 범죄학 – 롬브로조
② 아노미이론 – 뒤르켐
③ 하위문화론 – 코헨
④ 문화갈등이론 – 페리

20 〈보기 1〉의 학자와 〈보기 2〉의 내용을 바르게 연결한 것은?

보기 1

㉠ 머튼(R. Merton) 　　㉡ 허쉬(T. Hirschi)
㉢ 볼드(G. Vold) 　　㉣ 퀴니(R. Quinney)

보기 2

ⓐ 어느 사회에서나 문화적 목표나 가치에 대해서는 사람들 간에 기본적인 합의가 이루어져 있다는 가치공유설을 전제로 한다.
ⓑ 자본가들에 의한 범죄를 지배와 억압의 범죄로 보았다.
ⓒ 일탈을 통제하는 시스템에 장애가 생기면 일탈행동이 발생한다.
ⓓ 본인 스스로의 자아낙인(self−label)을 고려했다는 점에서 다른 낙인이론가들과는 차이가 있다.
ⓔ 범죄행위를 집단갈등과정에서 자신들의 이익과 목적을 제대로 방어하지 못한 집단의 행위로 인식하였다.

① ㉠ − ⓐ, ㉡ − ⓓ, ㉢ − ⓔ
② ㉡ − ⓒ, ㉢ − ⓓ, ㉣ − ⓑ
③ ㉠ − ⓒ, ㉡ − ⓑ, ㉣ − ⓓ
④ ㉠ − ⓐ, ㉢ − ⓔ, ㉣ − ⓑ

8회 모의고사

범 죄 학

01 다음에서 설명하는 레페토의 범죄전이의 유형은?

> 특정한 지역에서 이웃감시프로그램을 시작하자 절도범들이 인근의 다른 지역으로 이동하여 절도범죄를 행하는 현상

① 영역적 전이   ② 전술적 전이   ③ 시간적 전이   ④ 기능적 전이

02 「범죄피해자 보호법」에 의할 때 국가에 의한 범죄피해자 구조금의 지급대상이 되는 경우는?

① 전치 8주의 폭행치상을 당한 자가 피해의 전부를 가해자로부터 배상받은 경우
② 10억원의 사기피해를 당한 자가 가해자로부터 5억원만 배상받은 경우
③ 강도상해를 당하여 반신불수가 된 자가 가해자로부터 배상받지 못한 경우
④ 단순폭행을 당한 자가 가해자로부터 일부 배상을 받았지만, 피해자가 가난하여 생계유지가 곤란한 경우

03 현행법상 형의 집행유예에 관한 설명으로 옳지 않은 것은?

① 3년 이하의 징역이나 금고 또는 500만원 이하의 벌금의 형을 선고할 경우 양형의 조건을 참작하여 그 정상에 참작할 만한 사유가 있는 때에는 1년 이상 5년 이하의 기간 형의 집행을 유예할 수 있다.
② 형을 병과할 경우에는 그 형의 일부에 대하여 집행을 유예할 수 있다.
③ 형의 집행을 유예하는 경우에는 보호관찰을 받을 것을 명하거나 사회봉사 또는 수강을 명할 수 있다.
④ 집행유예의 선고를 받은 자가 유예기간 중 고의로 범한 죄로 금고 이상의 실형을 선고 받아 그 판결이 확정된 때에는 집행유예가 취소된다.

04 벌금 미납자의 사회봉사 집행에 대한 설명으로 옳은 것은?

① 벌금 미납자의 사회봉사는 검사가 집행한다.
② 보호관찰관은 검사에게 사회봉사 집행실태에 대한 관련 자료의 제출을 요구할 수 있고, 사회

봉사 집행방법 및 내용이 부적당하다고 인정하는 경우에는 이에 대한 변경을 요구할 수 있다.

③ 사회봉사는 원칙적으로 1일 5시간을 넘겨 집행할 수 없다.

④ 사회봉사의 집행시간은 사회봉사기간 동안의 집행시간을 합산하여 시간 단위로 인정한다. 다만, 집행시간을 합산한 결과 1시간 미만이면 1시간으로 인정한다.

05 「치료감호 등에 관한 법률」상 치료감호에 대한 설명으로 옳지 않은 것은?

① 구속영장에 의하여 구속된 피의자에 대하여 검사가 공소를 제기하지 아니하는 결정을 하고 치료감호 청구만을 하는 때에는 구속영장의 효력은 상실되므로 별도로 치료감호영장을 청구하여야 한다.

② 피치료감호자의 텔레비전 시청, 라디오 청취, 신문, 도서의 열람은 일과시간이나 취침시간 등을 제외하고는 자유롭게 보장된다.

③ 치료감호와 형이 병과된 경우에는 치료감호를 먼저 집행하며, 이 경우 치료감호의 집행기간은 형 집행기간에 포함한다.

④ 피치료감호자에 대한 치료감호가 가종료되었을 때 보호관찰이 시작되며, 이때 보호관찰의 기간은 3년으로 한다.

06 뒤르켐(E. Durkheim)에 대한 설명으로 옳지 않은 것을 모두 고른 것은?

> ㉠ 범죄는 사회에 유해한 행위라고 보았다.
> ㉡ 뒤르켐(E. Durkheim)은 아노미이론을 처음 주장하였고, 집단적 비승인이 존재하는 한 범죄는 모든 사회에 어쩔 수 없이 나타나는 현상으로 병리적이기보다는 정상적인 현상이라고 주장하였다.
> ㉢ 뒤르켐(E. Durkheim)은 범죄가 사회유지를 위해 중요한 기능은 하지만 정상적인 현상은 아니라고 하였다.
> ㉣ 구조기능주의 관점에서 범죄의 원인을 설명한 학자이며, 범죄필요설을 바탕으로 범죄정상이론을 주창하였다.

① ㉠, ㉡   ② ㉡, ㉢
③ ㉠, ㉢   ④ ㉢, ㉣

07 범죄의 개념에 관한 설명으로 옳지 않은 것은?

① 절대적 범죄란 가로팔로(Garofalo)가 말한 자연범을 의미한다.

② 일정한 시대와 국가에 따라 범죄가 달리 정해질 수 있다고 할 때 이 경우 범죄는 상대적 범죄를 의미한다.

③ 오늘날 범죄는 실정법체계에서 인정되는 것에 한하므로 절대적 범죄란 인정되지 않는다.

④ 교정학상의 범죄는 형사정책학상의 범죄보다 개념상 범위가 넓다.

08 다음의 공통점은?

범죄분석	사법연감	범죄백서

① 공식통계　　　② 범죄피해조사　　　③ 자기보고식조사　　　④ 패널조사

09 폭력범죄에 관한 설명으로 적절하지 않은 것은?

① 일반적으로 대도시의 폭력범죄율은 농촌지역의 폭력범죄율보다 높다.

② 일반적으로 20대는 60대보다 폭력범죄를 더 많이 저지른다.

③ 모이어(Moyer)는 대상과 방법에 따라 정서적 폭력, 성폭력, 신체적 폭력, 집단적 폭력, 테러리즘 등으로 구분하였다.

④ 문제행동을 일찍 시작한 아이는 폭력범죄를 지속적으로 저지를 가능성이 높다.

10 그로스의 폭력적 강간의 유형으로 옳지 않은 것은?

① 분노강간　　　② 스릴추구적 강간　　　③ 지배강간　　　④ 가학성 변태성욕강간

11 범죄원인론에 대한 설명으로 옳은 것은?

① 고링은 정신병원에 수용된 환자들을 대상으로 하여 이들의 염색체를 조사한 결과 XYY형은 다른 정상인들에 비해 수용시설에 구금되는 정도가 높다고 하였다.

② 콜버그(Kohlberg)의 도덕발달이론에 관한 경험적 연구결과에 따르면 대부분의 범죄자는 도덕발달 6단계 중 중간단계인 3-4단계에 속하는 것으로 보았다.

③ 클라인펠터증후군을 가진 사람은 동성애 경향, 성범죄, 조폭범, 절도 등을 범하는 경향이 있으나 범죄학적으로는 크게 위험시되지는 않는다.

④ 초남성형 범죄이론은 범죄의 종류 중에서 비폭력적 범죄를 잘 설명할 수 있다는 장점이 있다.

12 심리학적 범죄원인 및 대책에 관한 다음 설명 중 옳지 않은 것은?

① 프로이트(Freud)는 콤플렉스에 기한 잠재적 죄악감과 망상이 범죄를 유발한다고 보았다.

② 융(Jung)은 내향적인 사람이 범죄에 친화적이고, 외향적인 사람은 사회규범 등에 대한 학습능력이 높으므로 상습범죄자가 되기 어렵다고 보았다.

③ 아들러(Adler)는 신체적 결함뿐만 아니라 사회적 소외도 콤플렉스의 원인이 된다고 봄으로써 범죄원인을 개인심리적 영역에서 사회적 영역으로 확대하였다.

④ 에이크혼(Aichhorn)은 비행소년에 대해서는 권위나 제재가 아닌 애정에 의한 교정이 필요하다고 주장하였다.

13 쌍둥이연구에 관한 설명 중 옳지 않은 것은?

① 쌍둥이연구는 일란성 쌍둥이와 이란성 쌍둥이의 범죄일치율을 비교해 봄으로써 유전적 소질이 범죄에 미치는 영향을 알 수 있다는 전제에서 출발하였다.

② 랑게(Lange)는 13쌍의 일란성 쌍둥이와 17쌍의 이란성 쌍둥이를 대상으로 연구한 결과, 일란성 쌍둥이에서 쌍둥이 모두가 범죄를 저지른 비율이 이란성 쌍둥이에서 쌍둥이 모두가 범죄를 저지른 비율보다 높다는 것을 확인하였다.

③ 크리스찬센(Christiansen)은 랑게의 연구가 가진 한계를 극복하기 위해 광범위한 표본을 대상으로 연구하였고, 그 연구결과에 의하면 일란성 쌍둥이 모두가 범죄를 저지른 비율보다 이란성 쌍둥이 모두가 범죄를 저지른 비율이 오히려 높다는 결과를 얻었다.

④ 달가드(Dalgard)와 크링글렌(Kringlen)은 쌍둥이연구에서 유전적 요인 이외에 양육 과정의 차이도 함께 고려하여 연구하였다.

14 샘슨(Sampson)에 대한 설명으로 옳지 않은 것은?

① 샘슨은 집합효율성(공동체효능)이론을 주장하고, '장소가 아니라 사람 바꾸기'의 범죄대책을 권고한다.

② 샘슨은 지역주민 간의 상호신뢰 또는 연대감과 범죄에 대한 적극적인 개입을 강조하는 '집합효율성이론'을 주장하였다.

③ 집합효율성(collective efficacy)이란 공통의 선을 유지하기 위한 지역주민들 사이의 사회적 응집력을 의미하며, 상호신뢰와 유대 및 사회통제에 대한 공통된 기대를 포함하는 개념이다.

④ 샘슨은 범죄지역의 속성으로 '낮은 자본론'을 거론하고, 범죄자나 비행자들이 지역거주자 사이의 관계성이 부족하고 지역자치활동이 활발하지 못한 변이지역을 차지하게 된다고 주장하였다.

15 다음 범죄원인론에 관한 설명 중 옳지 않은 것은?

① 레클리스(Reckless)는 압력(pressures), 유인(pulls), 배출(pushes) 요인이 범행을 유발한다고 보았다.

② 허쉬(Hirschi)는 개인이 사회와 유대관계를 맺는 방법으로 애착(attachment), 전념(commitment), 믿음(belief), 참여(involvement)를 제시하였다.

③ 맛차(Matza)와 사이크스(Sykes)는 범죄자가 피해자 혹은 사회일반에 책임을 전가하거나 더 높은 가치에 의지하는 등 범죄행위를 정당화하는 방법을 '중화(Neutralization)기술'이라고 하였다.

④ 머튼(Merton)은 사람들이 사회적 긴장에 반응하는 방식 중 '혁신형'은 문화적 목표와 사회적 수단을 모두 자신의 의지에 따라 새로운 것으로 대체하려는 특성을 갖는다고 하였다.

16 다음은 사회통제이론에 관한 설명이다. 옳지 않은 것은?

① 라이스(A. Reiss)는 개인의 자기통제력과 범죄와의 관계를 처음으로 지적한 초기 통제이론가
이다.

② 나이(Nye)는 가정에서의 비공식적 비행통제보다 공식적 비행통제가 보다 효과적이라고 보
았다.

③ 레클리스(Reckless)는 범죄나 비행의 통제요인으로 내적 통제요인과 외적 통제요인을 제시
하였다.

④ 맛차(Matza)는 대부분의 소년범죄가 일과성에 불과하다고 보았다.

17 범죄를 저지른 사람에 대한 처벌이 일반시민들로 하여금 처벌에 대한 두려움을 불러 일으켜서
결과적으로 범죄가 억제되는 효과를 무엇이라고 하는가?

① 일반적 억제효과   ② 특수적 억제효과

③ 절대적 억제효과   ④ 간접적 억제효과

18 낙인이론(Labeling Theory)에 대한 다음 설명 중 옳지 않은 것은?

① 범죄원인에 대한 정태적 분석으로 개인에게 주어진 제반 사회적 환경에 중점을 두는 범죄이
론이다.

② 범죄 내지 일탈행위를 사회 자체 내지 그 구성원 일반과 일탈자의 상호작용으로 파악하는
데 그 이론적 특징이 있다.

③ 일탈규정의 형성과정이나 적용메커니즘도 주요 연구대상으로 한다.

④ 레머트(Lemert)는 사회적 상호작용의 관점에서 낙인의 과정에 대한 체계화를 시도하면서 일
차적 일탈에 대한 형사사법기관의 대응을 중시한다.

19 손베리(Thørnberry)의 상호작용이론에 대한 설명으로 옳지 않은 것은?

① 청소년 초기에는 가족의 애착이 중요하고, 중기에는 가족의 영향력이 친구, 학교, 청소년문화
로 대체된다.

② 하위계층과 같은 위험요인이 비행 및 범죄에 영향을 미칠 수 있다고 본다.

③ 손베리(Thørnberry)는 이론 통합을 "특정 현상에 대해 보다 종합적인 설명을 제공할 목적으
로 논리적으로 연결되는 두 개 이상의 명제를 결합시키는 행위"라고 정의한다.

④ 인생의 중기를 거쳐 후기에 이를수록 부모의 영향력은 커지고 비행친구와의 접촉이 비행의
주된 원인이 된다.

20 급진범죄학의 기본입장에 대한 설명으로 옳지 않은 것은?

① 마르크스주의에 기초하고 있다.

② 갈등론적 관점을 취한다고 할 수 있다.

③ 범죄원인을 실증적으로 분석하는 데 초점을 맞추고 있다.

④ 기본적으로 형사사법제도에 내재하는 불평등을 문제 삼고 있다.

01 설계를 통한 범죄예방(CPTED)의 기본원리라고 할 수 없는 것은?

① 영역성
② 자연적 감시
③ 이미지
④ 특별억제

02 우리나라의 범죄피해자 보호제도에 관한 설명 중 옳지 않은 것은?

① 과실범의 피해자는 「범죄피해자 보호법」의 피해자 구조대상에서 제외된다.
② 범죄피해 방지 및 범죄피해자 구조활동으로 피해를 당한 사람도 「범죄피해자 보호법」상 범죄피해자로 본다.
③ 외국인이 구조피해자이거나 유족인 경우에는 해당 국가의 상호보증이 있는 경우에만 「범죄피해자 보호법」이 적용된다.
④ 「범죄피해자 보호법」에 의하면 구조피해자가 가해자로부터 피해의 전부를 배상받지 못하여 생계 곤란의 사유가 인정될 때에만 구조를 받을 수 있다.

03 형의 선고유예와 집행유예에 관한 설명으로 옳지 않은 것은?

① 집행유예 시 보호관찰기간은 1년으로 한다.
② 선고유예나 집행유예의 결정은 법원의 재량이다.
③ 형을 병과할 경우에도 형의 전부 또는 일부에 대하여 그 선고를 유예할 수 있다.
④ 선고유예를 하기 위해서는 「형법」상 양형조건의 사항을 참작하여 개전의 정상이 현저하여야 한다.

04 벌금형에 대한 형사정책적 평가와 가장 거리가 먼 것은?

① 단기자유형의 효과적인 대체수단이 될 수 있다.
② 집행의 번거로움으로 행정의 효율을 기하기 어렵다.
③ 총액벌금제의 경우 경제적 약자와 강자 간의 형평을 기할 수 없으므로 배분적 정의에 반한다.
④ 노역장 유치는 3년을 초과할 수 없으므로 미납 벌금이 거액인 경우 형의 실효성을 확보하기 어렵다.

05 「치료감호 등에 관한 법률」상 치료감호에 대한 설명으로 옳은 것은?

① 「형법」상 살인죄(제250조 제1항)의 죄를 범한 자의 치료감호기간을 연장하는 신청에 대한 검사의 청구는 치료감호기간 또는 치료감호가 연장된 기간이 종료하기 3개월 전까지 하여야 한다.

② 치료감호심의위원회는 치료감호만을 선고받은 피치료감호자에 대한 집행이 시작된 후 6개월이 지났을 때에는 상당한 기간을 정하여 그의 법정대리인, 배우자, 직계친족, 형제자매에게 치료감호시설 외에서의 치료를 위탁할 수 있다.

③ 근로에 종사하는 피치료감호자에게는 근로의욕을 북돋우고 석방 후 사회정착에 도움이 될 수 있도록 법무부장관이 정하는 바에 따라 작업장려금을 지급할 수 있다.

④ 법원은 치료감호사건을 심리하여 그 청구가 이유 없다고 인정할 때 또는 피고사건에 대하여 심신상실 외의 사유로 무죄를 선고하거나 사형을 선고할 때에는 판결로써 청구기각을 선고하여야 한다.

06 바톨라스(C. Bartolas)의 소년교정모형에 대한 설명이다. 〈보기 1〉에 제시된 설명과 〈보기 2〉에서 제시된 교정모형을 옳게 짝지은 것은?

> **보기 1**
>
> ㉠ 비행소년은 통제할 수 없는 요인에 의해서 범죄자로 결정되어졌으며, 이들은 사회적 병질자이기 때문에 처벌의 대상이 아니라 치료의 대상이다.
>
> ㉡ 범죄소년은 치료의 대상이지만 합리적이고 책임 있는 결정을 할 수 있다고 하면서, 현실요법·집단지도 상호작용·교류분석 등의 처우를 통한 범죄소년의 사회 재통합을 강조한다.
>
> ㉢ 비행소년에 대해서 소년사법이 개입하게 되면 낙인의 부정적 영향 등으로 인해 지속적으로 법을 어길 가능성이 증대되므로, 청소년을 범죄소년으로 만들지 않는 길은 시설에 수용하지 않는 것이다.
>
> ㉣ 지금까지 소년범죄자에 대하여 시도해 온 다양한 처우 모형들이 거의 실패했기 때문에 유일한 대안은 강력한 조치로서 소년범죄자에 대한 훈육과 처벌뿐이다.

> **보기 2**
>
> A. 의료모형   B. 적응(조정)모형
>
> C. 범죄통제모형   D. 최소제한(제약)모형

	㉠	㉡	㉢	㉣
①	A	B	C	D
②	A	B	D	C
③	A	C	D	B
④	B	A	D	C

07 범죄학에서 고전주의와 실증주의에 관한 설명으로 옳지 않은 것은?

① 고전주의 범죄학은 처벌이 아닌 개별적 처우를 통한 교화개선을 가장 효과적인 범죄예방 대책으로 본다.
② 고전주의가 계몽주의 사조의 영향을 받았다면, 실증주의는 자연과학 발전의 영향을 받았다.
③ 실증주의가 인간행동에 대해 결정론적으로 해석을 한다면, 고전주의는 자유의지를 강조하는 편이다.
④ 인간의 행동은 개인적 기질과 다양한 환경요인에 의하여 통제되고 결정된다고 보는 것은 실증주의 범죄학파의 기본입장이다.

08 범죄학의 연구방법에 관한 설명으로 옳지 않은 것은?

① 참여적 관찰이란 연구자가 직접 일정한 범죄집단에 들어가 범죄자들과 함께 생활하면서 여러 가지 자료 등을 수집하거나 그들의 생활을 관찰하는 방법을 말한다.
② 추행조사는 일정 수의 범죄자 또는 비범죄자를 일정 기간 계속적으로 추적하면서 사회적 조건의 변화상태를 분석하고, 그 변화상태와 범죄자 또는 범죄와의 연결관계를 살펴보는 방법이다.
③ 실험적 연구는 일반적으로 새로 도입한 형사제도의 유용성을 검증하기 위해 활용된다.
④ 사례조사는 연구의 대상이 되는 실험집단과 그에 대조되는 일정 수의 정상집단, 즉 대조집단을 선정한 후 양 집단을 비교하여 차이점을 규명한다.

09 화이트칼라범죄에 관한 설명으로 옳지 않은 것은?

① 서덜랜드(Sutherland)가 최초로 사용한 용어이다.
② 자신의 직무상의 권한과 영향력을 악용하여 저지르는 불법행위이다.
③ 화이트칼라범죄는 범죄피해의 규모는 크지만, 범죄자는 물론 일반인도 중대한 범죄로 보지 않은 경향이 있다.
④ 개인의 신용카드범죄, 마약범죄, 성폭력범죄 등이 포함된다.

10 그로스가 분류한 강간유형 중 피해자를 힘으로 자신의 통제하에 놓고 싶어 하는 유형은?

① 지배강간
② 가학성 변태성욕강간
③ 데이트강간
④ 분노강간

11 다음 설명 중 옳은 것은?

① 진화범죄론을 주장하는 학자들에 따르면 범죄성을 나타내는 인간의 특성은 진화의 과정에서 형성된 것이라고 본다.

② 일란성 쌍생아, 이란성 쌍생아의 범행일치율을 비교하여 이란성 쌍생아의 범행일치율이 높은 경우에는 범죄가 소질에 의해 좌우된다는 결론을 얻을 수 있다.

③ 현대의 특성이론가들은 단일한 생물학적 속성이나 심리학적 속성이 모든 범죄성을 적절하게 설명할 수 있다고 본다.

④ IQ검사 등을 통해 지능이 낮게 측정되었다면 범죄와 직접적 관련이 있다고 볼 수 있다는 결정론은 일반적으로 받아들여지고 있다.

12 범죄에 관한 생물학적 또는 심리학적 설명 중 옳은 것은?

① 테스토스테론 수준이 낮을수록 폭력범죄 가능성이 높다.

② 아동기의 ADHD는 반사회적 행동의 가능성을 낮춘다.

③ 지능이 높은 사람이 강력범죄를 많이 저지른다.

④ 각성수준이 낮은 사람은 범죄행동을 할 가능성이 높다.

13 생물학적 범죄원인론에 대한 설명으로 틀린 것은?

① 행위자 개인의 기본적 특성인 소질을 강조한다.

② 다윈의 진화론으로부터 영향을 받았다.

③ 크레취머와 셸던은 체형과 정신적인 기질의 일치정도를 연구함으로써 생물학적 범죄원인론을 발전시켰다.

④ 롬브로조는 생물학적 실증적인 인간관과 범죄관념에 따라 의사자유론을 전제로 하여 범죄연구를 하였다.

14 사회해체론에 대한 설명으로 옳지 않은 것은?

① 사회해체이론의 중요한 업적은 행위자 개인의 특성이 아니라 도시의 생태를 범죄나 비행의 발생원인으로 파악한 것이다.

② 비행이 사회해체에 기인하기 때문에 비행예방을 위해서는 개별 비행자의 처우보다 도시생활 환경에 영향을 미치는 사회의 조직화가 필요하다고 본다.

③ 사회해체이론은 주로 경찰이나 법원의 공식기록에 의존하였기 때문에 그 연구결과의 정확성은 문제되지 않는다.

④ 사회통제이론, 아노미이론, 차별적 접촉이론, 문화갈등이론 등의 이론적 발전에 기초를 제공한 것으로 평가된다.

15 코헨(Cohen)의 비행적 하위문화이론에 대한 설명으로 옳은 것은?

① 코헨(Cohen)은 하위계급 출신 소년들이 최초로 자기 지위에 대한 좌절감을 경험하는 곳은 가정이라고 보고 가정교육의 중요성을 강조하였다.

② 코헨은 비행하위문화의 특징으로 사고치기(trouble), 강인함(toughness), 기만성(smartness), 흥분 추구(excitement), 운명주의(fatalism), 자율성(autonomy) 등을 들었다.

③ 하위문화이론에 대해 특정의 사회구조를 지닌 하나의 지역사회 안에 여러 개의 하위(부차)문화가 존재하는 이유를 분석하기 어렵다고 비판하였다.

④ 코헨(Cohen)의 비행적 하위문화이론에 대해 처음부터 사회적 편견을 지니고 있으며, 하위문화는 중류계급에 대한 반발로 생성되었다고 보기 어렵다고 비판하였다.

16 클로워드(Cloward)와 올린(Ohlin)의 차별적 기회구조이론의 내용과 다른 것은?

① 아노미현상을 비행적 하위문화의 촉발요인으로 본다는 점에서 머튼(Merton)의 영향을 받았다.

② 성공이나 출세를 위하여 합법적 수단을 사용할 수 없는 사람들은 바로 비합법적 수단을 사용할 것이라는 머튼(Merton)의 가정에 동의하지 않는다.

③ 범죄적 하위문화는 청소년범죄자에게 성공적인 역할모형이 될 수 있는 조직화된 성인범죄자들의 활동이 존재하는 지역에서 나타난다.

④ 성인들의 범죄가 조직화되지 않아 청소년들이 비합법적 수단에 접근할 수 없는 지역에서는 갈등적 하위문화가 형성되는데 범죄기술을 전수할 기회가 없기 때문에 이 지역의 청소년들은 비폭력적이며 절도와 같은 재산범죄를 주로 저지른다.

17 다음은 사회통제이론에 관한 설명이다. 옳은 것을 모두 고르면?

> ㉠ 라이스(Reiss)는 소년비행의 원인을 낮은 자기통제력에서 찾았다.
> ㉡ 사회통제이론대로라면 사회 내 처우를 통해 부모와의 관계 개선을 더 용이하게 하고 학교나 직장, 일상생활 등 사회유대를 형성하게 하도록 하는 것이 중요하다는 형사정책적 결과를 낼 수 있다.
> ㉢ 통제이론은 "개인이 왜 범죄로 나아가지 않게 되는가"의 측면이 아니라, "개인이 왜 범죄를 하게 되는가"의 측면에 초점을 맞춘다.
> ㉣ 토비(Toby)의 통제이론은 범죄를 통제하는 기제로서 자아의 역할을 특히 강조하였다.

① ㉠, ㉡   ② ㉡, ㉢   ③ ㉠, ㉢   ④ ㉢, ㉣

18 사회과정(미시적)이론으로 볼 수 없는 것은?

① 사회유대이론   ② 사회학습이론
③ 낙인이론   ④ 생태론

19 갈등이론에 관한 설명으로 틀린 것은?

① 셀린의 2차적 문화갈등이론이란 이질적인 문화 사이에서 발생한다.

② 볼드의 집단갈등이론은 사람을 집단지향적인 존재라는 점을 전제로 한다.

③ 봉거는 자본주의적 생산양식 때문에 범죄가 발생한다고 보았다.

④ 퀴니의 대항범죄란 자본가들의 지배에 대항하는 범죄행태이다.

20 비판범죄학에 대한 설명으로 옳지 않은 것은?

① 급진주의 범죄학이라고도 한다.

② 권력형 범죄의 분석에 무력하다는 비판이 있다.

③ 범죄대책은 자본주의 사회의 모순을 극복하기 위해 사회체제를 사회주의로 전환시켜야한다고 주장한다.

④ 자본주의 사회의 모순을 가장 중요한 범죄의 원인으로 보고, 범죄는 국가에 대한 사회적 약자의 레지스탕스라고 주장한다.

01 환경설계를 통한 범죄예방(CPTED)의 설명으로 옳은 것을 모두 고른 것은?

> ㉠ 2세대 CPTED는 범죄예방에 필요한 매개요인들에 대한 직접개입을 주목적으로 하지만, 3세대 CPTED는 장소, 사람, 기술 및 네트워크를 핵심소로 하여 안전한 공동체 형성을 지향한다.
> ㉡ CPTED의 기본전략과 실행방법으로 접근통제 − 사적·공적 공간의 구분과 관련된다.
> ㉢ 환경설계를 통한 범죄예방(CPTED)에서 목표물 견고화(target hardening)란 잠재적 범행대상이 쉽게 피해를 보지 않도록 하는 일련의 조치를 말한다.
> ㉣ CPTED의 기본원리 중 자연적 감시는 사적 공간에 대한 경계를 제거하여 주민들의 책임의식과 소유의식을 감소시킴으로써 사적 공간에 대한 관리권을 약화시키는 원리이다.

① ㉠, ㉡　　　　② ㉡, ㉢　　　　③ ㉠, ㉢　　　　④ ㉢, ㉣

02 「범죄피해자 보호법」상 구조금의 전부 또는 일부의 지급배제사유가 아닌 것은?

① 가해자가 피해자와 동거하는 사실상의 배우자인 경우
② 피해자가 해당 범죄행위를 교사한 경우
③ 피해자가 과도한 폭행으로 해당 범죄행위를 유발한 경우
④ 가해자가 신체장애 등의 사유가 있어서 해당 범죄를 행하는 것이 매우 곤란했을 것으로 인정되는 경우

03 집행유예에 관한 형사정책적 평가로 옳지 않은 것은?

① 단기자유형의 폐해를 예방할 수 있다.
② 형의 집행을 담보로 범죄인을 심리적으로 위하하여 개선을 유도할 수 있다.
③ 행위책임에 충실한 제도이다.
④ 대상자 선정의 형평성을 유지하기 어렵다.

04 재산형제도에 관한 설명 중 옳지 않은 것은?

① 형법은 벌금형에 대해서도 선고유예와 액수에 관계없이 집행유예를 인정하고 있다.
② 일수벌금제도는 범죄자의 경제상태를 실제로 조사한다는 것이 쉬운 일이 아니라는 점이 단점

으로 지적될 수 있다.

③ 범죄에 제공된 공범자의 소유물은 몰수할 수 있다.

④ 벌금을 납입하지 않은 자는 1일 이상 3년 이하의 기간 노역장에 유치하여 작업에 복무하게 한다.

05 「치료감호 등에 관한 법률」상 치료감호에 대한 설명으로 옳지 않은 것은?

① 피치료감호자에 대한 치료감호가 가종료되었을 때 시작되는 보호관찰의 기간은 3년으로 한다.

② 치료감호심의위원회는 피치료감호자에 대하여 치료감호 집행을 시작한 후 매 6개월마다 치료감호의 종료 또는 가종료 여부를 심사·결정한다.

③ 소아성기호증, 성적가학증 등 성적 성벽(性癖)이 있는 정신성적 장애인으로서 금고 이상의 형에 해당하는 성폭력범죄를 지은 자는 치료감호대상자가 될 수 있다.

④ 치료감호의 내용과 실태는 대통령령으로 정하는 바에 따라 공개하여야 한다. 이 경우 피치료감호자나 그의 보호자가 동의한 경우라도 피치료감호자의 개인신상에 관한 것은 공개할 수 없다.

06 소년범죄절차에 대한 설명이다. 거리가 먼 것은?

① 범죄소년에 대해서도 경찰서장은 직접 소년부 송치가 가능하다.

② 보호소년 조사 시 소년부 또는 조사관은 진술거부권을 고지하여야 한다.

③ 우범소년은 보호자가 직접 소년부에 통고할 수 있다.

④ 보호자 또는 사회복리시설의 장은 촉법소년을 소년부에 통고할 수 있다.

07 헤이건(Hagan)의 권력통제이론의 내용으로 옳은 것은?

① 범죄자는 가난한 사람들에게도 피해를 준다.

② 범죄는 학습된다.

③ 전통적인 남성지배적 가정에서 딸은 더 엄격하게 통제된다.

④ 평화와 인본주의가 범죄를 줄일 수 있다.

08 범죄학의 연구방법에 대한 설명으로 옳지 않은 것은?

① 공식범죄통계는 범죄현상을 분석하는 데 기본적인 수단으로 활용되고 있으며, 다양한 숨은 범죄를 포함한 객관적인 범죄상황을 정확히 나타내는 장점이 있다.

② (준)실험적 연구는 새로 도입한 형사사법제도의 효과를 검증하는 데 유용하게 활용된다.

③ 표본조사방법은 특정한 범죄자 모집단의 일부를 표본으로 선정하여 그들에 대한 조사결과를 그 표본이 추출된 모집단에 유추적용하는 방법이다.

④ 추행조사방법은 일정한 범죄자 또는 비범죄자들에 대해 시간적 간격을 두고 추적·조사하여 그들의 특성과 사회적 조건의 변화를 관찰함으로써 범죄와의 상호 연결관계를 파악할 수 있다.

09 다음의 문화적 환경과 범죄에 관한 설명 중 타당하지 않은 것은 어느 것인가?

① 종교는 범죄행위의 방지에 도움을 준다.
② 학력이 높으면 높을수록 모든 범죄와는 거리가 멀어진다.
③ 종교적 확신범은 종교가 범죄유발작용도 한다는 대표적 예이다.
④ 학교교육은 범죄억제작용과 아울러 범죄촉진작용도 한다.

10 마약범죄에 대한 설명으로 옳은 것은?

① 한국·중국·일본 3국을 중심으로 하는 메트암페타민 유통체계는 황금의 삼각지대(golden triangle)로 불린다.
② 파키스탄, 이란, 아프가니스탄 등의 국경지대로 양귀비를 재배해서 모르핀, 헤로인 등으로 가공하여 세계 각국에 공급하는 지대는 황금의 초승달지대(golden crescent)이다.
③ 아편계통의 헤로인은 무향, 무색 분말로 코로 흡입하거나 주사 등의 방법으로 복용하며, 중독 시 상대적으로 의존성이 낮다.
④ 엑스터시(Ecstasy)는 의사의 처방이 있으면 약국에서 구입이 가능하다.

11 아샤펜부르크(G. Aschaffenburg)의 범죄인 분류 중 예모범죄인에 대한 설명으로 옳은 것은?

① 부주의한 범죄자로 법적 안정성을 해칠 정도는 아니지만, 사회방위조치가 필요한 자
② 우연한 기회가 범행동기가 되어 범행을 한 자
③ 범행기회를 노리는 자로 고도의 공공위험성을 가진 자
④ 범죄 자체를 직업적으로 생각하는 특수한 개인적 소질을 가진 자

12 범죄원인규명이론 중 성염색체 연구에 관한 설명으로 옳지 않은 것은?

① 성염색체 이상이 성격적 결함을 초래하여 범죄로 연결될 수 있다는 것이다.
② 성염색체 이상 중 특히 XYY형과 XXY형의 성염색체를 가진 사람들에게서 범죄적 현상이 나타난다고 한다.
③ 범죄와의 관계에서 특히 문제되는 성염색체의 유형은 XXY형의 남성으로 이들에게는 단신, 성적 미숙, 피학적인 특징이 나타난다고 한다.
④ XXY형 성염색체를 가진 남성은 무정자증, 여성형 유방 등의 신체적 특징을 가지며, 성범죄·조폭범죄·절도죄 등을 저지르는 경우가 많다고 한다.

13 생물학적 범죄원인론에 관한 설명 중 괄호 안에 들어갈 학자의 이름이 옳게 묶인 것은?

> (A)은(는) 범죄자들 가운데 일부는 선천적 기질로 인해 범죄를 저지르며, 그들은 진화론적으로 퇴행한 것으로서 격세유전을 통해 야만적 속성이 유전된 돌연변이적 존재라고 하였다. 그러나 (B)은(는) 범죄는 신체적인 변이와 관련된 것이 아니라 유전학적 열등성에 기인한 것이라고 주장함으로써 (A)을(를) 비판하였다. 한편 (C)은(는) 체형을 비만형·투사형·세장형으로 나누고, 각각의 범죄율과 범죄유형을 조사한 바 있다.

> ㉠ 롬브로조(Lombroso) ㉡ 고링(Goring)
> ㉢ 고다드(Goddard) ㉣ 후튼(Hooton)
> ㉤ 셸든(Sheld) ㉥ 크레취머(Kretschmer)

	A	B	C			A	B	C
①	㉠	㉡	㉣		②	㉠	㉡	㉥
③	㉠	㉢	㉤		④	㉠	㉣	㉥

14 사회해체론(social disorganization theory)에 관한 설명으로 옳지 않은 것은?

① 생물학적·심리학적 범죄원인론에 비해 사회적 환경을 중요시한다.
② 사회해체이론은 화이트칼라범죄 등 기업범죄를 설명하는 데 유용하다.
③ 지배적 사회관계가 와해되었지만 아직까지 새로운 관계가 형성되어 있지 않은 틈새지역은 범죄유발환경이 된다.
④ 인구이동이 많은 지역에서 흔히 볼 수 있는 주민이동과 주민이질성은 사회해체의 원인이 된다.

15 밀러(W.B. Miller)의 하층계급문화이론(Lower-class Culture)에 관한 설명으로 옳지 않은 것은?

① 범죄는 지배계층의 문화와 대립하는 하층계급문화의 고유한 전통가치에 대한 동조의 소산이다.
② 하류계층 소년이 비행에 이르는 것은 중류계층문화에 대한 적대감정에서 비롯된다.
③ 하류계층의 문화는 이민, 국내이주, 수직적인 사회이동의 과정에서 고유하게 생겨난 것이다.
④ 비행소년은 여성이 가장인 가정에서 주로 많이 배출된다.

16 나이(F. Nye)가 주장한 사회통제의 수단 중 자신의 잘못이 주변사람에게 실망을 줄 것이라는 점을 자각시켜 비행을 예방하는 것은?

① 직접통제 ② 간접통제
③ 내적 통제 ④ 비공식통제

17 다음 중 중화기술이론에 대한 설명으로 타당하지 않은 것은?

① 대표적 주장자는 사이크스(Sykes)와 맛차(Matza)이다.
② 코헨(Cohen)의 하위문화이론을 구체화한 이론이다.
③ 범죄행동의 중화기술을 잘 학습한 사람일수록 범죄자가 될 가능성이 높다고 본다.
④ 범죄는 범죄자에게 내면화되어 있는 규범의식과 가치관이 중화·마비되면서 발생한다는 것이다.

18 학습이론(Learning Theory)에 대한 설명으로 옳은 것은?

① 서덜랜드(Sutherland)의 차별접촉이론(Differential AssociationTheory)에 따르면, 사람은 자신이 직접 만나본 적이 없더라도 특정 인물과 자신을 동일시하면서 자아를 형성하고, 이것이 그의 행동선택에 영향을 미친다.
② 서덜랜드(Sutherland)의 차별접촉이론(Differential AssociationTheory)은 소질적 범죄자의 범죄행위를 설명하는 데 유용하다.
③ 타르드(Tarde)는 모방의 법칙을 주장하면서, 그 내용 중 하나로 모방은 가까운 사람들 사이에 강하게 일어난다는 삽입의 법칙을 주장하였다.
④ 버제스(Burgess)와 에이커스(Akers)에 따르면 범죄행위를 학습하는 과정은 과거에 이러한 행위를 하였을 때에 주위로부터 칭찬, 인정, 더 나은 대우를 받는 등의 보상이 있었기 때문이다.

19 범죄원인론 중 이른바 갈등이론에 관한 설명으로 옳지 않은 것은?

① 범죄는 개인이 세운 목표와 수단 간의 괴리가 있는 경우에 제도화된 수단을 거부하고 불법적인 수단을 통해 목표를 이루려 할 때 발생한다.
② 법의 제정과 적용은 권력을 차지한 집단의 이익을 도모하는 방향으로 이루어진다.
③ 형사사법절차에 있어서 빈부나 사회적 지위에 따라 불평등하게 법이 집행된다.
④ 범죄통제는 지배계층의 피지배계층에 대한 억압수단이다.

20 비판범죄학에 관한 평가로 옳지 않은 것은?

① 사변적·가치전제적인 주장으로 과학적 이론이라기보다 이데올로기적 성격이 강하다.
② 비판범죄학은 급진적 범죄학 또는 갈등론적 범죄학이라고도 하며, 권력형 범죄의 분석에 무력하다는 비판이 있다.
③ 우연적·예외적 위반을 강조할 뿐 구조적이고 제도화된 정규적 위반을 분석하지 못하고 있다.
④ 비판범죄학에서는 노동력 착취, 인종차별, 성차별 등과 같이 인권을 침해하는 사회제도가 범죄적이라고 평가하는 입장도 있다.

01 범죄 및 범죄율에 대한 설명으로 옳은 것은?

① 범죄율과 범죄시계는 인구변화율을 반영하여 범죄의 심각성을 인식할 수 있게 한다.

② 국제형사학협회(IKV)는 범죄인을 기회범과 상대범으로 분류한다.

③ 범죄농담은 한 지역사회에서 일정 기간 발생한 총 범죄를 강도 · 살인과 같은 중범죄로 나눈 것을 의미하며, 범죄농담률이 높을수록 지역사회의 중범죄가 많이 발생하는 것으로 볼 수 있다.

④ 형식적 의미의 범죄는 법규정과 관계없이 반사회적인 법익침해행위이고, 실질적 의미의 범죄는 「형법」상 범죄구성요건으로 규정된 행위이다.

02 현행 「범죄피해자 보호법」상 구조금에 관한 설명 중 옳지 않은 것은?

① 구조금 지급신청은 해당 구조대상 범죄피해의 발생을 안 날부터 1년이 지나면 할 수 없다.

② 구조금을 받을 권리는 양도하거나 담보로 제공하거나 압류할 수 없다.

③ 국가는 지급한 구조금의 범위에서 해당 구조금을 받은 사람이 구조대상 범죄피해를 원인으로 하여 가지고 있는 손해배상청구권을 대위한다.

④ 국가는 구조피해자나 유족이 해당 구조대상 범죄피해를 원인으로 하여 손해배상을 받았으면 그 범위에서 구조금을 지급하지 아니한다.

03 양형에 관한 설명으로 옳지 않은 것을 모두 고른 것은?

> ㉠ 양형이란 법관이 선고형을 기초로 구체적 형벌의 종류와 범위를 정하는 일련의 과정을 말한다.
>
> ㉡ 현행 형벌법규는 양형에 관하여 법관에게 비교적 광범위한 재량을 인정하고 있다.
>
> ㉢ 양형기준은 법관에게 양형의 지침을 제공함은 물론 합리적인 양형을 가능하게 하여 형량의 균등성 확보에 기여한다.
>
> ㉣ 양형의 일반이론 중 단계이론이란 형벌에 상응하는 정당하고 유일한 형벌을 결정하는 것은 현실적으로 불가능하다는 것을 전제로 한다.

① ㉠, ㉡

② ㉠, ㉣

③ ㉡, ㉢

④ ㉢, ㉣

04 현행 벌금형제도의 개선방안으로 볼 수 없는 것은?

① 총액벌금제의 채택
② 일수벌금제의 도입
③ 과료의 과태료 전환
④ 불법수익몰수제도의 확대

05 다음 설명 중 옳은 것은?

① 억제(deterrence)는 고전주의 범죄학파의 주요 개념 중 하나이다.
② 실증주의 범죄학파는 야만적인 형사사법제도를 개편하여 효율적인 범죄예방을 위한 형벌제도 개혁에 힘썼다.
③ 롬브로조는 범죄학의 연구범주에는 법의 제정과정, 제정된 법의 위반과정, 법의 위반행위에 대한 대응과정 등이 포함된다고 정의하였다.
④ 형벌의 특수적 억제효과란 범죄를 저지른 사람에 대한 처벌이 일반시민들로 하여금 처벌에 대한 두려움을 불러 일으켜서 결과적으로 범죄가 억제되는 효과를 말한다.

06 소년보호사건에 대한 설명으로 옳지 않은 것만을 모두 고른 것은?

> ㉠ 형벌법령에 저촉되는 행위를 한 12세 소년이 있을 때에 경찰서장은 직접 관할 소년부에 소년을 송치하여야 한다.
> ㉡ 법으로 정한 사유가 있고 소년의 성격이나 환경에 비추어 향후 형벌법령에 저촉되는 행위를 할 우려가 있더라도 10세 우범소년은 소년부에 송치할 수 없다.
> ㉢ 「소년법」상 14세 촉법소년은 소년부 보호사건의 대상이 되고, 정당한 이유 없이 가출하는 9세 소년은 소년보호사건의 대상에서 제외된다.
> ㉣ 죄를 범한 소년을 발견한 보호자 또는 학교·사회복지시설·보호관찰소(보호관찰지소 포함)의 장은 이를 관할 소년부에 통고할 수 있다.

① ㉠, ㉡
② ㉠, ㉢
③ ㉡, ㉢
④ ㉢, ㉣

07 공식범죄통계에서 범죄율에 관한 설명 중 옳은 것은?

① 인구 10,000명당 범죄발생건수를 나타낸다.
② 검거율과 같은 의미로 사용된다.
③ 암수범죄를 포함하는 개념이다.
④ 인구변동에 관계없이 범죄발생의 일반적 경향을 알 수 있다.

08 범죄학의 연구방법에 대한 설명으로 옳지 않은 것은?

① 공식범죄통계는 범죄현상을 분석하는 데 기본적인 수단으로 활용되고 있으며, 다양한 숨은범죄를 포함한 객관적인 범죄상황을 정확히 나타내는 장점이 있다.
② (준)실험적 연구는 새로 도입한 형사사법제도의 효과를 검증하는 데 유용하게 활용된다.
③ 표본조사방법은 특정한 범죄자 모집단의 일부를 표본으로 선정하여 그들에 대한 조사결과를 그 표본이 추출된 모집단에 유추적용하는 방법이다.
④ 추행조사방법은 일정한 범죄자 또는 비범죄자들에 대해 시간적 간격을 두고 추적·조사하여 그들의 특성과 사회적 조건의 변화를 관찰함으로써 범죄와의 상호 연결관계를 파악할 수 있다.

09 화이트칼라범죄(white collar crime)에 관한 설명 중 옳지 않은 것은?

① 서덜랜드(E. H. Sutherland)는 높은 사회적 지위를 가진 자들이 이욕적 동기에서 자신의 직업활동과 관련하여 행하는 범죄라고 하였다.
② 화이트칼라범죄의 통제방법 중 법을 따르도록 시장의 인센티브를 만들려는 시도로 행위자보다 행위에 초점을 맞추는 전략을 준수전략이라 한다.
③ 공무원의 뇌물수수, 회사원의 금융사기나 횡령 등을 예로 들 수 있다.
④ 화이트칼라범죄는 직접적인 피해자를 제외하고는 다른 사람들에게 영향을 미치지 않는다.

10 아동학대에 관한 설명으로 옳지 않은 것은?

① 현행법상 아동은 19세 미만인 자를 말한다.
② 친부모가 가해자인 경우가 많다.
③ 현행법상 누구든지 학대사실을 신고할 수 있다.
④ 피해유형이 중복되는 경우가 많다.

11 범죄인의 성격적 태도나 장래 징후를 기준으로 범죄인을 중범죄인·경범죄인·조발성 범죄인·지발성 범죄인으로 분류한 사람은?

① 슈튬플(F. Stumpfl) ② 엑스너(F. Exner)
③ 구룰레(H.W. Gruhle) ④ 마이호퍼(W. Maihofer)

12 생물학적 범죄원인론에 관련된 설명 중 옳지 않은 것은?

① 고링(Goring)은 신체적 특징과 범죄의 관계를 분석하여, 범죄자가 일반인과 현저히 구별되는 신체적 특징을 지녔다는 롬브로조의 주장을 지지하였다.

② 페리는 상습범죄인에 대해서 무기격리, 개선가능한 자에게는 훈련을 통한 개선 조치, 개선불가능한 자에게는 무기격리를 주장하였다.

③ 서덜랜드(Sutherland)는 조나단 에드워드(Jonathan Edward)가의 연구를 통해 선조 중에는 살인범이 있었으나 후손 중에는 살인범이 전혀 없다는 점을 들어 범죄의 유전성을 부정하였다.

④ 범죄자의 신체유형을 내배엽, 중배엽, 외배엽으로 나누고 운동형 신체를 가진 사람이 공격적 성향을 가지기 때문에 범죄를 많이 저지른다고 주장한 학자는 셸던이다.

13 인성이론에 대한 설명으로 옳지 않은 것은?

① 인성이론에서 비행이란 인간의 심리적 틀 내에 존재하는 저변의 갈등이 표출된 것이라고 말한다.

② 워렌(Warren)의 대인성숙도(I-Level) 검사법에 따르면 비행자는 정상자보다 단계가 높게 나왔으며 특히 5단계부터 7단계까지 비행자가 가장 많이 발견되었다.

③ 글룩 부부는 비행소년과 일반소년 각각 500명에 대해 로르샤흐 테스트(Rorschach test)를 실시한 결과 비행소년은 일반적으로 외향적이며 활발하고, 충동적이며 자제력이 약하고, 적대적이고 화를 잘 내며, 도전적이고 의심이 많고, 파괴적인 것으로 나타났다.

④ 왈도와 디니츠(Waldo & Dinitz)는 MMPI를 이용하여 범죄자의 성격프로그램을 조사하고, 범죄자들은 일반인에 비해 정신병리적 일탈경향이 강한 성격이라고 특징지을 수 있다고 보았다.

14 동심원이론에 대한 설명으로 옳지 않은 것은?

① 동심원이론에서 버제스(E.W. Burgess)가 범죄학적으로 가장 문제시되는 지역은 '전이지대'라고 하였다.

② 노동자계층지대는 저소득 노동자들이 거주하는 지역으로 보았다.

③ 버제스(E.W. Burgess)는 지대유형의 형성에 산업구조가 가장 관련 있다고 보았다.

④ 파크와 버제스(Park & Burgess)는 시카고 지역을 5개의 동심원지대(중심상업지역, 전이지역, 노동자거주지역, 중류계층지역, 외부통근지역)로 나누어 각 지대별 특성과 범죄의 관련성을 조사하였다.

15 울프강과 페라쿠티(Wolfgang & Ferracuti)의 폭력적 하위문화이론을 설명한 것으로 옳지 않은 것은?

① 폭력적 하위문화는 주류문화와 항상 갈등상태를 형성한다.

② 폭력적 하위문화라도 모든 상황에서 폭력을 사용하지는 않는다.

③ 폭력적 하위문화에서 폭력태도는 차별적 접촉을 통하여 형성된다.

④ 폭력적 하위문화에서 폭력은 불법적인 행동으로 간주되지 않는다.

16 레클리스(Reckless)의 봉쇄이론에 대한 설명으로 옳지 않은 것은?

① 범죄나 비행을 유발하는 힘으로 압력요인(pressures) · 유인요인(pulls) · 배출요인(pushes)을 제시하였다.

② 자기관념이론을 더욱 발전시킨 이론으로 내부적 · 외부적 통제개념에 기초하고 있다.

③ 레클리스(Reckless)의 봉쇄이론에서 자기통제력은 범죄나 비행을 차단하는 외적 봉쇄요인에 해당한다.

④ 레클리스의 봉쇄이론(containment theory)에 의하면 가족은 범행을 차단하는 외적 요인에 해당한다.

17 다음 중 갓프레드슨과 허쉬(Michael R. Gottfredson & Travis Hirschi)의 일반이론의 내용으로 옳지 않은 것은?

① 자기통제력이 범죄의 원인이라고 본다.

② 고전주의와 실증주의 범죄학을 통합하려고 시도했다.

③ 청소년 성장기의 환경요인은 크게 중요하다고 보지 않았다.

④ 교정기관에서의 심리치료를 주요방안으로 제시한다.

18 다음 중 낙인이론 및 갈등이론과 관련이 없는 것은?

① 악의 극화(Dramatization of Evil) ② 애착(Attachment)

③ 법적 갈등(Legal Conflict) ④ 주지위(Master Status)

19 갈등론적 범죄론자인 볼드(Vold)가 집단 간의 이익갈등이 가장 첨예하게 대립하는 영역으로 지적한 정책분야는?

① 입법정책 ② 사법정책

③ 외교정책 ④ 교정정책

20 『범죄, 수치심, 재통합(1989)』이란 저서에서 재통합적 수치심이론을 주장한 학자는?

① 에이커스(Akers) ② 브레이스웨이트(Braithwaite)

③ 봉거(Bonger) ④ 헤이건(Hagan)

01 코헨(L. Cohen)과 펠슨(M. Felson)의 일상생활이론(routine activity theory)에 관한 설명 중 옳지 않은 것은?

① 경제적 불평등, 실업률 등 범죄를 자극하거나 동기를 부여하는 구조적 조건이 저하됨에도 불구하고 범죄율이 지속적으로 증가하고 있는 이유에 대한 설명을 가능하게 한다.

② 범죄의 발생 여부에 결정적인 영향을 미치는 요인은 적절한 범행대상(합당한 표적)과 보호능력의 부존재(감시의 부존재)라고 본다.

③ 어느 시대나 사회에도 범죄를 범할 개연성이 있는 사람의 수는 일정하다고 가정한다.

④ 코헨(Cohen)과 펠슨(Felson)의 일상활동이론(Routine Activity Theory)은 형사사법체계에 의해서 수행되는 공식적 통제를 통한 범죄예방을 설명하는 데 유용하다.

02 「범죄피해자 보호법」상 구조금 지급요건에 관한 설명으로 옳지 않은 것은?

① 생명 또는 신체를 해하는 범죄에 의한 피해에 대해서만 구조금을 지급한다.

② 과실행위에 의한 범죄피해에 대해서는 구조금을 지급하지 않는다.

③ 정당행위로 인한 범죄피해에 대해서는 구조금을 지급하지 않는다.

④ 타인의 형사사건의 재판에 있어서 증언과 관련하여 피해자로 된 때에는 구조금을 지급하지 않는다.

03 양형의 합리화방안이라고 보기 어려운 것은?

① 양형지침서 활용
② 판결서에 양형이유 명시
③ 작량감경규정의 폐지
④ 법정감경사유의 폐지

04 피해자학 또는 범죄피해자에 대한 설명으로 옳은 것은?

① 종래의 형사정책은 피해자를 범죄자와 대립되는 개념으로 파악하였으나, 제2차세계대전 이후 피해자를 범죄자와 동반자로 파악하게 되었다.

② 최협의의 피해자는 '범죄로 인해 법익이 침해 또는 위협된 자'를 의미하는데, 여기에서는 피해자의 개념을 법률적인 의미로 한정하여 실제 「형법」상의 범죄피해자로 한정한다.

③ 범죄피해자 보호법에서는 대인범죄 피해자와 재산범죄 피해자를 모두 범죄피해 구조대상으로 본다.
④ 피해자학에서의 피해자는 형식적 의미의 범죄개념에 해당하는 범죄행위로 인하여 피해를 입은 자만을 의미하는 데에 견해가 일치한다.

05 「보안관찰법」상 보안관찰처분에 관한 설명으로 옳지 않은 것을 모두 고른 것은?

> ㉠ 보안관찰처분심의위원회는 위원장 1인과 6인의 위원으로 구성한다.
> ㉡ 보안관찰처분에 관한 결정은 보안관찰처분심의위원회의 의결을 거쳐 법무부장관이 행한다.
> ㉢ 검사는 보안관찰처분심의위원회에 대하여 보안관찰처분의 취소 또는 기간의 갱신을 청구할 수 있다.
> ㉣ 보안관찰처분의 기간은 보안관찰처분결정을 집행하는 다음 날부터 계산한다.

① ㉠, ㉡   ② ㉠, ㉢   ③ ㉡, ㉢   ④ ㉢, ㉣

06 소년보호사건에 관한 설명으로 옳지 않은 것을 모두 고른 것은?

> ㉠ 소년보호사건은 가정법원 소년부 또는 지방법원 소년부에 속한다.
> ㉡ 소년보호사건의 심리와 처분결정은 소년부 단독판사가 한다.
> ㉢ 우범소년이 있을 때에는 경찰서장은 검사에게 송치하여야 한다.
> ㉣ 보호관찰소장이 범죄소년을 발견한 경우에는 직접 관할 소년부에 송치하여야 한다.

① ㉠, ㉡   ② ㉠, ㉢   ③ ㉡, ㉢   ④ ㉢, ㉣

07 다음 중 암수범죄(hidden crime)가 가장 적은 범죄는?

① 강간   ② 살인   ③ 도박   ④ 성매매

08 범죄학 연구방법에 관한 설명으로 옳지 않은 것은?

① 자기보고식조사는 경미한 범죄를 조사하는 데 비교적 유용하다.
② 참여관찰방법은 조사자가 참여관찰할 수 있는 범죄유형이 제한적이다.
③ 설문조사는 대규모의 표본에 사용하기 적합하고 연구결과를 일반화하기 쉽다.
④ 피해자조사는 과대 또는 과소 보고의 우려가 없어 암수범죄를 파악하기 쉽다.

09 연쇄살인에 대한 설명으로 옳은 것을 모두 고른 것은?

> ㉠ 연쇄살인은 우발적으로 범행을 하는 경우가 대부분이다.
> ㉡ 연쇄살인은 1970년대 미국 FBI 요원인 '로버트 레슬리'가 처음으로 용어를 사용하였으며, 동기가 분명하지 않아 범인 검거에 어려움이 크다.
> ㉢ 연쇄살인과 연속살인을 구분하는 기준은 심리적 냉각기이다.
> ㉣ 연쇄살인은 동기를 가지고 행하며, 자기과시적인 범죄가 많다.

① ㉠, ㉡   ② ㉡, ㉢   ③ ㉠, ㉢   ④ ㉢, ㉣

10 가정폭력에 관한 설명으로 옳지 않은 것은?

① 유년시절에 가정폭력을 경험한 피해자가 성인이 되어 가해자가 될 가능성이 높다.
② 불평등한 가족관계 내에서 영향력을 과시하기 위해 폭력을 행사한다.
③ 가정 내에서 자녀에 의한 노인학대가 감소하는 경향이 있다.
④ 남성이 여성보다 배우자폭력의 가해자가 되는 경우가 많다.

11 슈툼플(F. Stumpfl)은 범죄시기에 따라 조발성 범죄인과 지발성 범죄인으로 분류하였는데 이 경우 양자 구별의 기준으로 삼은 연령은?

① 18세   ② 20세   ③ 23세   ④ 25세

12 사이코패스에 대한 설명으로 옳지 않은 것은?

① 사이코패스(Psychopath)란 어떤 명백한 이유나 목적 없이 충동적으로 행동하는 공격적인 범죄자를 의미하는 것으로 사용되어 왔다.
② 사이코패스는 다른 사람에게 비정상적으로 공격적이거나 심각하게 무책임한 행동을 하는 지속적인 성격장애 또는 정신적인 장애자로서, 이로 인해 잔인한 범죄행위를 범하여 다른 사람과 사회를 괴롭히는 정신병질자로 정의된다.
③ PCL 척도(psychopathy checklist)는 범죄적 사이코패스를 측정하기 위해 가장 많이 사용되는 22개 항목으로 구성된 도구로 특히 남성 교도소에 수감된 사이코패스, 법의학적 또는 정신병리학적 집단에 속하는 사이코패스를 확인하기 위해 설계된 척도이다.
④ 사이코패스는 자신의 능력과 의지를 과대포장하는 특징이 있고, 일상생활에서도 주의의 모든 사안에 광적으로 집착한다.

13 다음 중 범죄생물학이론에 대한 설명으로 틀린 것은?

① 범죄의 원인을 범죄자의 생물학적 특징에서 찾는다.

② 20세기 초반 실증주의 사조의 영향을 받았다고 볼 수 있다.
③ 범죄원인에 대한 설명과 더불어 대응방안을 제시해주는 학문으로서 가치가 있다.
④ 가계연구와 양자연구 등을 통하여 범죄와의 상관관계를 입증하고자 하였다.

14 쇼와 맥케이의 사회해체와 비행의 연계에 대한 설명으로 틀린 것은?

① 공식통계를 이용하여 비행을 측정하고 비행소년이 살고 있는 지역을 중심으로 분석하였다.
② 비행과 범죄를 인간의 합법적인 사회적 성공을 위한 울분과 좌절의 결과로 보고 있다.
③ 인구의 이동이 심하고 문화적 갈등이 상존하여 사회의 비공식적 통제력이 약화된 과도기적인 지역의 도심에 가까울수록 비행이 다발한다는 사실을 발견하였다.
④ 도시성장을 분석함으로서 범죄와 비행의 분포상태는 물론 그와 같은 도시범죄의 분포이유를 규명하고자 하였다.

15 사회갈등이론에 관한 설명으로 옳지 않은 것은?

① 셀린(Sellin)은 1차적 문화갈등과 2차적 문화갈등을 구분하였는데 2차적 문화갈등이란 동일 문화 내의 갈등을 의미한다고 보았다.
② 볼드(Vold)는 집단 간의 이해관계 대립이 범죄의 주요 원인이라고 보았다.
③ 밀러(Miller)는 하층계급에 있는 소년들은 비록 중류층 계급문화에 동조하는 경향을 가지는 경우에도 결국 범죄나 비행에 가담하게 된다고 보았다.
④ 코헨(A. Cohen)은 하위계층 청소년들 간에 형성된 하위문화가 중산층의 문화에 대해 대항적 성격을 띠고 있다고 본다.

16 나이(Nye)가 주장한 사회통제에 대한 설명으로 옳은 것은?

① 사회통제방법을 직접통제, 간접통제, 내부통제로 나누고, 소년비행예방에 가장 효율적인 방법은 내부통제라고 보았다.
② 가정을 사회통제의 가장 중요한 근본이라고 주장하였다.
③ 가정에서의 비공식적 비행통제보다 공식적 비행통제가 보다 효과적이라고 보았다.
④ 개인의 통제력과 범죄의 관계를 주목하였다.

17 처벌의 억제효과에 관한 일반적인 설명으로 옳지 않은 것은?

① 계획적 범죄가 우발적 범죄에 비해 억제효과가 크다.
② 도구적 범죄가 표출적 범죄에 비해 억제효과가 크다.
③ 검거가능성이 높아질수록 억제효과가 커진다.
④ 폭력범죄가 재산범죄에 비해 억제효과가 크다.

18 낙인이론의 특징에 관한 설명 중 옳지 않은 것만으로 묶인 것은?

> ㉠ 전통적인 범죄원인이론을 배척하고, 사회적 측면에서 범죄의 원인을 분석하였다.
> ㉡ 범죄분석의 방법으로 자기보고 또는 참여적 관찰에 의존하는 것의 한계를 지적하고, 공식통계의 중요성을 강조하였다.
> ㉢ 사회통제기관의 태도가 범죄를 결정하는 데 중요한 역할을 한다고 보고, 형사입법이나 법집행에 종사하는 사람들의 가치관과 행동양식 등을 연구대상으로 한다.
> ㉣ 낙인이 범죄나 비행을 지속시킨다고 볼 때에는 낙인이 종속변수로 작용한다.
> ㉤ 법집행기관을 주요 연구대상으로 삼는다.
> ㉥ 일탈행위를 행위의 낙인으로 분석한다.

① ㉠, ㉡
② ㉡, ㉢, ㉣
③ ㉠, ㉢, ㉤
④ ㉡, ㉣, ㉥

19 다음에 대한 설명 중 옳지 않은 것을 모두 고르면?

> ㉠ 권력을 가진 자들이 자신의 언어로 범죄와 법을 규정한다고 주장한 이론은 포스트모던이론이다.
> ㉡ 테일러(Taylor) 등의 신범죄학은 합의론과 갈등론을 조화·통합시켜 비판범죄학을 극복하고자 하였다.
> ㉢ 챔블리스(Chambliss)의 마르크스주의 범죄이론은 갈등주의적 성격의 이론이다.
> ㉣ 베버(Weber)는 범죄를 사회 내 여러 집단들이 자기의 생활기회를 증진시키기 위해 하는 정치적 투쟁 내지 권력투쟁의 산물로 본다.

① ㉠
② ㉡
③ ㉠, ㉣
④ ㉡, ㉢

20 발달범죄학이론에 대한 설명으로 옳지 않은 것은?

① 1930년대 글룩(Glueck) 부부의 종단연구는 발달범죄학이론의 토대가 되었다.
② 인생항로이론은 인간의 발달이 출생 시나 출생 직후에 나타나는 주된 속성에 따라 결정된다고 주장한다.
③ 인생항로이론은 인간이 성숙해 가면서 그들의 행위에 영향을 주는 요인도 변화한다는 사실을 인정한다.
④ 인생항로이론은 첫 비행의 시기가 빠르면 향후 심각한 범죄를 저지를 것이라고 가정한다.

01 범죄학적 이론에 대한 설명으로 옳은 것을 모두 고른 것은?

> ㉠ 클라크(Clarke)가 제시한 상황적 범죄예방 기법 중 보상의 감소에 해당하는 것은 목표물 견고화이다.
> ㉡ 펠슨(Felson)은 경찰과 같은 공식적 감시자의 역할보다 가족, 이웃, 지역사회 등 비공식적 통제수단에 의한 범죄예방과 억제를 강조하였다.
> ㉢ 제프리(Jeffery)는 자신의 범죄대책모델 중 사회복귀모델을 특히 강조하였다.
> ㉣ 공식적 사회통제의 강화를 중시하며, 지역사회의 구성원들이 적극적으로 참여하는 것이 범죄문제 해결의 열쇠라고 주장하는 이론은 집합효율성이론이다.

① ㉠, ㉡   ② ㉡, ㉣
③ ㉠, ㉢   ④ ㉢, ㉣

02 「범죄피해자 보호법」상 구조금에 관한 내용 중 옳지 않은 것으로 묶인 것은?

> ㉠ 구조금은 유족구조금, 장해구조금, 중상해구조금으로 구분한다.
> ㉡ 범죄행위 당시 구조피해자와 가해자가 동거친족이었다면 구조금을 지급하지 아니한다.
> ㉢ 구조금을 받을 권리는 그 구조결정이 해당 신청인에게 송달된 날부터 1년간 행사하지 아니하면 시효로 인하여 소멸된다.
> ㉣ 구조금 지급에 관한 사항을 심의·결정하기 위하여 각 지방법원에 범죄피해구조심의회를 둔다.

① ㉠, ㉡   ② ㉠, ㉣
③ ㉡, ㉢   ④ ㉢, ㉣

03 양형의 형사정책적 의미에 대한 설명으로 옳지 않은 것은?

① 양형은 입법자와 법관의 분업적 공동작업으로 이루어진다.
② 일반적으로 유책한 불법의 한도 내에서 일반예방 또는 특별예방을 추구하고 있다.
③ 양형개혁은 양형위원회의 양형기준에 법관을 구속시키려는 것이다.
④ 양형기준은 판결에 대한 예측가능성을 높여주기 때문에 국민의 권리를 보장하기 위한 수단이 될 수 있다.

04 「형법」상 형벌에 대한 설명으로 옳지 않은 것은?

① 과료를 납입하지 아니한 자도 노역장 유치가 가능하다.

② 유기징역 또는 유기금고에 자격정지를 병과한 때에는 징역 또는 금고의 집행을 종료하거나, 면제된 날로부터 정지기간을 기산한다.

③ 벌금형의 선고유예는 인정되고 벌금형의 집행유예는 500만원 이하의 선고형만 인정된다.

④ 행위자에게 유죄의 재판을 아니할 때에는 몰수의 요건이 있는 때에도 몰수만을 선고할 수는 없다.

05 내란목적살인죄로 10년 징역형을 선고받고 1년간의 형집행을 받은 자로서 다시 내란죄를 범할 가능성이 있다고 판단되는 자에게 내릴 수 있는 처분은?

① 보호감호처분   ② 치료감호처분

③ 보안관찰처분   ④ 보안감호처분

06 우리나라 소년보호사건의 관할에 관한 것으로 옳지 않은 것은?

① 심리와 처분의 결정은 소년부 단독판사가 행한다.

② 소년분류심사원에의 위탁은 종국처분에 해당한다.

③ 관할에 속하지 아니한 때에는 필요적으로 다른 소년부에 이송하여야 한다.

④ 가정법원은 소년보호사건의 관할권을 가지고 있다.

07 암수조사방법 중 자기보고방법의 단점은?

① 범죄자의 특성을 파악하기 곤란하다.

② 사회적 법익이나 국가적 법익에 관한 범죄의 피해를 밝히기가 곤란하다.

③ 일반적으로 범죄가 하류계층에서 많이 발생한다는 것을 증명할 수 있다.

④ 피조사자가 진실로 조사에 응했는지를 검토하기가 매우 곤란하다.

08 범죄통계표 분석에 관한 설명으로 가장 적절하지 않은 것은?

① 범죄통계표 분석은 케틀레(A. Quetelet)에 의해 고안되고 사용되기 시작하였다.

② 특정시점의 범죄발생 동향을 파악하는 데 유용하다.

③ 범죄학적 연구를 위한 통계가 아니라는 점에서 사회과학적 연구를 위한 자료로는 한계가 있다.

④ 오늘날 세계적으로 가장 많이 활용되고 있는 범죄분석방법이다.

09 다음 중 아바딘스키(Abadinsky)가 제시한 조직범죄에 대한 설명이 아닌 것은?

① 조직범죄에 대해 정치적·이념적 목적이 개입된 경우가 많다고 보았다.
② 조직구성원이 매우 제한적이며 배타적이다.
③ 계층적인 조직구조를 가지고 있다.
④ 내부구성원이 따라야 할 규칙을 가지고 있다.

10 다음 중 「가정폭력범죄의 처벌 등에 관한 특례법」상 가정구성원에 해당되는 사람은 모두 몇 명인가? (단, 다음 각 경우는 1인을 전제로 한다)

> 별거 중인 배우자, 동거하는 계모, 동거하는 사촌, 동거하지 않는 부친

① 1명　　　　② 2명　　　　③ 3명　　　　④ 4명

11 다원적 관점에서 범죄인을 분류한 학자는?

① 슈툼플(F. Stumpfl)　　　　② 마이호퍼(W. Maihofer)
③ 젤리히(E. Seelig)　　　　④ 엑스너(F. Exner)

12 범죄이론에서 염색체연구에 관한 설명 중 틀린 것은?

① 성염색체의 이상이 범죄성향과 관련된다는 가정을 증명하려는 연구가 그 시초라고 할 수 있다.
② 성염색체 중 Y염색체가 증가된 경우는 일반적으로 클라인펠터증후군이라고 불리며 범죄성향이 높다고 한다.
③ 클라인펠터증후군보다 더욱 범죄성향을 띠기 쉬운 염색체이상으로는 이른바 XYY형을 가진 경우가 있다.
④ 터너증후군은 성염색체가 하나밖에 없으며, 작은 키, 짧은 목, 낮은 지능지수, 청각장애 등을 특징으로 한다.

13 머튼(Robert K. Merton)의 긴장이론(Strain Theory)에 대한 설명으로 옳지 않은 것은?

① 사회 내에 문화적으로 널리 받아들여진 가치와 목적, 그리고 그것을 실현하고자 사용하는 수단 사이에 존재하는 괴리가 아노미적 상황을 이끌어낸다고 보았다.
② 특정 사회 내의 다양한 문화와 추구하는 목표의 다양성을 무시하고 있다.
③ 다섯 가지 적응유형 중에서 혁신형이 범죄의 가능성이 제일 높은 유형이라고 보았다.
④ 긴장이론에 의하면 실업은 범죄율을 감소시키는 요인으로 볼 수 있고, 범죄자에 대한 대책으로는 교화개선을 강조한다.

14 사회해체론에 관한 설명 중 옳지 않은 것만으로 묶인 것은?

> ㉠ 산업화·도시화로 인한 가치규범의 갈등으로 사회해체가 나타나고, 이는 사회통제력의 약화라는 결과로 이어져 범죄와 비행이 유발된다는 것이 이론의 핵심이다.
>
> ㉡ 버제스(E.W. Burgess)는 도시는 중심부에서 방사상으로 서서히 외곽으로 이동하며 팽창하는 경향이 있다는 동심원이론을 주장하였다.
>
> ㉢ 버제스의 동심원이론에 따르면 범죄학적으로 가장 문제되는 지역은 환상지대(loop)이다.
>
> ㉣ 쇼와 맥케이(Shaw & Mckay)는 도시의 중심부에서 멀어질수록 범죄가 규칙적으로 증가한다고 주장하고, 이러한 범죄증가의 대표적 지역을 '틈새지역'이라고 불렀다.
>
> ㉤ 샘슨(Sampson)은 범죄지역의 속성으로 '낮은 자본론'을 거론하고, 범죄자나 비행자들이 지역거주자 사이의 관계성이 부족하고 지역자치활동이 활발하지 못한 변이지역을 차지하게 된다고 주장하였다.

① ㉠, ㉡   ② ㉡, ㉢

③ ㉢, ㉣   ④ ㉣, ㉤

15 비행적 하위문화이론에 관한 설명으로 가장 적절한 것은?

① 코헨(Cohen)이 자신의 저서 「비행소년」을 통해 주장한 비행적 하위문화란 전통적 문화를 인정하면서 비행집단이 자신의 행위를 합리화하려는 자기변명의 문화를 말한다.

② 중하류계층의 범죄를 설명하기 위한 이론이다.

③ 소년비행은 집단화현상을 보이며, 경제적 이익을 추구한다고 전제한다.

④ 사회계급 간에는 가치규범이나 생활양식 등에 중요한 차이가 있다고 본다.

16 레클리스(Reckless)가 주장한 견제(봉쇄)이론에 대한 설명으로 옳지 않은 것은?

① 자기관념이론을 더욱 발전시킨 이론으로 내부적·외부적 통제개념에 기초하고 있다.

② 범죄나 비행을 유발하는 힘으로 압력요인(pressures)·유인요인(pulls)·배출요인(pushes)을 제시하였다.

③ 범죄나 비행을 차단하는 힘으로 내적 봉쇄요인(inner containment)과 외적 봉쇄요인(external containment)을 제시하였다.

④ 내적 봉쇄요인과 외적 봉쇄요인의 어느 한 가지만으로는 범죄나 비행을 효과적으로 예방하기 어렵다고 보았다.

17 갓프레드슨(Gottfredson)과 허쉬(Hirschi)의 범죄일반이론에 관한 설명으로 옳지 않은 것은?

① 범죄는 기회와 상관없이 각 개인의 낮은 자기통제력의 결과이다.

② 낮은 자기통제력은 어린 시절 가정의 비효과적인 사회화의 결과이다.
③ 자기통제력은 안정적이기 때문에 성인기 이후에는 거의 변하지 않는다.
④ 모든 유형의 범죄의 원인을 설명하려고 한다.

18 범죄학이론에 관한 설명 중 옳지 않은 것은?

① 패터노스터(Paternoster)와 이오반니(Iovanni)는 어떠한 사람들이 낙인을 당하는가에 관한 지위 특정 가설과 이차적 일탈 가설, 낙인이론의 2가지 가설을 제시하였다.
② 아노미이론은 사람들의 목적과 성취수단 간에 발생하는 긴장상태가 범죄의 원인이라고 본다.
③ 낙인이론은 범죄의 사회구조적 원인을 규명하려는 거시적 이론이며, 주로 초범의 범죄원인을 규명하는 데 탁월한 장점을 지닌다.
④ 중화기술에는 책임의 부정, 가해의 부정, 피해자의 부정, 비난자에 대한 비난, 상위가치에 대한 호소 등이 있다.

19 갈등이론에 관한 설명 중 옳은 것(O)과 옳지 않은 것(X)을 올바르게 조합한 것은?

> ㉠ 퀴니(Quinney)는 피지배집단(노동자계급)의 범죄를 적응(accommodation)범죄와 대항(resistance)범 죄로 구분하였다.
> ㉡ 볼드(Vold)는 법제정과정에서 자신들의 이익을 반영시키지 못한 집단 구성원이 법을 위반하며 자 기의 이익을 추구하는 행위를 범죄로 보았다.
> ㉢ 터크(Turk)는 피지배집단의 저항력이 약할수록 법의 집행가능성이 높아진다고 보았다.
> ㉣ 봉거(Bonger)는 범죄발생의 원인을 계급갈등과 경제적 불평등으로 보고, 근본적 범죄대책은 사회 주의 사회의 달성이라고 하였다.

① ㉠(O), ㉡(X), ㉢(O), ㉣(X) ② ㉠(X), ㉡(O), ㉢(X), ㉣(X)
③ ㉠(O), ㉡(O), ㉢(X), ㉣(X) ④ ㉠(O), ㉡(O), ㉢(O), ㉣(O)

20 다음의 내용을 주장한 학자는?

> • 비행 또는 범죄는 청소년시절의 사회유대 약화가 근원
> • 청소년 초기에는 가족의 애착이 중요하고, 중기에는 가족의 영향력이 친구, 학교, 청소년문화로 대체
> • 성인기에는 관습적 사회와 가족 내 자신의 위치에 따라 애착을 형성
> • 비행 또는 범죄는 개인과 주변과의 교제, 유대, 그리고 사회화과정 등의 상호작용 결과

① 모피트(Moffitt) ② 손베리(Thornberry)
③ 샘슨과 라웁(Sampson & Laub) ④ 고프만(Goffman)

01 브랜팅햄과 파우스트(Brantingham & Faust)에 관한 설명으로 옳지 않은 것은?

① 1차적 범죄예방은 일반대중을 대상으로 한다.
② 브랜팅햄(Brantingham) 부부의 범죄패턴이론(Crime Pattern Theory)에 따르면 범죄자는 일반인과 같은 정상적인 시공간적 행동패턴을 갖지 않는다.
③ 3차적 범죄예방은 범죄자들이 더 이상 범죄를 저지르지 못하게 하는 범죄예방이라고 강조한다.
④ 감시장비설치는 1차적 범죄예방이다.

02 회복적 사법에 관한 설명으로 옳지 않은 것을 모두 고른 것은?

> ㉠ 가해자에 대해서는 규범합치적 행동양식의 회복을 촉구한다.
> ㉡ 사회방위를 통한 공동체의 안녕과 질서회복에 중점을 둔다.
> ㉢ 범죄는 사회적 병리현상이라는 관념을 이론적 토대로 한다.
> ㉣ 형사사법체계의 운용 및 절차지연으로 인한 사회적·경제적 비용을 절감할 수 있다.

① ㉠, ㉡   ② ㉠, ㉣   ③ ㉡, ㉢   ④ ㉢, ㉣

03 양형에 관한 설명으로 옳지 않은 것은?

① 유일점 형벌이론은 책임뿐만 아니라 예방목적까지 고려하여 하나의 고정된 크기의 형벌을 제시한다.
② 양형불균형의 문제를 해소하기 위하여 우리나라는 양형위원회제도를 도입하였다.
③ 형법은 범인의 지능도 양형의 조건으로 규정하고 있다.
④ 공판절차 이분제도는 공판절차를 사실인정절차와 양형절차로 구분하는 제도이다.

04 일수벌금제에 관한 설명으로 옳은 것만 묶은 것은?

> ㉠ 경제사정의 변화 및 화폐가치 변동에 시의적절하게 대처할 수 있다.
> ㉡ 범죄인의 지불능력에 따라 벌금일수를 먼저 정하고, 책임에 따라 1일의 벌금액수를 정한 다음 양자를 곱하여 벌금액을 정한다.

ⓒ 스칸디나비아 제국을 중심으로 발전되어 '스칸디나비아식'이라고도 한다.

ⓔ 배분적 정의에 부합하지 않는다는 비판이 있다.

ⓜ 우리나라에서는 현재 채택하지 않고 있다.

ⓗ 책임주의에 부합한다.

① ⓐ, ⓑ, ⓒ   ② ⓐ, ⓒ, ⓜ

③ ⓑ, ⓔ, ⓜ   ④ ⓔ, ⓜ, ⓗ

05 다음 중 보호관찰에 관한 설명으로 틀린 것은?

① 보호관찰로 인해 재범률이 낮아졌다는 경험적 증거가 확실해졌다.

② 주로 경미범죄인을 대상으로 적용할 수 있다.

③ 논란이 많은 보호감호 대신에 집중감시보호관찰 등이 대체수단으로 제기되곤 한다.

④ 보호관찰의 성격상 자발성과 강제성 사이에는 모순이 존재한다.

06 소년보호사건 처리절차에 대한 설명으로 옳은 것은?

① 소년이 소년분류심사원에 위탁된 경우 보조인이 없을 때에는 법원은 소년 본인이나 보호자의 신청에 따라 변호사 등 적정한 자를 보조인으로 선임할 수 있다.

② 소년부 판사는 사건을 조사 또는 심리하는 데에 필요하다고 인정하면 소년의 감호에 관하여 결정으로써 보호자나 소년을 보호할 수 있는 적당한 자 또는 병원이나 소년분류심사원에 위탁하는 조치를 할 수 있다.

③ 소년부가 심리한 결과 12세 소년이 금고 이상의 형에 해당하는 범죄를 범하여 형사처분을 할 필요가 있다고 인정하면 결정으로써 사건을 관할 검찰청 검사에게 송치하여야 한다.

④ 소년부 판사는 심리과정에서 소년에게 피해자와의 화해를 권고할 수 있으며, 소년이 피해자와 화해하였을 경우에는 불처분결정으로 심리를 종결하여야 한다.

07 다음과 관련 있는 범죄는?

- 경미한 범행을 반복해서 자주 행하는 경우가 많고, 우발적으로 범죄를 행한다.
- 은폐된 범죄성(masked criminality)을 가진다. 매춘·도박·기타 풍속 범죄 등의 범죄 발생이 많다.

① 암수범죄   ② 여성범죄

③ 소년범죄   ④ 지능범죄

08 다음 학자와 그의 주장이 바르게 연결된 것은?

① 리스트(Liszt) - 죄는 범죄인을 제외한 모든 사람에게 있다.
② 케틀레(Quetelet) - 사회환경은 범죄의 배양기이며, 범죄자는 미생물에 해당할 뿐이므로 벌해야 할 것은 범죄자가 아니라 사회이다.
③ 타르드(Tarde) - 모든 사회현상이 모방이듯이 범죄행위도 모방으로 이루어진다.
④ 라카사뉴(Lacassagne) - 사회는 범죄를 예비하고, 범죄자는 그것을 실천하는 도구에 불과하다.

09 증오범죄에 대한 설명으로 옳지 않은 것을 모두 고른 것은?

> ㉠ 미국 FBI의 정의에 따르면, 증오범죄란 피해자에 대한 개인적 원한 또는 복수심이 원인이 되어 발생하는 범죄를 말한다.
> ㉡ 증오범죄는 대면성, 범행대상의 특정성, 비합리성, 잔인성, 지속성 등의 특징을 가진다.
> ㉢ 레빈과 맥드빗(Levin & McDevitt)은 증오범죄를 스릴추구형, 방어형, 사명형, 보복형으로 구분하였다.
> ㉣ 백인 우월주의에 근거한 백인들의 흑인에 대한 범행, 최근 아시아인에 대한 묻지마 폭행 등이 그 예이다.

① ㉠, ㉡   ② ㉡, ㉢
③ ㉠, ㉢   ④ ㉢, ㉣

10 젠더(Gender)폭력이 아닌 것은?

① 성폭력   ② 리벤지포르노(revenge porno)
③ 학교폭력   ④ 데이트강간

11 범죄인 분류에 관한 설명으로 거리가 먼 것은?

① 롬브로조(Lombroso)는 생래적 범죄인, 정신병범죄인, 격정범죄인, 기회범죄인 등 6종으로 분류하였다.
② 가로팔로(Garofalo)는 범죄인을 크게 자연범과 법정범으로 분류하였다.
③ 아샤펜부르크(Aschaffenburg)는 우발범죄인, 격정범죄인, 기회범죄인, 예모범죄인 등 7종으로 분류하였다.
④ 우리나라는 우발범죄인, 상습범죄인, 소년범죄인, 직업범죄인, 사상범죄인으로 분류하고 있다.

12 아이젠크(Eysenck)가 제시한 성격 차원이 아닌 것은?

① 정신이상
② 리비도
③ 외향성
④ 신경성

13 형사정책에 관한 학자와 그 이론의 연결이 옳지 않은 것은?

㉠ 롬브로조(C. Lombroso)	ⓐ 형법에 있어 목적사상(개선, 위하, 무해화)
㉡ 페리(E. Ferri)	ⓑ 범죄인류학, 생래적 범죄인
㉢ 제이콥스(P.P. Jacobs)	ⓒ 쌍생아연구
㉣ 랑게(J. Lange)	ⓓ 범죄사회학, 범죄포화법칙
㉤ 셸던(W.H. Sheldon)	ⓔ 체형이론
㉥ 리스트(F. von Liszt)	ⓕ 성염색체 이론

① ㉠ － ⓑ
② ㉡ － ⓓ
③ ㉢ － ⓔ
④ ㉣ － ⓒ

14 미국 시카고학파에 관한 설명으로 옳지 않은 것은?

① 범죄연구방법으로 공식통계를 주로 이용하였다.
② 생태학적 연구를 통해 사회해체현상을 분석하였다.
③ 초기의 시카고학파 학자인 토마스는 범죄에 대한 상황 정의는 비록 범죄에 대한 처벌수준이 실제 범죄율의 증감과 관계없이 안정적인 수준을 유지한다고 하여도 일반인들의 범죄 인식 및 대응에 큰 영향을 미친다고 강조했다.
④ 1920년대부터 미국 시카고대학을 중심으로 하여 생태학적으로 범죄를 설명한 시카고학파는 범죄를 사회환경과 개인의 소질에 의한 것이라고 보아 종합적인 범죄원인을 연구하였다.

15 각각의 항목에 대한 학설대립을 잘못 설명한 것은?

① 아노미의 발생원인 : 뒤르켐(Durheim)은 아노미란 현재의 사회구조가 구성원 개인의 욕구나 욕망에 대한 통제력을 유지할 수 없을 때 발생한다고 본 반면, 머튼(Merton)은 문화적 목표와 이를 달성하기 위한 제도적 수단 사이에 간극이 있을 때 구조적 긴장이 생기고, 여기에서 아노미가 발생한다고 보았다.
② 하위문화의 성격 : 밀러(Miller)가 하위문화란 중상류층의 보편적인 문화에 대항하고 반항하기 위하여 형성된 것이라고 생각한 반면, 코헨(Cohen)은 하위문화를 하위계층의 고유문화로 보았다.

③ 범죄피해 발생원인 : 생활양식 · 노출이론(Lifestyle−Exposure Theory)이 사회계층별 '범죄자 접촉기회'와 '범죄위험에의 노출'이라는 구조적 요소를 중시한 반면, 일상활동이론(Routine Activity Theory)은 '범죄대상으로서의 매력'이나 '감시의 부재'와 같은 상황적 요소를 중시한다.

④ 범행학습과정 : 서덜랜드(Sutherland)의 차별적 접촉이론은 범행의 학습은 주로 친밀한 사적 집단 안에서 이루어진다고 보았으나, 글레이저(Glaser)의 차별적 동일시이론은 범죄를 학습 할 수 있는 대상이 텔레비전이나 영화의 주인공처럼 관념상의 인간으로까지 확장될 수 있다 고 보았다.

16 허쉬(T. Hirschi)의 사회유대이론에 대한 설명으로 옳은 것은?

① '전념'은 부자지간의 정, 친구 사이의 우정, 가족끼리의 사랑, 학교 선생님에 대한 존경 등 다른 사람과 맺는 감성과 관심을 의미한다.

② "모든 사람은 범죄성을 지니고 있다."라는 고전주의의 명제를 부정한다.

③ '신념(belief)'은 지역사회가 청소년의 초기 비행행동에 대해 과잉반응하지 않고 꼬리표를 붙 이지 않는 것을 말한다.

④ 허쉬(Hirschi)는 사회유대이론을 통해 모든 사람을 잠재적 법위반자라고 가정하였다.

17 甲은 차량을 절도하면서 사회일반적인 규범에는 어긋나지만 친구들과의 의리 때문에 할 수 밖에 없었다고 합리화하였다. 사이크스(G.M. Sykes)와 맛차(D. Matza)의 중화기술의 예 중 어디에 해당하는가?

① 책임의 부정 ② 가해의 부정
③ 피해자의 부정 ④ 상위가치에 대한 호소

18 베커(H. Becker)의 낙인이론에 관한 설명으로 가장 거리가 먼 것은?

① 레머트(E.M. Lemert)의 낙인이론을 심화 · 발전시켰다.

② 일탈자를 단순한 규범위반자와 체계적 일탈자로 구분하고, 전자가 후자로 단계별 발전을 한 다고 주장하였다.

③ 일반인이 어느 개인을 일탈자로 보게 되면 일탈자는 그가 속한 집단에서 이방인(outsider)이 된다고 보았다.

④ 범죄에 대한 사회반응이 형사사법기관의 범죄통제에 미치는 영향에 주목하였다.

19 터크(A. Turk)의 범죄이론에 관한 설명으로 옳지 않은 것은?

① 터크는 다른 갈등론자들과는 달리 법제도 자체보다는 법이 집행되는 과정에서 특정한 집단의 구성원이 범죄자로 규정되는 과정을 주요 연구과제로 하였다.

② 사회질서가 유지되는 근원은 집단 간의 경쟁과 투쟁의 소산이라고 본다.

③ 현실의 법이 지배집단의 행동규범 및 문화규범과 일치할수록 그러한 법이 우선적으로 집행될 가능성이 크다.

④ 집단 간 갈등의 산물인 법규위반이 실현가능성이 높은 목표를 관철하려는 경우일수록 법 집행이 강화된다.

20 발전이론(developmental theory)에 해당하지 않는 것은?

① 샘슨과 라웁의 연령 – 등급이론   ② 모피트의 이원적 경로이론

③ 손베리의 상호작용이론   ④ 헤이건의 권력통제이론

01 제프리(C. Jeffery)의 범죄예방모델에 관한 설명으로 옳지 않은 것은?

① 범죄억제모델은 형벌을 통한 범죄방지를 추구한다.
② 사회복귀모델은 범죄인의 재사회화를 추구한다.
③ 사회복귀모델은 범죄인의 비구금처우를 지향한다.
④ 환경공학적 범죄통제모델의 예로 교정시설의 개선을 들 수 있다.

02 다음 설명 중 옳지 않은 것은?

① 치료적 사법의 관점은 단순한 법적용과 기계적 처벌 위주의 전통적 형사사법의 한계를 극복하기 위해 범죄자에 내재해 있는 범죄발생요인을 근본적으로 치유하는 데 중점을 둔다.
② 회복적 사법은 범죄를 단순한 국법질서의 침해로 보지 않고, 하나의 사회현상으로 취급한다.
③ 생활양식·노출이론(Lifestyle-Exposure Theory)은 인구통계학적, 사회구조적 요인이 개인별 생활양식의 차이를 야기하고 이러한 생활양식의 차이가 범죄피해 가능성의 차이로 이어진다고 본다.
④ 최초의 공식적인 회복적 사법프로그램은 미국 오하이오주에서 도입된 피해자 - 가해자 화해 프로그램(victim-offender mediation)이다.

03 판결 전 조사제도에 관한 설명으로 옳지 않은 것은?

① 유죄가 인정된 범죄자를 대상으로 판결 전에 그의 소질 및 환경을 조사하는 것을 말하며, 주로 집행유예나 선고유예를 하기 전에 실시되나, 광의로는 기소 여부를 결정하기 위한 기소 전 조사도 포함된다.
② 범죄인의 인격에 내포된 범죄위험성의 정도를 사회조사의 방법으로 예측하여 이를 양형에 반영하기 위하여 실시된다.
③ 법원의 종국처분에 앞서 행해진다는 점에서 사전조사적 성격을 지닌다.
④ 미국에서는 유·무죄 인부절차에서 그 인격과 환경에 관한 상황을 조사하는 방식을 취하고 있다.

04 현행법상 벌금형에 관한 설명 중 옳은 것을 모두 고른 것은?

> ㉠ 벌금형을 선고할 때에는 동시에 그 금액을 완납할 때까지 노역장에 유치할 것을 명할 수 있다.
> ㉡ 벌금의 형을 선고하는 경우에 700만원을 선고하여도 그 집행을 유예할 수 있다.
> ㉢ 벌금을 납입하지 않으면 1일 이상 3년 이하의 기간의 범위에서 노역장에 유치하여 작업에 복무하게 한다.
> ㉣ 형법 총칙상 벌금액의 상한에는 제한이 없다.
> ㉤ 벌금은 판결확정일로부터 3개월 내에 납입하여야 한다.

① ㉠, ㉡　　　　　　　　　　　　　② ㉢, ㉣, ㉤
③ ㉠, ㉡, ㉣　　　　　　　　　　　④ ㉠, ㉢, ㉣

05 보호관찰을 규정하고 있지 않은 법률은?

① 형법　　　　　　　　　　　　　　② 치료감호 등에 관한 법률
③ 청소년보호법　　　　　　　　　　④ 성폭력범죄의 처벌 등에 관한 특례법

06 「소년법」상 보호처분에 대한 설명으로 옳지 않은 것만을 고른 것은?

> ㉠ 사회봉사명령은 14세 이상의 소년에게만 할 수 있다.
> ㉡ 보호관찰처분을 하는 경우 2년 이내의 기간을 정하여 야간 등 특정 시간대의 외출을 제한하는 명령을 보호관찰대상자의 준수사항으로 부과할 수 있다.
> ㉢ 장기로 소년원에 송치된 소년의 보호기간은 2년으로 한다. 다만, 소년부 판사는 보호관찰관의 신청에 따라 결정으로써 1년의 범위에서 한 번에 한하여 그 기간을 연장할 수 있다.
> ㉣ 1개월 이내의 소년원 송치처분은 보호관찰관의 단기 보호관찰처분과 병합할 수 있다.
> ㉤ 보호처분이 계속 중일 때에 사건 본인에 대하여 새로운 보호처분이 있었을 때에는 그 처분을 한 소년부 판사는 이전의 보호처분을 한 소년부에 조회하여 어느 하나의 보호처분을 취소하여야 한다.

① ㉠, ㉡, ㉢　　　　　　　　　　　② ㉠, ㉢, ㉤
③ ㉠, ㉣, ㉤　　　　　　　　　　　④ ㉡, ㉢, ㉣

07 연령과 범죄율과의 관계를 연구한 학자를 모두 고른 것은?

> ㄱ. 그린버그(Greenberg)　　　　　　ㄴ. 애그뉴(Agnew)
> ㄷ. 로우와 티틀(Rowe & Tittle)

① ㄱ　　　　② ㄱ, ㄴ　　　　③ ㄴ, ㄷ　　　　④ ㄱ, ㄴ, ㄷ

08 범죄와 일탈에 관한 설명으로 적절하지 않은 것은?

① 일탈행위는 사회적 규범에서 벗어난 행위이다.
② 일탈행위가 모두 범죄인 것은 아니다.
③ 어느 사회에서 일탈행위는 다른 사회에서도 일탈행위이다.
④ 형식적 의미의 범죄는 실정법을 위반한 행위다.

09 스토킹범죄에 대한 설명으로 옳지 않은 것은?

① 법원은 스토킹범죄의 원활한 조사·심리 또는 피해자 보호를 위하여 필요하다고 인정하는 경우 피해자나 그 주거 등으로부터 100미터 이내의 접근 금지, 피해자에 대한 전기통신을 이용한 접근 금지나 유치장 또는 구치소에 유치하는 것 등을 내용으로 하는 잠정조치 결정을 할 수 있도록 할 수 있다.
② 우리나라는 스토킹범죄 행위에 대해 '경범죄처벌법'상 장난전화, 지속적 괴롭힘 및 '정보통신망 이용촉진 및 정보보호 등에 관한 법률'상 공포심·불안감 유발로 처벌하고 있다.
③ 흉기 또는 그 밖의 위험한 물건을 휴대하거나 이용하여 스토킹범죄를 저지른 사람은 5년 이하의 징역 또는 5천만원 이하의 벌금에 처한다.
④ 스토킹범죄를 저지른 사람은 1년 이하의 징역 또는 1천만원 이하의 벌금에 처한다.

10 학교폭력 가해자의 일반적 특성이 아닌 것은?

① 충동에 대한 통제력이 강하다.
② 죄책감이나 동정심이 적은 편이다.
③ 권력과 지배에 대한 욕구가 강하다.
④ 폭력적 성향이 강한 편이다.

11 생물학적 범죄원인이론에 대한 설명으로 옳지 않은 것은?

① 제이콥스(Jacobs)와 스트롱(Strong)의 연구는 성염색체에 대한 연구로, 인간의 성염색체는 그 형태·구성·개수 등에 있어서 이상이 나타날 수 있고 이로 인하여 성격적 결함을 초래할 수 있으며 이것이 범죄성과 어떠한 상관관계를 갖는가에 대한 연구이다.
② 코르테는 1972년 「비행과 범죄」에서 셀던이 제기한 체격형과 기질과의 관계를 중점적으로 연구하여 체형과 기질 특성은 상관성이 매우 크다고 주장했다.
③ 크레취머와 셀던은 체형과 정신적인 기질의 일치정도를 연구함으로써 생물학적 범죄원인론을 발전시켰다.
④ 허칭스와 메드닉(Hutchings & Mednick)이 연구한 입양아연구에서 생부가 범죄자일 때보다 양부가 범죄자일 경우, 입양아가 범죄자가 될 가능성이 높다고 보았다.

12 다음 설명 중 옳지 않은 것은?

① 프로이트(Freud)는 의식을 에고(Ego)라고 하고, 무의식을 이드(Id)와 슈퍼에고(Superego)로 나누었다.

② 정신분석학은 개인이 콤플렉스에 기한 잠재적인 죄책감과 망상을 극복할 수 없는 경우에 범죄로 나아갈 수 있다고 보았다.

③ 에이크혼(Aichhorn)에 따르면 비행소년은 슈퍼에고(Superego)의 과잉발달로 이드(Id)가 통제되지 않아 양심의 가책 없이 비행을 하게 된다고 보았다.

④ 슈나이더(Schneider)는 정신병질유형 중에서 과장성(자기현시성) 정신병질자는 고등사기범이 되기 쉽다고 보았다.

13 "범죄친화적 성향은 유전된다"라는 명제를 뒷받침하는 연구결과가 아닌 것은?

① 누범자 집단과 초범자 집단을 대상으로 그들 부모의 범죄성을 조사하였는데, 누범자 집단의 부모 쪽이 더 높은 범죄성을 나타냈다.

② 일란성 쌍생아의 범죄일치율이 이란성 쌍생아의 범죄일치율보다 더 높았다.

③ 범죄자 중에 입양된 자들을 대상으로 실부와 양자 간의 범죄일치율과 양부와 양자 간의 범죄일치율을 조사하였는데, 전자가 더 높았다.

④ 결손가정의 청소년이 일반가정의 청소년보다 범죄를 저지르는 비율이 더 높았다.

14 사회갈등이론에 관한 설명으로 옳지 않은 것은?

① 셀린(Sellin)은 1차적 문화갈등과 2차적 문화갈등을 구분하였는데 2차적 문화갈등이란 동일 문화 내의 갈등을 의미한다고 보았다.

② 볼드(Vold)는 집단 간의 이해관계 대립이 범죄의 주요 원인이라고 보았다.

③ 밀러(Miller)는 하층계급에 있는 소년들은 비록 중류층 계급문화에 동조하는 경향을 가지는 경우에도 결국 범죄나 비행에 가담하게 된다고 보았다.

④ 코헨(A. Cohen)은 하위계층 청소년들 간에 형성된 하위문화가 중산층의 문화에 대해 대항적 성격을 띠고 있다고 본다.

15 하층소년들이 중산층 문화에의 적응실패로 반동적으로 문화를 이루어 악의적이고 부정적으로 범죄를 하게된다고 보는 이론은?

① 밀러의 하류계층문화이론

② 클로워드와 올린의 차별기회이론

③ 코헨의 하위문화이론

④ 머튼의 아노미이론

16 다음 중 "사람들은 왜 범죄를 저지르지 않는가?"라는 문제제기와 가장 관계가 깊은 이론은?

① 허쉬의 사회통제이론
② 롬브로조의 생래적 범죄이론
③ 샘슨과 라웁의 전환점이론
④ 볼드의 집단갈등이론

17 아래의 기사에서 피의자 甲이 사용한 범죄의 중화기술은?

> 서울 강남경찰서는 상습적으로 고급 아동복 등을 훔친 혐의로 甲(여, 36세)에 대해 구속영장을 신청하였다. 甲은 어제 서울 잠실에 있는 백화점의 한 의류 매장에서 아동복을 훔치는 등 지난해 6월부터 최근까지 서울 명동과 강남 일대에서 아동복 50여점과 아동화 25점 등 2,000만원 어치의 물건을 훔친 혐의를 받고 있다. 甲은 경찰에서 자신의 잘못을 잘 알고 있으며 피해자들에게도 죄송한 마음뿐이지만, 유치원에 다니는 자신의 딸을 다른 아이들처럼 부유하고 깨끗한 모습으로 키우고 싶다는 생각으로 절도를 하게 되었다고 진술하였다.

① 책임의 부정
② 가해의 부정
③ 피해자의 부정
④ 상위가치에 대한 호소

18 슈어(E.M. Schur)의 낙인이론에 관한 설명으로 가장 거리가 먼 것은?

① 사람에게 범죄적 낙인이 일단 적용되면, 그 낙인이 다른 사회적 지위나 신분을 압도하게 되므로 일탈자로서의 신분이 그 사람의 '주지위(master status)'로 인식된다고 하였다.
② 일탈자가 되는 과정은 시간이 걸려서 이루어진 협상과 같은 것이라고 본다.
③ 사회적 낙인보다 스스로 일탈자라고 규정함으로써 2차적 일탈에 이르는 경우도 있다는 점을 강조하는 것은 낙인이론이 주장하는 형사정책적 결론에 부합한다.
④ 국가개입의 최소화가 낙인의 폐해를 최소화할 수 있다고 본다.

19 권력을 가진 사람들이 자신의 언어로 범죄와 법을 규정한다고 주장한 이론은?

① 권력통제이론
② 포스트모던이론
③ 비판적 여성주의이론
④ 평화구성이론

20 샘슨과 라웁(Sampson & laup)은 생애발달이론에서 개인의 적극적인 교육참여, 성실한 직장생활, 활발한 대인관계, 비범죄경력 등을 무엇이라고 정의하는가?

① 악의 극화(Dramatization of evil)
② 전환점(turning points)
③ 인생경로(life course)
④ 사회자본(social capital)

16회 모의고사

범 죄 학

01 브랜팅햄과 파우스트(Brantingham & Faust)의 범죄예방에 관한 설명으로 옳지 않은 것은?

① 브랜팅햄(Brantingham)의 범죄예방모델 중 3차적 범죄예방에는 형사사법기관의 역할이 강조된다.

② 브랜팅햄과 파우스트(Brantingham & Faust)의 범죄예방 구조모델에서 3차적 범죄예방은 범죄자가 주요 대상이다.

③ 2차적 범죄예방은 우범자나 우범자집단을 대상으로 한다.

④ 브랜팅햄(Brantingham)과 파우스트(Faust)의 범죄예방모델에서 2차적 범죄예방은 대부분 형사사법기관에 의해 이루어진다.

02 비범죄화와 전환제도(diversion)에 관한 설명으로 옳지 않은 것은?

① 낙인을 방지하는 효과가 있다.

② 구금의 비효과성에 대한 대안을 제시한다.

③ 수사상의 비범죄화도 가능하다.

④ 사회통제이론을 근거로 하고 있다.

03 다음 중 판결 전 조사제도에 대한 장점은 모두 몇 개인가?

> ㉠ 판사가 가장 유효·적절한 판결을 할 수 있도록 돕는다(양형의 합리화 및 사법적 처우의 개별화에 기여).
> ㉡ 변호인의 변호활동을 보완하는 기능을 하여 피고인의 인권보장에 기여한다.
> ㉢ 교정시설에서 수용자에 대한 개별처우의 자료로 활용된다.
> ㉣ 보호관찰 시 조사보고서(보안처분의 기초자료)는 지역사회에서의 범죄인처우지침으로 활용된다.
> ㉤ 양형절차 이전에 유무죄 인부절차에서 무죄판결 시 피고인의 인격에 대한 조사가 불필요하여 소송경제에 유리하다.

① 2개   ② 3개

③ 4개   ④ 5개

04 어느 법원에서 피고인 A에게 벌금 30억을 선고하면서 노역장 유치기간을 정하려고 한다. 「형법」상 최소 유치기간은?

① 100일　　　　　② 300일　　　　　③ 500일　　　　　④ 1000일

05 보호관찰의 지도 · 감독 유형으로 올린(L.E. Ohlin)이 제시한 내용 중 지역사회 보호와 범죄자 보호 양쪽 사이에서 갈등을 가장 크게 겪는 보호관찰관의 유형은?

① 보호적 보호관찰관　　　　　　② 수동적 보호관찰관
③ 복지적 보호관찰관　　　　　　④ 중개적 보호관찰관

06 「소년법」상 보호처분에 대한 내용으로 옳은 것만을 모두 고르면?

┌───┐
　㉠ 보호관찰관의 단기 보호관찰기간은 1년으로 한다.
　㉡ 보호관찰관의 장기 보호관찰기간은 2년으로 한다. 다만, 소년부 판사는 보호관찰관의 신청에 따라 결정으로써 1년의 범위에서 한 번에 한하여 그 기간을 연장할 수 있다.
　㉢ 보호자 또는 보호자를 대신하여 소년을 보호할 수 있는 자에게 감호 위탁하는 기간은 3개월로 하되, 소년부 판사는 결정으로써 3개월의 범위에서 한 번에 한하여 그 기간을 연장할 수 있다. 다만, 소년부 판사는 필요한 경우에는 언제든지 결정으로써 그 위탁을 종료시킬 수 있다.
　㉣ 단기로 소년원에 송치된 소년의 보호기간은 3개월을 초과할 수 없다.
　㉤ 장기로 소년원에 송치된 소년의 보호기간은 2년을 초과할 수 없다.
└───┘

① ㉠, ㉡, ㉢　　　　　　　　　② ㉠, ㉡, ㉣
③ ㉠, ㉡, ㉤　　　　　　　　　④ ㉢, ㉣, ㉤

07 우리나라 범죄율에 관한 설명으로 옳은 것은?

① 암수범죄를 포함한다.
② 검거율과 같은 의미로 사용된다.
③ 인구 10만 명당 범죄발생건수를 나타낸다.
④ 중요 범죄의 발생상황을 시계로 표시한 것이다.

08 실증주의 범죄이론에 대한 설명 중 옳지 않은 것은?

① 범죄원인에 있어 프랑스 실증주의이론가들은 사회적 원인을 강조하면서 소질도 범죄의 원인으로 함께 고려한다.
② 페리(Ferri)는 결정론적 입장에서 범죄포화의 원칙을 주장하였다.

③ 이탈리아의 초기 실증주의 학파는 자연범과 법정범을 구분하고, 자연범은 동정심과 정직성을 침해하는 속성을 가진다고 하였다.

④ 실증주의에 입각한 범죄예방이 기대에 미치지 못하자 고전주의가 추구했던 범죄억제를 재조명하려는 신고전주의가 나타났다.

09 여성범죄에 대한 설명으로 옳지 않은 것은?

① 여성범죄는 대부분 타고난 결함에 의하여 행하여진다.

② 여성범죄에 대해 체스니 – 린드(Chesney – Lind)는 형사사법체계에서 소년범들의 성별에 따른 차별적 대우가 존재한다고 보았다.

③ 배후에서 공범으로 가담하는 경우가 많고, 직접 범죄행위에 가담할 때에는 주로 비신체적인 방법에 의한다.

④ 여성범죄에 대해 폴락(Pollak)의 기사도가설(chivalry hypothesis)에 따르면 형사사법기관 종사자들이 남성범죄자보다 여성범죄자를 더 관대하게 대하는 태도를 가졌다고 본다.

10 「학교폭력예방 및 대책에 관한 법률」상 학교폭력 가해자에 대한 조치로 옳지 않은 것은?

① 피해학생에 대한 서면사과　　　　　② 학내외 전문가에 의한 특별교육이수

③ 학교에서의 봉사　　　　　　　　　④ 장기보호관찰

11 쌍생아연구방법을 범죄생물학에 도입하여 범죄성의 형성은 유전소질에 의하여 결정적으로 좌우된다고 주장한 학자는?

① 덕데일　　　　　② 에스타브룩　　　　　③ 고다드　　　　　④ 랑게

12 심리학적 범죄원인론에 대한 설명으로 옳지 않은 것은?

① 심리학적 이론들은 MMPI 등과 같은 정확한 결과를 담보하는 연구방법론이 도입되면서 경험적 타당성이 인정되고 있으며, 범죄자의 교정분야에 활발하게 활용되고 있다.

② 심리학적 범죄원인론은 범죄를 범죄자의 과거 학습경험의 자연적 발전으로 파악하는 학습 및 행동이론도 여기에 속한다.

③ 심리학적 범죄론에서는 범죄성을 치료할 수 있는 심리적 상태라고 가정하고 범죄자들에게 치료감호처분 등 처벌이 아닌 치료행위를 해야 한다고 강조한다.

④ 심리학적 범죄이론에는 범죄자의 정신을 중심으로 범죄의 원인을 규명하려는 '정신분석이론', 범죄자의 행위가 과거의 학습 경험을 통해 발달한다고 파악하는 '행동이론', 범죄자의 개인적 추론 과정이 행동에 미치는 영향을 바탕으로 범죄원인을 밝히고자 하는 '인지이론', 각 개인의 성격적 결함에서 비행성을 찾으려는 '인성(성격)이론' 등이 있다.

13 크레취머의 체형분류에 따를 경우 간질병질에 해당하는 체형은?

① 투사형   ② 세장형
③ 비만형   ④ 발육부정형

14 심리학적 범죄이론 중 인지이론과 관련이 가장 적은 것은?

① 도덕발달   ② 행동학습
③ 정보처리능력   ④ 지능

15 기회차별이론(분화적 기회구조이론)에 대한 설명으로 틀린 것은?

① 아노미이론의 발전된 형태로서 문화적 목표를 달성하기 위한 정당한 수단이 없다는 것만으로 일탈행동이 유발되지는 않으며, 동시에 정당하지 못한 수단에 접근할 수 있는 기회가 일탈행동의 필요조건이 된다는 이론이다.
② 클로워드와 올린은 비합법적 수단이 어떻게 분포되어 있는가에 따라 그 지역의 비행하위문화의 성격 및 종류도 달라진다고 보았다.
③ 청소년범죄를 설명하는 이론들로서 상당한 타당성을 가진다.
④ 범죄적 하위문화는 문화적 목표를 추구하는 데 필요한 합법적인 수단을 사용하기도 어렵고 불법적인 기회도 없는 상황에서 흔히 형성된다.

16 다음의 설명에 해당하는 이론은?

> 이 이론은 차별적 접촉이론(differential association theory)이 각각의 개인들의 차별적 반응에 대한 문제를 도외시하고 있다는 비판을 한다. 즉 "왜 범죄적 문화와 접촉한 사람 중에서 어떤 사람은 범죄에 빠지지 않는가"라는 질문을 한다. 이 이론에 따르면 비행다발지역의 청소년들 중에서 다수가 비행에 가담하지 않는 것은 자신에 대한 좋은 이미지를 통해 비행에의 유혹이나 압력을 단절시키기 때문이다.

① 봉쇄이론(containment theory)
② 사회학습이론(social learning theory)
③ 중화이론(neuturalization theory)
④ 억제이론 (deterrence theory)

17 억제이론에서 제시하고 있는 억제의 유형이 아닌 것은?

① 일반적 억제   ② 특수적 억제
③ 절대적 억제   ④ 상대적 억제

18 낙인이론(Labeling Theory)에 관한 설명 중 옳지 않은 것은?

① 규범이나 가치에 대하여 단일한 사회적 합의가 존재한다는 관점에 입각하고 있다.
② 낙인이론은 범죄 내지 일탈행위를 사회 자체 또는 그 구성원 일반과 일탈자의 상호작용으로 파악하는 데 그 이론적 특징이 있다.
③ 낙인이론(labeling theory)에 대해 슈어(Schur)는 자기 스스로 자신에게 인식시킨 자아관념 및 자기낙인과 스스로 자기에게 부과한 사회적 상호작용의 제한을 더 중요하다고 보았다.
④ 낙인이론이 형사정책상 의도하는 바는 비범죄화, 탈시설화 등이다.

19 터크(A. Turk)의 범죄화론(Criminalization Theory)에 관한 설명으로 틀린 것을 모두 고른 것은?

> ⊙ 1969년 자신의 저서 「범죄와 법적 명령」을 통해 지배집단의 힘이 강하고, 집단 간의 갈등이 그들의 행동이나 문화규범에 중요할 경우 지배집단의 구성원이 범죄자로 규정되고 처벌될 가능성이 커진다는 이론을 주장하였다.
> ⓒ 사회를 통제할 수 있는 권위를 추구하는 과정에서 집단 간의 갈등이 발생한다.
> ⓒ 피지배자들이 조직화되어 있을수록 갈등의 개연성이 감소된다.
> ⓔ 지배집단이든 피지배집단이든 어느 한쪽이 세련되어 있을수록 갈등의 개연성이 높아진다.
> ⓜ 집단 간의 갈등이 비현실적인 것일수록 법의 집행을 통해 피지배집단의 투쟁을 억제하려고 한다.

① ⊙, ⓒ, ⓒ   ② ⊙, ⓒ, ⓔ
③ ⓒ, ⓒ, ⓔ   ④ ⓒ, ⓔ, ⓜ

20 샘슨과 라웁(Sampson & Laub)의 인생항로이론에 관한 설명으로 옳지 않은 것은?

① 범죄성은 타고나는 것이므로 평생 변하지 않는다.
② 생애에 걸쳐 발생하는 전환기적 사건들의 영향을 중요하게 다룬다.
③ 군대, 결혼, 직업 등의 경험이 비행청소년의 성인기 범죄활동에 중요한 영향을 미친다.
④ 비행청소년도 성장하면서 유대감이 강해지면 범죄를 중단할 수 있다.

01 범죄예방대책에 관한 설명으로 옳지 않은 것은?

① 브랜팅햄(Brantingham)의 범죄예방모델 중 3차적 범죄예방에는 형사사법기관의 역할이 강조된다.

② 방범정보의 수집, 범죄인의 취업알선 등은 경찰의 특별방범활동에 해당한다.

③ 지역사회의 조직화는 초범방지를 위한 대책에 포함된다.

④ 기계적 개선법에는 생물학적, 정신의학적 접근법이 주요수단으로 사용된다.

02 범죄원인론에 대한 설명으로 옳지 않을 모두 고른 것은?

> ㉠ 일상활동이론의 범죄발생 3요소는 '동기가 부여된 잠재적 범죄자', '적절한 대상', '범행의 기술'이다.
>
> ㉡ 치료 및 갱생이론은 결정론적 인간관에 입각하여 특별예방효과에 중점을 둔다.
>
> ㉢ 억제이론에서 일반억제(general deterrence)는 전과자를 대상으로 한 재범방지에 중점을 둔다.
>
> ㉣ 범죄패턴이론은 범죄에는 여가활동장소, 이동경로, 이동수단 등 일정한 장소적 패턴이 있다고 주장하며 지리적 프로파일링을 통한 범행지역의 예측활성화에 기여해야 한다는 입장이다.

① ㉠, ㉡

② ㉡, ㉢

③ ㉠, ㉢

④ ㉢, ㉣

03 판결 전 조사제도에 대한 설명으로 옳지 않은 것은?

① 보호관찰 등에 관한 법률에 의하면 판결 전 조사의 대상자를 소년으로 한정하고 있다.

② 사실심리절차와 양형절차를 분리하는 소송절차이분(訴訟節次二分)을 전제로 하며, 미국에서 보호관찰(Probation)제도와 밀접한 관련을 가지고 발전되어 온 제도이다.

③ 판결 전 조사보고서의 내용에 대하여 피고인에게 반대신문권을 인정할 것인지의 여부가 문제되는데, 미국은 법원이 피고인과 변호인에게 보고서에 대하여 논박할 기회를 충분히 제공하도록 하고 있다.

④ 형사정책적으로 양형의 합리화 뿐만 아니라 사법적 처우의 개별화에도 그 제도적 의의가 있다.

04 다음 중 「형의 실효 등에 관한 법률」에 대한 설명으로 틀린 것은?

① 자격정지 이상의 형을 선고한 재판이 확정되면 지체 없이 그 형을 선고받은 수형인을 수형인 명부에 기재하여야 한다.

② 3년을 초과하는 징역형을 받은 자가 자격정지 이상의 형을 받지 아니하고 형의 집행을 종료 하거나 그 집행이 면제된 날부터 5년이 경과하면 그 형은 실효된다.

③ 벌금형도 면제 혹은 종료일로부터 2년이 지나면 실효된다.

④ 하나의 판결로 여러 개의 형이 선고된 경우에는 각 형의 집행을 종료하거나 그 집행이 면제 된 날부터 가장 무거운 형에 대한 실효기간이 경과한 때에 형의 선고는 효력을 잃는다.

05 다음 설명에 해당하는 스미크라(Smykla)의 보호관찰모형은?

> 보호관찰관은 외부자원을 적극 활용하여 보호관찰대상자들이 다양하고 전문적인 사회적 서비스를 받을 수 있도록 사회기관에 위탁하는 것을 주요 일과로 삼고 있다.

① 프로그램모형(program model)
② 중재자모형(brokerage model)
③ 옹호모형(advocacy model)
④ 전통적 모형(traditional model)

06 소년보호사건의 처리절차에 관한 설명으로 옳은 것은?

① 소년부 판사는 사건 본인을 보호하기 위하여 긴급조치가 필요하다고 인정하면 본인 또는 보 호자의 소환 없이 동행영장을 발부할 수 있다.

② 최초 보호사건의 송치를 받은 소년부는 사건이 그 관할에 속하지 않는 경우 외에는 해당 사 건을 다른 관할 소년부에 이송할 수 없다.

③ 소년부는 조사 또는 심리의 결과 금고 이상의 형에 해당한 범죄사실이 발견되면 예외 없이 사건을 관할 지방법원에 대응한 검찰청 검사에게 송치하여야 한다.

④ 소년부는 보호사건 본인이 18세 이상인 것으로 밝혀진 경우에는 사건을 관할 지방법원에 대 응하는 검찰청 검사에게 송치하여야 한다.

07 범죄연구방법에 대한 설명으로 옳은 것은?

① 공식범죄통계는 범죄자의 태도, 가치, 행동에 대한 구체적인 정보를 얻을 수 있다.

② 범죄피해조사는 피해사실을 보고하는 과정에서 과대 혹은 과소보고가 될 수 있다.

③ 참여관찰조사는 현장에서 보이는 행동특성을 직접 관찰하는 연구를 말한다.

④ 범죄통계를 이용하는 연구방법은 두 변수 사이의 관계를 넘어서는 다변량 관계를 살펴볼 수 있다는 장점이 있다.

08 베카리아(C. Becaria)의 형사사법제도 개혁에 대한 주장으로 옳지 않은 것만을 모두 고르면?

> ㉠ 형벌은 성문의 법률에 의해 규정되어야 하고, 법조문은 누구나 알 수 있게 쉬운 말로 작성되어야 한다.
> ㉡ 범죄는 사회에 대한 침해이며, 침해의 정도와 형벌 간에는 적절한 비례관계가 유지되어야 한다.
> ㉢ 처벌의 공정성과 확실성이 요구되며, 범죄행위와 처벌 간의 시간적 근접성은 중요하지 않다.
> ㉣ 형벌의 목적은 범죄예방을 통한 사회안전의 확보가 아니라 범죄자에 대한 엄중한 처벌에 있다.

① ㉠, ㉡   ② ㉠, ㉣
③ ㉡, ㉢   ④ ㉢, ㉣

09 살인에 관한 내용으로 옳지 않은 것은?

① 살인범죄는 낯선 사람에 의한 범행보다 면식범에 의한 범행이 다수이며, 일방적인 가해에 의한 경우 뿐만 아니라 피해자가 유발하는 경우도 상당하다.
② 우리나라 법원은 살인범죄자를 처벌하기 위해 범행동기에 따른 살인범죄 유형을 규정하고 유형별 양형기준을 정해 형량을 결정한다.
③ 2급살인은 상대방을 살해할 의도를 갖고 사전계획을 하고, 살인을 저지른 경우를 말한다.
④ 개인적 살인은 주로 치정, 원한, 금품 갈취의 동기로 범행을 저지른다.

10 「학교폭력예방 및 대책에 관한 법률」상 학교폭력이 아닌 것은?

① 학교 외에서 학생이 다른 학교 학생을 폭행하는 행위
② 학교 내에서 학생들이 한 학생을 따돌리는 행위
③ 학교 내에서 학생이 교사를 폭행하는 행위
④ 학교 외에서 학생들이 한 학생을 대상으로 하는 성폭력 행위

11 유전적 결함(유전부인)과 범죄와의 관계에 대한 설명으로 옳지 않은 것은?

① 유전부인(遺傳負因)이란 선조의 유전자조건 중 범죄원인이 될 만한 특성을 보이는 나쁜 유전자조건을 말한다.
② 유전부인(遺傳負因)이 부모에게 있는 경우를 직접부인(直接負因), 부모의 형제에게 있는 경우를 간접부인(間接負因)이라 한다.
③ 유전부인(遺傳負因)과 범죄와의 상관성을 연구한 학자로는 슈툼플(F. Stumpfl)·글룩 부부(S. Glueck & E. Glueck) 등이 있다.
④ 영국의 고링(C. Goring)은 수형자와 일반사회인에 대한 비교연구를 통해 환경보다는 유전의 역할이 더욱 결정적이라고 주장하였다.

12 성적 충동에 따라 누드를 그린다거나 관능적인 춤을 추는 것 등을 통해서 사회가 인정하는 방식으로 표현하는 방어기제는?

① 투사   ② 승화
③ 합리화   ④ 전위

13 허칭스와 메드닉(Hutchings & Mednick)의 입양아연구에 관한 설명으로 옳지 않은 것은?

① 입양아의 범죄성에 생부와 양부가 미치는 영향을 연구하였다.
② 유전이 범죄에 영향을 미친다고 주장하였다.
③ 생부가 범죄자일 때보다 양부가 범죄자일 경우에 입양아가 범죄자가 될 확률이 더 크다고 보았다.
④ 환경과 유전의 영향이 엄밀히 분리되지 못한 연구였다는 비판도 있다.

14 아이젠크(Eysenck)의 인성이론에 대한 설명으로 옳지 않은 것은?

① 아이젠크(Eysenck)는 내향인은 사회적 금지사항을 더욱 쉽게 학습하며 결과 행동이 억제되어 있어, 학습에서 내향인은 처벌의 영향을 더 많이 받는다. 반면, 외향인은 사교적이고 흥미로운 것을 추구함에 따라 처벌보다는 보상에 의한 영향을 더욱 많이 받는다.
② 아이젠크의 성격위계모형에서 구체적 반응수준에 해당하는 것은 제3수준이다.
③ 외향적인 사람은 대뇌피질이 자극을 덜 받아들이기 때문에 자극을 덜 느낀다.
④ 내성적인 사람은 외향적인 사람에 비해서 조건화를 통하여 특정 행위에 대한 억제력이 보다 잘 발달된다.

15 메스너(Messner)와 로젠펠드(Rosenfeld)의 제도적 아노미이론(Institutional Anomie Theory)에 대한 설명으로 옳은 것을 모두 고른 것은?

> ㉠ 아메리칸드림이라는 문화사조의 저변에는 성취지향, 개인주의, 보편주의, 물신주의(fetishism of money)의 네 가지 주요 가치가 전제되어 있다고 분석한다.
> ㉡ 머튼의 긴장개념을 확장하여 다양한 상황이나 사건들이 긴장상태를 유발할 수 있다고 하였다.
> ㉢ 아메리칸드림이라는 문화사조는 경제제도와 다른 사회제도 간 '힘의 불균형' 상태를 초래했다고 주장한다.
> ㉣ 1970년대 이후의 긴장이론에 대해 매스너와 로젠펠드는 미국의 범죄율이 높은 이유를 물질적 성공을 강조하는 미국문화의 특성에서 찾았다.

① ㉠   ② ㉡
③ ㉠, ㉢   ④ ㉠, ㉢, ㉣

16 허쉬(Hirshi)의 사회통제이론(Social Control Theory) 중 옳은 것만으로 묶인 것은?

> ㉠ 한 개인이 일상적인 사회와 맺고 있는 유대가 약화되었거나 깨졌을 때 범죄가 발생한다는 이론이다.
> ㉡ 인간은 모두 동물이며, 자연적으로 누구나 범죄를 저지를 수 있다고 가정하였다.
> ㉢ 일탈을 통제하는 시스템에 장애가 생기면 통제가 이완되어 범죄나 비행이 발생된다고 보았다.
> ㉣ 개인의 범죄를 통제하는 기제는 개인이 일상적인 사회와 맺고 있는 유대라고 보았다.

① ㉠, ㉡
② ㉠, ㉡, ㉢
③ ㉠, ㉢, ㉣
④ ㉠, ㉡, ㉢, ㉣

17 사이크스(Sykes)와 맛차(Matza)는 청소년들이 표류상태에 빠지는 과정에서 중화기술을 습득함으로써 자신의 비행을 합리화한다고 하였다. 5가지 중화기술의 유형과 구체적인 사례를 바르게 연결한 것은?

> ⓐ 책임의 부정(denial of responsibility)
> ⓑ 가해의 부정(denial of injury)
> ⓒ 피해자의 부정(denial of victim)
> ⓓ 비난자에 대한 비난(condemnation of the condemners)
> ⓔ 상위가치에 대한 호소(appeal to higher loyalty)

> ㉠ 경찰, 검사, 판사들은 부패한 공무원들이기 때문에 자신의 비행을 비난할 자격이 없다고 합리화한다.
> ㉡ 폭력시위 현장에서 화염병을 사용하는 것이 위법행위이기는 하지만 민주주의를 위해 어쩔 수 없다고 합리화한다.
> ㉢ 절도죄를 범하면서 필요에 의해 물건을 잠시 빌리는 것뿐이라고 합리화한다.
> ㉣ 학생이 선생님을 때리면서 이 선생은 학생들을 공평하게 대하지 않았기 때문에 구타당해 마땅하다고 합리화한다.
> ㉤ 자신이 비행을 범한 것은 열악한 가정환경과 불합리한 사회적 환경 탓이라고 합리화한다.

① ⓐ - ㉢, ⓑ - ㉤, ⓒ - ㉣, ⓓ - ㉡, ⓔ - ㉠
② ⓐ - ㉤, ⓑ - ㉢, ⓒ - ㉣, ⓓ - ㉠, ⓔ - ㉡
③ ⓐ - ㉣, ⓑ - ㉢, ⓒ - ㉡, ⓓ - ㉠, ⓔ - ㉤
④ ⓐ - ㉤, ⓑ - ㉣, ⓒ - ㉢, ⓓ - ㉠, ⓔ - ㉡

18 낙인이론(Labeling Theory)에 관한 설명 중 옳지 않은 것은?

① 규범이나 가치에 대하여 단일한 사회적 합의가 존재한다는 관점에 입각하고 있다.
② 낙인이론은 범죄 내지 일탈행위를 사회 자체 또는 그 구성원 일반과 일탈자의 상호작용으로

파악하는 데 그 이론적 특징이 있다.

③ 낙인이론에 의하면 범죄현실은 범죄행위의 구조와 범죄자의 선별로써 결정되며, 그 결정은 사회적 강자가 내린다고 한다.

④ 비범죄화(Decriminalization), 전환(Diversion)등은 낙인이론이 형사정책적으로 의도하는 목적이라고 할 수 있다.

19 비판범죄학의 시대적 · 이론적 배경에 관한 다음 설명 중 옳지 않은 것은?

① 초기 비판범죄학의 이론적 기초를 형성한 것은 낙인이론이었다.

② 1970년대 초부터 시작된 미국 사회의 위기 심화와 마르크스주의의 부활이 비판범죄학 등장의 시대적 배경이 되었다.

③ 1973년에 출간된 「신범죄학」은 비판범죄학의 이론 형성에 획기적 전기를 마련하였다.

④ 비판범죄학자들은 사회과학의 가치중립성 유지와 일탈 및 범죄문제에 대한 개혁주의적 해결을 촉구하였다.

20 다음 수형자 중 소장이 귀휴를 허가할 수 없는 사람은?

① 배우자가 위독한 甲(징역 7년 선고, 3년 복역)

② 작업 중 중상을 입은 乙(징역 21년 선고, 6년 복역)

③ 장모가 위독한 丙(징역 5년 선고, 4년 복역)

④ 아들의 혼례가 있는 丁(징역 3년 선고, 10월 복역)

01 범죄예방에 관한 설명으로 옳지 않은 것을 모두 고른 것은?

> ㉠ 브랜팅햄과 파우스트(Brantingham & Faust)의 범죄예방모델에 따르면 지역사회교정은 2차적 범죄예방대책에 해당한다.
> ㉡ 경찰의 범죄예방활동 중 특별방범활동이란 특정인을 대상으로 하거나 특별한 사항에 관하여 시행되는 방범활동을 말하며, 범죄우려지역의 순찰, 불심검문 등이 여기에 해당한다.
> ㉢ 그룹워크(Group Work)는 그룹활동을 통해 범죄성을 치료하는 범죄대책으로 재범방지를 위한 대책에 해당한다.
> ㉣ 임상적 개선법은 사회환경적 원인에 의한 범죄인에게는 실효를 거두기 어렵다는 단점이 있다.

① ㉠

② ㉠, ㉡

③ ㉠, ㉡, ㉢

④ ㉠, ㉡, ㉢, ㉣

02 다이버전(Diversion)에 관한 설명으로 옳지 않은 것은?

① 형벌의 사회통제기능으로서의 한계를 극복하기 위한 방안으로 대두되었다.

② 낙인효과를 피하고 사회복귀를 위하여 그 필요성이 강조된다.

③ 초동단계부터 적극적 형사제재를 가하여 범죄예방에 기여할 수 있다.

④ 형사사법제도의 융통성을 제고하고, 범죄에 대한 효과적 처리를 가능하게 한다.

03 다음 설명 중 옳지 않은 것은?

① 준엄한 형집행을 통해 일반인을 위하함으로써 범죄예방의 목적을 달성하는 것은 형벌의 목적 중 소극적 일반예방에 대한 설명이다.

② 범죄억제모델은 고전주의의 형벌위하적 효과를 중요시하며 이를 위하여 처벌의 신속성, 확실성, 엄격성을 요구한다.

③ 상황적 범죄예방모델은 한 지역의 범죄가 예방되면 다른 지역에도 긍정적 영향이 전해진다는 소위 범죄의 전이효과(displacement effect)를 주장한다.

④ 환경설계를 통한 범죄예방(CPTED)은 뉴먼(Newman)은 방어공간의 4가지 구성요소로 영역성, 자연적 감시, 이미지, 환경을 제시하였다.

04 현행법상 형의 실효에 대한 설명으로 옳지 않은 것은?

① 수형인이 3년 이하의 징역형인 경우 자격정지 이상의 형을 받지 아니하고 형의 집행을 종료하거나 그 집행이 면제된 날부터 5년이 경과한 때에 그 형은 실효된다.

② 구류와 과료는 형의 집행을 종료하거나 그 집행이 면제된 날부터 1년이 경과한 때에 그 형은 실효된다.

③ 하나의 판결로 여러 개의 형이 선고된 경우에는 각 형의 집행을 종료하거나 그 집행이 면제된 날부터 가장 무거운 형에 대한 형의 실효 등에 관한 법률에서 정한 형의 실효기간이 경과한 때에 형의 선고는 효력을 잃는다. 이때 징역과 금고는 같은 종류의 형으로 보고 각 형기를 합산한다.

④ 징역 또는 금고의 집행을 종료하거나 집행이 면제된 자가 피해자의 손해를 보상하고 자격정지 이상의 형을 받음이 없이 7년을 경과한 때에는 본인 또는 검사의 신청에 의하여 법원은 그 재판의 실효를 선고할 수 있다.

05 보호관찰제도에 대한 설명 중 타당한 내용은?

① 보호관찰을 부과할 시 사회봉사명령이나 수강명령을 선택하여 부과한다.

② 검사가 보호관찰관이 선도함을 조건으로 공소제기를 유예하면 보호관찰관은 선도위탁받은 사람들에게 선도업무를 수행한다.

③ 가석방될 자에 대하여는 반드시 보호관찰을 실시하여야 하고, 준수사항을 중대하게 위반하면 가석방은 실효된다.

④ 가석방의 결정과 그 취소에 관한 사항은 보호관찰심사위원회의 의결을 거쳐 법무부장관이 결정한다.

06 「소년법」상 보호사건에 대한 조사와 심리에 관한 설명으로 옳지 않은 것은?

① 소년부 또는 조사관이 범죄사실에 관하여 소년을 조사할 때에는 미리 소년에게 불리한 진술을 거부할 수 있음을 알려야 한다.

② 소년부 판사는 소년이 도망 또는 증거인멸의 우려가 있는 때에는 소환절차 없이 동행영장을 발부하여 소년의 신병을 확보할 수 있다.

③ 사건의 조사·심리를 위한 임시조치로서 소년분류심사원에 위탁하는 경우에 그 기간은 최장 2개월을 넘지 못한다.

④ 소년부 판사는 사안이 가볍다는 이유로 심리를 개시하지 아니한다는 결정을 할 때에는 소년에게 훈계하거나 보호자에게 소년을 엄격히 관리하거나 교육하도록 고지할 수 있다.

07 공식범죄통계는 다음 중 어떤 자료를 근거로 만들어지는가?

① 가구조사자료
② 자기기입식 설문조사자료
③ 피해자조사자료
④ 법집행기관이 집계한 자료

08 서덜랜드(Surtherland)의 차별적 접촉이론의 명제로 옳지 않은 것은?

① 범죄행위는 의사소통을 통한 타인과의 상호작용을 통하여 학습된다.
② 차별적 교제양상은 빈도나 강도의 측면에서 동일하다.
③ 범죄행위는 일반적인 욕구와 가치관으로 설명될 수 없다고 강조한다.
④ 법위반에 대한 우호적 정의가 비우호적 정의보다 클 때 범죄행위를 하게 된다.

09 범죄의 분류에 대한 설명으로 옳은 것은?

① 가로팔로는 피해자 유형을 공동책임의 수준에 따라 완전히 무고한 피해자, 경미한 책임, 가해자와 동등한 책임, 가해자보다 높은 책임, 전적인 책임, 피해를 모의한(simulating) 피해자를 포함한 여섯 가지 유형으로 구분하였다.
② 홈즈와 드버거(Holmes & De Burger)는 연쇄살인범을 크게 사명형, 권력형, 재물형으로 분류한다.
③ 유엔마약범죄사무국(UNODC)의 종합범죄보고서(UCR)는 범죄의 유형을 크게 1군 범죄와 2군 범죄로 구분하며 1군 범죄는 지표범죄(index crimes)로 살인·과실치사, 강간, 강도, 가중폭행, 침입절도, 단순절도, 차량절도, 방화를 포함한다.
④ 경찰청 범죄분류에서는 사기, 컴퓨터 등 사용사기, 준사기, 편의시설부정이용, 부당이득을 지능범죄의 한 유형인 사기로 분류하고 대검찰청의 형법범죄 분류체계에서는 재산범죄의 하위유형으로 분류하고 있다.

10 폭력범죄에 관한 설명으로 적절하지 않은 것은?

① 일반적으로 대도시의 폭력범죄율은 농촌지역의 폭력범죄율보다 높다.
② 여성이 남성보다 폭력범죄를 더 많이 저지른다.
③ 일반적으로 20대는 60대보다 폭력범죄를 더 많이 저지른다.
④ 문제행동을 일찍 시작한 아이는 폭력범죄를 지속적으로 저지를 가능성이 높다.

11 다음 설명 중 옳지 않은 것은?

① 비네(Binet)는 정신지체 아동의 선별을 위한 도구를 개발하여 지능결함과 범죄의 상관관계를 연구하였다.
② 글룩 부부는 비행소년과 일반소년을 대상으로 로르샤흐 검사를 통해 성격적 특성에 대한 검

사를 실시하였다.

③ 허쉬와 힌델랑(Hirschi & Hindelang)은 지능은 직접적으로 비행이나 범죄를 야기하는 요인은 아니며 간접적인 방식으로 비행에 관련된다고 보았다.

④ 융(Jung)은 원형들 중 가장 강하고 잠재적으로 매우 위험한 속성을 가진 것을 '아니마(anima)'라고 하며, 아니마가 억압되거나 배출이 어려운 경우 비참한 결과를 초래한다.

12 프로이트(Freud)의 정신분석의 내용이 아닌 것은?

① 강조하는 개념은 id(이드), ego(에고), superego(슈퍼에고)로 구성되는 성격구조, 무의식·전의식·의식으로 구성되는 정신 구조와 성에너지인 리비도에 의한 5단계 성적 발달 단계이다.

② 에고는 슈퍼에고에 의해 이드의 충동에 대한 죄의식을 경험하게 된다. 그 해결방법은 이드의 충동이 슈퍼에고에 의해 승인된 행동으로 변화되는 순화의 방법과 충동을 무의식적 세계로 밀어 넣고 그 존재사실을 부인하는 억압의 방법이 있는데, 이때 이드의 충동을 억압할 경우 행동에서 이상한 결과가 나타나는데 반작용 또는 투영의 양상이다.

③ 프로이트에 의하면 욕망 가운데 가장 중요한 것이 성적 욕망 즉 리비도인데, 그는 인간 정신 구조의 성장과정을 5단계로 나누었다. 유아기 초기의 원초적 리비도는 단계별 양상에 따라 구순기 → 항문기 → 남근음핵기 → 잠복기 → 성기기로 발전한다.

④ 범죄는 퇴행에 의하여 원시적이고 폭력적이며 비도덕적인 어린 시절의 충동을 표출한 것으로 보지만, 인격구조의 불균형과 성적 발달단계에서의 고착이 범죄의 주요한 원인은 아니라고 본다.

13 범죄의 생물학적 원인이 아닌 것은?

① 테스토스테론　　② 중배엽형　　③ 노르에피네프린　　④ 리비도

14 아이젠크의 성격위계모형에서 습관적 반응수준에 해당하는 것은?

① 제1수준　　② 제2수준　　③ 제3수준　　④ 제4수준

15 머튼(R.K. Merton)의 아노미이론에 관한 설명 중 옳지 않은 것만으로 묶인 것은?

> ㉠ 머튼은 전통적인 범죄의 대부분이 중류계층에 의해 행해진다고 보았다.
> ㉡ 문화적 목표와 수단에 관한 개인별 적응양식의 차이는 개인적 속성의 차이에 기인한다고 보았다.
> ㉢ 머튼은 자신의 이론이 부유층범죄를 설명하지 못한다는 비판에 대해 피드백효과(feedback effect)라는 가설로 반론을 전개하였다.
> ㉣ 모든 인간이 일률적으로 물질적 성공을 목표로 하는 것은 아니라는 비판이 있다.

① ㉠, ㉡　　　　② ㉡, ㉢　　　　③ ㉠, ㉢　　　　④ ㉢, ㉣

16 다음 학자들의 범죄이론에 관한 내용 중 옳지 않은 것은?

① 레클리스(Reckless)는 범죄를 법제정 과정에 참여하여 자기의 이익을 반영하지 못한 집단의 구성원이 일상생활 속에서 법을 위반하며 자기의 이익을 추구하는 행위라고 주장하였다.

② 헨티히(Hentig)는 피해자를 일반적 피해자 유형, 심리학적 피해자 유형으로 구분하고, 피해자도 범죄 발생의 원인이 될 수 있다고 주장하였다.

③ 서덜랜드(Sutherland)는 범죄행위는 다른 사람들과의 상호작용과정에서 의사소통을 통해 학습되며, 범죄행위 학습의 중요한 부분은 친밀한 관계를 맺고 있는 집단들에서 일어난다고 주장하였다.

④ 레머트(Lemert)는 범죄를 포함한 일탈행위를 일차적 일탈과 이차적 일탈로 구분하고, 이차적 일탈은 일차적 일탈에 대한 사회적 반응으로 야기된 문제들에 대한 행위자의 반응에 의해 발생하는 것이라고 주장하였다.

17 억제이론(Deterrence Theory)에 대한 설명으로 옳지 않은 것은?

① 억제이론의 기초가 되는 것은 인간의 공리주의적 합리성이다.

② 형벌의 특수적 억제효과란 범죄를 저지른 사람에 대한 처벌이 일반시민들로 하여금 처벌에 대한 두려움을 불러 일으켜서 결과적으로 범죄가 억제되는 효과를 말한다.

③ 범죄자에 대한 처벌의 억제효과는 범죄자의 자기통제력 수준에 따라 달라질 수 있다.

④ 처벌의 신속성, 확실성, 엄격성의 효과를 강조한다.

18 범죄행위로 낙인을 찍는 것은 사회적 지위와 같은 효과를 주어 낙인찍힌 자에게 사회적 상호작용에 가장 직접적이고 중요한 '주지위'를 부여하는 결과가 된다고 본 학자는?

① 탄넨바움(F. Tannenbaum)

② 레머트(E.M. Lemert)

③ 베커(H. Becker)

④ 슈어(E.M. Schur)

19 범죄원인론에 관한 설명으로 옳지 않은 것은?

① 셀린(Sellin)은 이해관계의 갈등에 기초한 집단갈등론을 1958년 이론범죄학에서 주장하였다.

② 사이크스(Sykes)와 맛차(Matza)의 중화기술이론에 의하면 중화기술의 유형에는 책임의 부정, 가해의 부정, 피해자의 부정, 비난자에 대한 비난, 고도의 충성심에 호소 등 5가지가 있다.

③ 메스너(Messner)와 로젠펠드(Rosenfeld)는 머튼(Merton)의 아노미이론을 계승하여 제도적 아노미이론을 주장하였다.

④ 합리적 선택이론은 고전주의학파에 그 뿌리를 두고 있다.

20 형의 집행 및 수용자의 처우에 관한 법률 시행규칙」상 수형자의 외부통근작업에 대한 설명으로 옳은 것은?

① 외부통근자는 개방처우급·완화경비처우급에 해당하고, 연령은 18세 이상 60세 미만이어야 한다.

② 소장은 외부통근자가 법령에 위반되는 행위를 하거나 법무부장관 또는 소장이 정하는 준수사항을 위반한 경우에는 외부통근자 선정을 취소하여야 한다.

③ 소장은 외부통근자로 선정된 수형자에 대하여는 자치활동·행동수칙·안전수칙·작업기술 및 현장적응훈련에 대한 교육을 하여야 한다.

④ 소장은 외부통근자의 사회적응능력을 기르고 원활한 사회복귀를 촉진하기 위하여 필요하다고 인정하는 경우에는 수형자 자치에 의한 활동을 허가하여야 한다.

01 재범방지대책에 대한 설명으로 틀린 것을 모두 고른 것은?

> ㉠ 기계적 개선법은 수형자의 자발적 참여가 있을 때 효과를 거둘 수 있다.
> ㉡ 기계적 개선법은 수형자의 의사에 따라 교육과정이 변경될 수 있어 일관성 있는 프로그램을 유지할 수 없다는 단점이 있다.
> ㉢ 임상적 개선법에는 전기충격요법이나 인슐린 주사 등이 사용될 수 있다.
> ㉣ 임상적 개선법은 판단자의 주관이 개입될 가능성이 많다는 것이 단점으로 지적되고 있다.
> ㉤ 집단관계 개선법은 환경성 범죄자에게는 적합하지 않다는 것이 단점으로 지적되고 있다.

① ㉠, ㉡   ② ㉡, ㉢
③ ㉢, ㉣   ④ ㉡, ㉤

02 소년에 대한 다이버전(diversion)에 해당하지 않는 것을 모두 고르면?

> ㉠ 선도조건부 기소유예   ㉡ 「소년법」상 압수, 수색
> ㉢ 불처분 결정   ㉣ 신입자 수용 특칙
> ㉤ 「소년법」상 심리 불개시의 결정   ㉥ 경찰의 훈방 처분
> ㉦ 소년교도소 수용처분

① ㉠, ㉣, ㉦   ② ㉡, ㉤, ㉦
③ ㉡, ㉣, ㉦   ④ ㉡, ㉤, ㉥

03 형벌이론에 관한 비판 중 옳지 않은 것으로 묶인 것은?

> ㉠ 응보형주의는 어떤 목적추구도 거부하므로 형사정책적으로 무기력하다는 비판이 있다.
> ㉡ 일반예방주의는 공포에 둔감한 자나 우발범인에게는 효과가 없다는 비판이 있다.
> ㉢ 목적형주의는 인간의 주체적 의사를 과대평가하고 있다는 비판이 있다.
> ㉣ 일반예방주의에 대해서는 국가형벌권을 무기력화할 수 있다는 비판이 있다.

① ㉠, ㉡   ② ㉠, ㉣
③ ㉡, ㉢   ④ ㉢, ㉣

04 사면에 관한 설명으로 옳은 것은?

① 삼권분립의 근본취지에 부합한다.
② 검찰의 소추기능과 사법부의 재판기능에 대한 보완기능을 수행한다.
③ 대통령이 행사하는 사면권은 사법심사의 대상이 아니다.
④ 대통령이 행사하는 사면권은 내재적 한계가 없다.

05 「보호관찰 등에 관한 법률」상 보호관찰 대상자의 일반적인 준수사항에 해당하는 것만을 모두 고른 것은?

> ㉠ 주거지에 상주(常住)하고 생업에 종사할 것
> ㉡ 범죄행위로 인한 손해를 회복하기 위하여 노력할 것
> ㉢ 범죄로 이어지기 쉬운 나쁜 습관을 버리고 선행(善行)을 하며 범죄를 저지를 염려가 있는 사람들과 교제하거나 어울리지 말 것
> ㉣ 보호관찰관의 지도·감독에 따르고 방문하면 응대할 것
> ㉤ 주거를 이전(移轉)하거나 1개월 이상 국내외 여행을 할 때에는 미리 보호관찰관에게 신고할 것
> ㉥ 일정량 이상의 음주를 하지 말 것

① ㉠, ㉡, ㉢, ㉣
② ㉠, ㉢, ㉣, ㉤
③ ㉡, ㉢, ㉣, ㉤, ㉥
④ ㉠, ㉡, ㉢, ㉣, ㉤, ㉥

06 소년부 판사가 사건을 조사 또는 심리하는 데에 필요하다고 인정할 경우 소년의 감호에 관하여 결정으로써 할 수 있는 임시조치에 해당하지 않는 것은?

① 보호자에 위탁, 소년을 보호할 수 있는 적당한 자에 위탁
② 병원이나 그 밖의 요양소에 위탁
③ 소년분류심사원에 위탁
④ 소년원에 위탁

07 다음 내용의 연구방법에 해당하는 것은?

> A와 B 집단의 청소년들을 무작위로 선발하여 A집단만 교도소를 방문시켰다. 6개월 후 A와 B 집단의 비행행동 빈도를 비교하였더니 교도소를 방문하였던 A집단의 비행행동이 감소하였다.

① 통계자료분석
② 설문조사
③ 사례연구
④ 실험연구

08 리스트(Liszt)의 형사정책이론에 관한 설명 중 옳은 것은?

① 형벌의 목적으로 특별예방사상을 처음으로 주장함으로써 형벌 예고를 통해 일반인의 범죄충동을 억제하는 것이 형벌의 가장 중요한 기능이라고 보았다.

② '처벌되어야 할 것은 행위자가 아니고 행위'라는 명제를 제시하였다.

③ 개선이 불가능한 범죄자를 사회로부터 격리수용하는 무해화조치도 필요하다고 주장하였다.

④ 부정기형의 폐지, 단기자유형의 활용, 강제노역의 폐지 등을 주장하였다.

09 가정폭력에 관한 설명으로 옳지 않은 것은?

① 가정환경과 범죄에 있어 나이(Nye)는 극단적으로 엄격한 훈육은 청소년의 자유로운 동료집단과의 상호작용을 방해하여 동 집단과의 상호작용을 방해한다고 보았다.

② 일상생활에 도움이 필요한 아동과 노인을 적절히 돌보지 않는 행위는 가정폭력의 범주에 포함되지 않는다.

③ 유년시절에 가정폭력을 경험한 피해자가 성인이 되어 가해자가 될 가능성이 높다.

④ 남성이 여성보다 배우자폭력의 가해자가 되는 경우가 많다.

10 강간범죄에 대한 설명으로 옳은 것은?

① 강간범죄는 다른 범죄와 동일하게 학습되고, 학습의 효과는 강간장면을 직접 목격하거나 대중매체를 통한 간접경험이 많을수록, 개인의 성적 취향과 폭력의 연관성이 높을수록, 강간의 수용도가 높을수록, 성폭력에 대한 고통, 두려움 등의 부정적 감정에 무감각할수록 증가한다.

② 성범죄는 다수가 가해사실을 부인하므로 DNA 및 체액·타액 검사 등 첨단 과학적인 수사기법에 기초하여 유죄를 입증하는 경우가 대다수이다.

③ 성범죄에 노출이 많고 이에 대해 우호적인 주위 집단과의 친밀한 접촉을 통해 강간을 학습하고 실행하는 것은 심리학적 원인에 해당한다.

④ 그로스(Groth)는 폭력적 강간의 유형에는 분노강간, 스릴추구적 강간, 지배강간이 있다고 주장하였다.

11 유전과 범죄에 관한 설명으로 틀린 것을 모두 고른 것은?

> ㉠ 고링(Goring)은 일찍 부모의 영향권을 벗어난 사람들이 더 늦게 벗어난 사람보다 고질적 범죄인이 될 비율이 높다고 보았다.
>
> ㉡ 리들(Riedl)은 어머니보다 아버지의 유전적 결함이 범죄에 보다 많은 영향을 미친다고 보았다.
>
> ㉢ 글룩 부부(S. Glueck & E. Glueck)는 범죄발생이 유전적 결함보다는 성장환경에 더 많이 좌우된다고 보았다.

② 덕데일(Dugdale)은 유전성은 환경의 불변성과 무관하다고 주장하여 환경적 요인이 범죄에 미치는 영향을 부정하였다.

① ㉠, ㉡   ② ㉠, ㉢   ③ ㉡, ㉢   ④ ㉢, ㉣

12 다면성 인성검사(MMPI)에 관한 설명으로 올바른 것은?

① 범죄자를 대상으로 공통적인 10가지 프로파일 유형으로 분류한 것이 원래의 MMPI유형론이다.
② 최근 MMPI연구는 각 하위척도와 관련되는 성격적·행동적 변인들을 발견하는 쪽으로 집중되고 있다.
③ 10개의 임상척도는 각각의 개별척도 점수를 사용해 직접적인 임상적 진단이 가능하다.
④ 일관성 있게 범죄인과 비범죄인을 구분해 내는 척도는 9번 척도이다.

13 심리학적 원인론에 대한 설명으로 옳지 않은 것은?

① 스키너(Skinner)는 실험상자(Skinner box) 지렛대 실험에서 쥐의 행동이 보상과 처벌에 따라 변화하는 것을 확인하였고, 이를 통해 인간의 행위 역시 조절할 수 있다고 보았다.
② 심리학적 원인론은 생물학적 원인론과는 달리 환경을 중시하는 이론이고, 외인적 원인론에 속한다.
③ 범죄의 심리학적 분석은 범죄자에 대한 개별처우이념과 부합한다.
④ 로렌츠와 위그(Lorenz & Weig)는 외부공격에 대한 반응을 외벌형, 내벌형, 무벌형으로 나누어 분석하였다.

14 아이젠크의 인성이론에 대한 설명으로 틀린 것은?

① 외향성은 개인의 대뇌피질의 자극수용(cortical arousal) 정도와 관련이 있다.
② 외향적인 사람은 대뇌피질이 자극을 덜 받아들이기 때문에 자극을 덜 느낀다.
③ 내성적인 사람은 외향적인 사람에 비해서 조건화를 통하여 특정 행위에 대한 억제력이 보다 잘 발달된다.
④ 외향적인 사람은 내성적인 사람처럼 효과적으로 비범죄행위에 대한 학습을 한다.

15 애그뉴(R. Agnew)의 일반긴장이론에 관한 설명으로 옳지 않은 것은?

① 기본적으로 비행을 축적된 스트레스의 결과로 본다.
② 개인이 받는 부정적 압력보다 긍정적 압력을 비행의 원인으로 주목한다.
③ 긍정적 자극의 소멸은 비행의 가능성을 증가시킨다고 예측한다.
④ 부정적 감정이 긴장과 비행을 매개한다고 본다.

16 허쉬(T. Hirschi)의 사회통제이론(social control theory)에 관한 설명으로 옳지 않은 것은?

① 범행을 야기하는 이유보다 특정한 사람들이 범죄를 저지르지 않는 이유에 초점을 둔다.
② 범죄행위는 다른 사람들과의 의사소통과정에서 학습된다고 한다.
③ 규범에 대한 믿음이 약할수록 범죄를 저지를 가능성이 높다.
④ 규범준수에 따른 사회적 보상에 관심을 가질수록 범죄나 비행을 적게 저지른다고 한다. 이는 인습적인 생활방식과 활동에 투자하는 시간과 노력에 대한 보상을 이성적으로 판단하여 생성되는 유대관계의 중요성을 강조하는 것이다.

17 합리적 선택이론(Rational Choice Theory)에 관한 설명으로 옳지 않은 것을 모두 고른 것은?

> ㉠ 1960년대 범죄의 급증으로 당시 형사사조의 주류였던 사법모델에 대한 비판이 제기되면서 등장한 의료모델이 이론형성의 계기가 되었다.
> ㉡ 경제학의 기대효용(expected utility)원리에 기초하고 있다.
> ㉢ 범죄자는 범죄로 인하여 얻게 될 이익과 손실의 크기를 비교하여 범행을 결정하게 된다는 이론이다.
> ㉣ 1960년대 후반 베커(Becker)를 중심으로 한 경제학자들에 의해 주장된 범죄경제학의 등장이 이론형성의 토대가 되었다.
> ㉤ 범죄경제학에 따르면 범죄자가 범죄의 이익과 손실을 계산할 경우에 이익이란 금전적 이익을 의미하고, 개인의 취향이나 심리적 만족감과 같은 주관적 가치가 있는 것은 포함되지 않는다.

① ㉠, ㉡

② ㉡, ㉢

③ ㉠, ㉤

④ ㉣, ㉤

18 전과자 A는 교도소에서 배운 미용기술로 미용실을 개업하여 어엿한 사회인으로 돌아오고, 범죄와의 고리를 끊었다. 다음 중 이 사례를 설명할 수 있는 것으로 가장 거리가 먼 것은?

① 허쉬(Hirschi)의 사회유대
② 샘슨(Sampson)과 라웁(Laub)의 사회자본
③ 베커(Becker)의 일탈자로서의 지위
④ 머튼(Merton)의 제도화된 수단

19 갈등론적 범죄개념에 관한 설명으로 옳지 않은 것은?

① 형사법은 다양한 집단 간 갈등의 산물이다.
② 범죄는 부와 권력을 소유한 사람들에 의해 정의된다.
③ 범죄와 처벌에 대하여 대다수의 합의가 존재한다.
④ 형사법은 가진 자의 이익을 보호하기 위해 만들어진다.

20 충격구금(shock incarceration)에 대한 설명으로 옳지 않은 것은?

① 장기구금에 따른 폐해를 해소하거나 줄이는 대신 구금의 긍정적 측면을 강조하기 위한 것이다.

② 구금의 고통이 큰 기간을 구금하여 범죄억제효과를 극대화하는 데 제도적 의의가 있다.

③ 형의 유예 및 구금의 일부 장점들을 결합한 것으로 보호관찰과는 결합될 수 없다.

④ 짧은 기간 구금되지만 범죄자가 악풍에 감염될 우려가 있다.

01 범죄예측에 관한 설명으로 옳은 것은?

① 범죄예측이란 장래 범죄나 비행을 예측하는 것을 말하고, 범죄자나 비행소년이 아니라도 범죄가능성이 있는 사람은 그 대상이 될 수 있다.

② 범죄예측은 범죄방지의 목적을 위한 것이며, 범죄원인의 규명과는 무관하다.

③ 범죄예측은 수사·재판의 단계에서 요구되고, 교정의 단계에서는 요구되지 않는다.

④ 범죄예측은 집단현상으로서의 범죄에 대한 이해를 돕는 것이다.

02 비범죄화 또는 다이버전(Diversion)에 대한 설명 중 옳지 않은 것은?

① 비범죄화론은 약물범죄와 같은 공공질서 관련 범죄에 대해서 많이 주장되고 있다.

② 다이버전은 형사제재의 최소화를 도모하는 것으로 보석도 그 한 형태이다.

③ 다이버전은 재판절차 전 형사개입이라는 점에서 또 다른 형사사법절차의 창출이라는 비판이 있다.

④ 경미범죄에 대한 경찰의 훈방조치 내지 지도장 발부, 범칙금 납부제도 등은 넓은 의미의 비범죄화의 일환이다.

03 단기자유형의 폐지논거로 타당하지 않은 것은?

① 구금시설이 복잡하고 불충분하게 된다.

② 위하력이 약하다.

③ 일반예방적 효과는 인정된다.

④ 가족의 경제적 파탄 가능성이 있다.

04 특별사면에 대한 설명으로 옳지 않은 것은?

① 특별사면은 형의 선고를 받아 그 형이 확정된 자를 대상으로 하며, 원칙적으로 형의 집행이 면제된다.

② 검찰총장은 교도소장의 보고에 의해 법무부장관에게 특별사면을 상신할 것을 신청할 수 있다.

③ 법무부장관은 직권 또는 사면심사위원회의 심사를 거쳐 특별사면을 상신한다.

④ 대통령으로부터 특별사면의 명이 있을 때에는 법무부장관은 검찰총장에게 사면장을 송부한다.

05 보호관찰에 관한 설명으로 옳은 것은?

① 법원의 판결이나 결정이 확정된 때부터 시작된다.

② 보호관찰은 부가적 처분으로 부과할 수 있을 뿐이고, 독립적 처분으로 부과할 수 없다.

③ 보호관찰대상자가 보호관찰의 준수사항을 위반한 경우 보호관찰을 취소해야 한다.

④ 보호관찰에 대한 임시해제결정이 취소된 때에는 그 임시해제기간은 보호관찰기간에 산입되지 않는다.

06 소년부 판사가 결정으로 그 기간을 연장할 수 있는 보호처분만을 모두 고르면?

> ㄱ. 보호관찰관의 단기 보호관찰
>
> ㄴ. 병원, 요양소 또는 보호소년 등의 처우에 관한 법률에 따른 의료재활소년원에 위탁
>
> ㄷ. 장기 소년원 송치
>
> ㄹ. 보호자 또는 보호자를 대신하여 소년을 보호할 수 있는 자에게 감호 위탁

① ㄱ, ㄷ   ② ㄴ, ㄷ

③ ㄴ, ㄹ   ④ ㄷ, ㄹ

07 범죄학의 연구방법에 대한 설명으로 옳지 않은 것은?

① 범죄학 연구방법 중 실험연구는 외적 타당도에 영향을 미치는 요인들을 통제하는 데 가장 유리한 연구방법이다.

② 사례조사방법은 범죄자의 일기, 편지 등 개인의 정보 획득을 바탕으로 대상자의 인격 및 환경의 여러 측면을 분석하고, 그 각각의 상호 연계관계를 밝힐 수 있다.

③ 표본집단조사는 일반적으로 범죄인군에 해당하는 실험집단과 정상인군에 해당하는 대조집단을 선정하여 양 집단을 비교하는 방법을 취한다.

④ 추행조사방법은 일정한 범죄자 또는 비범죄자들에 대해 시간적 간격을 두고 추적·조사하여 그들의 특성과 사회적 조건의 변화를 관찰함으로써 범죄와의 상호 연결관계를 파악할 수 있다.

08 리스트(Liszt)의 형사정책이론에 관한 설명 중 옳은 것은?

① 형벌의 목적으로 특별예방사상을 처음으로 주장함으로써 형벌 예고를 통해 일반인의 범죄충동을 억제하는 것이 형벌의 가장 중요한 기능이라고 보았다.

② '처벌되어야 할 것은 행위자가 아니고 행위'라는 명제를 제시하였다.

③ 개선이 불가능한 범죄자를 사회로부터 격리수용하는 무해화조치도 필요하다고 주장하였다.

④ 부정기형의 폐지, 단기자유형의 활용, 강제노역의 폐지 등을 주장하였다.

09 마약의 주생산지인 황금의 삼각지대에 해당되는 곳은?

① 아프가니스탄　　　　　　　　② 이란
③ 파키스탄　　　　　　　　　　④ 미얀마

10 연쇄살인의 특징으로 옳지 않은 것은?

① 반복성을 가진다.
② 우발적으로 범행을 하는 경우가 대부분이다.
③ 심리적 냉각기를 가진다.
④ 사건 사이에 시간적 공백이 있다.

11 범죄인 가계(家系)연구에 관한 설명 중 옳지 않은 것은?

① 범죄인 가계란 범죄인의 계보를 연구한 결과 범죄인·이상성격자·부랑자 등이 많이 배출되는 가계를 말한다.
② 범죄인 가계의 연구는 범죄성이 유전되는 것을 가계도(家系圖)에 의해서 증명하려는 연구 방법으로 쥬크(Juke)가와 칼리카크(Kallikak)가에 대한 연구가 대표적이다.
③ 범죄인 가계연구는 환경적 영향을 전혀 고려하지 않았고, 특정 가계에 대한 지엽적 연구에 불과하여 일반성을 인정할 수 없다는 비판이 있다.
④ 서덜랜드(Sutherland)는 조나단 에드워드(Jonathan Edward)가의 연구를 통해 범죄의 유전성을 입증하였다.

12 다음 설명 중 옳은 것을 모두 고른 것은?

> ㉠ 성적 충동이 강한 사람이 이러한 성향을 누드를 그린다거나 매우 관능적인 춤을 추는 행위 등을 통해 사회가 인정하는 방법으로 표출하는 방어기제는 '승화'이다.
> ㉡ 소질과 환경에 대한 범죄발생원인으로서 소질의 내용에는 유전, 신체, 빈곤, 가정해체 등이 포함된다.
> ㉢ "조작적 조건화"란 어떤 반응에 대해서 선택적으로 보상을 하고 그 반응이 일어날 확률을 감소시키거나 증가시키는 방법을 말한다.
> ㉣ 달라드와 밀러(Dollard & Miller)는 공격하고자 하는 발양성의 강도는 욕구좌절의 양에 반비례한다고 주장하였다.

① ㉠, ㉡　　　　　　　　　　② ㉡, ㉢
③ ㉠, ㉢　　　　　　　　　　④ ㉢, ㉣

13 성격과 범죄에 대한 설명으로 옳지 않은 것은?

① 아이젠크(Eysenck)는 「범죄와 성격」에서 융의 내향성과 외향성의 개념을 파블로프의 고전적 조건이론으로 응용하여 범죄자의 성격특성을 설명하였다.

② 로렌츠(K. Lorenz)의 본능이론은 인간의 공격적 행동특징은 학습이 아니라 본능에 의존한다고 한다.

③ 좌절공격이론은 본능이론과는 달리 공격성이 외부조건에 의해 유발된 동기로 생긴다고 본다.

④ 아이젠크(Eysenck)는 사이코패스에 대한 표준화된 진단표(PCL – R)를 개발하였으며, 오늘날 사이코패스 검사도구로 광범위하게 사용되고 있다.

14 다음 설명 중 옳지 않은 것을 모두 고른 것은?

> ㉠ 최근 MMPI연구는 각 하위척도와 관련되는 성격적·행동적 변인들을 발견하는 쪽으로 집중되고 있다.
> ㉡ 소질과 환경을 범죄발생원인으로서 보는 에이커스(Akers)는 범죄발생은 개인의 소질이 아니라 자본주의의 모순으로 인해 자연적으로 발생하는 사회현상이라고 보았다.
> ㉢ 반두라에 의하면 사회학습이론의 학습과정에서 관찰을 통해 학습한 정보를 기억하는 단계에 해당하는 것은 '집중단계'이다.
> ㉣ 아들러(Adler)는 신체적 결함뿐만 아니라 사회적 소외도 콤플렉스의 원인이 된다고 봄으로써 범죄원인을 개인심리적 영역에서 사회적 영역으로 확대하였다.

① ㉠, ㉡   ② ㉡, ㉢   ③ ㉠, ㉢   ④ ㉢, ㉣

15 인지발달이론에 대한 설명으로 옳은 것은?

① 피아제는 인지발달과정에서 인지한 것을 의미 있게 만드는 방식을 '조절'이라고 한다.

② 도덕성과 비행성과의 관계를 직접 검증한 연구가 많다는 장점이 있는 반면, 다양한 비행원인론을 포괄할 수 없다는 단점이 있다.

③ 인지이론은 범죄행동 패턴에서 왜 사람들이 성숙해지고 추론능력이 발달하면서 범죄성향이 줄어드는지를 잘 설명한다.

④ 패스팅거의 본능이론은 보상이 따를 만한 행위를 일부러 하지 않고, 좋지 않은 결과로 여겨지는 선택을 하는 경우를 설명하고자 하는 이론이다.

16 봉쇄이론의 범죄유발요인 중 배출요인과 가장 거리가 먼 것은?

① 불안감   ② 내적 긴장감
③ 증오심   ④ 가족갈등

17 〈보기 1〉의 이론과 〈보기 2〉의 내용을 연결한 것 중 옳은 것은?

> **보기 1**
>
> ㉠ 억제이론(deterrence theory)　　　　㉡ 낙인이론(labeling theory)
>
> ㉢ 일상생활이론(routine activity theory)　㉣ 합리적 선택이론(rational choice theory)
>
> ㉤ 중화기술이론(techniques of neutralization)

> **보기 2**
>
> ⓐ 맞벌이부부의 증가로 빈집이 늘어나면서 절도범죄가 증가한다.
>
> ⓑ 친구들에게서 '나쁜 놈'이라는 놀림을 받다가 결국에는 범죄인이 되었다.
>
> ⓒ 기물파괴는 악의 없는 장난이고, 절도는 물건을 잠시 빌린 것이다.
>
> ⓓ 자동차 운전자의 과속운전은 무인속도측정기가 설치된 지역에서 줄어든다.
>
> ⓔ 수질오염방지시설을 정상적으로 가동하는 것보다 적발되더라도 벌금을 내는 것이 경제적으로 더 유리하다.

① ㉠ - ⓑ　　　② ㉡ - ⓐ　　　③ ㉢ - ⓒ　　　④ ㉣ - ⓔ

18 범죄원인에 관한 이론과 그에 대한 비판으로 옳지 않은 것만으로 묶인 것은?

> ㉠ 차별접촉이론 : 과실범과 격정범 등의 범죄는 설명하기 쉬우나, 청소년비행은 설명하기 어렵다.
>
> ㉡ 문화갈등이론 : 이민사회의 다양한 문화를 전제로 한 이론이기 때문에 범죄원인론으로 보편화하는 데에는 한계가 있다.
>
> ㉢ 범죄정상이론 : 범죄를 옹호한다는 비판이 있다.
>
> ㉣ 머튼(R. Merton)의 아노미이론 : 과실범, 격정범 및 상류계층의 경미한 재산범죄 등을 설명할 수 없다.
>
> ㉤ 낙인이론 : 일탈의 생성에 있어서 행위자의 속성을 너무 강조한다.

① ㉠, ㉡　　　　　　　　　　② ㉠, ㉤

③ ㉡, ㉢　　　　　　　　　　④ ㉢, ㉣

19 비판범죄학에 관한 설명으로 옳지 않은 것은?

① 1960년대 중반부터 주장되기 시작한 이론으로 급진적 범죄학, 갈등론적 범죄학, 마르크스적 범죄학, 사회주의적 범죄학 등으로 다양하게 불린다.

② 범죄문제 해결에 대하여 점진적 개혁을 거부하고, 전반적인 체제의 변동을 추구한다.

③ 일탈의 원인을 자본주의체제의 모순에서 찾으며, 거시적 시각에서 분석하고 있다.

④ 낙인이론을 비판하고, 범죄의 원인을 국가공권력의 적극적 태도에서 찾는다.

20 다음 중 가석방에 대한 설명으로 틀린 것은?

① 가석방의 경우 보호관찰은 임의적 절차이다.

② 부정기형제도처럼 가석방은 정기형의 엄격성을 보완한다.

③ 1791년 영국의 식민지 호주에서 처음으로 실시되었다.

④ 가석방 결정을 위한 과학적 예측의 중요성이 점차 높아지고 있다.

정답 및 해설

1회 정답 및 해설

01. ③	02. ②	03. ④	04. ②	05. ③	06. ③	07. ③	08. ②	09. ③	10. ③
11. ②	12. ③	13. ②	14. ③	15. ③	16. ④	17. ①	18. ①	19. ②	20. ④

01.　Answer　③

①·②·④ 제프리는 범죄대책의 목적설정과 관련하여 세 가지 범죄대책모델을 제시하였는데, 범죄통제모델·사회복귀모델·환경공학적 범죄통제모델이 그것이다.

[제프리의 범죄대책모델]

범죄통제모델	• 종래의 형사정책에서 주된 관심을 두었던 방법으로, 고전학파 범죄이론의 입장이다. • 범죄예방의 방법으로 진압적 방법을 주장하며, 처벌의 신속성·확실성·엄격성을 강조한다.
사회복귀모델	• 주관주의 형법이론의 입장으로, 범죄인의 재사회화와 재범방지에 중점을 둔다. • 임상적 개선, 지역활동, 교육 및 직업훈련, 복지정책 등 사회정책적 수단을 강조한다.
환경공학적 범죄통제모델	• 도시정책, 환경정화, 인간관계의 개선, 정치·경제·사회 각 분야에서의 갈등해소를 강조한다. • 범죄방지는 근본적인 사회환경의 개선을 통해서만 가능하다고 본다. ※ 제프리가 가장 강조한 모델이다.

02.　Answer　②

2차 피해자화는 최초의 범죄피해에 관한 사건을 처리하는 과정에서 파생되어 피해자가 받게 되는 피해를 말하며, 주로 수사기관이나 재판기관에서 발생하는 피해자 본인이나 그 가족 등의 고통이 주가 된다.

03.　Answer　④

선고유예 선고 시에는 보호관찰만을 부과할 수 있을 뿐, 사회봉사 또는 수강을 명할 수는 없다.

04.　Answer　②

실증주의 범죄학에 대한 설명이다. 고전주의 범죄학은 범죄를 저지르는 이유가 아니라, 범죄를 저지르지 않는 이유를 설명한다.

05.　Answer　③

보안처분은 범죄자의 장래 위험성에 근거하여 사회방위를 목적으로 부과되는 형벌 이외의 각종 범죄예방처분을 말하므로, 과거의 책임에 근거하는 형벌과 구별된다.

보안처분의 특징

- 범죄의 위험성을 근거로 한다.
- 예방주의 내지 사회방위사상을 실현하기 위한 국가의 처분이다.
- 행위자의 미래를 판단하는 제도이다.
- 범죄자의 개선과 사회방위 등 특별예방을 중시한다.
- 치료, 개선, 교육 등의 목적을 위한 강제처분이다.
- 형벌을 대체하거나 보충하는 사회방위적 제재이다.

06. Answer ③

③ 사회봉사·수강명령 대상자는 주거를 이전하거나 1개월 이상 국내외 여행을 할 때에는 미리 보호관찰관에게 신고하여야 한다(보호관찰법 제62조 제2항 제2호).
① 동법 제59조 제1항, ② 동법 제60조 제1항, ④ 동법 제63조 제2항

07. Answer ③

형벌을 행정벌로 전환하는 것은 입법상 비형벌화의 대표적인 경우이다.

[비형벌화의 유형]

입법상 비형벌화		범죄를 질서위반으로, 형벌을 행정벌로 변경
형사사법상 비형벌화	재판 전 단계에서의 비형벌화	훈방, 기소유예 등
	재판단계에서의 비형벌화	집행유예, 선고유예 등
	교정단계에서의 비형벌화	보호관찰, 사회봉사명령, 수강명령 등

08. Answer ②

범죄피해자조사는 범죄의 피해자가 가해자보다 자신이 당한 범죄를 보고할 가능성이 더 크기 때문에 범죄피해자의 특성을 파악하기가 보다 용이하고, 가해자가 보고할 때까지 기다리지 않고 직접 찾아 나선다는 점에서 정확한 범죄현상의 파악을 가능하게 하며, 전국적인 조사로써 대표성 있는 자료를 수집할 수 있고, 피해원인의 규명을 통해 범죄예방을 위한 기초자료가 된다. 또한 공식범죄통계에서 누락된 범죄가 범죄피해자조사에서 발견될 수 있으므로, 암수범죄를 해결하는 데 효과적이다.

09. Answer ③

③ 영국의 버어트(C. Burt)는 훈육결함가정 출신의 비행소년 비율이 같은 가정 출신의 무비행소년보다 6배가 많고, 훈육결함의 범인성은 빈곤의 범인성보다 4배가 높다고 주장하는 등 훈육결함가정의 범인성을 강조하였다.
① [마약의 분류(마약류관리법)]

분류	종류
향정신성의약품	메트암페타민, 바르비탈류, 벤조디아제핀류, LSD, 날부핀, 덱스트로메토르판, 카리소프로돌, 펜플루라민, 케타민
대마	대마
마약	헤로인, 모르핀, 아편, 모르핀, 코카인, 메타돈, 염산페티딘

④ PCL-R은 20문항에 걸쳐 각 항목별로 3점 척도로 응답하는 방식으로, 총 40점 만점으로 구성되어 있으며, 2명 이상의 전문가가 평균을 낸 점수로 사이코패스를 진단하게 되는데, 만점에 가까울수록 사이코패스 성향이 높은 것으로 본다.

10. Answer ③

약물의 오남용 방지를 위해 2011년 2월부터 마약류관리법에 따른 향정신성의약품에 포함되었다.

11. Answer ②

[롬브로조의 범죄인 분류]

생래적 범죄인		선천적으로 범죄자적인 생물학적 구조를 타고난 범죄인
정신병범죄인		정신병이 원인이 되어 범행하는 자
격정범죄인		선천적으로 범죄소질을 가진 것은 아니나, 우발적으로 범행하는 자
기회범죄인	사이비범죄인	범죄의 위험성은 없으나, 자신의 생존이나 명예를 위해 범행할 수 있는 자
	준범죄인	생래적 범죄인과는 구별되나, 다소 선천적 원인이 있는 자
관습(상습)범죄인		좋지 못한 환경으로 인해 상습적으로 범행하는 자
잠재적 범죄인		음주 등 다른 이유로 격한 감정이 생기면 범죄인의 특성이 나타나는 자

12. Answer ③

범죄자 가계연구, 쌍생아연구, 입양아연구, 호르몬연구 등은 범죄생물학적 관점의 연구와 관련이 있으나, 인성연구는 심리학적 관점의 연구와 관련이 있다.

13. Answer ②

롬브로조는 범죄인들은 원래 생물학적 열등성이 있어 범죄를 저지를 수밖에 없다고 보았으며, 셸던은 신체유형을 내배엽·중배엽·외배엽으로 나누어 근육질의 중배엽형 신체를 가진 사람이 공격적인 성향으로 인해 범죄를 많이 저지르게 된다고 주장하였다. 고링은 범죄자 특유의 외형적 특징은 존재하지 않는다고 주장하였으나 범죄인은 일반인에 비해 지능이 낮다는 점을 인정하면서 범죄의 원인이 유전임은 인정하였다.

14. Answer ③

습관화는 도피반응을 유발시키는 자극범위를 축소시킨다.

15. Answer ③

[버제스와 에이커스(Bugess & Akers)의 차별적 (접촉)강화이론의 4가지 주요 개념]

- 차별적 접촉(differential association) : 범죄자에게는 그들에게 범죄나 모방할 모형이나 차별적 강화를 제공하는 집단이 존재하며, 이러한 집단 가운데 가장 중요한 것은 가족이나 친구와 같은 일차적 집단이다.
- 정의(definition) : 특정 행위에 개인이 부여하는 의미와 태도를 의미한다.

- 차별적 강화(differential reinforcement) : 범죄행위의 결과로부터 돌아오는 보상과 처벌의 균형에 의해 달라지는 것으로, 개인이 그 범죄행위를 저지를 것인지 여부는 과거와 미래에 예상되는 보상과 처벌 간의 균형에 의해 영향을 받는다.
- 모방(imitation) : 타인의 행동에 대한 관찰과 학습의 결과로써 그와 유사한 행동을 하게 되는 것으로, 사회학습이론을 기반으로 한다.

16. Answer ④

하급계층을 포함한 모든 계층이 경험할 수 있는 긴장을 범죄의 주요 원인으로 제시한 이론은 애그뉴(Rober Agnew)의 일반긴장이론이다.

17. Answer ①

맛차는 비행적 하위문화가 독자적으로 존재하는 것이 아니라고 함으로써 코헨의 비행적 하위문화이론을 비판하였다.

18. Answer ①

○ : ㉠
  ㉡ [스키너의 조작적 조건형성실험(Operant Conditioning Experiment)]
      조건적 조건형성실험은 지렛대를 누르면 먹이가 나오도록 설계된 실험용 박스에 생쥐를 넣고, 우연히 생쥐가 지렛대를 눌러 먹이가 나오면 같은 행동을 반복하는 횟수가 증가한다는 사실을 밝혀낸 실험으로, 이를 통해 행동의 강화를 파악하고 그 원리를 이해할 수 있게 되었다. 이때 행동의 빈도를 증가시키는 역할을 하는 모든 자극물을 강화물(Reinforcement)이라고 한다.
× : ㉢ 사회적 학습이론이 사회적 강화나 자극을 강조하고 있는 것은 분명하나, 비사회적 강화나 자극을 부정한 것은 아니다. 다시 말하면, 비사회적 강화나 자극보다 사회적 강화나 자극을 보다 강조한다.
  ㉣ 사회적 학습이론은 학습환경과 관련하여 사회적 상호작용뿐만 아니라 비사회적 환경 모두를 고려하였다. 즉, 사회적 학습이론은 사회적 상호작용과 더불어 물리적 만족감(예 굶주림, 갈망, 성적 욕구 등의 해소)과 같은 비사회적인 사항에 의해서도 범죄행위가 학습될 수 있다고 보았다.

19. Answer ②

② 결정론에 입각한 다른 실증주의 이론들은 범죄 및 비행을 야기하는 외적 요인들이 일방향의 인과관계에 따라 한 개인의 비행행위에 영향을 미친다고 보는 반면, 낙인이론은 외적 요인인 낙인과 내적 자아 간의 상호작용과정에 초점을 맞춘다.
① 서술적 성격이 아닌 귀속적 성격을 갖는다.
③ 낙인이론은 개인적 상호작용이라는 미시적 관심에 머무르고 있으며, 범죄개념에 대해서도 국가적 범죄개념을 취하고 있어 역사적 방법을 선호한다고 볼 수 없다.
④ 최초의 일탈해명에 취약하다는 비판을 받는다.

20. Answer ④

④ 비판범죄론은 범죄를 국가와 계급지배라는 맥락에서 연구하고자 하는 이론적 입장으로, 주류 범죄학이론들이 권력과 지배라는 계급구조와 무관하게 범죄를 연구하는 것을 비판하면서 등장하였다.

① 억제이론은 사법기관의 처벌 여하에 의해 범죄나 비행을 설명할 수 있다는 이론으로, 인간은 누구나 쾌락을 추구하지만 처벌을 두려워하기 때문에 강력한 처벌만이 범죄를 막을 수 있다고 주장한다.

② 환경범죄학이론은 환경이 가진 범죄유발요인을 분석하여 방범환경의 설계관리를 제안하는 이론이다.

③ 생활양식노출이론은 범죄피해나 범죄발생가능성이 피해자의 일상생활과 관련이 있다고 보는 이론이다.

2회 정답 및 해설

정답 및 해설   JUSTICE 범죄학

01. ①	02. ③	03. ④	04. ①	05. ③	06. ②	07. ③	08. ③	09. ①	10. ①
11. ②	12. ③	13. ④	14. ①	15. ①	16. ②	17. ①	18. ②	19. ②	20. ④

01.   Answer   ①

① 합리적 선택이론은 비결정론적 인간관에 입각하여 인간의 자유의지를 인정하고, 합리적 인간관을 바탕으로 범죄자는 자신에게 유리한 경우에 범죄를 행한다고 본다.

③ 클라크(Clarke)와 코니쉬(Cornish)의 합리적 선택이론은, 경제이론에서의 기대효용법칙을 범죄학에 적용하여 인간은 범죄로 인해 얻게 될 효용과 손실의 크기를 비교함으로써 범행 여부를 결정한다고 본다. 이는 고전범죄학에서 이해하는 인간본성에 대한 가정과 일치한다.

02.   Answer   ③

③ 가족집단 회합모델은 뉴질랜드 마오리족의 전통에 기원을 두고 있는데, 1989년 뉴질랜드의 소년범 중 마오리족 청소년들이 높은 비중을 차지하는 문제를 해결하기 위한 방안으로서 「아동 · 청소년 및 그 가족들에 관한 법」에 의해 도입되었다.

① 회복적 사법은 가해자와 피해자, 그 가족 및 지역사회를 함께 참여시키는 사회적 관계 속에서 문제를 해결하고자 하므로, 사회방위와는 직접적 관련이 없다.

② 회복적 사법은 피해자의 범죄로 인한 정신적 · 물질적 피해의 회복에 그치지 않고, 범죄의 피해와 그로 인한 후유증 등을 해소하고, 관련 당사자들의 재통합을 추구하는 일체의 범죄대응 형식을 말한다.

④ 범죄도 하나의 사회현상이라는 사실을 중시한다.

[회복적 사법]
특정 범죄에 대한 이해관계를 가진 당사자(범죄의 피해자와 가해자, 지역사회 구성원)들이 사건 해결과정에 능동적으로 참여하여 피해자의 권리신장과 피해회복에 초점을 두는 과정이다.

03.   Answer   ④

× : ㉢ 선고유예제도는 특별예방효과의 목적달성을 위한 책임주의의 중대한 양보를 의미한다.
    ㉣ 선고유예는 1년 이하의 징역이나 금고, 자격정지 또는 벌금의 형을 선고할 경우에 그 선고를 유예하는 제도이다(형법 제59조 제1항).

○ : ㉠, ㉡

04.   Answer   ①

× : ㉡ 최근 미국에서는 경고적 의미의 단기자유형이 반드시 부정적인 효과만을 초래하는 것은 아니라는 주장

하에 단기구금을 할 수 있는 shock probation(단기자유형 집행 후 보호관찰), shock parole(단기자유형 집행 후 가석방) 등의 충격요법이 활용되고 있는데, 이는 단기자유형의 문제점이 아니라, 단기자유형의 폐해를 최소화하면서 그 장점을 살리자는 의미의 제도로 보아야 한다.

○ : ㉠, ㉢, ㉣, ㉤

05. Answer ③

우리 대법원은 "개정 형법 제62조의2에서 규정하고 있는 보호관찰처분은 형벌이 아니므로 재판 시의 규정에 의하여 그 이전의 행위자에 대해서도 보호관찰을 받을 것을 명할 수 있다"고 보았고, 이 같은 해석이 형벌불소급의 원칙에 위배되는 것은 아니라고 판시하였다(대판 1997.6.13. 97도703). 즉, 판례는 보안처분에 대해서는 소급효금지의 원칙이 적용되지 않는다는 입장을 취하고 있다.

06. Answer ②

① 최근 형사사법 분야에서 증거기반형사정책이 획기적인 발전을 이루어 낸 것은, 캠벨협력재단이 증거기반형사정책을 위한 체계적인 평가를 생산하는 분야로서 교육, 사회복지와 함께 형사사법 분야를 선정한 데에 기인한다. 이 재단은 지금도 형사사법 분야의 다양한 프로그램(예 방범용 CCTV)의 효과를 평가하여 이들의 평균적인 효과를 보고하고 있으며, 정부기관들은 재정지원을 통해 증거기반형사정책을 독려하였다.

③ 합리적 선택이론, 일상활동이론, 범죄패턴이론은 현대적 범죄예방이론 가운데 상황적 범죄예방이론으로 분류된다(생태학적 이론: 상황적 범죄예방이론 · 환경범죄학 · 집합효율성이론 · 깨진유리창이론).

④ 실증주의학파는 인간에 대한 과학적 분석을 통해 범죄원인을 규명하고자 하였으며, 범죄원인을 규명해서 범죄자에 따라 형벌의 개별화를 해야 한다고 주장하였다. 지문은 고전주의학파에 대한 설명이다.

07. Answer ③

자기보고방법은 경미한 범죄의 파악에는 도움이 되나, 중한 범죄는 은폐할 가능성이 커서 파악하기 어렵다는 단점이 있다.

[자기보고방법의 장단점]

장점	단점
• 대상 집단 전체에서 차지하는 범죄를 정확히 파악 가능 • 공식통계에 나타난 범죄인과 자기보고에 기초한 범죄인의 특성을 비교 · 연구할 수 있음 • 공식통계에 나타나지 않은 암수범죄 파악에 용이 • 범죄통계상 존재할 수 있는 계급적 편견 파악에 용이 • 피조사자의 범죄에 대한 가치관과 태도 등의 파악에 용이	• 조사에 응하는 사람의 진실성과 성실성에 따라 신빙성이 좌우 • 경미한 범죄를 파악함에는 유리하나, 중한 범죄는 은폐될 가능성이 큼 • 다양한 종류의 범행을 모두 조사하기 곤란 • 지속적이고 전국적인 조사보다는 특정 시점과 특정 지역에 한정되는 경우가 많아 조사결과를 일반화하기 어려움

08. Answer ③

범죄학의 연구방법 중 참여적 관찰법은 연구자가 스스로 범죄자의 생활에 참여하여 범죄자의 심리나 가치관 등을 살펴 범죄성의 원인을 파악하는 방법으로, 체포되지 않은 자뿐만 아니라 시설에 수용된 자도 연구대상에 포함된다.

[참여관찰법의 장단점]

장점	단점
• 범죄인의 생생한 실증자료 채취에 유리 • 일탈자의 일상생활을 자연스럽게 관찰 가능 • 다른 방법보다 비교적 타당성이 높음	• 연구자 스스로 범죄에 가담하므로 처벌문제 대두 • 연구자의 주관적 편견 개입 • 피관찰자들의 인격상태에 관한 객관적인 관찰 불가능 • 관찰대상이 한정되어 다양한 범죄인의 전체적 파악 곤란 • 조사방법의 성격상 많은 시간이 소요

09. Answer ①

② 젠더(gender)폭력은 여성과 남성의 성차에 기반을 두고 발생하는 신체적 · 성적 · 정서적 폭력을 말한다. 성폭력, 가정폭력 등 전통적인 여성폭력 외에도 스토킹, 데이트강간, 사이버성폭력, 리벤지포르노 등이 이에 해당한다.

③ 주거침입절도와 단순절도의 차이점은 타인의 재물을 절취하기 위해 주거를 위한 건축물을 불법적으로 침입했는지 여부가 중요할 뿐, 침입 시 무력의 사용 여부는 고려대상이 아니다.

④ 미국의 경우, 50주의 형법에 따라 강도의 유형은 상이하나, 강도범죄를 크게 일반강도, 무장강도, 주거침입강도, 차량탈취강도로 구분한다.

[범죄동기에 의한 분류]

이욕범	• 자신의 경제적 이익을 위해 저지른 범죄 • 절도, 횡령, 배임, 통화위조 등
곤궁범	• 경제적인 곤궁에서 벗어나기 위해 저지른 범죄 • 절도, 영아살인, 유기 등
격정범	• 증오, 질투, 복수심, 성욕 등 격정에 휩싸여 저지른 범죄 • 폭행, 상해, 살인, 강간 등
유쾌범	• 스릴이나 흥분을 얻고자 하는 목적으로 저지른 범죄 • 가게물건 절도, 과속운전 등
정치범	• 정치적인 목적으로 저지른 범죄

10. Answer ①

마약류관리법에서는 헤로인, 모르핀, 아편, 양귀비, 코카잎 등을 마약으로 규정하고 있으며, 메스암페타민은 오용하거나 남용할 우려가 심하고 매우 제한된 의료용으로만 쓰이는 것으로서 이를 오용하거나 남용할 경우 심한 신체적 또는 정신적 의존성을 일으키는 약물 또는 이를 함유하는 물질인 향정신성의약품으로 규정하고 있다.

11. Answer ②

롬브로조는 생래적 범죄인에 대해서는 초범은 무기형, 누범은 사형에 처해야 한다고 주장하였다.

12. Answer ③

슐징어는 양자연구를 한 학자이다. 체형이론을 연구한 학자는 크레취머(Ernst Kretschmer), 셸던(William Sheldon) 등이다.

13. Answer ④

롬브로조는 생래적 범죄인, 정신적 범죄인, 격정범죄인, 기회범죄인, 상습범죄인, 잠재적 범죄인으로 범죄인을 분류하였다.

14. Answer ①

① 신경성(N) : 적응 대 정서적 불안정을 측정, 즉 심리적 디스트레스, 비현실적 생각, 과도한 열망과 충동, 부적응적인 대처반응을 얼마나 나타내는지를 측정한다.
② 외향성(E) : 대인관계에서의 상호작용 정도와 강도를 측정, 즉 활동수준, 자극에 대한 욕구, 즐거움, 능력 등을 측정한다.
③ 개방성(O) : 자신의 경험을 주도적으로 추구하고 평가하는지의 여부를 측정, 즉 낯선 것에 대한 인내와 탐색 정도를 측정한다.
④ 우호성(A) : 사고, 감정, 행동에서 동정심부터 적대심까지의 연속선상을 따라 개인의 대인관계 지향성이 어느 위치에 있는지를 측정한다.

15. Answer ①

㉠은 차별적 접촉이론, ㉡은 비행하위문화이론, ㉢은 차별적 기회구조이론에 관한 설명이다.

16. Answer ②

머튼의 아노미이론은, 사회의 모든 계층이 부의 성취를 추구하지만 대부분의 하류계층에게는 문화적 목표를 달성할 합법적 수단이 제한되어 있으므로, 비합법적 수단을 통해서라도 그 목표를 달성하고자 한다는 가정에서 출발하며, 전통적인 범죄의 대부분이 하류계층에 의해 실행된다는 것을 설명하고자 하였다.

17. Answer ①

② 통제이론은 범죄연구의 초점을 "인간은 왜 범죄를 저지르는지"가 아닌 "인간은 왜 범죄를 저지르지 않는지"에 맞춘 이론으로, 그 원인으로 주목한 것은 개인과 사회가 가지고 있는 통제력 또는 억제력이다. 따라서 범죄억제요인으로서 심리학적 · 사회적 특정 요인을 제시하였을 뿐, 생물학적 요인을 제시하지는 않았다.
③ 허쉬(Hirschi)의 사회통제이론에 대한 설명으로, 허쉬는 반사회적 행위를 자행토록 하는 근본적인 원인은 인간의 본성에 있으며, 누구든지 범행가능성이 잠재되어 있음에도 이를 통제할 수 있는 이유는 개인이 사회와 맺고 있는 일상적인 유대 때문이라고 주장하였다.
④ 갓프레드슨과 허쉬에 따르면, 어릴 때 형성된 자기통제력은 청소년기를 지나 성인이 되어서도 변하지 않는 안정적이고도 지속적인 성향이 된다고 한다.

18. Answer ②

범죄의 원인에 대한 사회구조적 접근방법은 뒤르켐의 사회학이론(특히 아노미이론)의 흐름에 속한 것으로, 사회구조(사회계층이나 문화 등) 자체에 범죄를 유발하는 요인이 내재되어 있다는 입장에서 접근한다. 동심원이론, 아노미이론, 사회해체론, 비행하위문화이론, 하류계층문화이론, 폭력하위문화이론 등이 이에 해당한다.

19. Answer ②

　낙인이론은 규범이나 가치에 대한 단일한 사회적 합의의 존재를 부정한다. 또한 전통적인 범죄이론과는 달리 범죄행위 자체에 초점을 두지 않고, 어떤 사람이 왜 일탈자로 규정되는지, 어떤 행위가 왜 일탈행위로 규정되는지에 초점을 둔다.

20. Answer ④

　범죄의 정치경제성을 강조하는 것은 비판범죄학이고, 범죄자에 대한 사회적 반응을 강조하는 것은 낙인이론이다.

3회 정답 및 해설

| 01. ④ | 02. ④ | 03. ② | 04. ③ | 05. ④ | 06. ① | 07. ① | 08. ② | 09. ① | 10. ④ |
| 11. ④ | 12. ④ | 13. ③ | 14. ③ | 15. ④ | 16. ② | 17. ④ | 18. ④ | 19. ④ | 20. ④ |

01.　Answer　④

④ 브랜팅햄과 파우스트의 범죄예방모델은 질병예방의 보건의료모형을 차용하였다. 1차적 예방은 질병예방을 위해 주변 환경의 청결·소독과 같은 위생상태를 개선하는 것과 유사하고, 2차적 예방은 질병에 걸린 사람들을 격리하고 주변 사람들에게 예방접종을 하는 것과 유사하며, 3차적 예방은 중병에 걸린 사람을 입원시켜 치료하는 것과 유사하다.

① · ② 환경설계 및 범죄예방교육은 1차적 범죄예방이다.

③ 재범예방프로그램은 3차적 범죄예방이다.

02.　Answer　④

멘델존은 피해자의 유책성 정도에 따라 (ⅰ) 책임이 없는 피해자, (ⅱ) 책임이 조금 있는 피해자, (ⅲ) 가해자와 동등한 책임이 있는 피해자, (ⅳ) 가해자보다 책임이 많은 피해자, (ⅴ) 가장 책임이 많은 피해자 등으로 분류하였다. 해당 지문은 가해자보다 책임이 많은 피해자 유형에 해당한다.

[멘델존의 피해자 유형]

책임이 없는 피해자	영아살해죄의 영아, 약취유인된 유아 등
책임이 조금 있는 피해자	낙태로 인해 사망한 임산부 등 무지로 인한 피해자
가해자와 동일한 책임이 있는 피해자	자살미수 · 동반자살 등 자발적인 피해자
가해자보다 책임이 많은 피해자	범죄자의 가해행위를 유발시킨 피해자, 부주의에 의한 피해자 등
가장 책임이 많은 피해자	정당방위의 상대방 같은 공격적 피해자, 무고죄의 범인 같은 기망적 피해자 등

03.　Answer　②

선고유예의 효과는 형의 선고유예를 받은 날로부터 2년을 경과한 때에는 면소된 것으로 간주한다(형법 제60조).

04.　Answer　③

① 죄형법정주의에 위배된다는 비판을 받는 것은 절대적 부정기형제도이다.

② 부정기형제도도 자유형에 해당하므로 단기자유형의 대체방안이 될 수 없다.

④ 부정기형은 근본적으로 형벌 정도를 정하는 권한이 법관으로부터 교정담당자로 이전된다는 것을 의미하므로, 교도관의 권한을 강화시킬 우려가 있다.

05. Answer ④

위험성의 판단은 미래에 대한 예상적 판단이므로 판단의 기준시는 행위 시가 아니라, 보안처분의 선고나 집행 시이다.

06. Answer ①

① 전자장치부착법 제5조 제2항 단서
② 임의적 청구(동법 제5조 제4항 제3호),
③ 임의적 청구(동법 제5조 제1항 제1호),
④ 임의적 청구(동법 제5조 제1항 제5호).

07. Answer ①

② 비범죄화는 그 사회를 지배하는 국민적 공감대의 추세에 따라 가치기준이 달라질 수 있는 성격을 지닌 범죄 유형이 그 대상이고, 일탈과 형식적 의미의 범죄의 경계에서 비범죄화의 논의가 시작된다.
③ 실질적 범죄개념을 범죄학적 개념이라고도 한다.

[범죄학에서의 범죄개념]

형식적 의미의 범죄	실질적 의미의 범죄
• 순수한 법적 개념 • 법의 명확성 • 입법지체에 따른 사회문제 발생	• 법규정과는 관계없이 '반사회적인 법익침해행위' • 범죄개념의 탄력성 • 범죄화 · 비범죄화의 척도

④ 집단현상으로서의 범죄는 사회병리적 현상이므로 사회에 미치는 영향이 크고, 지속적이므로 형사정책이 중점적으로 연구대상으로 삼아야 한다.

08. Answer ②

실험적 방법은 그 대상이 주로 사물인 자연과학 분야에서 빈번하게 사용되므로, 사람이 주된 대상인 범죄학 분야에서는 윤리적 측면에서 한계가 있을 수 있다.

09. Answer ①

수신자의 비밀누설 금지가 아니라, 전송정보의 유형 및 주요 내용이 명시되어야 한다.

10. Answer ④

④ 무어(Moore)는 화이트칼라범죄를 범행수법에 따라 신용사기(stings/swindles), 사취(chiseling), 조직 내 권한의 사적 이용, 횡령, 고객사기, 정보판매와 뇌물, 고의적으로 규정을 위반하는 행위 등 7가지 유형으로 구분하였다.
① 서덜랜드에 따르면, 화이트칼라범죄는 높은 사회적 지위를 가진 존경받고 있는 사람이 자신의 직업활동과 관련하여 행하는 범죄로 정의된다.

11. Answer ④

가로팔로는 범죄인을 자연범, 법정범, 과실범으로 분류하고, 자연범의 유형으로 ① · ② · ③ 외에 풍속범죄인을 들었다.

[가로팔로의 범죄인 분류]

자연범	모살범죄인	개선 불가능한 자는 사형
	폭력범죄인	본능적인 살상범은 무기유형, 기타 폭력범죄인은 부정기자유형
	재산범죄인	본능적 · 상습적인 자는 무기유형, 소년은 시설에 수용하여 훈련, 성인은 강제노역
	풍속범죄인	부정기자유형
법정범		정기구금형
과실범		처벌 불필요

12. Answer ④

제이콥스(Jacobs)는 성염색체의 이상과 범죄의 관계를 연구한 학자이다.

13. Answer ③

고다드는 정신박약자 가계인 칼리카크가의 연구를 통해 범죄성의 유전성을 긍정하였다.

14. Answer ③

다원론적 관점(다원인자론)은 1920년대 소년비행 예측에 사용된 이론으로, 범죄의 발생은 하나의 원인이 아닌 생물학적 · 사회학적 · 심리학적 원인이 복합적으로 작용한 결과라고 보는 견해를 말하며, 힐리(W. Healy) · 글룩부부(S. Glueck & E. Glueck) 등의 연구에서 출발한다.

15. Answer ④

사회적 학습이론이 사회적 강화나 자극을 강조하고 있는 것은 분명하나, 비사회적 강화나 자극을 부정한 것은 아니다. 다시 말하면, 비사회적 강화나 자극보다 사회적 강화나 자극을 보다 강조한다.

16. Answer ②

애그뉴(Agnew)는 범죄와 비행은 스트레스가 많은 사람들에게는 고통을 경감하고 만족을 줄 수 있는 수단이 될 수도 있다는 일반긴장이론을 주장하였다. 사회해체이론의 대표적 학자로는 생태학적 이론의 파크(Park)와 동심원이론의 버제스(Burgess) 등이 있다.

17. Answer ④

① · ② · ③은 맛차의 표류이론, ④는 코헨(Cohen)의 비행적 하위문화이론에 대한 설명이다.

18. Answer ④

레클리스는 내적 봉쇄요인과 외적 봉쇄요인 중 어느 한 가지라도 제대로 작용하면 범죄나 비행을 예방할 수 있다고 보았다. 레클리스가 주장한 범죄유발요인과 범죄통제요인을 정리하면 다음과 같다.

구분		유형별 특징
범죄 유발요인	압력요인	사람들을 불만족한 상태에 들게 하는 요인(열악한 사회조건, 가족갈등 등)
	유인요인	정상적인 생활로부터 이탈하도록 하는 요인(나쁜 친구, 불건전한 대중매체 등)
	배출요인	범죄를 저지르도록 하는 생물학적 · 심리학적 요인(불안감, 불만감, 증오심, 공격성 등)
범죄 통제요인	내적 통제	내부적인 범죄차단요소(자기통제력, 긍정적 자아개념, 강한 책임감 등)
	외적 통제	외부적인 범죄차단요소(효과적인 관리와 규율, 가족과 지역사회의 유대감 등)

19. Answer ④

× : ⓒ 낙인이 없으면 범죄도 없다는 개념은 상대주의 논리에 해당한다.
　　ⓔ 낙인이론은 일탈자와 사회 간의 상호작용에 집착한 결과, 일탈자의 소질적인 요인 등 주체적 특성에 대한 이론적 배려가 없다는 점이 단점으로 지적되고 있다.

○ : ㉠, ⓛ

20. Answer ④

낙인이론은 사회구조보다는 사회과정, 사회의 거시적 차원보다는 미시적 차원에 그 관심을 집중시키는 반면, 비판범죄론은 사회적 반응이 일탈을 초래한다는 낙인이론의 기본전제를 수용하면서도, 나아가 범죄발생의 저변에 작용하고 있는 구조적 요인을 거시적 시각에서 분석하고 있다.

[낙인이론과 비판범죄학 요약비교]

구분		낙인이론	비판범죄학
공통점		• 형사사법기관의 편파성을 지적하고, 공식통계를 신뢰하지 않는다. • 사회적 가치 · 규범 및 법률에 대한 사회적 합의를 인정하지 않는다.	
차이점	접근방법	미시적	거시적
	강조점	범죄자에 대한 사회적 반응을 중시	범죄의 정치경제성을 중시

4회 정답 및 해설

정답 및 해설   JUSTICE 범죄학

| 01. ② | 02. ③ | 03. ④ | 04. ① | 05. ④ | 06. ③ | 07. ② | 08. ③ | 09. ① | 10. ② |
| 11. ③ | 12. ④ | 13. ③ | 14. ④ | 15. ② | 16. ② | 17. ① | 18. ① | 19. ④ | 20. ① |

01. Answer ②

시대적 대응성은 평가기준에 포함되지 않는다.

[에이커스와 셀러스의 범죄학이론을 평가하는 기준]
- 논리적 일관성: 범죄학이론의 설명은 논리적으로 일관적되어야 한다.
- 검증가능성: 범죄학은 사회과학의 한 분야로서 관찰 및 실험에 의해 검증 가능하여야 한다.
- 경험적 타당성: 어떠한 이론이 주장하는 명제나 가설이 경험적 증거인 설문조사, 실험, 관찰 등에 의해 지지된다면, 경험적 타당성이 높은 좋은 이론이라고 할 수 있다(평가기준 중 가장 중요).
- 정책적 함의: 정책적 함의가 풍부하여 유용성이 있어야 한다. 좋은 범죄학이론은 정책에 적용할 수 있는 다양한 정책함의를 가져야 한다.

02. Answer ③

엘렌베르거는 피해자를 잠재적 피해자와 일반적 피해자로 나누었다.

[엘렌베르거의 피해자 유형]

잠재적 피해자	• 실제로 범죄피해를 당하지 않았지만, 언젠가는 범죄자의 표적이 될 가능성이 큰 사람 • 잠재적 피해자는 자기혐오 성향, 우울증 및 아벨증후군(스스로 남들보다 행복하다고 믿고 있어 늘 모두의 질투를 받고 있다는 불안에 시달린 나머지 비정상적으로 행동하는 것)을 가지고 있는 것이 특징이다.
일반적 피해자	• 잠재적 피해자 외의 피해자 • 일반적으로 피해자는 일시적 또는 외형적 요인 때문에 피해를 당한다고 보고, 이들의 일반적 특성으로 연령, 직업, 정신병리적·사회적·신체적 상황 등을 들고 있다.

03. Answer ④

× : ⓛ 집행유예의 유형은 유예의 방법을 기준으로 조건부 유죄판결주의와 조건부 특사주의로 구분되는데, 전자는 유예기간 중 집행유예의 선고가 취소되지 않는 한 유예기간이 지나면 자동적으로 형의 선고가 없었던 것과 동일한 효과를 가지는 제도인 반면, 후자는 유예기간을 무사히 지나면 사면에 의해 형의 집행을 면제하되, 형의 선고는 여전히 유효한 제도를 말한다. 우리나라의 집행유예제도는 조건부 유죄판결주의를 따르고 있다.

ⓔ 형의 집행을 유예하는 경우에는 보호관찰을 받을 것을 명하거나 사회봉사 또는 수강을 명할 수 있다(형법 제62조의2 제1항).

4회 정답 및 해설

○ : ㉠, ㉢

04. Answer ①

× : ㉠ 우리 형법은 정기형을 원칙으로 하고 있으며, 소년법에서 상대적 부정기형을 규정하고 있을 뿐이다.
　　 ㉡ 부정기형제도는 교육형주의자들로부터 주장되었다.

○ : ㉢, ㉣

05. Answer ④

일원주의에 대해서는, 단순히 행위자의 반사회적 위험성만을 척도로 일정한 제재를 가하는 것은 <u>행위자의 개별</u>
<u>책임원칙에 반한다</u>는 비판이 있다.

06. Answer ③

③ 전자장치부착법 제7조 제2항
① 전자장치부착상 "특정범죄"란 성폭력범죄, 미성년자 대상 유괴범죄, 살인범죄 및 강도범죄를 말한다(동법
　 제2조 제1호).
② 검사는 부착명령을 청구하기 위하여 필요하다고 인정하는 때에는 피의자의 주거지 또는 소속 검찰청 소재
　 지를 관할하는 보호관찰소의 장에게 범죄의 동기, 피해자와의 관계, 심리상태, 재범의 위험성 등 피의자에
　 관하여 필요한 사항의 조사를 요청할 수 있다(동법 제6조 제1항).
④ 법원은 부착명령 청구가 있는 때에는 지체 없이 부착 명령 청구서의 부본을 피부착명령청구자 또는 그의
　 변호인에게 송부하여야 한다. 이 경우 특정범죄사건에 대한 공소제기와 동시에 부착명령 청구가 있는 때에
　 는 제1회 공판기일 5일 전까지, 특정범죄사건의 심리 중에 부착명령 청구가 있는 때에는 다음 공판기일 5
　 일 전까지 송부하여야 한다(동법 제8조 제2항).

07. Answer ②

× : ㉡ 수사기관에 인지된 경우라도 미해결의 상태로 남아 있다면 암수범죄에 포함된다.
　　 ㉢ 초기에는 범죄와 암수범죄의 관계가 일정한 비율을 지닌다고 보아 그 중요성을 인정받지 못하였으나,
　　　 20세기에 들어서면서 암수율은 항상 일정한 것이 아니고 불규칙적으로 변화한다는 사실이 밝혀지면서
　　　 그 중요성을 인정받게 되었다.

○ : ㉠, ㉣

08. Answer ③

○ : ㉠ **[반두라의 보보인형실험(Bobo Doll Experiment)]**
　　 보보인형실험은 실험참가 아동 72명(평균 4세 남자아이 36명, 여자아이 36명) 중 24명을 통제집단, 나머
　　 지 48명을 8개의 실험집단(남자/여자/동일성별모델/비동일성별모델/폭력모델/비폭력모델)에 할당하여
　　 실험을 진행하였다. 폭력집단에서는 나무 망치로 보보인형을 때리고 고함을 치는 등의 행동을 보여 주었
　　 고, 비폭력집단에서는 보보인형을 완전히 무시하고 손가락인형을 가지고 조용히 10분간 성인모델이 노는
　　 모습을 보여 주었으며, 실험이 끝난 후 실험에 참여한 아이들의 공격적인 행동을 관찰하여 그 결과를 비

교하였다. 또한 실험에서 보보인형을 공격하고 상을 받거나 혹은 벌을 받는 조건에서도 상을 받는 상황을 관찰한 실험집단에서 보다 공격적인 행동을 보여 관찰을 통한 대리강화(Vicarious Reinforcement)가 발생하는 것으로 나타났다.

ⓔ 해당 주장은 버제스와 에이커스의 차별적 강화이론으로, 서덜랜드의 주장을 보완한다.

[버제스와 에이커스(Bugess & Akers)의 차별적 (접촉)강화이론의 4가지 주요개념]

- 차별적 접촉(differential association) : 범죄자에게는 그들에게 범죄나 모방할 모형이나 차별적 강화를 제공하는 집단이 존재하며, 이러한 집단 가운데 가장 중요한 것은 가족이나 친구와 같은 일차적 집단이다.
- 정의(definition) : 특정 행위에 개인이 부여하는 의미와 태도를 의미한다.
- 차별적 강화(differential reinforcement) : 범죄행위의 결과로부터 돌아오는 보상과 처벌의 균형에 의해 달라지는 것으로, 개인이 그 범죄행위를 저지를 것인지 여부는 과거와 미래에 예상되는 보상과 처벌 간의 균형에 영향을 받는다.
- 모방(imitation) : 타인의 행동에 대한 관찰과 학습의 결과로써 그와 유사한 행동을 하게 되는 것으로, 사회학습이론을 기반으로 한다.

× : ⓛ 방향의 법칙에 대한 설명이다. 거리의 법칙은 모방의 강도는 사람과 사람 사이의 반비례한다고 설명한다.

ⓒ 차별적 기회구조론이다. 사회적 학습이론이 아닌 범죄적 · 갈등적 · 도피적 하위문화에 대한 설명이다.

09. Answer ①

② 사이버범죄는 전문가나 내부자가 전문성 및 기술성을 가지고 행하는 경우가 많기 때문에 범죄의 지능화로 인한 수사의 어려움이 생길 수 있다.

③ 해킹 · 서비스 거부공격(디도스)은 테러형 사이버범죄, '개인정보 침해'는 일반 사이버범죄에 속한다.

④ 경찰청 사이버안전국의 사이버범죄 분류에 따르면, 몸캠피싱은 정보통신망 이용 범죄 중 사이버 금융범죄에 속한다.

[사이버범죄 분류(경찰청)]

테러형 사이버범죄	의의	정보의 기밀성, 무결성을 침해하는 범죄
	분류	해킹, 컴퓨터바이러스, 디도스(서비스 거부), 인터넷 웜
일반 사이버범죄	의의	사이버 공간에서 이루어지는 일반 형사범죄
	분류	음란물 유통, 사이버 도박, 개인정보침해, 사이버 스토킹, 사이버 명예훼손 등

10. Answer ②

전문절도범은 계획적이고 용의주도한 것이 특징이다.

11. Answer ③

리스트는 범죄인을 개선불가능자 · 개선가능자 · 기회범 등 세 가지로 크게 나누고, 목적달성방법으로 개선불가능자는 무해화조치, 개선가능자는 개선조치, 기회범은 위협이 적당하다고 하였다.

③ 리스트는 성욕범죄인을 동정범죄인 · 긴급범죄인 · 격정범죄인 등과 더불어 개선가능자로 분류하고, 목적달성방법으로 개선조치를 제시하였다.

[리스트의 범죄인 분류]

개선불가능자	법익침해의식이 없거나 희박한 범죄인	[무해화조치] • 종신형에 의한 무해화조치가 필요 • 개선 불가능한 자에 대한 범죄학적 · 형사정책적 연구는 매우 중요
개선가능자	동정범죄인	[개선조치] • 개선을 위한 형벌 부과 • 다만, 단기자유형은 불합리한 결과를 초래하므로 피해야 함
	긴급범죄인	
	성욕범죄인	
	격정범죄인	
기회범	명예 · 지배욕범죄인	[위협] • 위하의 목적으로 형벌 부과 • 다만, 형벌은 벌금 정도가 적합하고, 단기자유형은 피해야 함
	이념범죄인	
	이욕 · 쾌락욕범죄인	

12. Answer ④

○ : ⑩, ⑭

× : ㉠ 롬브로조는 다윈의 진화론에서 많은 영향을 받았다.

ⓛ 후튼은 롬브로조의 이론에 찬성하였다.

ⓒ XXY형, XYY형 등 성염색체 연구는 제이콥스(Jacobs) · 위트킨(Witken) 등에 의해 이루어졌다.

㉣ 메드닉(Mednick)은 뇌파와 범죄의 관련성을 연구한 학자이다. MMPI(Minnesota Muliphasic Personality Inventory, 미네소타 다면적 인성검사)는 1940년 미국의 하더웨이와 맥킨리(S. Hathaway & J. Mckinley)에 의해 개발되었다.

13. Answer ③

③ 세로토닌 시스템은 사람의 충동성이나 욕구를 조절하고 억제하는 역할을 담당한다. 세로토닌이 너무 적은 경우에는 충동성, 욕구, 분노 등이 제대로 통제되지 않아 폭력, 자살, 알코올중독 등이 유발되기도 한다.

① 대뇌 안에 적절한 양의 도파민과 세로토닌이 유지되고 이들의 신경전달이 효율적일 경우에 정상적 감정 · 사고 · 행동이 가능하며, 범죄나 공격성의 억제와 적절한 조절이 가능해진다.

② 알레르기는 외부물질에 대한 몸의 일반적이지 않거나 과도한 반응을 말한다.

④ 스트레스가 많거나 오랜 기간 지속되는 경우에는 반복적으로 활성화되는 교감신경계와 HPA축으로 인해 알로스테시스 부하(allostatic load)가 발생하고, 원래 지표들의 균형점을 점점 일탈하게 되어 결국 정상적 스트레스 반응기능을 아예 상실하게 된다. 그 결과 DNA 메틸화, 신경전달물질 이상, 뉴런 손상 및 시냅스 가지치기가 심하게 발생하고, 인지능력 결핍, 정신장애, 마약중독, 범죄행위 등 다양한 신경심리행동장애가 유발된다.

14. Answer ④

헤어(Hare)에 대한 설명이다. 로버트 헤어가 개발한 사이코패스에 대한 표준화된 진단표(PCL-R)는 20개의 문항으로 범죄적 사이코패스의 정서적 · 대인적 · 행동적 · 사회적 일탈 측면을 평가하는데, 현재 가장 많이 사용디고 있는 사이코패스 측정도구이다.

15. Answer ②

×：ⓒ 퀴니(Quinney)에 관한 설명으로, 퀴니는 1970년 『범죄의 사회적 실재』를 통해 볼드의 집단갈등이론을
바탕으로 형사법의 제정과 집행과정이 개인 및 집단의 이익을 추구하는 정치적 환경에서 이루어진다고
주장했다.

ⓒ [반두라의 사회학습이론에서의 학습과정]
- 집중단계 : 관찰한 행동이 학습되려면 그 행동이 '주의'나 '관심'을 끌어야 한다.
- 인지단계 : 학습한 행동에 관한 정보를 내적으로 '기억'함으로써 '인지'한다.
- 재생단계 : 실제 행동으로 옮기기 위해서 저장한 기억을 재생시켜 행동을 조정한다.
- 동기화단계 : 학습한 내용대로 실제 행동에 옮기기 전에 기대감(=동기부여)을 가진다.

○：㉠, ㉢

16. Answer ②

애그뉴(R. Agnew)의 일반긴장이론에서 제시한 긴장을 유발하는 원천은 긍정적 목적(목표) 달성의 실패, 기대와
성취의 불일치. 긍정적 자극의 소멸, 부정적 자극에의 직면(부정적 자극의 발생) 등이다.

17. Answer ①

① 허쉬(T. Hirschi)의 사회통제이론에 관한 설명으로 맞는 표현이다.
② 밀러(W.B. Miller)의 하층계급문화이론에 관한 설명이다.
③ 맛차(D. Matza)의 표류이론에 관한 설명이다.
④ 글래저(D. Glaser)의 차별적 동일화이론에 관한 설명이다.

18. Answer ①

유사한 범죄로 재판을 받은 40명의 남성범죄자와 40명의 여성범죄자에 대한 판결 전 보고서와 판결문을 분석
하여 여성범죄자가 범죄에 처음 가담하게 되는 경로를 5가지로 분류한 결과는 다음과 같다.
- 거리여성(street women) : 어린 나이에 쫓겨나거나 가출하여 사소한 범죄에 가담하며, 마약을 하기도 하고,
성매매를 하는 여성
- 학대받은 여성(battered women) : 폭력과 학대의 경험을 성인이 된 후에 경험하며, 주로 친밀한 관계를 가
진 파트너를 상대로 범죄를 저지른 여성
- 학대로 인해 공격적인 여성(harmed and harming women) : 어린 시절에 학대를 받은 경험 때문에 타인에
게 공격적이며, 아픈 상처를 치유하기 위해 약물에 손을 대는 여성
- 약물 관련 여성(drug-connected women) : 가족이나 남자친구와 함께 마약을 팔거나 그 와중에 마약에 중
독된 여성
- 경제적인 동기에 의해 범죄를 저지른(economically motivated crimes) 여성 : 탐욕이나 빈곤 때문에 범죄,
특히 재산범죄를 저지른 여성

19. Answer ④

셀린은 이질적 문화충돌에 의한 갈등을 일차적 문화갈등, 동일한 문화 내에서 사회적 분화에 의한 갈등을 이차적 문화갈등이라고 보았다.

20. Answer ①

퀴니는 범죄를 자본주의체제하에서 불가피하게 유발되는 반응양태라고 보고, 노동자계급의 범죄를 적응범죄와 대항범죄로 구분하였다. 대항범죄란 자본가들의 지배에 대항하여 체제를 변혁하려는 행동이 자본주의체제하에서는 범죄로 여겨지는 것을 말한다.

적응범죄	자본주의체제에 대항하지 않고, 타인의 수입과 재산을 탈취함으로써 보상을 받으려고 하거나, 무력을 행사하여 다른 사람의 신체를 해하는 유형의 범죄
대항범죄	자본가들의 지배에 대항하여 체제를 변혁하려는 행동은 도덕적이지만, 자본주의체제하에서는 범죄로 여겨지는 것

5회 정답 및 해설

| 01. ② | 02. ② | 03. ③ | 04. ④ | 05. ④ | 06. ① | 07. ② | 08. ② | 09. ④ | 10. ④ |
| 11. ② | 12. ② | 13. ④ | 14. ④ | 15. ④ | 16. ③ | 17. ④ | 18. ② | 19. ③ | 20. ④ |

01.   Answer   ②

[범죄예방의 구조모델]

접근법	대상	내용	적용 예
1차적 예방	일반대중	범죄행위를 조장하거나 범죄의 기회를 제공하는 물리적 · 사회적 환경조건을 개선하여 범죄를 예방	환경설계, 민간경비, 이웃감시, 경찰방범활동, 일반예방, 감시장비설치, 범죄예방교육 등
2차적 예방	우범자 또는 우범자집단	잠재적 범죄자를 초기에 발견하고 이들의 범죄기회를 차단하여 범죄를 예방	범죄지역 분석, 재범예측, 전환제도 등
3차적 예방	범죄자	범죄자들이 더 이상 범죄를 저지르지 못하게 하여 범죄를 예방	교정기관의 목표로, 범죄자교화 · 재범예방프로그램 등

02.   Answer   ②

× : ㉁ 멘델존은 범죄피해자 유형을 피해자의 유책성(귀책성) 정도를 기준으로 책임이 없는 피해자(영아살해죄의 영아), 책임이 조금 있는 피해자, 가해자와 동등한 책임이 있는 피해자(동반자살), 가해자보다 더 책임이 많은 피해자, 가장 책임이 많은 피해자(정당방위의 상대방)로 분류하였다.

    ㉢ 헨티히의 주장이다.

○ : ㉠, ㉣

03.   Answer   ③

③ 형법 제62조 제1항

① 3년 이하의 징역이나 금고 또는 500만원 이하의 벌금형을 선고할 경우이어야 한다(동법 제62조 제1항).

② 형의 집행을 유예할 수 있는 기간은 1년 이상 5년 이하이다(동조 동항).

④ 형법 제51조에 규정한 정상참작사유가 있다고 판단되어야 한다(동조 동항).

04.   Answer   ④

④ 벌금미납자법 제4조 제1항

① 벌금과 과료는 판결확정일로부터 30일 이내에 납입하여야 한다. 다만 벌금을 선고할 때에는 동시에 그 금액을 완납할 때까지 노역장에 유치할 것을 명할 수 있다(형법 제69조 제1항).

② 벌금형의 시효는 5년이다(동법 제78조).

③ 벌금을 납입하지 아니한 자는 1일 이상 3년 이하, 과료를 납입하지 아니한 자는 1일 이상 30일 미만의 기간 노역장에 유치하여 작업에 복무하게 한다(동법 제69조 제2항). 즉, 환형유치기간의 상한은 3년이므로 유치 기간의 상한이 없다는 표현은 옳지 않다.

05. Answer ④

[현행법상 보호처분]
- 치료감호법 : 치료감호, 보호관찰
- 소년법 : 보호처분
- 보안관찰법 : 보안관찰
- 형법 : 보호관찰, 사회봉사명령, 수강명령
- 보호관찰 등에 관한 법률 : 보호관찰

06. Answer ①

① "성충동 약물치료"란 비정상적인 성적 충동이나 욕구를 억제하기 위한 조치로서 성도착증 환자에게 약물 투여 및 심리치료 등의 방법으로 도착적인 성기능을 일정기간 동안 약화 또는 정상화하는 치료를 말한다(성충동약물치료법 제2조 제3호).
② 동법 제4조 제1항, ③ 동조 제2항, ④ 동법 제13조 제1항

[성폭력범죄자의 성충동 약물치료에 관한 법률]

구분	판결에 의한 치료명령	수형자에 대한 법원의 결정	가종료자 등의 치료감호심의위원회의 결정
대상	사람을 성폭행한 19세 이상인 자로, 성도착증 환자	사람을 성폭행한 징역형 이상의 성도착증 환자로, 치료에 동의한 자	성도착증 환자(결정일 전 6개월 이내에 실시한 정신건강의학과 전문의의 진단 또는 감정 결과 반드시 참작)
기간	15년 범위 내 법원선고	15년 범위 내 법원결정 고지	보호관찰기간의 범위 내 치료감호심사위원회 결정
관할	지방법원 합의부 (지원 합의부 포함)	지방법원 합의부 (지원 합의부 제외)	치료감호심사위원회
집행	검사 지휘 보호관찰관 집행	검사 지휘 보호관찰관 집행	보호관찰관 집행
비용	국가부담	원칙 본인부담, 예외 가능 (본인의 동의에 의함)	국가부담
통보	① 석방되기 3개월 전까지 보호관찰소장 통보 ② 석방되기 5일 전까지 보호관찰소장 통보	석방되기 5일 전까지 보호관찰소장 통보	석방되기 5일 전까지 보호관찰소장 통보
집행 시기	석방되기 전 2개월 이내	석방되기 전 2개월 이내	석방되기 전 2개월 이내
임시 해제	① 치료명령이 개시된 후 6개월 경과, 기각되면 6개월 경과 후에 신청 ② 준수사항도 동시에 임시해제 ③ 임시해제기간은 치료명령기간에 산입되지 않음		
치료 명령 시효	① 판결 확정 후 집행 없이 형의 시효기간 경과 ② 판결 확정 후 집행 없이 치료감호의 시효 완성	치료명령 결정이 확정된 후 집행을 받지 아니하고 10년 경과하면 시효 완성	없음

종료	① 기간경과 ② 사면(형선고 효력상실) ③ 임시해제기간 경과	① 기간경과 ② 사면(형선고 효력상실) ③ 임시해제기간 경과	① 기간경과 ② 보호관찰기간 경과 및 종료 ③ 임시해제기간 경과
기타	① 청구시기 : 항소심 변론종결 시까지 ② 주거이전 또는 7일 이상의 국내여행을 하거나 출국할 때에는 보호관찰관의 허가 ③ 치료명령의 집행면제 신청 　　㉠ 징역형과 함께 치료명령을 받은 사람 등 : 주거지 또는 현재지 관할 지방법원(지원 포함)에 집행면제 　　　신청(치료감호 집행 중인 경우 치료명령 집행면제를 신청할 수 없음) 　　㉡ 신청기간 : 징역형 집행종료되기 전 12개월부터 9개월까지 　　㉢ 법원의 결정 : 징역형 집행종료되기 3개월 전까지(집행면제 여부 결정에 대한 항고 가능) 　　㉣ 치료감호심사위원회의 치료명령 집행면제 : 징역형과 함께 치료명령을 받은 사람의 경우 형기가 남아 　　　있지 아니하거나 9개월 미만의 기간이 남아 있는 사람에 한정하여 집행면제 결정		

07. Answer ②

[암수범죄에 관한 학자들의 견해 요약정리]

서덜랜드 (Sutherland)	범죄와 비행에 대한 통계는 모든 사회통계 중 가장 신빙성이 없고 난해한 것이다.
엑스너(Exner)	암수범죄의 정확한 이해는 곧 범죄통계의 급소이다.
래디노비츠 (Radxinowicz)	암수가 전체 범죄의 85%에 달하며, 특히 성범죄의 90% 이상이 암수범죄에 해당한다.
폴락(Polak)	여성범죄의 가장 큰 특징은 은폐성이며, 현존하는 남녀범죄 간의 불평등을 야기하는 현저한 원인의 하나는 기사도정신이다.
존스(Jones)	암수라고 하는 성질은 그 규모를 바르게 알 수 없지만, 경찰에서 알고 있는 범죄의 약 4배 정도 될 것이다.
셀린(Sellin)	통계상 표시되는 범죄는 형사사법절차의 각 단계가 진행됨에 따라 점점 줄어들며, 법집행기관의 개입이 가장 적은 경찰단계의 통계에서 암수가 가장 적게 나타난다.

08. Answer ②

① 실험연구 : 일정한 조건을 인위적으로 설정하고, 그 속에서 발생하는 사실을 관찰함으로써 어떤 가설의 타당성을 검증하고 새로운 사실을 관찰하는 방법이다. 실험연구가 성공하기 위해서는 조사대상자의 선정, 통제집단과 비교집단의 구성, 실험조건이 필요하다.

③ 문헌연구 : 기존의 연구자들이 기록한 범죄 관련 기록물이나 통계자료 등을 현재의 연구에 활용하는 방법이다. 범죄연구자들은 많은 정부기관, 연구기관 및 기타 관련 기관들의 데이터 집적 자료들을 활용하기 때문에 보다 적은 비용과 시간만으로도 기존의 연구성과를 폭넓게 파악할 수 있다. 그러나 문헌의 신뢰성이 하락할 경우에는 연구결과의 신뢰성도 함께 하락한다는 문제가 있다.

④ 피해자조사 : 범죄의 피해자가 가해자보다 자신이 당한 범죄를 보고할 가능성이 더 크기 때문에 범죄피해자의 특성을 파악하기가 보다 용이하고, 가해자가 보고할 때까지 기다리지 않고 직접 찾아 나선다는 점에서 정확한 범죄현상의 파악을 가능하게 하며, 전국적인 조사로써 대표성 있는 자료를 수집할 수 있고, 피해원인의 규명을 통해 범죄예방을 위한 기초자료가 된다. 또한 공식범죄통계에서 누락된 범죄가 범죄피해자조사에서 발견될 수 있으므로, 암수범죄를 해결하는 데 효과적이다.

09. Answer ④

④ 지문은 미션추구형(사명감형)에 대한 설명이다.

[폭스와 레빈(Fox & Levin, 1992)의 연쇄살인범 유형]

스릴형 (thrill)	성적 가학형	성적 학대를 이유로 하며, 연쇄살인범의 대다수를 차지하는 유형이다.
	지배형	상대방에 대한 우월감을 얻기 위해 행하는 유형이다.
미션형(사명감형) (mission)	개혁형	사회의 악을 제거한다는 명분으로 행하는 유형으로, 살해대상은 매춘부, 노숙자, 성소수자 등이다.
	망상형	신으로부터 지시를 받고 행한다는 망상에 잡힌 유형으로, 빈도는 가장 낮다.
편의형 (expedience)	이익추구형	금전적 이익을 얻기 위한 유형이다.
	보호수단형	범죄 후 이를 은폐하고자 하는 유형이다.

① **[코헨의 강간 분류]**

대체공격	배우자나 애인 등에게 성적 거절을 당했을 경우, 불만해소를 위해 임의로 선택한 여성에게 성적 공격
보상적 공격	여자를 만나기 어려운 성격의 사람이 방어력이 약한 여성을 대상으로 성적 공격
성(性)공격 동시 범행	피해자가 공격하면 더욱 흥분하고 이에 대한 반격으로 성적 공격
충동	순간적인 충동에 의한 성적 공격

③ 강도행위의 주요 목적은 금품취득에 있으며, 강도의 대상이나 목표물은 일반적으로 강취 가능한 금품의 규모, 체포의 위험성, 범행의 용이성 등을 고려하여 합리적으로 결정되고, 우발적인 강도범죄라 하더라도 범행 실행에 있어서 최소한의 합리적 의사결정과정이 존재하므로, 강도는 합리적 의사결정자로 간주된다.

10. Answer ④

사기범죄는 계획성, 전문성, 지능성에 의해 이루어지는 범죄이다. 격정적인 흥분상태에서 범행을 실행하는 것은 주로 폭력범죄, 성범죄 등이다.

11. Answer ②

가로팔로는 성범죄를 저지르는 풍속범의 경우에는 성적 편향이 고쳐질 때까지 부정기자유형에 처할 것을 주장하였다.

[가로팔로의 범죄인 분류]

	모살범죄인	개선 불가능한 자는 사형
자연범	폭력범죄인	본능적인 살상범은 무기유형, 기타 폭력범죄인은 부정기자유형
	재산범죄인	본능적 · 상습적인 자는 무기유형, 소년은 시설에 수용하여 훈련, 성인은 강제노역
	풍속범죄인	부정기자유형
법정범		정기구금형
과실범		처벌 불필요

12. Answer ②

고링은 범죄인이 비범죄인보다 일반적으로 신장과 체중이 다소 미달될 뿐, 신체적으로는 일반인과 구별되는 특징을 발견할 수 없었다고 주장하고, 롬브로조가 주장하는 범죄인 분류는 현실적으로 활용하기에 부적절하다고 비판하였으나, 범죄성의 유전성에 대해서는 긍정하는 입장을 취하였으므로 학습에 주의를 요한다.

13. Answer ④

Y염색체가 많은 자는 중배엽형으로, 공격적인 행동을 하는 신체긴장형에 속한다.

14. Answer ④

④는 사회과정이론에 관한 내용이다.

15. Answer ④

머튼은 문화적 목표와 제도화된 수단에 따라 여러 가지 적응유형이 있다고 보았다. 설문은 '혁신형'에 대한 설명으로, 혁신형은 목표는 추구하지만 합법적 수단이 없어 부당한 수단으로 목표를 달성하려는 집단이다.

16. Answer ③

클로워드와 올린은 코헨과는 달리 청소년비행을 중산계층의 가치나 규범에 대한 부정적인 표현이라고 보지 않고, 사회적 지위나 복지를 이루려는 목표를 합법적으로 달성할 수 없을 경우에 발생하는 것이라고 보았다.

17. Answer ④

×: ㉠ 맛차는 비행소년에게는 중산계층의 가치관에 대한 반동형성이 없고, 다른 청소년과의 기본적인 차이도 없으며, 오히려 중산계층의 전통적 가치관에 동조한다고 보았다.
　㉢ 표류이론에 따르면, 소년들이 표류상태에 놓이게 되는 것은 사회통제가 약화되었을 때이다.
　㉣ 지배적인 문화와 구별되는 하위문화가 독자적으로 존재하지 않는다고 보았다(비행적 하위문화이론 비판).
　㉤ 비행자는 비범죄적 행동양식에 차별적으로 사회화되어 범죄로 나아가지 않는다고 보았다(차별적 접촉이론 비판).
○: ㉡

18. Answer ②

○: ㉡ 재통합적 수치이론의 핵심개념인 수치란 낙인이론에서의 낙인에 상응하는 개념으로 볼 수 있는데, 브레이스웨이트는 수치를 불승인표시로서 "당사자에게 양심의 가책을 느끼게 하는 것"으로 정의하였다.
　㉢ 형사처벌과 이차적 일탈 간의 관계를 살펴본 실증연구들의 결론은 일관되지 않다. 이와 같은 연구결과는 형사처벌의 효과를 설명하는 두 가지 상반된 이론의 존재와 무관하지 않다. 낙인이론은 형사처벌, 즉 공식낙인이 향후 범죄 및 비행을 유발한다고 보는 반면, 전통적 억제이론은 형사처벌이 향후 범죄를 억제한다고 본다. 재통합적 수치이론은 이렇듯 엇갈리는 형사처벌의 효과에 대한 이론 및 실증연구의 결과들을 통합하고자 하는 시도의 일환이라고 볼 수 있다.

✕ : ㉠ 재통합적 수치는 제재를 가하되, 범죄자라는 낙인으로부터 벗어나도록 해 주기 위한 의식, 용서의 말과
　　 몸짓 등을 수반한다.
　　 ㉢ 낙인이론에 대한 설명이다.

19. Answer ③

✕ : ㉡ 집단 간의 갈등을 사회의 지속적인 발전을 이끄는 핵심적이고 필수적인 사회과정의 하나로 보았다.
　　 ㉣ 범죄는 충분한 권력을 가지지 못한 사회집단이 자신들의 이익을 획득하기 위한 투쟁이라고 보았다.
○ : ㉠, ㉢

20. Answer ④

갈등이론에 의하면, 범죄는 개인의 내부적 요인이 아닌 사회경제적 계급 · 권력관계 · 문화적 차이로 인해 야기
된 집단 간의 갈등으로 발생한다.

6회 정답 및 해설

01. ④	02. ①	03. ②	04. ②	05. ②	06. ③	07. ②	08. ④	09. ③	10. ④
11. ②	12. ③	13. ③	14. ②	15. ④	16. ④	17. ②	18. ③	19. ③	20. ②

01. Answer ④

④ 갈등론적 관점으로, 범죄는 사회구성원 대다수가 동의하지 않은, 힘 있는 집단이 만든 하나의 정의에 불과하다고 한다. 돌레샬(Doleschal)과 클랍뭇(Klapmuts)은 범죄란 실제 행위의 위해 여부와는 아무런 관계도 없는 사회세력에 의해 유지된다고 보고 있다.

③ 죄형법정주의의 강조와 같은 순수한 규범적 측면은 범죄학이 아닌 형법학의 연구대상이다.

02. Answer ①

간이공판절차는 경미한 범죄의 소송절차를 간이화하는 제도로, 이는 피해자 보호보다는 소송경제 및 범죄자를 위한 제도이자 신속한 재판을 위한 제도이다.

03. Answer ②

② 형을 병과할 경우에는 그 형의 일부에 대하여 집행을 유예할 수 있다(형법 제62조 제2항).
① 동법 제62조 제1항, ③ 동법 제62조의2 제1항, ④ 동법 제63조

04. Answer ②

① 징역 또는 금고와 동시에 벌금을 선고받은 사람은 사회봉사를 신청할 수 없다(벌금미납자법 제4조 제2항).
③ 500만원 내의 벌금형이 확정된 벌금 미납자는 검사의 납부명령일부터 30일 이내에 주거지를 관할하는 지방검찰청의 검사에게 사회봉사를 신청할 수 있다(동법 제4조 제1항 본문). 따라서 천만원의 벌금형이 확정된 벌금 미납자는 검사에게 사회봉사를 신청할 수 없다.
④ 사회봉사대상자는 사회봉사의 이행을 마치기 전에 벌금의 전부 또는 일부를 낼 수 있다(동법 제12조 제1항).
② 동법 제6조 제4항

05. Answer ②

② 치료감호사건의 제1심 재판관할은 지방법원 합의부 및 지방법원지원 합의부로 한다(치료감호법 제3조 제2항).
① 동법 제16조 제2항 제1호
③ 동법 제45조 제2항
④ 동법 제32조 제3항 제1호

[치료감호제도 정리]

대상자	심신장애자	금고 이상의 형에 해당하는 죄를 범한 때
	약물중독자	금고 이상의 형에 해당하는 죄를 범한 때
	정신성적 장애인	금고 이상의 형에 해당하는 성폭력범죄를 지은 자
청구	① 사유 : 치료의 필요성과 재범의 위험성 ② 전문가의 감정 여부 : 심신장애인, 약물중독자는 참고, 정신성적 장애인은 필수 청구 ③ 청구시기 : 항소심 변론종결 시 합의부 ④ 독립청구 : 심신상실자, 반의사불벌죄, 친고죄, 기소유예자 ⑤ 검사의 청구가 없는 치료감호는 법원에서 선고할 수 없고, 청구를 요청할 수는 있음	
치료감호영장	① 보호구속사유 → 검사 청구 → 관할 지방법원 판사 발부 　㉠ 일정한 주거가 없을 때 　㉡ 증거를 인멸할 염려가 있을 때 　㉢ 도망가거나 도망할 염려가 있을 때 ② 치료감호 청구만을 하는 때에는 구속영장은 치료감호영장으로 보며, 그 효력을 잃지 아니함	
치료감호 집행	심신장애·정신성적 장애인	최대 15년
	약물중독자	최대 2년
	집행순서	치료감호 먼저 집행, 치료기간 형기산입
	살인범죄자 치료감호 기간 연장	① 법원은 검사의 청구로 3회까지 매회 2년 범위 연장결정 가능 ② 검사의 청구 : 치료감호 종료 6개월 전 ③ 법원의 결정 : 치료감호 종료 3개월 전
종료·가종료 치료위탁 심사	가종료 종료심사	① 집행개시 후 매 6개월마다 심사
	치료위탁 가종료	② 가종료됐거나 치료위탁한 경우 보호관찰 개시 : 3년 ③ 치료위탁·가종료자의 종료심사 : 매 6개월마다 심사
	치료위탁신청	① 독립청구된 자 : 1년 경과 후 위탁 ② 형벌병과 시 : 치료기간이 형기를 경과한 때
	재집행	① 금고 이상의 형에 해당하는 죄를 지은 때(과실 제외) ② 보호관찰에 관한 지시·감독 위반 ③ 증상이 악화되어 치료감호 필요
	피치료감호자 등의 종료심사 심청	① 치료감호의 집행이 시작된 날부터 6개월이 지난 후 가능 ② 신청이 기각된 경우 6개월이 지난 후 다시 신청 가능
청구시효	판결확정 없이 치료감호 청구 시부터 15년	
보호관찰	① 기간 : 3년 ② 대상자 신고의무 : 출소 후 10일 이내 ③ 종료 : 기간종료, 치료감호 재수용, 금고 이상의 형집행을 받게 된 때에는 종료되지 않고 계속 진행	
유치	① 요건 : 가종료의 취소 신청, 치료 위탁의 취소 신청 ② 절차 : 보호관찰소장 → 검사(구인된 때부터 48시간 이내 유치허가 청구) → 지방법원 판사 허가 　→ 보호관찰소장 24시간 이내 검사에게 유치사유 신청 → 검사는 48시간 이내에 치료감호심의 　위원회에 가종료 등 취소 신청 ③ 구인한 날부터 30일 + 1회 20일 연장 가능 + 유치기간 치료감호 기간에 산입	
시효 (집행면제)	① 심신장애인 및 정신성적 장애인에 해당하는 자의 치료감호는 10년 ② 약물중독자에 해당하는 자의 치료감호는 7년	
실효	재판상 실효	집행종료·면제된 자가 피해자의 피해를 보상하고, 자격정지 이상의 형이나 치료감호를 선고받지 아니하고 7년이 지났을 때에 본인이나 검사의 신청에 의함
	당연실효	집행종료·면제된 자가 자격정지 이상의 형이나 치료감호를 선고받지 아니하고 10년이 지났을 때

피치료감호자 등 격리사유	① 자신이나 다른 사람을 위험에 이르게 할 가능성이 뚜렷하게 높은 경우
	② 중대한 범법행위 또는 규율위반행위를 한 경우
	③ 수용질서를 문란케 하는 중대한 행위를 한 경우

[치료명령제도 정리]

대상	① 통원치료 필요와 재범의 위험성
	② 심신미약자와 알코올중독자 및 약물중독자로, 금고 이상의 형에 해당하는 죄를 지은 자
선고 · 집행유예 시 치료명령	① 보호관찰 병과(선고유예 1년, 집행유예 유예기간)
	② 치료기간은 보호관찰기간을 초과할 수 없음
집행	① 검사의 지휘를 받아 보호관찰관이 집행
	② 정신보건전문요원 등 전문가에 의한 인지행동치료 등 심리치료프로그램 실시 등의 방법으로 집행
치료기관의 지정	법무부장관 지정
준수사항위반	선고유예 실효 또는 집행유예 취소
비용부담	원칙 본인부담, 예외 국가부담

06. Answer ③

× : ㉠ 콘하우저는 사회해체가 어느 정도 진행된 동네에서는 비행하위문화의 형성 여부와 관계없이 비행행위가 발생하지만, 사회해체가 진행되지 않은 동네에서는 비행이 발생하지 않기 때문에 비행을 지지하는 하위문화 자체가 존재할 수 없다고 보았다. 따라서 이론적 차원에서 비행의 발생에 중요한 역할을 하는 것은 사회해체이지 비행하위문화가 아니라고 강조한다.

㉢ 동심원이론이나 문화전달이론 등은 모두 미국형사사법기관의 공식적인 통계에 지나치게 의존하여 연구결과의 정확성을 신뢰하기 어렵다는 비판이 있다.

㉤ 사회해체론은 도시화 및 산업화에 따른 사회해체가 통제력을 약화시켜 범죄에 이른다는 사회구조이론 혹은 거시환경론에 속한다.

○ : ㉡ 제2지역의 범죄발생률이 가장 높다. 제2지역을 '틈새지역', '전이지역', '과도퇴화지역', '슬럼지역'이라고 지칭한다.

㉣

07. Answer ②

일탈은 형법상 범죄개념보다 넓은 개념으로서 모든 규범에 대한 침해는 물론, 규범에 대한 지나친 순응도 일탈의 범위에 포함된다는 것이 일반적인 견해이다.

08. Answer ④

종단적 연구방법은 여러 시간에 걸쳐 조사하는 것으로, 현상의 변화를 측정하여 분석하고자 할 때 사용한다.

[종단적 연구방법의 종류]
- 패널연구 : 동일한 조사대상자를 동일한 조사항목을 중심으로 특정 시점마다 반복하여 조사한다.
- 추세연구 : 일정한 기간 동안 전체 모집단 내의 변화를 연구하는 것으로, 광범위한 연구대상의 특정 속성을 여러 시기에 걸쳐 관찰하여 그 결과를 비교한다.

- 코호트연구 : 유사한 경험을 공유하는 집단을 반복조사하고, 조사시점에 따라 응답자를 서로 다르게 하여 조사한다.

09. Answer ③

경찰청 사이버안전국의 사이버범죄 분류에 따르면, 몸캠피싱은 정보통신망 이용 범죄 중 사이버 금융범죄에 속한다. 경찰청은 사이버범죄를 정보통신망 침해 범죄, 정보통신망 이용 범죄, 불법콘텐츠 범죄로 분류하고 있다.

[경찰청 사이버안전국의 사이버범죄 분류]

구분	유형	세부유형
사이버 범죄	정보통신망 침해 범죄	해킹, 서비스거부공격(DDoS등), 악성프로그램, 기타 정보통신망 침해형 범죄
	정보통신망 이용 범죄	사이버 사기, 사이버 금융범죄(피싱, 파밍, 스미싱, 메모리해킹, 몸캠피싱 등), 개인 · 위치정보 침해, 사이버 저작권 침해, 사이버 스팸메일, 기타 정보통신망 이용형 범죄
	불법콘텐츠 범죄	사이버 성폭력, 사이버 도박, 사이버 명예훼손 · 모욕, 사이버 스토킹, 기타 불법콘텐츠 범죄, 사이버 스팸메일

10. Answer ④

영국의 버어트(C. Burt)는 훈육결함가정 출신의 비행소년 비율이 같은 가정 출신의 무비행소년보다 6배가 많고, 훈육결함의 범인성은 빈곤의 범인성보다 4배가 높다고 주장하는 등 훈육결함가정의 범인성을 강조하였다.

11. Answer ②

② 기존 범죄학이론들이 행위자 개인의 반사회적 성향과 그의 불우한 환경이 결합하여 지속적으로 범죄행위를 저지르도록 조건을 형성한다는 식의 단선적 인과관계로 설명한 반면, 발달범죄학은 아동기, 청소년기, 성인기로 진행하는 과정 속에서 낮은 연령대의 반사회적 행동이 그 사람의 사회적 조건들을 악화시키고, 이로 인해 그 다음 연령대의 범죄와 비행을 유발하며, 이는 또 다시 사회적 조건을 더욱 악화시키는 식의 시차적이면서 상호적인 인과관계로 설명한다. 따라서 성인기의 범죄성이란 반사회적 행동과 그 결과로서 불리한 사회적 조건 간의 상호작용이 누적되어 온 결과물이라는 점을 잘 나타내고 있다.
① 잠재적 특질이론에 대한 설명이다.
   [잠재적 특질이론]
   범죄행동은 출생 또는 그 직후에 나타나고, 평생을 통해 변화하지 않는 주요한 특질에 의해 통제되기 때문에 인간은 변하지 않고 기회가 변할 뿐이다.
③ 모핏(Moffitt)에 대한 설명이다.
④ 글룩(Glueck) 부부의 종단연구는 발달범죄학의 토대가 되었다.

12. Answer ③

고링은 범죄인이 비범죄인보다 일반적으로 신장과 체중이 다소 미달될 뿐, 신체적으로는 일반인과 구별되는 특징을 발견할 수 없었다고 주장하고, 롬브로조가 주장하는 범죄인 분류는 현실적으로 활용하기에 부적절하며, 생래적 범죄인은 어떠한 방법을 통해서도 판별해 낼 수 없는 비경험적인 개념이라고 비판하였다.

13. Answer ③

③ 고다드(Goddard)는 범죄인 가계연구를 한 학자로서 칼리카크가(家)(The Kallikak) 연구가 대표적이며, 지능과 범죄를 연구하였다.

① 클레퍼(J.T. Klapper)·리커티(E.A. Ricutti)·레윈(H.S. Lewon) 등 미국의 사회학자들에 따르면, 매스미디어는 비인격적 관계에서 제시되는 사회적 환경의 일부에 불과하므로 범죄의 증가와 무관하며, 범죄발생은 개인적 인격, 가정, 집단관계 등 복합적 요소에 따라 좌우된다고 보았다.

② 케틀레(A. Quetelet)는 따뜻한 지방인 유럽의 남부에서는 대인범죄, 추운 지방인 북부(특히 추운 계절)에서는 재산범죄가 보다 많이 발생한다고 하였다.

④ 미국의 정신의학자인 힐리와 브론너 (Healy & Bronner)는 여러 원인이 복합적으로 작용하여 동태적·발전적으로 소년비행에 이르게 되는 과정을 설명하였으며, 특히 '학업태만은 범죄의 유치원'이라고 하였다.

[범죄인 가계연구]

쥬크가(家) 연구	맥스 쥬크의 7대에 걸친 조상 709명을 조사한 결과 매춘부 24.5%, 알코올중독자 18.5%, 중범죄자 10.5%, 정신병자 8.6% 등으로 조사되었고, 이들의 행동유형 또한 대체로 탐욕적, 향락적, 책임감과 정의관념 희박, 노동기피 등의 특이현상을 보였다.
칼리카크가(家) 연구	마틴 칼리카크가 정신박약자인 여인과의 사이에서 출생한 자손에게는 정신박약자 29.3%, 알코올중독자 4.9%, 기타 범죄자 등이 다수 배출된 반면, 청교도 신앙을 가진 여인과의 사이에서 출생한 자손은 대체로 건전한 시민이었다.

14. Answer ②

[모피트(Moffitt)의 생애과정이론]

신경심리학과 낙인이론 그리고 (사회적) 긴장이론의 입장에서 범죄경력의 발전과정을 설명한 이론으로, 비행소년을 생애지속형(어린 나이부터 비행을 시작)과 청소년기 한정형으로 구분하였으며, 생애지속형은 성인이 되어서도 비행을 지속할 가능성이 크다고 보았대[이유 : 낮은 언어능력과 과잉활동, 충동적 성격 때문(친구의 영향을 크게 받지 않음)].

×: ㉠ 샘슨(Sampson)과 라웁(Laub)의 생애과정이론에 대한 설명이다.
　　㉣ 그는 청소년기 한정형 범죄자보다 생애지속형 범죄자가 정신건강상의 문제를 더 많이 가지고 있다고 하였다.

○ : ㉡, ㉢

15. Answer ④

목표를 지나치게 강조하는 반면에 이를 추구하는 수단을 경시하는 인식에 대한 설명과 부합하므로, 혁신형에 해당한다.

[뒤르켐 vs 머튼의 이론 비교]

뒤르켐	구분	머튼
생래적(=선천적)·무한함	인간의 욕구	사회문화적 목표
성악설(이기적인 존재)	인간의 본성	성선설(노력하는 존재)
급격한 사회변동	문제의 발단	불평등한 사회구조

사회의 무규범상태	아노미	목표와 수단 간의 불일치상황
통제받던 개인적 욕구 분출	범죄원인	목표를 위한 수단 → 범죄

16. Answer ④

하층계급문화이론에서 주장한 주요 관심으로는 말썽부리기(trouble), 강인함(toughtness), 영악함(smartness), 흥분추구(excitement), 운명(fate), 자율성(autonomy)이 있다.

17. Answer ②

갓프레드슨과 허쉬(Gottfredson & Hirschi)는 모든 범죄를 설명할 수 있다는 의미에서 자신들의 이론을 일반이론이라고 주장하였으며, 범죄의 원인을 어릴 때 가정에서 형성된 '자기통제력'이라고 보았다. 즉, 어린 시절 형성된 낮은 자기통제력이 성인이 될 때까지 쉽게 변하지 않고 지속되어 범죄의 원인이 된다는 것으로, 어릴 때 가정에서 형성된 '자기통제력'이라는 성향이 청소년비행을 설명할 수 있는 주요 원인이라고 하였다.

18. Answer ③

낙인이론은 기존의 범죄인처우에 있어 국가의 개입이 인격의 발전과정에 하등의 실효를 거두지 못함을 비판하고, 자유박탈적 처분을 피하면서 비형법적인 새로운 방법으로 범죄인을 처우할 것을 주장하며 비범죄화(Decriminalization), 전환조치(Diversion), 적법절차(Due Process), 비시설화(Deinstitutionalization)로 구성된 4D이론의 이론적 근거를 제공하였다.

[낙인방지대책(4D정책)]
- 비범죄화(Decriminalization) : 웬만한 범죄는 일탈로 규정하지 말자는 것
- 전환제도(Diversion) : 비행청소년을 체포 · 기소 · 처벌이라는 공식절차상에 두지 않고, 기소하기 전에 지역사회에서 일정한 처우를 받도록 하는 지역사회 내 처우제도를 강화하는 것
- 적법절차(Due process) : 계층 간 차별 없이 공정한 법집행을 하자는 것
- 비시설화(Deinstitutionalization) : 소년원이나 소년교도소와 같은 시설에서 처우하기보다는 가능하면 사회 내에서 비시설처우를 확대하여 해결하자는 것으로서 보호관찰, 사회봉사명령, 수강명령 등이 그 예이다.

19. Answer ③

× : ⓒ 문화갈등이 존재하는 지역의 사람들은 그 지역의 행위규범이 모호하고, 상호 경쟁적이기 때문에 사회통제가 약화되어 범죄에 빠지기 쉽다고 보았다.
ⓔ 개인 간의 관계악화, 규범혼란 등은 동일한 문화 내에서의 갈등, 즉 제2차적 문화갈등에 해당한다.
○ : ㉠, ⓒ, ⓜ

20. Answer ②

× : ⓒ 퀴니는 자본주의가 노동자계급의 범죄뿐만 아니라 자본가계급의 범죄도 유발시킨다고 보았으며, 그 유형으로 기업범죄 · 통제범죄 · 정부범죄를 제시하였다.
ⓒ 스피쳐(Spitzer)가 주장한 내용이다.
○ : ㉠, ⓔ

7회 정답 및 해설

01. ①	02. ④	03. ④	04. ③	05. ④	06. ④	07. ②	08. ④	09. ②	10. ②
11. ②	12. ②	13. ①	14. ②	15. ①	16. ①	17. ③	18. ④	19. ④	20. ④

01.   Answer   ①

② · ③ 환경설계 및 범죄예방교육은 1차적 범죄예방이다.
④ 재범예방프로그램은 3차적 범죄예방이다.

02.   Answer   ④

④ "구조대상 범죄피해"란 대한민국의 영역 안에서 또는 대한민국의 영역 밖에 있는 대한민국의 선박이나 항공기 안에서 행하여진 사람의 생명 또는 신체를 해치는 죄에 해당하는 행위[형법 제9조(형사미성년자), 제10조 제1항(심신상실자), 제12조(강요된 행위), 제22조 제1항(긴급피난)에 따라 처벌되지 아니하는 행위를 포함하며, 형법 제20조(정당행위) 또는 제21조 제1항(정당방위)에 따라 처벌되지 아니하는 행위 및 과실에 의한 행위는 제외한다]로 인하여 사망하거나 장해 또는 중상해를 입은 것을 말한다(범죄피해자 보호법 제3조 제1항 제4호). 즉, 구조금 지급의 대상범죄는 사람의 생명 또는 신체를 해치는 죄에만 한정되고, 재산범죄는 그 대상이 되지 않는다.
① 동법 제18조 제2항, ② 동법 제19조 제7항, ③ 동법 제20조

03.   Answer   ④

④ 집행유예의 선고를 받은 후 그 선고의 실효 또는 취소됨이 없이 유예기간을 경과한 때에는 형의 선고는 효력을 잃는다(형법 제65조).
① 형사소송법 제349조
② 소년법 제60조 제1항
③ 형법 제49조

04.   Answer   ③

③ 벌금미납자법 제5조 제6항
① 법원으로부터 벌금선고와 동시에 벌금을 완납할 때까지 노역장에 유치할 것을 명받은 사람은 사회봉사를 신청할 수 없다(동법 제4조 제2항).
② 검사는 신청일부터 7일 이내에 사회봉사의 청구 여부를 결정하여야 한다. 다만, 제2항에 따른 출석 요구, 자료제출 요구에 걸리는 기간은 위 기간에 포함하지 아니한다(동법 제5조 제4항). 따라서 '출석요구기간을 포함하여'는 틀린 표현이다.

④ 법원은 사회봉사를 허가하는 경우 벌금 미납액에 의하여 계산된 노역장 유치 기간에 상응하는 사회봉사시간을 산정하여야 한다. 다만, 산정된 사회봉사시간 중 1시간 미만은 집행하지 아니한다(동법 제6조 제4항).

05. Answer ④

④ 검사는 치료감호대상자가 치료감호를 받을 필요가 있는 경우 관할 법원에 치료감호를 청구할 수 있다(치료감호법 제4조 제1항).
① 동법 제4조 제7항, ② 동조 제4항, ③ 동조 제2항

06. Answer ④

× : ⓒ 콜빈(Colvin)과 폴리(Poly)의 마르크스주의 통합이론에 대한 설명이다. 마르크스주의 범죄이론과 사회통제이론을 결합한 이론으로, 노동자의 지위에 따라 차별적인 통제방식이 가정에서 이루어지는 부모의 양육방식과 연관되어 있다고 주장한다.

ⓔ 범죄의 시작·유지·중단의 연령에 따른 변화는 생애과정에서의 비공식적 통제와 사회유대를 반영하고, 인생의 중요한 전환기에 발생하는 사건들과 그 결과에 영향을 받는다고 본 학자는 생애과정이론(Life Course Theory, 인생항로이론)을 주장한 샘슨과 라웁(Sampson & Laub)이다. 그들은 패터슨이나 모핏의 이론처럼 청소년집단을 인위적으로 구분하지 않는 대신 누구든지 생애과정 속에서 범죄행위를 지속하거나 중지할 수 있다고 전제하였다.

○ : ⓐ 엘리엇(Elliott)과 동료들은 관습적 목표를 달성하기 위한 제도적 기회가 차단되었을 때 사회유대의 개인차가 상이한 방식으로 개인의 행동에 영향을 미친다고 한다. 사회유대가 강하고 관습적 목표에 대한 전념 정도가 높은 사람은 기회가 차단되었을 때 긴장이론의 주장대로 긴장이 발생하고, 이를 해소하기 위한 방편으로 비제도적, 즉 불법적 수단을 동원하게 된다. 하지만 처음부터 사회유대가 약하고 제도적 목표에 그다지 전념하지 않는 사람은 성공기회가 제약되더라도 이로 인한 부정적 영향을 별로 받지 않는다.

ⓑ 가장 근본적으로는 변화를 받아들이려는 마음이 요구된다. 둘째, 변화의 계기(hooks for change)를 만나야 하며, 보다 중요하게는 이를 긍정적 발전을 위한 새로운 상황으로 인식해야 한다. 셋째, 친사회적이고 바람직한 '대체자아'(replacement self)를 마음속에 그려 보고 구체화해야 한다. 넷째, 행위자가 지금까지의 범죄행동이 더 이상 긍정적으로 여겨지지 않으며, 자신의 삶과도 무관하다고 인식하게 되는 상태이다.

07. Answer ②

비범죄화는 그 사회를 지배하는 국민적 공감대의 추세에 따라 가치기준이 달라질 수 있는 성격을 지닌 범죄유형이 주요 대상이 된다. 따라서 일탈이 비범죄화정책을 수립할 때 중요한 판단척도가 된다고 보기 어렵다.

08. Answer ④

코호트(cohort)연구는 유사성을 공유하는 집단을 시간의 흐름에 따라 관찰하는 연구방법으로, 범죄경력의 시작과 발달에 대한 정보를 수집하는 데 유용하며, 울프강과 동료들은 이를 통해 소수의 만성범죄자가 저지른 범죄가 전체 범죄의 대부분을 차지한다는 연구결과를 보여 주었다.

09. Answer ②

피싱은 금융기관 등의 웹사이트나 거기서 보내온 메일로 위장하여 개인의 인증번호나 신용카드번호, 계좌정보 등을 빼내어 이를 불법적으로 이용하는 사기수법이다.

10. Answer ②

- 제1유형 : 참작 동기 살인은 동기에 있어서 특별히 참작할 사유가 있는 살인행위로, 피해자로부터 자기 또는 가족이 장기간 가정폭력, 성폭행 등 지속적으로 육체적·정신적 피해를 당한 경우와 같이 피해자에게 귀책사유가 있는 살인을 의미한다.
- 제2유형 : 보통 동기 살인은 원한관계에 기인한 살인, 가정불화로 인한 살인, 채권·채무관계에서 비롯된 불만으로 인한 살인 등을 포함한다.
- 제3유형 : 비난 동기 살인은 보복살인, 금전, 불륜, 조직의 이익을 목적으로 한 살인 등 동기에 있어서 특히 비난할 사유가 있는 살인행위를 의미한다.
- 제4유형 : 중대범죄 결합 살인은 강간살인, 강제추행살인, 인질살해, 약취, 유인, 미성년자살해, 강도살인 등과 같이 중대범죄와 결합된 살인행위를 의미한다.
- 제5유형 : 극단적 인명경시 살인은 불특정 다수를 향한 무차별 살인행위로, 2인 이상을 살해한 경우를 의미한다.

11. Answer ②

①·③·④ 아샤펜부르크는 심리학적 입장에서 범죄의 원인을 개인적 원인과 일반적 원인으로 나누고, 범죄인을 우발범죄인·격정범죄인·기회범죄인·예모범죄인·누범범죄인·관습범죄인·직업범죄인 등 7종으로 분류하였다.

[아샤펜부르크의 범죄인 분류]

우발범죄인	공공의 법적 안정성을 해칠 의도는 없으나, 사회방위의 관점에서 적당한 대책이 필요한 자
격정범죄인	해를 끼치려는 의도는 적으나, 위험성이 있으므로 일정한 조치가 필요한 자
기회범죄인	감정적 흥분 때문이 아니고, 우연한 기회가 동기로 되어 범죄를 저지르는 자
예모(豫謀)범죄인	모든 기회를 노리고 찾으려는 자로, 고도의 공공위험성이 있는 자
누범범죄인	범죄를 반복하는 자로, 여기에서의 누범은 전과 유무를 불문한 심리학적 개념임
관습범죄인	형벌을 불명예로 보지 않고, 범죄에 익숙하여 나태와 무기력으로 살아가는 자
직업범죄인	적극적 범죄욕구를 가진 자로, 환경보다는 이상성격이 그 원인이 되는 경우가 많음

12. Answer ②

아이센크(Eysenck)는 자율신경계의 특징에 따라 사람들의 성격을 내성적인 사람과 외향적인 사람 두 부류로 대분하고, 외향적인 사람은 대뇌에 가해지는 자극이 낮기 때문에 항상 자극을 갈망하여 성격 자체도 충동적·낙관적·사교적·공격적이 된다고 본 반면, 내성적인 사람은 대뇌에 가해지는 자극이 강하고 오랫동안 지속되기 때문에 자극을 회피하는 경향이 강하여 성격 자체도 신중하고 조심스러우며 비관적이 된다고 보았다.

13. Answer ①

웨스트와 패링턴은 부모의 범죄행위는 그의 자녀들에 의해 답습될 수 있다고 주장하였다.

14. Answer ②

○ : ㉡, ㉢

× : ㉠ 버식과 웹은 지역사회해체를 '지역사회의 무능력', 즉 '지역사회가 주민들의 공통된 가치체계를 실현하지 못하고, 지역주민들이 공통적으로 겪는 문제를 해결할 수 없는 상태'라고 정의하고, 사회해체의 원인은 주민이동성과 주민이질성의 측면에서 파악할 수 있다고 보았다.

㉢ 지역사회를 지탱하고 보호하던 공동체적 전통이 사라지고, 도덕적 가치가 약화되며, 이를 틈타 비행과 범죄자가 늘어난다고 본다.

㉣ 해당 주장은 쇼와 맥케이가 한 주장이다. 조보(Zorbaugh)는 문화적 독특성에 따라 자연적으로 발생하는 문화지역(cultural areas)을, 도시의 성장과 발전과정에 따른 무계획적이고 자연적인 산물이라는 점에서 자연지역(natural areas)이라고 규정하였다.

15. Answer ①

② 동조형은 정상적인 기회구조에 접근할 수는 없지만, 문화적 목표와 사회적으로 제도화된 수단을 통해 목표를 추구하는 적응방식이다.

③ 하층계급을 포함한 모든 계층이 경험할 수 있는 긴장을 범죄의 주요 원인으로 제시한 것은 에그뉴(Agnew)의 일반긴장이론이다.

④ 아노미라는 개념은 뒤르켐이 무규제상황을 설명하기 위해 처음 사용하였고, 머튼은 이를 받아들여 범죄이론에 적용하였다.

16. Answer ①

클로워드와 올린은 청소년비행을 비행하위문화의 영향이라고 보았으며, 그 유형을 범죄적 하위문화, 갈등적 하위문화, 도피적 하위문화 등 세 가지로 분류하였다. 해당 지문은 갈등적 하위문화에 대한 설명이다.

17. Answer ③

표류이론은 비행소년과 일반소년 사이의 근본적 차이를 부정하고, 사회적 통제 여부에 따라 비행소년이 되거나 일반소년으로 남는다고 본다.

18. Answer ④

④ 형사처벌과 재범 간의 관계를 설명하는 매개변수가 다르다. 고전적 억제이론은 형사처벌이 그 개인의 이익과 손해에 대한 합리적 평가과정에 영향을 미쳐 범죄를 억제한다고 본다. 즉, 고전적 억제이론에서 형사처벌과 재범억제 간의 관계를 설명하는 매개변수는 개인이 합리적으로 평가한 '위험에 대한 인식'이다. 이에 반해 낙인이론은 형사처벌이 개인의 자아관념을 바꾸고, 사회적 기회를 박탈하며, 비행하위문화와의 접촉수준을 높이는 등의 매개과정을 거쳐 재범을 유발한다고 본다.

② 낙인이론은 국가의 범죄통제가 오히려 범죄를 증가시키는 경향이 있으므로, 과감하게 이를 줄여야 한다고 주장한다.

19. Answer ④

문화갈등이론은 셀린이 주장한 이론이다.

20. Answer ④

ⓒ는 허쉬(T. Hirschi)의 사회통제이론, ⓓ는 슈어(E.M. Schur)의 낙인이론에 관한 설명이다.

8회 정답 및 해설

JUSTICE 범죄학

정답 및 해설									
01. ①	02. ③	03. ④	04. ④	05. ①	06. ③	07. ④	08. ①	09. ③	10. ②
11. ③	12. ②	13. ③	14. ①	15. ④	16. ②	17. ①	18. ①	19. ④	20. ③

01. Answer ①

레페토의 범죄전이란 특정 지역에서 시작된 범죄예방활동의 영향으로 범죄가 다른 지역으로 이동하는 것을 의미한다. 전이에 관한 대부분의 논의는 범죄가 한 지역에서 다른 지역으로 이동하는 것에 초점을 두며, 범죄의 감소나 예방차원보다는 단지 범죄의 이동에 국한된다.

영역적 전이	한 지역에서 다른 지역, 일반적으로 인접지역으로의 이동
시간적 전이	낮에서 밤으로와 같이 한 시간에서 다른 시간으로의 이동
전술적 전이	범행에 사용하는 방법의 변경
목표의 전이	같은 지역에서 다른 피해자 선택
기능적 전이	범죄자가 한 범죄를 그만두고, 다른 범죄유형 선택
범죄자 전이	한 범죄자의 활동중지가 다른 범죄자에 의해 대체

02. Answer ③

범죄피해자 보호법상 "구조대상 범죄피해"란 대한민국의 영역 안에서 또는 대한민국의 영역 밖에 있는 대한민국의 선박이나 항공기 안에서 행하여진 사람의 생명 또는 신체를 해치는 죄에 해당하는 행위[형법 제9조(형사미성년자), 제10조 제1항(심신상실자), 제12조(강요된 행위), 제22조 제1항(긴급피난)에 따라 처벌되지 아니하는 행위를 포함하며, 형법 제20조(정당행위) 또는 제21조 제1항(정당방위)에 따라 처벌되지 아니하는 행위 및 과실에 의한 행위는 제외한다]로 인하여 사망하거나 장해 또는 중상해를 입은 것을 말한다(범죄피해자 보호법 제3조 제1항 제4호).

③ 강도상해는 사람의 신체를 해치는 죄에 해당하고, 반신불수는 중상해를 입은 것에 해당하므로 범죄피해자 구조금의 지급대상이 된다.

① 구조금의 지급대상이 되려면 구조피해자가 피해의 전부 또는 일부를 배상받지 못하는 경우이어야 하는데(동법 제16조 제1호), 지문의 경우 피해의 전부를 가해자로부터 배상받았으므로 구조금의 지급대상이 될 수 없다.

② 사기피해는 사람의 생명 또는 신체를 해치는 죄에 해당하지 않으므로 구조금의 지급대상이 될 수 없다.

④ 단순폭행은 사망하거나 장해 또는 중상해를 입은 것에 해당하지 않으므로 구조금의 지급대상이 될 수 없다.

03. Answer ④

④ 집행유예의 선고를 받은 자가 유예기간 중 고의로 범한 죄로 금고 이상의 형의 선고를 받아 그 판결이 확정된 때에는 집행유예의 선고는 효력을 잃는다(형법 제63조).

① 동법 제62조 제1항, ② 동조 제2항, ③ 동법 제62조의2 제1항

04. Answer ④

④ 벌금미납자법 제10조 제3항

① 사회봉사는 보호관찰관이 집행한다. 다만, 보호관찰관은 그 집행의 전부 또는 일부를 국공립기관이나 그 밖의 단체 또는 시설의 협력을 받아 집행할 수 있다(동법 제9조 제1항).

② 검사는 보호관찰관에게 사회봉사 집행실태에 대한 관련 자료의 제출을 요구할 수 있고, 집행방법 및 내용이 부적당하다고 인정하는 경우에는 이에 대한 변경을 요구할 수 있다(동조 제2항).

③ 사회봉사는 1일 9시간을 넘겨 집행할수 없다. 다만, 사회봉사의 내용상 연속집행의 필요성이 있어 보호관찰관이 승낙하고 사회봉사대상자가 분명히 동의한 경우에만 연장하여 집행할 수 있다(동법 제10조 제2항).

05. Answer ①

① 구속영장에 의하여 구속된 피의자에 대하여 검사가 공소를 제기하지 아니하는 결정을 하고 치료감호 청구만을 하는 때에는 구속영장은 치료감호영장으로 보며 그 효력을 잃지 아니한다(치료감호법 제8조).

② 동법 제27조, ③ 동법 제18조, ④ 동법 제32조 제2항

06. Answer ③

× : ㉠ 뒤르켐(Durkheim)은, 범죄는 사회의 도덕적 각성과 법제의 정상적인 발전계기가 된다는 점에서 유용하며(범죄필요설), 범죄에 대한 제재와 비난을 통해 사람들이 사회공통의식을 체험하게 됨으로써 범죄가 사회의 유지ㆍ존속에 중요한 역할을 담당한다고 보았다(범죄기능설).

㉢ 뒤르켐은 범죄에 관한 범죄정상설과 범죄필요설을 주장했다.

○ : ㉡ 뒤르켐은 1893년 발간된 『분업론』에서 아노미 개념을 제시하였다.

㉣

07. Answer ④

교정학상의 범죄는 형사정책학상의 범죄보다 개념상 범위가 좁다.

08. Answer ①

공식범죄통계자료란 범죄에 관한 자료들을 분류 및 도표화시키고 분석한 것을 공식기관에서 매년 또는 정기적으로 출간한 자료이다.

[주요 공식범죄통계자료의 종류]
• 경찰청 : 경찰통계연보, 경찰백서, 범죄분석, 교통사고통계
• 대검찰청 : 범죄분석, 검찰연감, 마약류범죄백서
• 법원행정처 : 사법연감
• 법무연수원 : 범죄백서
• 통계청 : 한국통계연감
• 국립과학수사연구소 : 국립과학수사연구소보

09. Answer ③

모이어(Moyer)는 대상과 방법에 따라 정서적 폭력, 도구적 폭력, 무작위 폭력, 집단적 폭력, 테러리즘 등으로 구분하였다.

10. Answer ②

그로스가 주장한 폭력적 강간의 유형에는 지배강간, 가학적 변태성욕강간, 데이트강간, 분노강간이 있다.

[그로스(N. Groth)가 분류한 강간 유형]
- 지배강간 : 피해자를 힘으로 자신의 통제하에 놓고 싶어 하는 강간유형으로, 능력 있는 남성이라는 자부심을 유지하기 위해 강간이라는 비정상적인 행위로써 자신의 힘을 과시하고 확인하고자 한다.
- 가학성 변태성욕강간 : 분노와 권력에의 욕구가 성적으로 변형되어 가학적인 공격행위 그 자체에서 성적 흥분을 느끼는 정신병리적 강간유형으로, 사전계획하에 상대방을 묶거나 성기 또는 유방을 물어뜯거나 불로 지지는 등 다양한 방법으로 모욕하는 등 반복적인 행동으로 쾌락과 만족감을 얻는다.
- 데이트강간 : 데이트를 하고 있는 이성 간에 여성의 동의 없이 남성의 폭행 또는 협박 등에 의한 강제적 강간유형으로, 주로 10대에서 20대 젊은이들 사이에서 많이 발생한다.
- 분노강간 : 강간자의 증오와 분노감정에 의해 촉발되는 우발적이고 폭력적인 강간유형으로, 성적 만족을 위한 행위가 아니라, 자신의 분노를 표출하고 상대방을 모욕하고 미워하기 위한 행위로서 신체적인 학대가 심하다.

11. Answer ③

① 제이콥스(P. Jacobs)에 관한 설명이다. 고링은 부모의 범죄성과 자식의 범죄성이 관련이 있다는 연구결과에 근거하여 범죄성은 유전에 의해 전수되는 것으로 보았다.
② 콜버그(Kohlberg)는 행위의 옳고 그름에 대한 이해와 그에 상응하는 행동은 세 가지 수준의 여섯 가지 과정(사회화)을 통해 발달한다고 하였는데, 도덕발달단계를 전인습수준(1~2단계), 인습수준(3~4단계), 후인습수준(5~6단계)으로 나누고, 대부분의 일반청소년들은 3~4단계에 속하는 반면, 대부분의 비행청소년들은 1~2단계에 속한다고 보았다.
④ 초남성형 범죄이론은 폭력적 범죄와 이상염색체의 관련성을 연구한 것으로, 비폭력적 범죄와 여성 관련 범죄를 잘 설명하지 못한다.

[콜버그(Kohlberg)의 도덕발달이론]
- 1수준 : 전인습적 도덕성(비행소년)
  - 1단계 : 처벌받지 않을 행동, 처벌과 복종단계
  - 2단계 : 일반적으로 이익이 되는 행동, 쾌락주의
- 2수준 : 인습적 도덕성(일반청소년)
  - 3단계 : 타인에게 인정받고 비난받지 않을 행동, 대인관계 조화
  - 4단계 : 법과 질서에 의해 엄격히 규정된 행동
- 3수준 : 후인습적 도덕성
  - 5단계 : 법은 대중의 복리를 위한 사회계약이라는 입장에 근거하여 판단
  - 6단계 : 보편적인 윤리원칙에 입각하여 판단

12. Answer ②

융은 인간의 태도를 외향성과 내향성으로 분류하고, 외향적인 자는 범죄에 친화적인 반면, 내향적인 자는 주의가 깊고 사회규범 등에 대한 학습능력이 높아 상습범죄자가 되기 어렵다고 보았다.

13. Answer ③

크리스찬센은 1881년부터 1910년까지 덴마크에서 태어난 약 6,000여 쌍에 이르는 모든 쌍생아를 조사하여 1968년 그 결과를 발표하였는데, 일란성 쌍생아 중 모두가 범죄를 저지른 비율은 35.8%였던 반면, 이란성 쌍생아 중 모두가 범죄를 저지른 비율은 12.3%에 불과하다는 사실을 밝혀냈다.

14. Answer ①

① 샘슨은 범죄원인을 개인에게서 찾은 것이 아니므로, '사람이 아니라 지역(장소) 바꾸기'를 범죄대책으로 강조하였다. 집합효율성이론은 시카고학파의 사회해체이론을 현대적으로 계승한 것으로서 사회자본, 주민 간의 관계망 및 참여 등을 중시하는 이론이다.
③ 샘슨(Sampson)은 집합효율성이라는 용어를 통해 범죄를 설명하고자 하였는데, 집합효율성이란 공공장소에서 질서를 유지할 수 있는 능력을 말한다.

15. Answer ④

기존의 문화적 목표와 사회적 수단 모두를 거부하고, 새로운 목표와 수단을 추구하는 적응양식은 혁신형이 아니라, 반항형(전복형)이다.

16. Answer ②

나이는 가정에서의 비공식적 간접통제가 특히 중요하고, 청소년의 욕구가 가정 안에서 충족될수록 가정 밖에서의 일탈을 막을 수 있다고 보았다.

17. Answer ①

실제 범죄자를 가혹하게 처벌함으로써 그 범죄자가 다시는 범죄를 저지르지 못하도록 하는 것을 '특수적 억제효과'라고 하며, 범죄자에 대한 처벌의 고통을 일반 사람들에게 알림으로써 잠재적 범죄자의 범행을 사전에 억제 · 예방하는 것을 '일반적 억제효과'라고 한다.

18. Answer ①

낙인이론에 의하면, 범죄(비행)는 그 행위의 내재적 속성이 아니라 (그 실질에 관계없이) 사람들이 범죄자라는 낙인을 찍는 행위, 즉 그 사회적 반응에 의해 규정되는 것으로, 법과 제재를 적용한 결과라고 한다. 이처럼 낙인이론은 일탈행위 전반에 관한 개념적 기초로서 일탈행위와 사회적 낙인화의 동적 관계를 사회적 상호작용의 관점에서 파악하는 이론이다.

19. Answer ④

[손베리(Thørnberry)의 상호작용이론(interaction theory)]

- 인생의 초기에는 가정에서의 부모와의 유대가 비행의 원인이 된다.
- 인생의 중기를 거쳐 후기에 이를수록 부모의 영향력은 작아지고, 비행친구와의 접촉이 비행의 주된 원인이 된다.
- 청소년기 초기에는 부모와의 유대를 강조한 사회유대이론이 비행의 원인을 더 잘 설명하지만, 청소년 중기와 후기에는 친구와의 접촉을 강조한 차별접촉이론이 비행의 원인을 더 잘 설명한다고 본다.

20. Answer ③

③은 실증주의 범죄학에 관한 설명이다. 참고로, 급진범죄학은 사변적이며 정치적이다.

9회 정답 및 해설

01. ④	02. ④	03. ①	04. ②	05. ④	06. ②	07. ①	08. ④	09. ④	10. ①
11. ①	12. ④	13. ④	14. ③	15. ④	16. ④	17. ①	18. ④	19. ①	20. ②

01. Answer ④

[CPTED의 기본원리]
- 자연적 감시(natural surveillance)
- 자연적 접근통제(access control)
- 영역성의 강화(territoriality)
- 활동성의 강화
- 유지관리(이미지)

02. Answer ④

④ 구조피해자가 피해의 전부 또는 일부를 배상받지 못하면 족하고, 생계곤란의 사유를 요하지 않는다(범죄피해자 보호법 제16조 제1호).

① 동법 제3조 제1항 제4호, ② 동조 제2항, ③ 동법 제23조

03. Answer ①

① 형의 집행을 유예하는 경우에는 보호관찰을 받을 것을 명하거나 사회봉사 또는 수강을 명할 수 있는데, 이 때 보호관찰의 기간은 집행을 유예한 기간으로 한다(형법 제62조의2 제1항·제2항).

③·④ 동법 제59조

04. Answer ②

벌금형은 시설 내 구금을 필요로 하지 않고, 부과된 벌금액을 납부하면 집행이 종료되어 집행절차가 간편하므로, 행정의 효율을 기할 수 있다는 장점이 있다.

05. Answer ④

④ 법원은 치료감호사건을 심리하여 그 청구가 이유 없다고 인정할 때 또는 피고사건에 대하여 심신상실 외의 사유로 무죄를 선고하거나 사형을 선고할 때에는 판결로써 청구기각을 선고하여야 한다(치료감호법 제12조 제1항).

① 살인범죄를 저질러 치료감호를 선고받은 피치료감호자가 살인범죄를 다시 범할 위험성이 있고 계속 치료가 필요하다고 인정되는 경우에는 법원은 치료감호시설의 장의 신청에 따른 검사의 청구로 3회까지 매회 2년의 범위에서 피치료감호자를 치료감호시설에 수용하는 기간을 연장하는 결정을 할 수 있고(동법 제16조 제3항), 검사의 청구는 피치료감호자를 치료감호시설에 수용하는 기간 또는 치료감호가 연장된 기간이 종료

하기 6개월 전까지 하여야 한다(동조 제5항).

② 치료감호심의위원회는 치료감호만을 선고받은 피치료감호자에 대한 집행이 시작된 후 1년이 지났을 때에는 상당한 기간을 정하여 그의 법정대리인, 배우자, 직계친족, 형제자매(법정대리인 등)에게 치료감호시설 외에서의 치료를 위탁할 수 있다(동법 제23조 제1항).

③ 근로에 종사하는 피치료감호자에게는 근로의욕을 북돋우고 석방 후 사회정착에 도움이 될 수 있도록 법무부장관이 정하는 바에 따라 근로보상금을 지급하여야 한다(동법 제29조).

06. Answer ②

A. 의료(치료)모형 : 교정은 치료라고 보며, 소년원에 있어 교정교육기법의 기저가 되었다.

B. 적응(조정)모형 : 범죄자는 치료의 대상이지만, 스스로 책임 있는 선택과 합리적 결정을 할 수 있는 존재로 본다.

C. 범죄통제(정의)모형 : 청소년도 자신의 행동에 대한 책임을 져야 하므로, 청소년범죄자에 대한 처벌을 강화하는 것만이 청소년범죄를 줄일 수 있다.

D. 최소제한(제약)모형 : 낙인이론에 근거하여 시설수용의 폐단을 지적하고, 처벌 및 처우개념을 모두 부정하며, 불간섭주의를 주장한다.

07. Answer ①

① 실증저의학파에 대한 설명이다. 고전주의는 범죄를 효과적으로 제지하기 위해서는 처벌이 엄격·확실하고, 집행이 신속해야 하며, 효과적인 범죄예방은 형벌을 통해 사람들이 범죄를 포기하게 만드는 것이라고 주장한다.

④ 실증주의학파는, 인간은 이성적 판단에 따라 행동하는 자율적 존재가 아닌 이미 결정된 대로 행동할 뿐인 존재로 본다. 따라서 인간의 행위는 개인의 개별적 소질과 그 주변의 환경에 따라 결정된다고 주장한다.

08. Answer ④

사례조사는 범죄인 개인을 대상으로 그의 인격·성장과정·사회생활·범죄경력 등과 같은 환경적인 측면들을 종합적으로 분석하고, 각 요소 간의 상호관계를 밝힘으로써 범죄의 원인을 해명하는 연구방법을 말한다. ④는 표본조사에 관한 설명에 가깝다.

09. Answer ④

화이트칼라범죄는 하류계층보다 사회적 지위가 높고 비교적 존경받는 사람들이 자신의 직업수행과정에서 행하는 직업적 범죄로, 크게 조직체범죄와 직업범죄로 나눈다.

④ 신용카드범죄, 마약범죄, 성폭력범죄는 화이트칼라범죄로 분류되는 범죄유형이라고 할 수 없다.

③ 화이트칼라범죄의 특징은 범죄자의 규범의식이 희박하고, 피해자의 피해의식도 낮다는 점에 있다.

10. Answer ①

피해자를 힘으로 자신의 통제하에 놓고 싶어 하는 유형은 지배강간으로, 능력 있는 남성이라는 자부심을 유지하기 위해 강간이라는 비정상적인 행위로써 자신의 힘을 과시하고 확인하고자 한다.

11. Answer ①

① 진화범죄학자들은 인간의 행위도 다른 동물들처럼 자연선택이라는 진화과정을 통해 형성되어 가고, 범죄성도 자연선택에 따른 적응의 방식으로 이어진다고 본다.

② 일란성 쌍생아의 범행일치율이 높을 때 범죄가 소질에 의해 좌우된다는 결론을 얻을 수 있다.

③ 현대의 특성이론가들은 단일한 생물학적 속성이나 심리학적 속성이 모든 범죄성을 적절하게 설명할 수 있다고 보지 않고, 범죄인은 신체적·정신적으로 독특하며, 따라서 각자의 행동에 개별적인 원인이 있을 것이라고 본다.

④ 지능과 범죄의 상관성은 일반적인 검증이 이루어지지 않았다.

12. Answer ④

① 중요한 남성호르몬 중 하나인 테스토스테론은 남성의 범죄적 폭력성과 관계가 있다고 한다.

② 반사회적 행동을 하는 사람은 아동기에 ADHD 환자였을 확률이 높은 편이다.

③ 지능이 낮은 사람일수록 강력범죄를 많이 저지를 수 있다.

13. Answer ④

생물학적 범죄원인론은 결정론적 인간관을 기초로, 범죄인은 비범죄인과 본질적으로 다르다고 보았다.

14. Answer ③

사회해체이론 중 범죄지역에 관한 이론, 즉 동심원이론이나 문화전달이론 등은 모두 미국형사사법기관의 공식적 통계에 지나치게 의존하여 암수범죄의 문제가 있으며, 그 연구결과의 정확성을 신뢰하기 어렵다는 비판이 있다.

15. Answer ④

④ 밀러는 코헨의 하위문화이론에 대해 하위문화는 중류계급에 대한 반발로 생성된 것이 아니라고 비판하였다.

① 코헨에 따르면, 최초로 자기 지위에 대한 좌절감을 경험하는 곳은 중산층의 가치체계가 지배하는 학교이다.

② 밀러(Miller)의 하위계층 주요 관심사에 대한 설명이다.

③ 차별적 기회구조이론에 대한 비판이다.

16. Answer ④

클로워드와 올린의 비행적 하위문화 유형 중 갈등적 하위문화란, 합법적 기회뿐만 아니라 비합법적 기회에도 접근하지 않고, 자신들의 욕구불만을 폭력으로 표현하는 투쟁적인 하위문화 유형을 말하며, 이러한 유형에서는 범죄조직에 대한 통제가 확고하지 않은 관계로 과시적인 폭력과 무분별한 갱 전쟁 등이 빈번하게 발생된다.

17. Answer ①

○ : ㉠ 소년비행은 개인통제력의 미비함으로 유발되고, 사회통제력의 부족으로 이들의 비행성향이 분출되는 것을 통제하지 못하기 때문에 발생한다(라이스의 개인통제이론).

㉡

× : ⓒ 통제이론은 범죄연구의 초점을 "인간은 왜 범죄를 저지르지 않는지"에 맞춘 이론으로, 이 이론은 본질적으로 홉스(Hobbes)의 성악설을 바탕으로 한다

ⓔ 자아의 역할을 특히 강조하는 통제이론은 레클리스(Reckless)의 봉쇄이론이다. 토비(J. Toby)는 경제환경과 범죄에 대해 이야기하면서 자신이 속한 사회에서 스스로 느끼고 경험하는 상대적 결핍감이 범죄의 원인이 된다고 하였다.

18. Answer ④

진화론으로부터 영향을 받은 것은 초기의 범죄생물학으로, 생태론과 환경결정론적(거시적) 이론으로 분류된다.

[사회과정이론]

사회학습이론	서덜랜드(Sutherland)의 차별적 접촉이론
사회통제이론	• 허쉬(Hirschi)의 사회유대이론 • 레클리스(Reckless)의 봉쇄이론(억제이론) • 사이크스(Sykes)와 맛차(Matza)의 중화기술이론 • 갓프레드슨과 허쉬의 일반이론(자기통제이론)
사회적 반응이론	• 낙인이론 • 민속방법론적 이론(ethnomethodology deviance)

19. Answer ①

보수적 갈등론자인 셀린(Sellin)은 이질적인 문화 사이에서 발생하는 갈등형태를 '1차적 문화갈등', 하나의 단일문화가 각기 독특한 행위규범을 갖는 여러 개의 상이한 하위문화로 분화될 때에 발생하는 갈등형태를 '2차적 문화갈등'이라고 하였다.

20. Answer ②

비판범죄학은 정치적인 측면에서 범죄문제를 다루고 있으므로, 권력형 범죄의 분석에 무력하다는 표현은 적절하지 않다.

[비판범죄학의 평가]

공헌	• 종전 범죄이론은 범죄원인을 개인에게서 찾는 미시적 관점이었으나, 비판범죄학은 범죄원인을 사회구조에서 찾는 거시적 관점에서 파악 • 범죄를 다루는 기관들의 배후에 있는 진정한 동기를 찾으려고 함 • 권력형 범죄의 분석에 유용 • 암수범죄의 중요성을 지적
비판	• 가치전제적이고, 사변적이며, 지나치게 이념적 • 범죄의 원인규명에 미흡하고, 범죄문제를 정치적 측면 위주로 파악 • 상층범죄의 관심집중으로 하층계급의 보호에 충분한 배려가 없음 • 자본주의체제에 대한 비판만 있을 뿐 형사사법체계의 개선을 위한 구체적 대안을 제시하지 못함 • 생물학적 또는 심리학적 범죄대책을 도외시함

10회 정답 및 해설

01. ③	02. ④	03. ③	04. ①	05. ④	06. ①	07. ③	08. ①	09. ②	10. ②
11. ③	12. ③	13. ②	14. ②	15. ②	16. ②	17. ②	18. ④	19. ①	20. ②

01.   Answer   ③

○ : ㉠ 1세대 CPTED는 범죄예방에 효과적인 물리환경을 설계·개선하는 하드웨어 중심의 접근방법이고, 2세대 CPTED는 주민이 환경개선과정에 직접 참여하여 물리적 개선과 함께 유대감을 재생하는 소프트웨어적 접근방법이며, 3세대 CPTED는 2세대 CPTED에 대한 접근을 확장하여 지역구성원이 스스로 필요한 서비스를 결정하고 추진하는 공동체적 추진절차를 구축하는 것을 말한다.

㉢ 목표물 견고화란 잠재적 범행대상이 쉽게 피해를 보지 않도록 하는 일련의 조치로, 범죄에 대한 물리적 장벽을 설치·강화하거나 범죄의 표적이 되는 대상물의 약점을 보강함으로써 범죄의 실행을 곤란하게 하는 것이다.

× : ㉡ 사적·공적 공간의 구분은 "영역성 강화"와 관련된다.

㉣ CPTED의 기본원리 중 자연적 감시는 주민들이 자연스럽게 낯선 사람을 볼 수 있도록 건물과 시설물을 배치하는 것이고, 영역성 강화는 사적 공간, 준사적 공간, 공적 공간 사이의 경계를 분명히 하여 공간 이용자들이 사적 공간에 들어갈 때 심리적 부담을 주는 것이다.

[환경설계를 통한 범죄예방(CPTED)]

자연적 감시	조명개선, 조경수 정비, 접근로의 위치, 주요 위치에 CCTV 설치하여 누구나 쉽게 침입자를 관찰할 수 있도록 주택을 설계하는 전략이다. [가시권의 최대화, 감시기능의 확대]
자연적 접근통제	지역 내 건물이나 주택에 수상한 사람이 침입하기 어렵게 설계하는 전략이다. [건물출입구의 단일화, 방범창, 경보장치, 차단기]
활동성 활성화	해당 지역에 일반인의 이용을 장려하여 그들에 의한 감시기능(거리의 눈)을 강화하는 전략이다. [놀이터·체육시설·정자·벤치 설치]
영역성 강화	지역주민의 주거지 영역은 사적 영역이라는 인식을 강화시켜 외부인을 통제하는 전략이다. [울타리의 설치, 출입구 통제 강화]
유지관리	시설물을 깨끗하고 정상적으로 유지하여 범죄를 예방하는 전략으로, 깨진창문이론과 같은 성격이다. [파손의 즉시보수, 청결유지, 조명·조경의 유지관리]

02.   Answer   ④

① 범죄피해자 보호법 제19조 제1항 제1호, ② 동조 제3항 제1호, ③ 동조 동항 제2호

03.   Answer   ③

책임주의원칙은 특별예방에 대한 양보라고 볼 수 있다.

04. Answer ①

벌금형에 대한 선고유예 및 집행유예 시 현행법상 그 액수에 관계없이 선고유예는 가능하나, 집행유예는 500만 원 이하에 한한다.

05. Answer ④

④ 이 법에 따른 치료감호의 내용과 실태는 대통령령으로 정하는 바에 따라 공개하여야 한다. 이 경우 피치료 감호자나 그의 보호자가 동의한 경우 외에는 피치료감호자의 개인신상에 관한 것은 공개하지 아니 한다(치료감호법 제20조).

① 동법 제32조 제2항, ② 동법 제22조, ③ 동법 제2조 제3호

06. Answer ①

① 경찰서장이 직접 소년부에 송치할 수 있는 대상은 촉법소년과 우범소년에 한정된다.

② 소년법 제10조, ③·④ 동법 제4조 제3항

07. Answer ③

[헤이건(Hagan)의 권력통제이론]

• 가족구조는 계급적 위치와 남자와 여자에 대한 사회적 통제의 차이에 의해서 결정된다.

• 가부장적 가정은 아버지의 직업이 주로 남에게 명령·지시하는 경우가 많고, 평등주의적 가정은 아버지가 없거나 타인에게 권위를 가지는 직업에 종사하는 경우가 많다.

• 가부장적 가정에서 남자는 위험을 감수하도록 교육하고, 여자는 위험을 회피하도록 교육한다.

• 가부장적(전통적) 가정은 남녀 간의 범죄율의 차이가 크고, 평등주의적 가정은 그 차이가 작다.

08. Answer ①

공식범죄통계란 정부에서 발간하는 공식적인 범죄통계표를 통해 사회의 대량적 현상으로서 범죄의 규모나 추이를 파악하는 연구방법을 말하는데, 이는 수사기관이 인지한 사건만을 산술적으로 집계한 것이므로 범죄통계표에 드러나지 않는 숨은 범죄, 즉 암수범죄를 파악하는 데 한계가 있다는 단점이 있다.

09. Answer ②

화이트칼라범죄 등은 지능이 높을수록, 학력이 높을수록 범죄와 깊은 상관관계를 가진다.

10. Answer ②

② 황금의 초승달지대는 양귀비를 재배해서 모르핀, 헤로인 등으로 가공하여 세계 각국에 공급하는 지대로, 아프가니스탄·파키스탄·이란 등 3국의 접경지대이다.

① 백색의 삼각지대에 대한 설명으로, 대만에서 원료를 밀수입하여 우리나라에서 제조한 후 일본에 판매하는 구조였으며, 이후 중국에서 제조하고 한국, 일본에 수출하는 구조로 바뀌었는데, 이를 백색의 삼각지대라고 한다.

③ 헤로인은 중독 시 강한 의존성과 금단증상을 보이며, 산모가 남용 시에는 태아도 중독이 된다.

④ 엑스터시는 파티에서 주로 사용되기 때문에 '파티용 알약', '도리도리'라고도 불리며, 환각작용이 강하다. 치료용으로는 사용되지 않기 때문에 의사가 처방할 수 없다.

11. Answer ③

①은 우발범죄인, ②는 기회범죄인, ④는 직업범죄인에 대한 설명이다.

12. Answer ③

범죄와의 관계에서 특히 문제 되는 성염색체의 유형은 XYY형의 남성으로, 이들에게는 장신, 성적 조숙, 공격적, 가학적, 정신적 불안 등의 특징이 나타난다고 한다.

[성염색체 연구]

XYY형 성염색체 (초남성증후군)	• 남성적 특징인 Y염색체의 수가 하나 더 많은 경우로, 범죄적으로 문제 되는 유형 • 남성인 경우 저지능, 장신, 성적 조숙, 공격적, 가학적, 정신적 불안 등의 특징을 가짐 • 돌연변이에 의한 것으로서 유전성이 없는 것이 특징 • 성범죄, 방화, 살인 등의 강력범죄를 저지르는 경우가 많음
XXY형 성염색체 (여성적 남성증후군, 크라인펠터증후군)	• 여성적 특징인 X염색체의 수가 증가하는 경우로, 특히 XXY형(여성적 남성)이 범죄적으로 문제 되는 유형 • XXY형 성염색체를 가진 <u>남성</u>들은 <u>고환의 왜소, 무정자증, 여성형 유방, 장신 등의 신체적 특징과 저지능, 반사회적 경향, 정신적 미숙 등의 인격적 특징을 가짐</u> • 동성애, 성범죄, 절도죄 등을 저지르는 경우가 많으나, 범죄학적으로 위험시되지는 않음

13. Answer ②

14. Answer ②

사회해체이론은, 급격한 도시화·산업화는 지역사회에 기초한 통제의 붕괴를 낳게 되고, 이는 사회해체로 이어져 범죄나 비행이 유발된다는 이론으로, 틈새지역에서의 하류계층의 높은 범죄율을 설명하는 데에 유용하다. 화이트칼라범죄, 기업범죄 등을 설명하는 데 유용한 이론은 차별적 접촉이론이다.

15. Answer ②

밀러는 하류계층 소년의 비행원인이 중류계층문화에 대한 적대감정에서 비롯되는 것이 아니라, 하류계층문화에 적응하였기 때문이라고 보았다.

16. Answer ②

① 억압적인 수단과 처벌을 부과하여 비행을 예방하는 것을 말한다.

③ 내면적 자각을 통해 비행을 자제시키는 것을 말한다.

④ 가정·학교 등에서 청소년비행을 통제하는 것을 말한다.

17. Answer ②

중화기술이론은 코헨의 하위문화이론에 대한 비판으로서 등장한 것으로, 법률위반에 관한 서덜랜드의 적극적 정의를 구체화한 이론이다.

18. Answer ④

① 글래저(Glaser)의 차별적 동일시이론에 대한 설명이다. 서덜랜드는 범죄행위의 학습은 가까운 곳에서 이루어지며 라디오, TV, 영화, 신문 등과 같은 비인격적 매체와는 관련이 없다고 보았다.

② 소질적 범죄자는 범죄와의 접촉경험이 없더라도 범죄를 저지를 수 있으므로, 차별적 접촉이론으로 설명하기 곤란하다는 비판이 있다.

③ '거리의 법칙'에 대한 설명이다.

[타르드의 모방법칙]

제1법칙 (거리의 법칙)	• 사람들은 서로를 모방하며, 모방 정도는 타인과의 접촉 정도에 비례 • 거리란 심리학적 의미의 거리와 기하학적 의미의 거리를 포함 • 도시에서는 모방의 빈도가 높고 빠르고(유행), 시골에서는 모방의 빈도가 덜하고 느림(관습)
제2법칙 (방향의 법칙)	• 열등한 사람이 우월한 사람을 모방 • 하층계급은 상층계급의 범죄를 모방하고, 시골에서는 도시의 범죄를 모방
제3법칙 (삽입의 법칙)	• 새로운 유행이 기존의 유행을 대체 • 모방 → 유행 → 관습의 패턴으로 확대 · 진전

19. Answer ①

갈등이론에 의하면, 범죄는 개인의 내부적 요인이 아닌 사회경제적 계급 · 권력관계 · 문화적 차이로 인해 야기된 집단 간의 갈등으로 발생한다. ①은 머튼의 아노미이론에 관한 설명이다.

20. Answer ②

② 권력형 범죄의 분석에 유용하다. 퀴니는 『지배와 억압의 범죄』를 통해 정부범죄와 기업범죄 등을 주장하였다.

④ 슈베딩거 부부의 휴머니즘 비판범죄학에 대한 설명이다. 슈베딩거 부부(H. Schwedinger & J. Schwedinger)는 범죄개념의 정의에서 가치판단을 배제하고, 사법기관의 활동과 형법의 배후에 있는 동기가 인간적인가를 고려해야 한다고 강조하였다.

11회 정답 및 해설

01. ③	02. ①	03. ②	04. ①	05. ①	06. ③	07. ④	08. ①	09. ④	10. ①
11. ①	12. ①	13. ②	14. ③	15. ①	16. ③	17. ④	18. ②	19. ①	20. ②

01. Answer ③

③ 범죄농담은 한 지역사회에서 일정 기간 발생하는 총 범죄를 강도 · 살인과 같은 중범죄로 나눈 것을 말한다. 범죄농담률이 높을수록 중범죄가 많이 발생한다고 본다.

① 범죄시계(crime clock)는 매 시간마다 범죄발생현황을 표시한 것으로, 인구성장률을 반영하지 않고, 시간을 고정적인 비교단위로 사용하는 문제점이 있기 때문에 통계적 가치는 없다.

② 국제형사학협회(IKV)는 범죄인을 기회범죄인, 사회생활능력이 약화된 범죄인, 합법적 사회생활을 기대할 수 없는 범죄인으로 분류한다.

④ 실질적 의미의 범죄는 법규정과 관계없이 반사회적인 법익침해행위이고, 형식적 의미의 범죄는 형법상 범죄 구성요건으로 규정된 행위이다.

02. Answer ①

① 구조금 지급신청은 해당 구조대상 범죄피해의 발생을 안 날부터 3년이 지나거나 해당 구조대상 범죄피해가 발생한 날부터 10년이 지나면 할 수 없다(범죄피해자 보호법 제25조 제2항).

② 동법 제32조, ③ 동법 제21조 제2항, ④ 동조 제1항

03. Answer ②

× : ㉠ 선고형 → 법정형, ㉣ 폭의 이론에 관한 설명이다.

○ : ㉡, ㉢

[양형의 일반이론]

유일형 이론	범죄에 대한 책임은 언제나 고정된 크기를 가지므로, 정당한 형벌은 오직 하나일 수밖에 없다는 이론
폭(幅)의 이론	형벌에 상응하는 정당하고 유일한 형벌을 결정하는 것은 현실적으로 불가능하므로, 범죄에 대한 책임은 일정한 상하의 폭이 있다는 이론(독일 연방최고법원의 입장)
단계이론	형량은 불법과 책임에 따라 결정하고, 형벌의 종류와 집행 여부는 예방을 고려하여 결정해야 한다는 이론

04. Answer ①

총액벌금제는 현행형법이 채택하고 있는 제도이며, 일수벌금제가 배분적 정의에 맞다고 본다.

05. Answer ①

① 억제의 개념은 고전주의 범죄학자인 베카리아와 벤담의 주장에 근거한다.

② 야만적인 시대에 과거의 야만적인 형사사법제도를 개편하여 효율적인 범죄예방을 위한 형벌제도 개혁에 힘 쓴 것은 고전주의 범죄학파로, 합리적인 형사사법제도를 통해 범죄자의 형벌로 인한 고통이 범죄로 인한 이익보다 크도록 하였을 때 범죄행위들이 억제될 수 있다고 보았으며, 범죄에 상응하는 일정한 형벌이 존재 하고 엄중하게 집행된다면 범죄가 예방될 수 있다는 형이상학적 관념으로 법과 제도의 개혁에 관심을 기울 였다.

③ 서덜랜드에 대한 설명이다. 서덜랜드는 법, 범죄, 범죄에 대한 조치와 관련된 과정들에 대한 일반적이고 신 뢰할 수 있는 원칙을 확립하는 것이 범죄학의 궁극적인 목적이라고 보았다.

④ 일반억제효과에 관한 설명이다.

일반억제	범죄자에 대한 처벌을 통해 일반시민이 처벌에 대한 두려움을 느껴 범죄가 억제되는 것
특수억제	범죄자 자신이 처벌의 고통을 느낌으로써 이후 범죄를 저지르지 않게 되는 것

06. Answer ③

× : ⓒ 촉법소년·우범소년(법으로 정한 사유가 있고 그의 성격 또는 환경에 비추어 장래 형벌법령에 저촉되 는 행위를 할 우려가 있는 10세 이상 19세 미만인 소년)이 있을 때에는 경찰서장은 직접 관할 소년부 에 송치하여야 한다(소년법 제4조 제2항).

ⓒ 소년보호사건의 대상이 되는 촉법소년은 형벌법령에 저촉되는 행위를 한 10세 이상 14세 미만인 소년 을 말한다(동법 제4조 제1항 제2호). 따라서 14세의 촉법소년은 소년보호사건의 대상이 될 수 없다.

○ : ㉠ 동법 제4조 제2항, ㉣ 동조 제3항

07. Answer ④

① 범죄율은 인구 100,000명당 범죄건수로 표시한다.

② 검거율은 범인이 실제 검거된 비율에 관한 통계치로, 전체 인지된 범죄건수에서 범인이 검거된 범죄건수가 차지하는 비율로 표시된다.

③ 공식통계는 숨은(암수) 범죄를 반영할 수 없다는 단점이 있다.

08. Answer ①

공식범죄통계란 정부에서 발간하는 공식적인 범죄통계표를 통해 사회의 대량적 현상으로서 범죄의 규모나 추 이를 파악하는 연구방법을 말하는데, 이는 수사기관이 인지한 사건만을 산술적으로 집계한 것이므로 범죄통계 표에 드러나지 않는 숨은 범죄, 즉 암수범죄를 파악하는 데 한계가 있다는 단점이 있다.

09. Answer ④

화이트칼라범죄는 피해자에 대한 직접적인 피해뿐만 아니라, 사회 전체에 광범위한 피해를 야기한다는 점에서 일반범죄와 구별된다.

10. Answer ①

아동학대범죄의 처벌 및 그 절차에 관한 특례를 규정하고 있는 아동학대처벌법에 따르면, 아동이란 아동복지법 제3조 제1호에 따른 아동, 즉 18세 미만인 사람을 말한다.

11. Answer ①

② 엑스너는 성격학적 원인, 유전생물학적 원인, 범죄심리학적 원인, 체질학적 원인, 범죄사회학적 원인, 형사정책적 원인 등의 관점을 다원적으로 활용하여 범죄인을 분류하였다.

③ 구룰레는 범죄를 일으키는 동기를 심리학적으로 분석하여 경향범죄인, 박약범죄인, 격정범죄인, 명예(확신)범죄인, 빈곤범죄인 등으로 분류하였다.

④ 마이호퍼는 재사회화 이념에 따라 속죄용의 있는 기회범인, 속죄용의 없는 기회범인, 개선 가능한 상태범, 개선 불가능한 상태범으로 분류하였다.

12. Answer ①

고링은 신체적으로 일반인과 구별되는 범죄인의 특징을 발견할 수 없었다고 주장하면서 롬브로조의 견해를 비판하였다.

[셸던의 체형연구]

체형	기질형	특징	범죄유형
외배엽형(세장형)	두뇌긴장형	내성적 · 민감 · 비사교적	우발성 범죄
중배엽형(투사형)	신체긴장형	활동적 · 공격적 · 권력지향	비행소년 범죄
내배엽형(비만형)	내장긴장형	온화 · 활달 · 사교적	배신적 범죄

13. Answer ②

[워렌(Warren)의 대인성숙도(I-Level)]

1965년 개발한 인성검사법으로, 인간관계의 성숙 정도의 발전수준을 1~7단계로 나누고 I-level로 명명하였다. I-Level에 따르면, 비행자는 정상자보다 단계가 낮게 나왔고, 특히 2단계부터 4단계에서 비행자가 가장 많이 발견되었다.

2단계	비사회적 · 공격적 그리고 폭력지향적 성향	반사회적 모사자
3단계	비행집단의 규칙에 동조하는 성향	문화적 동조자
4단계	전형적인 신경과민과 정신이상의 성향	신경증적 행위자

14. Answer ③

버제스는 이른바 동심원이론에서 지대를 5개의 성층으로 구별하고, 그 지대의 유형은 지가(地價)와 관련 있다고 보았다.

[버제스의 동심원이론 요약]

제1지대(업무중심지대)	도시의 중심부에 위치하는 상공업 기타 각종 직업의 중심적 업무지역
제2지대(전이지대)	불량조건들이 산재하고, 일종의 빈민가를 형성하여 범죄학적으로 가장 문제되는 지역

제3지대(노동자 주거지대)	저소득 노동자들이 많이 거주하는 지역으로, 2~3세대가 한 건물에서 공동거주
제4지대(주거지대)	중류층 거주지대로, 단일가구 주택으로 구성
제5지대(통근자 주거지대)	통근자 주거지대로, 교외지역에 위치

15. Answer ①

폭력적 하위문화이론의 핵심은, 모든 사회는 고유한 문화체계를 가지고 있으며 사람의 행위는 문화체계를 통해 이해된다는 것으로, 폭력적 하위문화는 전체 문화의 하위 부분으로서 구성원들이 학습을 통해 하위문화의 내용을 행동의 기준으로 삼기 때문에 주류문화와 항상 갈등상태를 형성하는 것은 아니다.

16. Answer ③

자기통제력은 내적 봉쇄요인에 해당한다.

[레클리스의 범죄억제요소]

| 내적 억제요인
(내적 통제) | • 규범이나 도덕을 내면화하여 개인의 내부에 형성된 범죄차단력에 관한 요인
• 자기통제력, 자아나 초자아의 능력, 좌절감을 인내할 수 있는 능력, 책임감, 집중력, 성취지향력, 대안을 찾을 수 있는 능력 등 |
| 외적 억제요인
(외적 통제) | • 가족이나 주위사람들과 같이 외부적으로 범죄를 차단하는 요인
• 일관된 도덕교육, 교육기관에의 관심, 합리적 규범과 기대체계, 집단의 포용성, 효율적인 감독과 훈육, 소속감과 일체감의 배양 등 |

17. Answer ④

갓프레드슨과 허쉬는 비행을 저지른 청소년에 대해서는 가정에서 즉시 벌을 주는 외적 통제가 필요함을 강조하고, 이러한 외적 통제가 사회화과정을 거쳐 청소년에게 내면화됨으로써 비행이 예방된다고 보았으며, 가족치료를 비행예방의 주요 방안으로 제시하였다.

18. Answer ②

애착(Attachment)은 허쉬의 사회유대이론과 관련이 있다.

19. Answer ①

볼드는 집단 간에 갈등이 발생하는 이유는 이익과 목적이 중첩되고 상호 잠식하며 경쟁적이기 때문이고, 그 갈등이 가장 첨예하게 대립하는 영역은 입법정책분야라고 하였다.

20. Answer ②

브레이스웨이트의 재통합적 수치심이론은 기존의 낙인이론, 하위문화이론, 기회이론, 통제이론, 차별적 접촉이론 그리고 사회학습이론을 통합한 것이다.

12회 정답 및 해설

01. ④　02. ④　03. ④　04. ②　05. ④　06. ④　07. ②　08. ④　09. ②　10. ③
11. ④　12. ④　13. ③　14. ②　15. ③　16. ②　17. ④　18. ④　19. ②　20. ②

01. Answer ④

코헨(Cohen)과 펠슨(Felson)은 감시인 또는 보호자란 경찰이나 민간경비원 등의 공식감시인을 의미하는 것이 아니라, 그 존재나 근접성 자체가 범죄를 좌절시킬 수 있는 사람들을 의미하는 것으로, 의도하지 않더라도 사람들이 친지나 친구 또는 모르는 사람들로부터 보호받게 되는 측면을 의미한다고 설명하였다. 또한 동기를 가진 범죄자, 적당한 범행대상의 존재 및 범죄방지의 보안장치 또는 감시인의 결여 등과 같은 요소가 결집되면 범죄의 피해자가 될 수 있다고 본다. 따라서 일상활동의 구조적 변화는 위와 같은 세 가지 요소에 시간적·공간적으로 영향을 미치고, 그것이 결집된 경우에 범죄가 발생하므로, 범죄의 예방을 위해서는 이러한 영향을 미치는 요소가 결집되지 않도록 하여야 함을 의미한다.

02. Answer ④

타인의 형사사건의 재판에 있어서 증언과 관련하여 피해자로 된 때에는 구조금을 지급한다.

03. Answer ④

④ 형법 제55조의 법정감경사유는 법관의 재량 여지를 축소할 수 있다는 점에서 더욱 확대되어야 한다는 견해가 양형의 합리화방안으로 제시되고 있다.
② 판결서에 양형이유를 명시하게 되면 법관의 신중한 양형을 유도할 수 있다는 점에서 양형의 합리화방안으로 논의되고 있다.
③ 형법 제53조의 정상참작감경규정은 법정감경사유와 동일한 효과를 가지면서 법관에게 지나치게 많은 재량 여지를 준다는 점에서 그 폐지가 양형의 합리화방안으로 제시되고 있다.

04. Answer ②

② 범죄로 인해 직접적인 피해를 입은 피해자만을 포함하고, 간접적인 피해를 입은 사람은 제외한다. 이 경우, 형법에서 규정하는 범죄의 직접피해자로 범죄피해자의 개념이 한정되기 때문에 피해자의 범위가 매우 명확하다는 장점이 있다.
① 종래의 형사정책은 범죄인에 대한 연구에만 중점을 두고 피해자에 대해서는 관심을 두지 않았으나, 제2차 세계대전 이후에는 범죄인과 피해자를 형사상 동반자 내지 대립자로 파악하게 되었다.
③ 범죄피해자 보호법상 구조대상 범죄피해란 대한민국의 영역 안에서 또는 대한민국의 영역 밖에 있는 대한민국의 선박이나 항공기 안에서 행하여진 사람의 생명 또는 신체를 해치는 죄에 해당하는 행위로 인하여

사망하거나 장해 또는 중상해를 입은 것을 말한다(범죄피해자 보호법 제3조 제1항 제4호). 따라서 재산범죄 피해자는 구조대상 범죄피해에 해당하지 않는다.

④ 피해자학에서의 피해자는 형식적 의미의 범죄뿐만 아니라 실질적 의미에서 범죄로 인해 보호법익을 침해당한 사람까지 포함한다는 견해가 통설이다.

최협의	법률상 범죄가 성립하는 경우에 범죄자의 상대방(침해당한 법익의 주체)
협의	범죄성립과 관련 없이 현실적으로 범죄피해를 경험한 자(예 책임무능력자에 의한 범죄피해자)
광의	• 범죄피해를 직접 경험한 직접피해자뿐만 아니라 간접피해자도 포함 • 범죄학에서 연구대상으로서의 피해자 개념에 해당 • 타인의 범죄행위로 피해를 당한 사람과 사실상 혼인관계에 있는 사람까지 포함하는 그 배우자, 직계친족 및 형제자매를 말한다. 그리고 이외에 범죄피해 방지 및 범죄피해자 구조활동으로 피해를 당한 사람도 범죄피해자로 본다(범죄피해자 보호법 제3조).
최광의	사회환경 및 자연재해로 인한 피해자도 포함

05. Answer ④

× : ⓒ 보안관찰처분심의위원회 → 법무부장관(보안관찰법 제16조 제1항)
　　ⓔ 보안관찰처분의 기간은 보안관찰처분 결정을 집행하는 날부터 계산한다(동법 제25조 제1항).
○ : ㉠ 동법 제12조 제2항, ㉡ 동법 제14조 제1항

06. Answer ④

× : ⓒ 촉법소년 · 우범소년이 있을 때에는 경찰서장은 직접 관할 소년부에 송치하여야 한다(소년법 제4조 제2항).
　　ⓔ 범죄소년 · 촉법소년 · 우범소년을 발견한 보호자 또는 학교 · 사회복리시설 · 보호관찰소의 장은 이를 관할 소년부에 통고할 수 있다(동조 제3항).
○ : ㉠ 동법 제3조 제2항, ㉡ 동조 제3항

07. Answer ②

암수범죄란 실제로 범죄가 발생하였으나 수사기관에 인지되지 않았거나, 인지되기는 하였으나 해명되지 않아 공식적인 법률통계에 나타나지 않는 범죄행위의 총체로, 독일에서는 명역범죄와 대비해 암역범죄라는 표현이 주로 사용된다. 살인의 경우, 그 범죄의 특성상 암수범죄로 남기 매우 어렵다.

08. Answer ④

범죄피해자조사는 범죄의 실태와 피해자의 특성을 정확하게 파악하고, 예방대책의 평가로 활용될 수 있다. 또한 공식범죄통계에서 누락된 범죄가 피해자조사에서는 포함될 수 있으므로 암수범죄를 해결하는 데 효과적일 수 있으나, 사건에 대한 피해자의 잘못된 해석으로 과소 · 과대보고가 될 수 있고, 기억력의 한계로 범죄피해경험을 제대로 기억할 수 없다는 단점이 있다.

09. Answer ②

○ : ㉡, ⓒ

× : ㉠ 우발적이 아닌 철저한 계획하에 행해진다.

㉢ 연쇄살인은 사건 간에 냉각기를 가지고 다수의 장소에서 네 건 이상의 살인을 저지르는 것을 말하고, 연속살인은 짧은 시간 내에 여러 장소를 다니며 두 명 이상의 살인을 저지르는 것을 말한다.

㉣ 동기가 분명하지 않아 범인을 색출하는 데 한계가 있다.

10. Answer ③

노인학대의 경우, 노인들의 평균 연령이 증가하고 집에서의 생활이 주를 이루면서 이전보다 학대의 가능성이 증가하고 있다.

11. Answer ④

독일의 슈튬플은 25세 이전에 처음 범죄를 저지르는 자를 조발성범죄인, 25세 이후에 처음 범죄를 저지르는 자를 지발성범죄인으로 분류하였다.

[슈튬플의 범죄인 분류]

범죄인의 성격에 따른 분류	경범죄인	외적·내적 갈등으로 가벼운 범죄를 저지르는 자
	중범죄인	외적·내적 갈등 없이 소질에 의해 범죄를 저지르는 자
범죄시기에 따른 분류	조발성범죄인	25세 이전에 처음 범죄를 저지르는 자
	지발성범죄인	25세 이후에 처음 범죄를 저지르는 자

12. Answer ④

사이코패스는 자신의 능력과 의지를 과대포장하는 특징이 있고, 일상생활에서 특정한 사안에 광적으로 집착한다.

13. Answer ③

범죄생물학이론은 생물학적 이유에서 범죄가 발생하였다는 현상의 설명 외에 어떠한 대응방안도 제시해 주지 못하며, 범죄현상을 일관성 있게 설명하지 못하기 때문에 실천학문이라고 보기에는 부족하다.

14. Answer ②

비행과 범죄를 인간의 합법적인 사회적 성공을 위한 울분과 좌절의 결과로 본 것은 아노미이론이다.

15. Answer ③

밀러는 하층계급에 있는 소년이라도 중류층 계급문화에 동조하는 경향이 있는 경우에는, 범죄나 비행에 가담하지 않는다고 보았다.

16. Answer ②

② 나이(Nye)는 가정이 사회통제의 가장 중요한 근본임을 강조하고, 대부분의 청소년비행이 불충분한 사회통제의 결과라고 보았다. 그는 비행자들은 부모에게 거부당하거나 인정받지 못하였고, 비행을 저지르지 않은 청소년들은 부모의 훈육과 부모와 시간을 보내는 것에 긍정적인 태도를 갖고 있다는 설문조사의 결과를 제

시하며, 청소년비행에서 가정의 중요성을 강조하였다.
① 소년비행 예방에 가장 효율적인 방법으로 본 것은 비공식적 간접통제이다.
③ 나이는 가정에서의 비공식적 간접통제가 특히 중요하고, 청소년의 욕구가 가정 안에서 충족될수록 가정 밖에서의 일탈을 막을 수 있다고 보았다.
④ 라이스(A. Reiss)의 주장에 대한 설명이다.

17. Answer ④

우발적 범죄가 많은 폭력범죄보다는 계획적 범죄가 많은 재산범죄에 대한 처벌의 억제효과가 더 크다.

18. Answer ④

× : ⓛ 낙인이론에서는 일탈행위의 분석방법으로서 공식통계의 한계(암수범죄)를 지적하고, 자기보고나 참여적 관찰에 의한 보충의 필요성을 강조한다.
ⓔ 낙인이 범죄나 비행을 지속시킨다고 볼 때에는 낙인이 독립변수로 작용한다.
ⓗ 일탈행위를 상호작용의 낙인으로 분석한다.
○ : ⊙, ©, ⓜ

19. Answer ②

× : ⓛ 테일러(Taylor) · 왈튼(Walton) · 영(Young)의 신범죄학은 갈등론적 · 비판적 · 마르크스주의적 비행이론을 반영한 범죄이론이다. 한편 퀴니(Quinney)는 신범죄학이 비판범죄학과 동의어라고 주장한다.
○ : ⊙ 포스트모던이론은 권력을 가진 자들이 자신의 언어로 범죄와 법을 규정하여 객관적인 공정성이나 타당성을 확립한다는 점을 강조한다.
© 챔블리스의 마르크스주의 범죄이론은 범죄의 주 원인을 자본주의 경제체제의 속성에 따른 불평등한 분배구조로 본다.
ⓔ

20. Answer ②

잠재적 특질이론에 대한 설명이다. 잠재적 특질이론은 범죄행동이 출생 또는 그 직후에 나타나고, 평생을 통해 변화하지 않는 주요한 특질에 의해 통제되기 때문에 인간은 변하지 않고 기회가 변할 뿐이라는 관점을 취하나, 인생항로이론은 인간은 인생항로 속에서 많은 변화를 경험하게 되고, 다양한 사회적 · 개인적 · 경제적 요인들이 범죄성에 영향을 미친다는 관점으로, 일부 위험스러운 아이가 왜 범죄를 중단하는가를 설명할 수 있고, 개인의 생애과정 가운데 범죄를 만들어 내는 결정적 순간을 파악하고자 한다.

[관련이론]
• 연령 - 등급이론(Sampson & Laub)
  - 사람이 성숙해 가면서 범죄를 저지르는 성향에 영향을 주는 요인은 변화한다는 이론이다.
  - 어린 시절에는 가족요인이 결정적이고, 성인기에는 결혼이나 직장 등이 범죄행위에 큰 영향을 미친다.
  - 생애에 걸쳐 범죄를 발생시키는 결정적 순간을 파악하고자 한다.

- 사회적 발달모델(Hawkins & Catalano)
  - 지역사회의 위험요인이 일부 사람을 반사회적 행위에 노출시킨다(가족과 사회의 해체 등).
  - 반사회적 행위의 위험을 통제하려면 아이들이 친사회적 유대를 유지할 수 있도록 해야 한다.
  - 가족 간의 애착, 학교와 친구에 대한 애착 정도는 반사회적 행동발달에 큰 영향을 미치는 요인이다.
  - 가족이나 친구 사이에 애착관계가 형성되면 친사회적 행동의 발달을 촉진하나, 애착관계가 적절히 형성되지 않으면 반사회적 행동의 발달을 촉진한다.
- 상호작용이론(Thomberry & Krohn & Lizotte & Farnwirth)
  - 약화된 유대는 비행친구들과의 관계를 발전시켜 비행에 참여토록 하고, 빈번한 비행의 참여는 다른 친구들과의 유대를 약화시키며, 결국 관습적 유대관계를 재정립하기가 어려워져 만성적 범죄경력을 유지하게 된다.
  - 범죄성이란 사람이 성숙해 가면서 단계별로 다른 의미와 형태를 갖는 발달과정이다.
  - 초기 청소년기에는 가족의 애착이 결정적이고, 중기 청소년기에는 가족의 영향력이 친구, 학교, 청소년 문화로 대체되며, 성인기에 이르러서는 개인행위의 선택이 관습적 사회와 자신이 속한 핵가족 내의 위치에 따라 형성된다.
  - 비록 범죄가 이러한 사회적 과정에 의해 영향을 받는다고 하더라도, 범죄 또한 이러한 사회적 과정과 교제에 영향을 주기 때문에 범죄와 사회적 과정은 상호작용적이다.

13회 정답 및 해설

정답 및 해설   JUSTICE 범죄학

01. ②	02. ④	03. ③	04. ④	05. ③	06. ②	07. ④	08. ②	09. ①	10. ④
11. ④	12. ②	13. ④	14. ③	15. ④	16. ④	17. ①	18. ③	19. ④	20. ②

01.   Answer   ②

○ : ⓒ 코헨과 펠슨은 감시인 또는 보호자는 경찰이나 민간경비원 등의 공식감시인을 의미하는 것이 아니라, 그 존재나 근접성 자체가 범죄를 좌절시킬 수 있는 사람들을 의미하는 것으로, 의도하지 않더라도 사람들이 친지나 친구 또는 모르는 사람들로부터 보호받게 되는 측면을 의미한다고 설명하였다. 즉, 일상활동이론은 비공식적 통제체계에서의 자연스러운 범죄예방과 억제를 중요시한다.

     ⓔ 지역사회 구성원들이 긴밀한 유대강화를 통해 범죄 등 사회문제에 대해 함께 주의를 기울인다면 범죄를 예방할 수 있다고 보는 이론은 '집합효율성이론'이다.

× : ⊙ 목표물 견고화(대상물 강화), 접근통제(시설 접근통제) 기법은 노력의 증가에 해당한다.

     코니쉬(Cornish)와 클라크(Clarke)의 상황적 범죄예방이란 사회나 사회제도 개선에 의존하는 것이 아니라, 단순히 범죄기회의 감소에 의존하는 예방적 접근을 말하며, 구체적인 범죄를 대상으로 체계적 · 장기적으로 직접적인 환경을 관리 · 조정하여 범죄기회를 감소시키고, 잠재적 범죄자로 하여금 범행이 위험할 수 있음을 인지하도록 하는 데 목표를 두고 있다. 코니쉬와 클라크는 상황적 범죄예방의 5가지 목표(노력의 증가, 위험의 증가, 보상의 감소, 자극의 감소, 변명의 제거)와 25가지의 구체적 기법을 제시하였다.

     ⓒ 제프리는 자신의 범죄대책모델 중 환경공학적 범죄통제모델을 특히 강조하였다.

02.   Answer   ④

× : ⓒ 1년 → 2년(범죄피해자 보호법 제31조), ⓔ 지방법원 → 지방검찰청(동법 제21조 제1항)

○ : ⊙ 동법 제17조 제1항, ⓒ 동법 제19조 제1항 제4호

03.   Answer   ③

현재 우리나라에서 설치 · 운영 중인 양형위원회에서 설정한 양형기준은 법관을 구속시키지 않는다(양형위원회 규칙 제2조 제2항 참조).

04.   Answer   ④

④ 행위자에게 유죄판결을 하지 않을 때에도 몰수요건이 있는 때에는 몰수만을 선고할 수 있다(형법 제49조).

① 동법 제69조 제1항, ② 동법 제44조 제2항, ③ 동법 제59조

05. Answer ③

보안관찰의 대상자는 보안관찰해당범죄 또는 이와 경합된 범죄로 금고 이상의 형의 선고를 받고, 그 형기 합계가 3년 이상인 자로서 형의 전부 또는 일부의 집행을 받은 사실이 있는 자이다(보안관찰법 제3조). 이에 해당하는 자 중 보안관찰해당범죄를 다시 범할 위험성이 있다고 인정할 충분한 이유가 있어 재범의 방지를 위한 관찰이 필요한 자에 대하여는 보안관찰처분을 한다(동법 제4조 제1항).

06. Answer ②

소년분류심사원에의 위탁은 임시조치에 해당한다(소년법 제18조 제1항 제3호).

07. Answer ④

① 피조사자의 계층, 인종, 연령, 성별, 직업 등을 함께 조사하므로 범죄자의 특성을 파악하는 데 유용하다.
② 피해자조사방법의 단점에 관한 설명이다.
③ 범죄경험조사의 자기보고방법을 활용하면 범죄통계에 나타나지 않은 범죄자들이 나타나게 되는데, 이를 통해 범죄가 전 계층에서 발생한다는 것이 밝혀지기 때문에 일반적으로 범죄가 하류계층에서 많이 발생한다는 통념을 깨뜨릴 수 있다.

08. Answer ②

범죄통계표는 통상 1년 단위로 작성되므로, 특정 시점의 범죄발생 동향보다는 일정 기간 동안의 범죄발생 동향을 파악하는 데 유용하다.

09. Answer ①

조직범죄에는 정치적 목적이나 이해관계가 개입되지 않고, 일부 정치적 참여는 자신들의 보호나 면책을 위한 수단에 지나지 않는 비이념적 특성을 갖는다.

[아바딘스키의 조직범죄에 대한 견해]

비이념적	조직범죄에는 정치적 목적이나 이해관계가 개입되지 않고, 일부 정치적 참여는 자신들의 보호나 면책을 위한 수단에 지나지 않는 비이념적 특성을 갖는다.
위계적 권력 구조	조직범죄는 위계적 · 계층적이다.
구성원의 폐쇄성(제한)	조직범죄의 구성원은 매우 제한적 · 배타적이다.
영구적 활동	조직활동이나 구성원의 참여가 거의 영구적이며, 내부구성원이 따라야 할 규칙을 가지고 있다.
분업화/전문화	조직 내 위치에 따라 임무와 역할이 철저하게 분업화 · 전문화되어 있다.
불법수단(폭력, 뇌물 등) 사용	이익을 증대시키기 위해 폭력을 사용하고, 부패공무원을 매수하여 특정 지역이나 사업분야를 독점한다.
사업의 독점성	특정 사업을 독점하여 경제적 이익을 취한다.
규범통제	합법적 조직과 동일하게 조직 내 규범통제가 이루어진다.

10. `Answer` ④

가정폭력처벌법 제2조에서는 '가정구성원'에 대하여 다음과 같이 규정하고 있다. 별거중인 배우자는 제1호에, 동거하는 계모는 제3호에, 동거하는 사촌은 제4호에, 동거하지 않는 부친은 제2호에 각각 해당된다.

[가정구성원(가정폭력처벌법 제2조 제2호)]
- 배우자(사실혼 포함) 또는 배우자였던 사람
- 자기 또는 배우자와 직계존비속관계(사실상의 양친자관계를 포함)에 있거나 있었던 사람
- 계부모와 자녀의 관계 또는 적모(嫡母)와 서자(庶子)의 관계에 있거나 있었던 사람
- 동거하는 친족

11. `Answer` ④

엑스너는 여러 가지 관점에서 범죄인을 분류하였는데 ⊙ 유전생물학적 분류, ⓒ 범죄심리학적 분류, ⓒ 성격학적 분류, ⓔ 체질학적 분류, ⓜ 범죄사회학적 분류, ⓗ 형사정책학적 분류가 그것이다.

12. `Answer` ②

클라인펠터증후군은 X염색체가 증가된 경우(XXXY, XXY)이다.

13. `Answer` ④

실업은 합법적 수단의 박탈을 의미하므로 범죄율을 높이는 요인이다. 긴장이론은 사회구조의 모순을 범죄원인으로 보기 때문에 개인의 교화개선보다 사회구조나 제도의 개선 또는 복지대책을 중시한다.

14. `Answer` ③

× : ⓒ 버제스의 동심원이론에 등장하는 환상지대(loop)란 도시의 중심부에 위치하는 상공업 기타 각종 직업의 중심적 업무지역을 말한다. 버제스가 범죄학적으로 가장 문제 되는 지역으로 지적한 곳은 제2지대(전이지대)이다.
　　　ⓔ 쇼와 맥케이는 대체로 도시의 중심부에서 멀어질수록 범죄가 거의 규칙적으로 감소한다고 주장하였다.
○ : ⊙, ⓒ, ⓜ

15. `Answer` ④

① 비행적 하위문화란 전통적 문화에 저항하는 비행집단의 사고와 행동양식을 총칭하는 것이다.
② 하류계층의 범죄를 설명하기 위한 이론이다.
③ 소년비행은 집단화현상을 보이며, 경제적인 이익과 무관하게 이루어진다고 전제한다.

16. `Answer` ④

레클리스는 내적 봉쇄요인과 외적 봉쇄요인 중 어느 한 가지라도 제대로 작용하면 범죄나 비행을 예방할 수 있다고 보았다. 레클리스가 주장한 범죄유발요인과 범죄통제요인을 정리하면 다음과 같다.

구분		유형별 특징
범죄 유발요인	압력요인	사람들을 불만족한 상태에 들게 하는 요인(열악한 사회조건, 가족갈등 등)
	유인요인	정상적인 생활로부터 이탈하도록 하는 요인(나쁜 친구, 불건전한 대중매체 등)
	배출요인	범죄를 저지르도록 하는 생물학적 · 심리학적 요인(불안감, 불만감, 증오심, 공격성 등)
범죄 통제요인	내적 통제	내부적인 범죄차단요소(자기통제력, 긍정적 자아개념, 강한 책임감 등)
	외적 통제	외부적인 범죄차단요소(효과적인 관리와 규율, 가족과 지역사회의 유대감 등)

17. Answer ①

갓프레드슨(Gottfredson)과 허쉬(Hirschi)에 의하면, 범죄는 기회의 요인에 의해 영향을 받고, 어린 시절에 형성된 낮은 자기통제력은 성인기에도 지속적인 성향을 보이며, 자기통제력이 강해도 기회가 있을 경우에는 범죄를 저지를 수 있다.

18. Answer ③

③ 낙인이론은 사회구조보다는 사회과정에, 거시적 차원보다는 미시적 차원에 초점을 둔 이론이다. 일탈자에 대한 사회적 반응을 지나치게 강조하다보니 최초의 일탈에 대한 원인설명이 부족하다는 비판이 있다.

① 어떠한 사람들이 낙인을 당하는 가에 관한 지위특정가설은, 범죄발생 시 형사사법기관이 그 범죄자를 처벌할지 여부 및 처벌의 경중에 대한 의사결정은 가해자와 피해자의 사회적 특성(인종, 사회계층 등)에 영향을 받는다는 가설이고, 낙인을 경험한 개인이 이차적 일탈을 저지르게 되는 인과과정을 가설화한 이차적 일탈가설은, 낙인을 경험한 개인은 정체성의 변화를 겪고, 삶의 기회로부터 차단되어 결국 더 많은 비행행위에 가담하게 될 것이라는 가설이다.

19. Answer ④

○ : ㉠, ㉡, ㉢, ㉣
× : 없음

20. Answer ②

손베리의 상호작용이론에 관한 설명이다. 사회적으로 해체된 지역에서 성장한 아동은 낮은 사회적 유대감을 가질 가능성이 크고, 그 결과 범죄행동을 보이게 된다는 것이다.

14회 정답 및 해설

01. ②　02. ③　03. ①　04. ②　05. ①　06. ②　07. ②　08. ③　09. ①　10. ③
11. ④　12. ②　13. ③　14. ④　15. ②　16. ④　17. ④　18. ④　19. ④　20. ④

01. Answer ②

범죄패턴이론이란 범죄는 일정한 장소적 패턴을 가지며, 이는 범죄자의 일상적인 행동패턴과 유사하다는 논리로, 범죄자의 여가활동장소나 이동경로·이동수단 등을 분석하여 범행지역을 예측함으로써 연쇄살인이나 연쇄강간 등의 연쇄범죄 해결에 도움을 줄 수 있다는 범죄예방론이다.

02. Answer ③

× : ㉡ 회복적 사법은 가해자와 피해자, 그 가족 및 지역사회를 함께 참여시키는 사회적 관계 속에서 문제를 해결하고자 하므로, 사회방위와는 직접적 관련이 없다.
㉢ 범죄도 하나의 사회현상이라는 사실을 중시한다.
○ : ㉠, ㉣

03. Answer ①

① 유일점 형벌이론이란 범죄에 대한 책임은 언제나 고정된 크기를 가지므로 정당한 형벌은 오직 하나라는 것으로, 예방목적은 고려의 대상이 아니다.
③ 형법 제51조

04. Answer ②

○ : ㉠, ㉢, ㉲
× : ㉡ 일수벌금제는 범죄인의 행위책임에 따라 벌금일수를 먼저 정하고, 범죄자의 경제능력 내지 지불능력에 따라 1일 벌금액을 정한 후 이를 곱한 액수로 벌금을 확정한다.
㉣ 일수벌금제는 범죄자의 경제능력에 따라 벌금액을 정하므로 배분적 정의에 부합한다는 장점이 있다.
㉯ 일수벌금제는 범죄자의 경제능력에 따라 벌금을 부과하는데, 범죄자의 경제능력은 범죄와 무관하므로 책임주의에 부합하지 않는다는 비판이 있다.

05. Answer ①

보호관찰제도에 대한 부정적 견해에 따르면, 보호관찰이 재범방지에 효과적이라는 사실을 경험적으로 입증할 수 없다. 미국의 랜드(Rand)연구소는 보고서를 통해 대부분의 보호관찰 대상자가 재범을 행하고 있으며, 보호관찰제도의 재범방지효과를 확신할 수 없다고 보았다.

[보호관찰제도의 장단점]

장점	단점
• 일반인의 보호와 범죄인의 자유를 동시에 보장 • 범죄인의 사회복귀와 재범방지에 기여 • 구금으로 인한 범죄인 가족의 정신적 · 경제적 고통 방지 • 수용에 따른 행형비용의 절감 • 범죄적 악풍감염, 낙인 등 구금의 폐해 방지 • 각종 유예제도와 결합하여 효용성 상승 가능	• 보호관찰이 동시에 요구하는 자발성과 강제성은 상호 모순 • 대상자 선별과정이 공정치 못하면 형사사법 불신 초래 • 보호관찰조건이 지나치게 가혹 또는 관대하면 제도적 취지 퇴색 • 범죄인을 사회에 방치하여 공공의 안전에 위협 • 보호관찰프로그램 소요비용이 구금비용보다 과다할 수 있음 • 새로운 통제수단의 창설, 형사사법망의 확대라는 비판이 있음

06. Answer ②

② 소년법 제18조 제1항 제1호

① 소년이 소년분류심사원에 위탁된 경우 보조인이 없을 때에는 법원은 변호사 등 적정한 자를 보조인으로 선정하여야 한다(동법 제17조의2 제1항). 즉, 소년 본인이나 보호자의 신청을 요하지 않는다.

③ 소년법상 형사처분이란 소년법 제32조 제1항의 보호처분과는 달리, 형법에 의한 제재를 과할 목적으로 14세 이상 19세 미만의 소년에게 부과하는 처분을 말한다. 즉, 12세 소년은 형사처분의 대상이 되지 않는다.

④ 소년부 판사는 소년이 피해자와 화해하였을 경우에는 보호처분을 결정할 때 이를 고려할 수 있다(동법 제25조의3 제3항). 즉, 화해하였을 경우, 소년부 판사는 보호처분을 결정할 때 고려할 수 있을 뿐이다.

07. Answer ②

[여성범죄의 특징]
• 여성범죄는 인지가 어려워 은폐성을 특징으로 한다.
• 대부분 우발적이거나 상황적 범죄이다.
• 배후에서 공범으로 가담하는 경우가 많다.
• 주변 남성의 암시나 유혹에 따라 그 남성을 위해 범행하게 되는 경우가 많다.
• 여성범죄자의 반수 가까이가 누범자이며, 일반적으로 지능이 낮고, 정신박약자 내지 정신병질자가 많다.
• 잘 아는 사람을 범행대상으로 삼는 경우가 많다.
• 범행수법도 독살 등 비신체적 수법을 택하는 경우가 많다.
• 경미한 범행을 반복해서 자주 행하는 경우가 많다.
• 여성의 사회적 지위가 낮은 나라에서는 여성에게 개방된 사회적 활동범위가 현저히 좁기 때문에 범죄를 범할 기회가 적지만, 여성의 사회적 진출이 많이 이루어짐에 따라 여성의 범죄도 증가한다.
• 남성의 경우 미혼범죄자의 범죄율이 기혼범죄자보다 높은 반면, 여성의 경우에는 기혼범죄자의 범죄율이 높다는 것이 특징이다.

08. Answer ③

① 타르드(Tarde), ② 라카사뉴(Lacassagne), ④ 케틀레(Quetelet).

09. Answer ①

× : ㉠ 미국 FBI의 정의에 따르면, 증오범죄란 인종, 종교, 장애, 성적 지향, 성별 또는 성정체성에 대한 범죄자의 편견이 범행의 전체 또는 일부 동기가 되어 발생하는 범죄를 의미한다. 따라서 개인적 원한 또는 복수심과는 거리가 멀다.

㉡ 증오범죄는 비대면성, 불특정성, 비합리성, 잔인성, 피해대량성, 지속성, 모방성, 보복유발성 등이 특징이다.

○ : ㉢, ㉣

[레빈과 맥데빗(Levin & McDevitt)의 증오범죄 분류]

스릴추구형	• 소수집단에 대한 편견, 괴롭힘, 재산파괴 • 상대방에게 고통을 주며 스릴을 느낌
방어형	• 자신과 가치관이 다른 자들이 자신에게 위협이 된다고 인식 • 외부세력에 대한 방어적 차원에서 공격이 곧 최선의 방어라고 봄
사명형	• 종교적 믿음 등에 기초 • 상대방을 증오하는 것이 사명이라고 인식
보복형	• 자신의 이익훼손에 대한 보복

10. Answer ③

③ 젠더폭력 : 생물학적 성과 성별 정체성 혹은 사회적으로 정의된 남성성 및 여성성의 규범에 따라 스스로 인지한 정체성에 기반을 두어 한 개인을 겨냥하는 폭력으로, 신체적·성적·정신적 학대, 협박, 강압, 자유의 임의적 박탈과 경제적 박탈을 포함한다.

① 성폭력 : 성폭행, 성추행, 성희롱 등을 모두 포괄하는 개념이며, 상대방의 의사에 반하여 성을 매개로 이루어지는 모든 가해행위를 의미한다.

② 리벤지포르노(revenge porno) : 헤어진 연인에 대한 복수의 목적으로 사귈 당시 촬영한 성적인 영상이나 사진을 유포한 콘텐츠를 말한다.

④ 데이트강간 : 데이트를 하는 상호 간의 동의 없이 강제적 성관계를 갖게 되는 경우를 말한다.

11. Answer ④

우리나라는 형사실무상 양형과 범죄인처우를 위해 범죄인을 우발범, 상습범, 심신장애범, 소년범, 사상범으로 분류하고 있다.

12. Answer ②

아이젠크는 성격 차원들을 세 개의 기본적인 성격 요인(정신병적 성향, 외향성, 신경증적 성향)에 의해 이해한다.

13. Answer ③

제이콥스는 성염색체와 범죄의 관계를 연구한 사람이다. 체형이론을 연구한 사람은 크레취머, 셸던 등이다.

14. Answer ④

1920년대부터 미국 시카고대학을 중심으로 하여 생태학적으로 범죄를 설명한 시카고학파는 범죄원인을 사회환경에 있다고 보았을 뿐, 개인의 소질을 고려하지는 않았다.

15. Answer ②

밀러는 하위문화를 지배계층의 문화에 대립하는 하층계급의 고유문화로 본 반면, 코헨은 하위문화를 중류계층의 가치와 규범에 대한 반동적인 문화로 보았다.

16. Answer ④

④ 허쉬(Hirschi)는 1969년 『비행의 원인』을 통해 "우리는 모두 동물이며, 자연적으로 누구든지 범죄를 저지를 수 있다"고 주장함으로써 모든 사람을 잠재적 법위반자라고 가정하였다.
① '애착'에 대한 설명이다.
② 사회통제이론은 인간은 항상 일탈의 가능성을 가지고 있다고 본다.
③ 믿음(신념)은 관습적인 규범의 내면화를 통해 개인이 사회와 맺고 있는 유대의 형태로, 내적 통제를 의미한다.

17. Answer ④

설문은 자신의 친구, 가족 기타 친근한 집단에 대한 충성심 또는 도리를 위해 불가피하게 범죄행위를 하였기 때문에 자신의 비행이 정당화될 수 있다고 합리화하는 기술, 즉 중화의 기술 중 고도의 충성심에 대한 호소(상위가치에 대한 호소)에 해당한다.

18. Answer ④

베커는 형사사법기관의 범죄통제에 대한 사회반응이 범죄에 미치는 영향에 주목하였다.

19. Answer ④

터크는 집단 간의 갈등의 산물인 법규위반이 실현가능성이 낮은 목표를 주장·관철하려는 경우일수록 법집행이 강화된다고 보았다.

20. Answer ④

헤이건(John Hagan)의 권력통제이론은 범죄의 성별 차이를 설명하기 위해 페미니즘이론, 갈등이론, 통제이론의 요소들을 종합한 이론으로, 남성과 여성의 범죄 차이를 가족구조(가부장적·평등주의적)와 연결시켜 설명한다.

15회 정답 및 해설

01. ④	02. ④	03. ④	04. ④	05. ③	06. ④	07. ④	08. ③	09. ②	10. ①
11. ④	12. ③	13. ④	14. ③	15. ③	16. ①	17. ④	18. ①	19. ②	20. ④

01. Answer ④

교정시설의 개선은 사회복귀모델과 관련이 있다.

02. Answer ④

④ 피해자-가해자 중재(조정)모델은 범죄자와 피해자 사이에 제3자가 개입하여 화해와 배상 등을 중재하는 프로그램으로, 1974년 캐나다 온타리오주의 피해자-가해자 화해프로그램에서 시작된 가장 오래된 회복적 사법프로그램의 모델이다.

③ 힌델링(Hindelang)의 생활양식 · 노출이론은 개인의 직업적 활동 · 여가활동 등 모든 일상적 활동의 생활양식이 그 사람의 범죄피해 위험성을 높이는 중요한 요인이 된다는 이론으로, 인구학적 · 사회학적 계층 · 지역에 따른 범죄율의 차이는 피해자의 개인적 생활양식의 차이를 반영한다고 한다.

03. Answer ④

판결 전 조사제도는 미국에서 Probation제도의 발전과 함께 시작되었는데, 미국의 판결 전 조사제도는 유죄로 인정된 자를 대상으로 실시된다.

04. Answer ④

○ : ㉠ 형법 제69조 제1항 단서, ㉢ 동조 제2항, ㉣ 동법 제45조
× : ㉡ 벌금형에 대한 500만원 초과의 집행유예는 불가능하다.
    ㉤ 벌금은 판결확정일로부터 30일 내에 납입하여야 한다(동법 제69조).

05. Answer ③

③ 보호관찰에 관한 규정을 두고 있지 않다.
① 형법 제59조의2, 제62조의2, 제73조의2
② 치료감호법 제32조
④ 성폭력처벌법 제16조

06. Answer ④

× : ⓒ 보호관찰처분을 하는 경우 1년 이내의 기간을 정하여 야간 등 특정 시간대의 외출을 제한하는 명령을 보호관찰대상자의 준수사항으로 부과할 수 있다(소년법 제32조의2 제2항).

ⓒ 장기로 소년원에 송치된 소년의 보호기간은 2년을 초과하지 못한다(동법 제33조 제6항).

ⓔ 1개월 이내의 소년원 송치처분은 보호관찰관의 단기 보호관찰처분과 병합할 수 없다(동법 제32조 제2항).

○ : ⓐ 동법 제32조 제3항, ⓜ 동법 제40조

07. Answer ④

ㄱ. 그린버그는 사회환경에 따라 범죄율이 가장 높은 연령대가 달라질 수 있다고 주장하였으며, 연령–범죄곡선의 정점은 10대 후반이고, 범죄유형별로 차이가 있는 것으로 보았다. 10대 후반의 범죄증가는 긴장이론으로, 이후의 범죄감소는 통제이론으로 설명하였다.

ㄴ. 애그뉴는 일반긴장이론에서 긍정적 목표달성의 실패, 기대와 성취의 불일치, 긍정적 자극의 소멸, 부정적 자극에의 직면 등에 의해 긴장이 발생하고, 그 긴장이 부정적 감정을 낳아 청소년비행을 일으키는 원인이 된다고 설명하였다.

ㄷ. 로우와 티틀은 범죄행위에 참여할 가능성인 범죄적 성향이 연령에 따라 점차적으로 감소하는 것을 발견하였다.

08. Answer ③

각각의 문화와 전통 등에 따라 일탈에 대한 인식이 다를 수 있다(일부일처제도 · 일부다처제도).

09. Answer ②

2021.3.24. 스토킹범죄의 처벌 등에 관한 법률이 통과되어 2021.10.21.부터 시행 중이다.

④ 3년 이하의 징역 또는 3천만원 이하의 벌금에 처한다(스토킹처벌법 제18조 제1항).

10. Answer ①

[학교폭력 가해자의 일반적 특성]

• 공격적인 성향을 가지고 있고, 충동조절이 잘 되지 않으며, 권력과 지배에 대한 강한 욕구가 있고, 남을 지배하고 굴복시키는 것을 즐긴다.

• 주변환경에 대해 어느 정도의 적대감을 품고 있는 경우가 많고, 폭력행동에 이익의 요소가 뒤따른다는 것을 알게 된다.

• 대부분 다른 비행문제를 동시에 가지고 있으며, 집단에 소속되어 동료들과 함께 폭력행위에 가담하게 되는 경우가 많다.

11. Answer ④

양자의 범죄율은 생부와 양부 모두 범죄자 > 생부만 범죄자 > 양부만 범죄자 > 생부와 양부 모두 비범죄자 순으로 나타난다.

12. Answer ③

에이크혼(Aichhorn)은, 비행소년은 슈퍼에고가 제대로 발달하지 않았기 때문에 비행을 하게 된다고 본 반면, 프로이트(Freud)는 과잉발달된 슈퍼에고로 인해 범죄를 저지를 수 있다고 보았다.

13. Answer ④

범죄의 선천성을 입증하기 위해 범죄인 가계연구, 쌍생아연구, 양자연구 등이 행하여졌다. 그러나 결손가정의 청소년의 범죄율이 높다는 것은 환경 및 후천적 측면을 강조하는 입장의 논거이다.

14. Answer ③

밀러는 하층계급에 있는 소년이라도 중류층 계급문화에 동조하는 경향이 있는 경우에는, 범죄나 비행에 가담하지 않는다고 보았다.

15. Answer ③

코헨(Cohen)은 하층의 청소년들이 어떻게 비행하위문화를 형성하게 되고, 비행을 저지르게 되는지를 설명하였다. 코헨은 물질적 성공에서의 좌절이 아니라 중산층 지위성취에 있어서의 좌절을 강조하였는데, 하층의 청소년들이 중산층의 기준에 맞춰 생활하다 보면 늘 좌절을 겪기 때문에 그들은 중상층의 잣대가 아닌 자신들만의 고유한 문화를 형성하기 시작한다. 그리고 이 문화는 중산층의 문화와는 완전히 반대인 '반동형성'의 성격을 가지게 되는데 '악의적'이고, '부정적'이며, '단기 쾌락주의적'이고, '비공리적'인 가치에 입각한 하위문화의 특성을 갖는다.

16. Answer ①

허쉬의 사회통제이론은 어떠한 요인들이 작용하면 범죄를 저지르지 않도록 만드는지에 관심을 갖는데, 이 관점에서는 범죄를 저지르지 않는 많은 사람들의 특성은 무엇인가에 주목한다.

17. Answer ④

설문은 자신의 친구·가족 기타 친근한 집단에 대한 충성심 또는 도리를 위해 불가피하게 범죄행위를 하였기 때문에 자신의 비행이 정당화될 수 있다고 합리화하는 기술, 즉 상위가치에 대한 호소에 해당한다.

18. Answer ①

베커(H. Backer)의 사회적 지위로서의 일탈에 대한 설명이다. 베커는 일단 범죄적 낙인이 찍히면 그 낙인이 다른 사회적 지위나 신분을 압도하게 되어 일탈자로서의 신분이 '주지위(master status)'로 간주된다고 보았다. 슈어(E. Schur)는 '눈덩이효과가설'을 제시하면서 급진적 불개입주의를 주장하였다.

19. Answer ②

포스트모던이론은 권력을 가진 사람이 자신의 언어로 범죄와 법을 규정하여 객관적인 공정성이나 타당성을 확립한다는 점을 강조한다.따라서 객관적 공정성이나 타당성과 거리가 멀고 합리(이성)중심주의에 대한 근본적인 회의를 내포하는 사상이다.

20. Answer ④

샘슨과 라웁은 청소년비행의 원인을 약화된 사회유대 때문이라 본다. 따라서 비행청소년이 어떠한 계기로 사회와의 유대가 회복되거나 강화될 경우, 더 이상 비행을 저지르지 않고 비행을 중단하며 사회유대 혹은 사회자본을 형성하게 된다고 한다.

16회 정답 및 해설

01. ④	02. ④	03. ④	04. ③	05. ①	06. ③	07. ③	08. ①	09. ①	10. ④
11. ④	12. ①	13. ①	14. ②	15. ④	16. ①	17. ④	18. ①	19. ②	20. ①

01. Answer ④

2차적 범죄예방은 범죄가능성이 높은 취약지역이나 개인을 대상으로 하기 때문에 이들과 많이 접촉하는 지역사회의 지도자나 부모, 교사 등에게 많이 의존하게 된다. 3차적 범죄예방은 범죄자를 대상으로 하는 예방조치로서 과거에 범행한 적이 있는 범죄자를 대상으로 재범하지 않도록 하는 것으로, 이 기능의 대부분은 형사사법기관에 의해 이루어지고 있으며 구금, 교정 및 치료, 사회복귀, 갱생보호사업, 지역사회교정 등이 이에 해당한다(대상: 범죄자).

[브랜팅햄과 파우스트(Brantingham & Faust)의 범죄예방 구조모델]

구분	대상	내용	사례
1차적 예방	일반대중	• 범죄예방교육 실시 • 물리적 · 사회적 '환경' 개선	방범교육, 환경설계, CCTV 설치
2차적 예방	우범자	• 잠재적 범죄자 조기발견 • 우범자 대상 관리, 교육실시	우범지역 분석, 재범예측
3차적 예방	범죄자 (전과자)	• 재범방지(교화 · 개선)	재범예방프로그램, 사회복귀

02. Answer ④

전환제도는 형사사법의 탈제도화라는 의미에서 낙인이론의 산물이라고 할 수 있다. 즉, 전환제도는 낙인방지대책 중 하나로 비행청소년을 체포 · 기소 · 처벌이라는 공식절차상에 두지 않고, 기소하기 전에 지역사회에서 일정한 처우를 받도록 지역사회 내의 처우제도를 강화하는 것이다.

03. Answer ④

㉠ · ㉡ · ㉢ · ㉣ · ㉤ 모두 판결 전 조사제도의 장점에 해당한다.

[판결 전 조사제도의 장단점]

장점	• 법관이 판결 전에 피고인의 자료를 얻을 수 있어 실체적 진실발견에 도움을 줄 수 있음 • 양형의 합리화 및 과학화에 기여 • 형확정 이후에는 수형자의 분류와 개별처우의 참고자료로 활용 • 보호관찰의 활성화에 기여 • 변호활동을 보완하여 피고인의 인권보장에 기여

단점	• 사실인정절차와 양형절차가 합체된 소송구조하에서는 유죄인정의 자료로 이용될 수 있음 • 공정한 조사가 담보될 수 없을 경우, 양형의 합리화에 역행 • 유죄판결 후 조사하는 경우, 조사결과에 대한 피고인의 반론기회가 제공되지 않아 피고인에게 불리한 자료로 이용될 수 있음 • 정보제공자의 개인적 감정에 따라 조사결과가 달라질 수 있음 • 조사과정에 피고인이 관여할 여지가 없으므로, 직권주의화로 흐를 가능성이 있음

04. Answer ③

선고하는 벌금이 1억원 이상 5억원 미만인 경우에는 300일 이상, 5억원 이상 50억원 미만인 경우에는 500일 이상, 50억원 이상인 경우에는 1,000일 이상의 유치기간을 정하여야 한다(형법 제70조 제2항).

05. Answer ①

올린(Ohlin)은 보호관찰관의 유형으로 처벌적 관찰관, 보호적 관찰관, 복지적 관찰관, 수동적 관찰관을 들었는데, 이 중 보호적 관찰관이란 사회와 범죄인의 보호 양자 사이를 망설이는 유형으로, 직접적인 지원이나 강연·칭찬·꾸중의 방법을 주로 이용한다. 이러한 유형은 사회와 범죄인의 입장을 번갈아 편들기 때문에 어중간한 입장에 처하기 쉬우며, 지역사회 보호와 범죄자 보호 양쪽 사이에서 갈등을 가장 크게 겪게 된다.

06. Answer ③

○ : ㉠ 소년법 제33조 제2항, ㉡ 동법 제33조 제3항, ㉤ 동법 제33조 제6항

× : ㉢ 보호자 또는 보호자를 대신하여 소년을 보호할 수 있는 자에게 감호 위탁, 아동복지시설이나 그 밖의 소년보호시설에 감호 위탁, 병원·요양소 또는 소년의료보호시설에 위탁하는 기간은 6개월로 하되, 소년부 판사는 결정으로써 6개월의 범위에서 한 번에 한하여 그 기간을 연장할 수 있다. 다만, 소년부 판사는 필요한 경우에는 언제든지 결정으로써 그 위탁을 종료시킬 수 있다(동법 제33조 제1항).
　㉣ 단기로 소년원에 송치된 소년의 보호기간은 6개월을 초과하지 못한다(동법 제33조 제5항).

07. Answer ③

③ 범죄백서에서 정의한 우리나라 범죄율은 인구 10만 명당 범죄발생건수 혹은 범죄자수이다.
① 암수범죄는 통계상 보이지 않는 범죄이므로 포함시키지 못한다.
② 검거율은 범죄발생건수 대비 검거건수의 비율을 말한다.
④ 일정 기간 동안 일어난 중요범죄의 발생상황을 나타낸 것이지만, 시계로 표시한 범죄시계는 해당하지 않는다.

08. Answer ①

프랑스학파는 소질은 범죄의 원인이 될 수 없다고 보고, 환경일원론을 취한 것이 특징이다.

09. Answer ①

① 대부분 기회범죄이고, 소규모적인 범행을 반복하는 경우가 많으며, 은폐되어 암수범죄가 되는 경우도 많다.
② 체스니-린드(Chesney-Lind)는 경찰을 비롯해 형사사법시스템에 종사하는 대부분의 사람들은 남성이며, 이들이 남성범죄자와 여성범죄자를 대하는 태도 및 방식에 있어서 차이가 존재한다고 주장한다. 예를 들어,

여자청소년의 비행과 범죄는 남자청소년에 비해 더 엄한 법적 처벌을 받고, 소년범 중 전통적인 성역할을 벗어나는 범죄의 경우 여성범죄자를 남성범죄자보다 더 가혹하게 처우하는 경향이 있다고 보았다.

④ 폴락(Pollak)은 『여성의 범죄성』(1950)에서 통계적으로 남성범죄자보다 여성범죄자의 비율이 낮은 이유는 형사사법이 여성에게 관대한 처분을 내리기 때문이라는 기사도가설(chivalry hypothesis)과, 여성은 그들의 범죄를 잘 감추는 능력을 타고나기 때문이라고 주장하였다.

10. Answer ④

'장기보호관찰'은 소년법상 규정된 소년보호처분이다.

[가해학생에 대한 조치(학교폭력예방법 제17조 제1항)]

자치위원회는 피해학생의 보호와 가해학생의 선도·교육을 위하여 가해학생에 대하여 다음 각 호의 어느 하나에 해당하는 조치(수 개의 조치를 병과하는 경우를 포함한다)를 할 것을 학교의 장에게 요청하여야 하며, 각 조치별 적용 기준은 대통령령으로 정한다. 다만, 퇴학처분은 의무교육과정에 있는 가해학생에 대하여는 적용하지 아니한다.

1. 피해학생에 대한 서면사과
2. 피해학생 및 신고·고발 학생에 대한 접촉, 협박 및 보복행위의 금지
3. 학교에서의 봉사
4. 사회봉사
5. 학내외 전문가에 의한 특별 교육이수 또는 심리치료
6. 출석정지
7. 학급교체
8. 전학
9. 퇴학처분

11. Answer ④

쌍생아연구를 범죄생물학에 도입하여 체계화하고 획기적인 연구결과를 발표한 학자는 독일의 랑게(Lange)이다.

12. Answer ①

① 심리학적 연구의 가장 큰 단점 중 하나는 경험적 검증이 쉽지 않다는 것이다. 또한 심리학적 이론은 세련된 방법론을 결여하고 있으며, 연구결과의 일반화나 대표성이 결여되어 있다.

② 범죄심리학과 관련하여 인간의 인격적 특성에서 범인성을 찾는 인성이론, 인지발달과정에서 범죄원인을 찾는 인지발달이론, 위에서 말하는 학습 및 행동이론, 심리학적 원인에 생물학적 특징을 함께 고려하는 심리생물학적 이론 등이 연구되고 있다.

④ 심리학적 범죄이론에는 범죄자의 정신을 중심으로 범죄의 원인을 규명하려는 정신의학적 또는 정신분석적 접근, 인간의 인격 특성의 차이에서 범인성을 찾으려는 인성(성격)이론, 범죄자의 인지발달 정도에 따라 범죄자를 밝히고자 하는 인지발달이론, 범죄를 범죄자의 과거 학습경험의 자연적인 발전으로 파악하는 학습 및 행동이론, 심리학적 관점뿐만 아니라 생물학적 관점도 동시에 고려하는 심리생물학적 접근 등이 있다.

13. Answer ①

[크레취머의 체형 분류]

체격	기질	정신병질	정신병
세장형	분열성	분열병질	정신분열증
투사형	점착성	간질병질	간질
비만형	순환성	순환병질	조울증

14. Answer ②

행동학습은 학습을 경험이나 관찰의 결과로, 유기체에게서 일어나는 비교적 영속적인 행동의 변화 또는 행동잠재력의 변화로 정의하는데, 유기체를 자극에 대해 수동적으로 반응하는 존재라고 보는 행동주의학습이론과 관련된다.

15. Answer ④

합법적 수단과 불법적 기회 두 가지 모두가 용이하지 않은 곳에서 자포자기하는 이중실패문화집단은 약물중독과 같은 도피적 하위문화이다.

[차별기회이론 – 이중실패자들의 세 가지 형태의 적응유형]
- 범죄하위문화 : 문화적 가치를 인정하나, 불법적 기회구조와 접촉이 가능하여 범죄를 저지르는 비행문화집단
- 갈등하위문화 : 문화적 가치를 인정하나, 합법적 또는 불법적 기회구조가 모두 차단되어 욕구불만을 폭력행위나 패싸움 등으로 해소하는 비행문화집단
- 도피적 하위문화 : 문화적 목표는 인정하나, 이를 달성하기 위한 합법적 또는 불법적인 기회구조가 차단되어 자포자기하는 이중실패문화집단

16. Answer ①

봉쇄이론이란 레클리스(W. Reckless)가 자기관념이론을 더욱 발전시켜 주장한 것으로, 강력한 내면적 통제와 그것을 보강하는 외부적 통제가 사회적 · 법적 행위규범의 위반에 대한 하나의 절연체를 구성한다는 이론을 말한다. 이 이론에 따르면, 모든 사람들에게는 범죄를 유발하는 범죄유발요인과 범죄를 억제하는 범죄억제요인이 부여되어 있는데, 전자가 후자보다 강하면 범죄를 저지르게 되고, 후자가 전자보다 강하면 범죄를 자제하게 된다고 한다.

17. Answer ④

①·②·③ 억제이론에서 제시하고 있는 억제유형으로는 일반적 억제, 특수적 억제, 절대적 억제, 제한적 억제가 있다.

일반적 억제	범죄자에 대한 처벌로 일반시민들에게 범죄로 인해 치르게 될 대가를 알게 하고, 그로 인해 처벌의 두려움을 불러일으켜 범행을 억제하는 처벌효과
특수적 억제	범죄자 자신이 처벌의 고통을 체험함으로써 차후의 범행충동을 억제하는 처벌효과
절대적 억제	범죄를 절대 저지르지 않도록 억제하는 처벌효과

제한적 억제	범죄행위의 빈도를 부분적으로 감소시키는 처벌효과

18. Answer ①

① 낙인이론은 규범이나 가치에 대한 단일한 사회적 합의의 존재를 부정한다.

④ 낙인이론이 형사정책적으로 추구하는 대책은 '5D원칙'으로 범죄화(Decriminalization), 비형벌화(Depenalization), 법의 적정절차 Due process of law), 비사법적 해결(Deinstitutiolaliazation), 탈낙인화(Destigmatization) 등이다.

19. Answer ②

×: ㉠ 범죄자로 규정되고 처벌될 가능성이 커지는 것은 지배집단이 아니라 피지배집단이다.
　　㉢ 피지배자들이 조직화되어 있을수록 갈등의 개연성은 높아진다고 보았다.
　　㉣ 지배집단이든 피지배집단이든 어느 한쪽이 덜 세련되어 있을수록 갈등의 개연성이 높아진다고 보았다.
○: ㉡, ㉤

20. Answer ①

샘슨과 라웁(Sampson & Laub)의 인생항로이론에 따르면, 일생 동안의 여러 가지 경험, 사건, 환경 등에 의해 범죄성 또한 변한다.

17회 정답 및 해설

01. ④	02. ③	03. ①	04. ②	05. ③	06. ①	07. ②	08. ④	09. ③	10. ③
11. ②	12. ②	13. ③	14. ②	15. ④	16. ④	17. ②	18. ①	19. ④	20. ②

01.   Answer   ④

생물학적 · 정신의학적 접근법을 주요수단으로 사용하는 범죄예방대책은 임상적 개선법이다.

02.   Answer   ③

× : ㉠ 일상활동이론의 범죄발생 3요소는 '동기가 부여된 잠재적 범죄자', '적절한 대상', '감시의 부재(보호자의 부재)'이다.

     ㉢ 전과자를 대상으로 한 재범방지에 중점을 두는 방법은 특별억제이다.

○ : ㉡ 치료 및 갱생이론은 실증주의 범죄통제이론이다.

     ㉣

03.   Answer   ①

종전에는 판결 전 조사제도를 소년범에 대해서만 인정하고 있었으나, 2008.12.26. 개정된 보호관찰법에서는 성인범 및 소년범을 모두 포함하는 것으로 그 대상이 확대되었다.

04.   Answer   ②

② 5년 → 10년(형실효법 제7조 제1항)

① 동법 제3조, ③ 동법 제7조 제1항, ④ 동법 제7조 제2항

[형의 실효기간]

3년을 초과하는 징역 · 금고	자격정지 이상의 형을 받지 아니하고 형의 집행을 종료하거나 그 집행이 면제된 날부터 10년
3년 이하의 징역 · 금고	자격정지 이상의 형을 받지 아니하고 형의 집행을 종료하거나 그 집행이 면제된 날부터 5년
벌금	자격정지 이상의 형을 받지 아니하고 형의 집행을 종료하거나 그 집행이 면제된 날부터 2년
구류 · 과료	형의 집행을 종료하거나 그 집행이 면제된 때

05.   Answer   ③

스미크라(Smykla)는 보호관찰관의 기능과 자원의 활용이라는 측면에서 보호관찰을 전통적 모형(traditional model), 프로그램모형 (program model), 옹호모형(advocacy model), 중재자모형(brokerage model)으로 모형화

하였는데, 설명은 옹호모형(advocacy model)에 해당한다.

06. Answer ①

① 소년법 제14조
② 보호사건을 송치받은 소년부는 보호의 적정을 기하기 위하여 필요하다고 인정하면 결정으로써 사건을 다른 관할 소년부에 이송할 수 있다(동법 제6조 제1항).
③ 소년부는 조사 또는 심리한 결과 금고 이상의 형에 해당하는 범죄사실이 발견된 경우 그 동기와 죄질이 형사처분의 필요성이 있다고 인정하면 결정으로써 사건을 관할 지방법원에 대응하는 검찰청 검사에게 송치하여야 한다(동법 제7조 제1항).
④ 18세 이상 → 19세 이상(동법 제7조 제2항).

07. Answer ②

② 범죄피해조사는 전통적인 범죄만을 조사대상으로 하고, 조사대상자를 정하기 어려운 경우가 많아 대부분의 범죄는 조사가 이루어지기 어려우며, 피해사실을 보고하는 과정에서 조사대상자의 명예, 사생활의 보호 등을 이유로 피해 정도의 과대 혹은 과소보고의 문제가 발생할 수 있다.
① 공식범죄통계는 수사기관에 발각 혹은 신고된 범죄에 한정되기 때문에 범죄자의 태도, 가치, 행동에 대한 상세한 정보를 얻기 어렵다.
③ 현장에서 직접 관찰하는 연구방법을 현장연구조사라고 한다.
④ 범죄통계를 이용하는 연구방법은 두 변수 사이의 이차원 관계 수준의 연구를 넘어서기 어렵지만, 설문조사를 통한 연구방법은 청소년비행 또는 암수범죄 등 공식통계로 파악하기 어려운 주제에 적합하며, 두 변수 사이의 관계를 넘어서는 다변량 관계를 연구할 수 있다는 장점이 있다.

08. Answer ④

× : © 형벌은 범죄 후 신속하게 과해질수록 그것이 정당하고 유용하므로, 미결구금은 가능한 한 단축되어야 하며 그 참혹성은 완화시켜야 한다. 처벌이 신속할수록 사람들의 마음속에서 범죄와 처벌이라는 두 가지 생각 간의 관계가 더욱 공고해지고 지속될 수 있기 때문이다.
② 죄를 처벌하는 것보다 범죄를 예방하는 것이 더욱 바람직하다. 형벌의 근본목적은 범죄인을 괴롭히는 것이 아니라 범죄인이 또다시 사회에 해를 끼치지 않도록, 또 다른 사람이 범죄를 저지르지 않도록 예방하는 것이다.

○ : ⑦, ⓛ

09. Answer ③

③ 1급살인에 대한 설명이다. 2급살인은 사람을 죽일 의도가 있는 경우, 생명이 위험할 수 있다는 것을 알면서 그 행동을 하는 경우 등에 살인을 저지른 것이다.
① 볼프강(Wolfgang)에 따르면, 피해자가 유발하는 살인도 25% 정도를 차지한다고 한다.

10. Answer ③

"학교폭력"이란 학교 내외에서 학생을 대상으로 발생한 상해, 폭행, 감금, 협박, 약취·유인, 명예훼손·모욕, 공갈, 강요·강제적인 심부름 및 성폭력, 따돌림, 사이버 따돌림, 정보통신망을 이용한 음란·폭력 정보 등에 의하여 신체·정신 또는 재산상의 피해를 수반하는 행위를 말한다(학교폭력예방법 제2조 제1호).

11. Answer ②

유전부인이 부모에게 있는 경우를 직접부인(直接負因), 조부모에게 있는 경우를 간접부인(間接負因), 부모의 형제에게 있는 경우를 방계부인(傍系負因)이라고 한다.

12. Answer ②

② 반사회적 충동을 사회가 허용하는 방향으로 나타내는 것으로, 가장 고급스런 방식이다.
① 자신의 욕구나 문제를 옳게 깨닫는 대신 다른 사람이나 주변을 탓하고 진실을 감추어 현실을 왜곡하는 것이다.
③ 상황을 그럴듯하게 꾸미고 사실과 다르게 인식하여 자아가 상처받지 않도록 정당화시키는 것이다.
④ 직접적인 대상이 아닌 다른 약한 사람이나 짐승에게 화풀이하는 것이다.

13. Answer ③

허칭스와 메드닉(Hutchings & Mednick)의 입양아연구 결과 양부모와 생부모의 범죄성 상관관계는 생부와 양부 모두 범죄자 > 생부만 범죄자 > 양부만 범죄자 > 생부와 양부 모두 비범죄자 순이었다.

14. Answer ②

아이젠크는 성격을 환경에 대한 개인의 독특한 적응에 영향을 미치는 인격, 기질, 신체요소들이 안정되고 영속적으로 조직화된 것으로 전제하고 인성이론을 제시하였다. 지문은 모두 옳다.

[아이젠크의 성격의 위계모형]

제1수준	구체적 반응수준으로, 단일한 행위나 인지로 이루어진다.
제2수준	습관적 반응수준으로, 습관적 행위나 인지들로 이루어진다.
제3수준	특질수준으로, 상이한 습관적 행위들 간의 유의미한 상관으로 정의된다.
제4수준	유형수준으로, 특질들 간에 관찰된 상관으로 정의된다.

15. Answer ④

○ : ㉠ 아메리칸드림을 개인들의 열린 경쟁이라는 조건하에서 사회의 모든 이들이 추구해야 할 물질적 성공이라는 목표에 대한 헌신을 낳는 문화사조로 정의하고, 그 저변에는 성취지향, 개인주의, 보편주의, 물신주의의 네 가지 주요 가치가 전제되어 있다고 분석한다.
　㉢ 아메리칸드림이라는 문화사조는 경제제도가 다른 사회제도들을 지배하는 제도적 힘의 불균형상태를 초래했다고 주장하면서 경제제도의 지배는 평가절하, 적응, 침투라는 세 가지 상호 연관된 방식으로 나타난다고 하였다.
✕ : ㉡ 머튼의 긴장이론이 갖고 있던 미시적 관점을 계승하여 발전시킨 애그뉴의 일반긴장이론에 대한 설명이다.
　㉣

16. Answer ④

○ : ㉠, ㉡, ㉢, ㉣
× : 없음

17. Answer ②

사이크스와 맛차는, 중화기술은 일상적인 사회생활에서 사람들이 자기의 행동을 합리화하는 과정과 다르지 않으며, 단지 그 차이점은 일반적인 합리화과정이 적용되는 영역을 다소 확장시킨 것이라고 보고, 다섯 가지 중화기술유형을 제시하였다.

18. Answer ①

낙인이론은 규범이나 가치에 대한 단일한 사회적 합의의 존재를 부정한다.

19. Answer ④

④ 비판범죄학자들은 사회과학의 가치중립성을 거부하고, 일탈 및 범죄문제에 대해서는 개혁주의적 해결 대신 전반적인 체제변동과 억압에 대한 정치적 투쟁을 주장한다.

③ 신범죄학은 갈등론적 · 비판적 · 마르크스주의적 비행이론을 반영한 급진적 갈등범죄이론으로 테일러 · 월튼 · 영 등 3인이 공동집필한 '신범죄학(The New Criminology)'에서 그 명칭이 비롯되었다.

20. Answer ②

② 일반귀휴사유(질병이나 사고로 외부 의료시설에의 입원이 필요한 때)에는 해당하나, 21년 이상의 유기형은 7년이 경과해야 하므로 귀휴의 허가대상이 될 수 없다(형집행법 제77조 제1항).

①·③ 일반귀휴사유(가족 또는 배우자의 직계존속이 위독한 때)에 해당하고, 형기의 3분의 1이 경과하였으므로 귀휴의 허가대상이 된다(동조 동항).

④ 특별귀휴사유(직계비속의 혼례가 있는 때)에 해당하므로 복역기간과 상관없이 귀휴의 허가대상이 된다(동조 제2항).

일반귀휴 및 특별귀휴사유는 다음과 같다(동조 제1항 · 제2항).

[귀휴사유]

일반귀휴사유	• 가족 또는 배우자의 직계존속이 위독한 때 • 질병이나 사고로 외부 의료시설에의 입원이 필요한 때 • 천재지변이나 그 밖의 재해로 가족, 배우자의 직계존속 또는 수형자 본인에게 회복할 수 없는 중대한 재산상의 손해가 발생하였거나 발생할 우려가 있는 때 • 그 밖에 교화 또는 건전한 사회복귀를 위하여 법무부령으로 정하는 사유가 있는 때
특별귀휴사유	• 가족 또는 배우자의 직계존속이 사망한 때 • 직계비속의 혼례가 있는 때

18회 정답 및 해설

정답 및 해설　　　　　　　　　　　　　　　　　　　　　JUSTICE 범죄학

01. ③	02. ③	03. ③	04. ②	05. ②	06. ②	07. ④	08. ②	09. ④	10. ②
11. ④	12. ④	13. ④	14. ②	15. ①	16. ①	17. ②	18. ③	19. ①	20. ③

01. Answer ③

× : ㉠ 지역사회교정이란 지역사회 내에서 행해지는 범죄인에 대한 여러 제재와 비시설적 교정처우프로그램을 말하며, 브랜팅햄과 파우스트(Brantingham & Faust)의 범죄예방모델에 따르면, 지역사회교정은 3차적 범죄예방에 해당한다.

㉡ 범죄우려지역의 순찰이나 불심검문은 범죄기회 및 범죄유발요인을 제거하거나 줄이는 일상의 범죄예방활동, 즉 일반방범활동에 해당한다.

㉢ 그룹워크는 초범방지를 위한 대책에 해당한다.

○ : ㉢

02. Answer ③

다이버전은 통상의 사법절차를 개입시키지 않고 형벌 이외의 조치로 대응하는 것을 추구하므로, 형사처벌보다는 사회 내 처우프로그램에 위탁하는 것을 주 내용으로 한다.

03. Answer ③

③ 한 지역의 상황적 범죄예방활동의 효과는 다른 지역으로 확산되어 다른 지역의 범죄예방에도 긍정적인 영향을 미치게 된다는 이론은 소위 '이익의 확산효과(diffusion of benefit)'이다.

① 일반예방은 일반인에 대한 위하를 추구하는 소극적 일반예방과 일반인의 규범의식 강화를 추구하는 적극적 일반예방으로, 특별예방은 범죄인의 격리를 추구하는 소극적 특별예방과 범죄인의 재사회화를 추구하는 적극적 특별예방으로 구분할 수 있다.

④ 뉴먼(Newman)은 주택건설설계를 통해 범죄자의 범죄기회를 제거하거나 감소시킬 수 있다는 방어공간이론을 제기하였다. 그는 환경설계원칙으로 영역성 설정 원칙, 자연스런 감시의 확보 원칙, 거주지 이미지 형성 원칙, 입지조건(환경) 원칙 등 4가지를 제시하였다.

04. Answer ②

② 구류·과료는 형의 집행을 종료하거나 그 집행이 면제된 때에 그 형이 실효된다(형실효법 제7조 제1항 단서).

① 동조 제1항 본문, ③ 동조 제2항, ④ 형법 제81조

05. Answer ②

① 형의 집행을 유예하는 경우에는 보호관찰을 받을 것을 명하거나 사회봉사 또는 수강을 명할 수 있다(형법 제62조의2 제1항). 즉, 사회봉사명령이나 수강명령은 보호관찰을 전제하는 것이 아니라, 독립적으로 부과할 수 있다.

③ 가석방된 자는 가석방기간 중 보호관찰을 받는다. 다만 가석방을 허가한 행정관청이 필요가 없다고 인정한 때에는 그러하지 아니하다(동법 제73조의2 제2항). 즉, 가석방된 자에 대한 보호관찰은 예외적으로 부과하지 않을 수 있다. 또한 가석방의 처분을 받은 자가 감시에 관한 규칙을 위배하거나, 보호관찰의 준수사항을 위반하고 그 정도가 무거운 때에는 가석방처분을 취소할 수 있다. 즉, 실효가 아니라 취소이다.

④ 성인수형자에 대한 가석방의 결정과 취소는 가석방심사위원회를 거쳐 법무부장관이 결정하나, 소년수형자에 대한 가석방의 결정과 취소는 보호관찰심사위원회를 거쳐 법무부장관이 결정한다.

② 보호관찰법 제15조 제3호

06. Answer ②

② 소년부 판사는 사건 본인을 보호하기 위하여 긴급조치가 필요하다고 인정하면 소환 없이 동행영장을 발부할 수 있다(소년법 제14조).

① 동법 제10조

③ 임시조치로서 소년분류심사원에 위탁하는 경우 위탁기간은 1개월을 초과하지 못한다. 다만 특별히 계속 조치할 필요가 있을 때에는 한 번에 한하여 결정으로써 연장할 수 있으므로(동법 제18조 제3항), 최장 2개월을 초과할 수 없다는 것은 맞는 표현이다.

④ 동법 제19조 제2항

07. Answer ④

공식통계란 경찰, 검찰, 법원 등과 같은 국가의 공식적인 형사사법기관을 통해 집계되는 범죄통계자료로서 경찰백서, 교통사고통계, 범죄분석, 범죄백서, 검찰연감, 청소년백서 등이 있다. 따라서 법집행기관이 집계한 자료가 정답이다.

08. Answer ②

② 자발적 접촉이론에 따르면, 범죄도 일반적인 행위와 마찬가지로 학습을 통해 배우게 되고, 범죄자 역시 일반인과 마찬가지로 학습과정을 가진다고 본다. 따라서 차별적 교제양상은 접촉의 빈도, 기간, 시기, 강도에 따라 다르다. 즉, 접촉의 빈도가 많고 기간이 길수록 학습의 영향은 더 커지고, 시기가 빠를수록, 접촉의 강도가 클수록 더 강하게 학습하게 된다.

③ 범죄행위는 일반적 욕구와 가치의 표현이지만, 비범죄적 행위도 똑같은 욕구와 가치의 표현이므로, 일반적 욕구와 가치로는 범죄행위를 설명할 수 없다.

09. Answer ④

① 멘델존(Mendelsohn)은 피해자 유형을 공동책임의 수준에 따라 완전히 무고한 피해자, 경미한 책임, 가해자와 동등한 책임, 가해자보다 높은 책임, 전적인 책임, 피해를 모의한(simulating) 피해자를 포함한 여섯 가지 유형으로 구분하였고, 범죄피해의 횟수에 따라 범죄피해자를 일회성, 두세 번의 개별 피해, 짧은 기간 동안 반복적 피해, 만성피해자 등으로 분류하였다.

② 홈즈와 드버거(Holmes & De Burger)에 따르면, 연쇄살인범은 크게 망상형, 사명형, 쾌락형, 권력형으로 구분된다. 망상형은 환청이나 환각 등의 망상증을 포함한 정신적 장애를 앓고 있는 자가 누군가를 살해해야 한다는 망상 때문에 살인을 하는 유형, 사명형은 정상인이 특정 집단에 대한 혐오 등의 이유로 특정한 사람들을 세상에서 제거해야 한다는 신념으로 살해하는 유형, 쾌락형은 본인의 쾌락을 충족하기 위해 살해를 하는 유형으로 정의된다. 이 유형은 쾌락의 유형에 따라, 성적 욕구를 충족하기 위한 성욕형, 피해자의 고통을 즐기면서 쾌감을 느끼는 스릴형, 경제적 이익을 목적으로 하는 재물형으로 세분된다(허경미, 2020). 끝으로, 권력형 연쇄살인범은 피해자를 완전히 지배할 수 있다는 정복감과 힘의 우위를 통한 만족감을 얻기 위해 타인을 살해하는 유형을 의미한다.

③ 미국 연방수사국(FBI)의 종합범죄보고서(UCR)에 관한 내용이다. 유엔마약범죄사무국(UNODC)의 국제범죄분류(International Classification of Crime for Statistical Purposes)는 범죄행위를 기준으로 범죄를 11개 대분류(사망에 이르게 하거나 의도한 행위, 상해를 야기했거나 의도한 행위, 성범죄, 폭력 또는 협박 동반 재산 침해, 재산만 침해, 사기 · 기만 · 부패 관련 행위 등)로 구분하였다.

10. Answer ②

일반적으로 남성이 여성보다 폭력범죄를 더 많이 저지른다.

11. Answer ④

[융(Jung)이 분석심리학에서 사용한 개념]

페르소나(persona)	타인과의 관계에서 내보이는 공적인 얼굴로, 진정한 내면의 나와 분리될 경우에 자신의 본성을 상실하며, 과도한 페르소나는 자신이나 타인에게 해를 끼치고 범죄에 휘말릴 수도 있다.
그림자(shadow)	프로이트의 원초아(id)에 해당하며, 인간의 기본적인 동물적 본성을 포함하는 원형으로, 매우 위험한 속성을 가진다고 보았다. 그림자가 자아와 조화를 이루면 위험에 효과적으로 대응할 수 있다.
아니마(anima)	남성의 여성적인 심상으로, 남성들의 여성적인 행동을 의미한다.
아니무스(animus)	여성의 남성적인 심상으로, 여성들의 공격적인 행동을 의미한다.

12. Answer ④

[프로이트의 정신분석]

1. 성격구조의 기본적 토대

이드(id) (원초아)	• 생물학적 · 심리학적 충동의 커다란 축적체를 가르키는 것으로서 모든 행동의 밑바탕에 놓여 있는 충동들을 의미한다. • 이는 영원히 무의식의 세계에 자리 잡고 있으면서 이른바 쾌락추구원칙에 따라 행동한다.
에고(ego) (자아)	• 의식할 수 있는 성격 내지 인격으로서 현실원리를 말한다. • 본능적인 충동에 따른 이드의 요구와 사회적 의무감을 반영하는 슈퍼에고의 방해 사이에 중재를 시도하며 살아가는 현실세계를 지향한다.
슈퍼에고 (superego) (초자아)	• 자아비판과 양심의 힘을 가르키는 것으로서 개개인의 특수한 문화적 환경에서의 사회적 경험으로부터 유래하는 요구를 반영한다. • 도덕의식이나 윤리의식과 같이 스스로 지각할 수 있는 요인과 무의식상태에서 영향력을 행사하기도 한다(어렸을 때 부모와 맺는 애정관계의 중요성을 강조).

2. 에고의 갈등과 해결방법

에고는 슈퍼에고에 의해 이드의 충동에 대한 죄의식을 경험하게 된다. 그 해결방법은 이드의 충동이 슈퍼에고에 의해 승인된 행동으로 변화되는 순화의 방법과, 충동을 무의식적 세계로 밀어 넣고 그 존재사실을 부인하는 억압의 방법이 있다. 이때 이드의 충동을 억압할 경우에 행동에서 이상한 결과가 나타나는데, 이를 반작용 또는 투영의 양상이라고 한다.

반작용(reaction)	어떠한 사람이 특정 충동을 억제하고 있으면 충동과 관련한 문제에서 지나치게 민감하게 반응하는 것을 말한다.
투영(projection)	어떠한 욕망을 억압하고 있는 사람은 다른 사람이 갖고 있는 같은 욕망을 잘 발견하는 것을 말한다.

3. 리비도와 콤플렉스

욕망 가운데 가장 중요한 것이 성적 욕망, 즉 리비도인데, 인간 정신구조의 성장과정을 단계별 양상에 따라 구순기 → 항문기 → 남근음핵기 → 잠복기 → 성기기로 발전한다고 보았다.

4. 범죄관

범죄를 퇴행에 의해 원시적이고 폭력적이며 비도덕적인 어린 시절의 충동이 표출한 것으로, 유아적 충동(id)과 초자아(superego)의 통제불균형의 표출이라고 본다. 즉, 3가지 인격 구조의 불균형과 성적 발달단계에서의 고착이 범죄의 가장 큰 원인이라는 입장을 취한다.

5. 평가

비판	• 가장 빈번히 그리고 가장 심각하게 비판받는 것이 주요한 개념을 측정하고 기본가정이나 가설을 검증하기 어렵다는 것이다. • 초기 아동기의 경험을 지나치게 강조한다는 비판도 있다. 문화와 환경적 영향의 무시, 가정의 구성과 역할의 변화로 인한 성역할 동일체성이나 일탈의 발전에 있어서 오디푸스 콤플렉스나 엘렉트라 콤플렉스의 역할과 같은 중요한 몇 가지 프로이트 학파의 개념에 대한 의문이 제기되고 있다.
기여	정신분석학적 접근은 범죄자의 배경, 가족생활, 인성, 태도, 범행의 동기나 이유 등에 대한 이해와 범죄자의 처우에 있어서 중요한 역할을 수행하고 있다.

13. Answer ④

리비도는 성별과 무관하게 본능적 욕구, 즉 심리적 원인을 말한다. ① · ② · ③은 범죄의 생물학적 원인과 관련이 있다.

14. Answer ②

[성격의 위계모형]
• 제1수준(기저수준) : 구체적 반응수준으로, 단일한 행위나 인지로 이루어진다.
• 제2수준 : 습관적 반응수준으로, 습관적 행위나 인지들로 이루어진다.
• 제3수준 : 특질수준으로, 상이한 습관적 행동들 간의 유의미한 상관으로 정의된다.
• 제4수준 : 유형수준으로, 특질들 간에 관찰된 상관으로 정의된다.

15. Answer ①

× : ㉠ 머튼은 아노미이론을 통해 전통적인 범죄의 대부분이 하류계층에 의해 실행된다는 것을 설명하고자 하였다.

ⓛ 문화적 목표와 수단에 관한 개인별 적응양식의 차이는 개인적인 속성이 아니라, 사회적 문화구조에 의해 결정된다고 보았다.

O : ⓒ <u>아노미의 피드백효과</u>(feedback effect)란 문화적 목표는 만족할수록 그 정도가 높아져서 더욱 많은 것을 추구하게 된다는 것을 말한다.

ⓔ

16. Answer ①

레클리스는 견제이론을 통해 모든 사람들에게는 범죄를 유발하는 범죄유발요인과 범죄를 억제하는 범죄억제요인이 부여되어 있는데, 범죄유발요인이 범죄억제요인보다 강하면 범죄를 저지르게 되고, 범죄억제요인이 범죄유발요인보다 강하면 범죄를 자제하게 된다고 주장하였다. 지문의 내용은 볼드의 집단갈등이론이다.

17. Answer ②

억제이론에서 특수적 억제효과란 범죄자 자신이 처벌의 고통을 체험함으로써 차후의 범행충동을 억제하는 것을 말한다. 해당 지문은 일반적 억제효과에 관한 설명이다.

18. Answer ③

베커는 사회적 지위로서의 일탈을 주장한 학자로서 '<u>주지위</u>' 개념을 전개하고, 그러한 주지위는 교육·직업·인종 등과 같은 개인의 다양한 사회적 지위를 압도하게 되어 이 지위를 가진 자를 직업적 범죄자로 전락시킨다고 주장하였다.

19. Answer ①

볼드(G.B. Vold)는 1958년 그의 저서 『이론범죄학』을 통해 사회적 동물인 인간의 행위는 집단적 행위개념으로 볼 때 가장 잘 이해할 수 있다고 보고, 집단 간의 이해관계 대립이 범죄의 원인이라고 주장하였다. 즉, 셀린이 아니라 볼드이다.

20. Answer ③

① 외부통근자는 개방처우급·완화경비처우급에 해당하고, 연령은 18세 이상 65세 미만이어야 한다(형집행법 시행규칙 제120조 제1항).

② 소장은 외부통근자가 법령에 위반되는 행위를 하거나 법무부장관 또는 소장이 정하는 준수사항을 위반한 경우에는 외부통근자 선정을 취소할 수 있다(동법 시행규칙 제121조).

④ 소장은 외부통근자의 사회적응능력을 기르고 원활한 사회복귀를 촉진하기 위하여 필요하다고 인정하는 경우에는 수형자 자치에 의한 활동을 허가할 수 있다(동법 시행규칙 제123조).

19회 정답 및 해설

| 01. ④ | 02. ③ | 03. ④ | 04. ③ | 05. ② | 06. ④ | 07. ④ | 08. ③ | 09. ② | 10. ① |
| 11. ④ | 12. ② | 13. ② | 14. ④ | 15. ② | 16. ② | 17. ③ | 18. ③ | 19. ③ | 20. ③ |

01. Answer ④

✕ : ㉡ 기계적 개선법은 수형자의 의사를 무시하고, 특정한 교육과정을 강제한다는 점이 단점으로 지적되고
있다.
㉤ 집단관계 개선법은 환경성 범죄자에게 적합하다.

○ : ㉠, ㉢, ㉣

02. Answer ③

㉠ · ㉢ · ㉤ · ㉥은 다이버전의 종류에 해당하나, ㉡은 형벌을 전제로 한 절차라는 점에서, ㉣ · ㉦은 시설 내
처우라는 점에서 다이버전에 해당하지 않는다.

03. Answer ④

✕ : ㉢ 목적형주의는 사회환경을 지나치게 강조하므로 인간의 주체적 의사를 과소평가하고 있다는 비판이
있다.
㉣ 일반예방주의는 위하에 대한 효과를 과신하여 국가폭력을 초래할 가능성이 있으며, 그로 인해 국가형
벌권을 자의적으로 확장시킬 위험을 안고 있다는 비판이 있다.

○ : ㉠, ㉡

04. Answer ③

① 사면은 삼권분립의 예외적 조치라고 볼 수 있다.
② 사면은 국가원수의 특권에 의해 형벌권을 소멸시키거나 제한하는 제도이므로, 검찰의 소추기능과 사법부의
재판기능을 무력화시킬 수 있다는 비판이 있다.
④ 사면권의 행사에는 내재적 한계가 있으므로 그 행사는 사면권의 본질을 벗어나서는 아니 된다.

05. Answer ②

㉠ · ㉢ · ㉣ · ㉤은 보호관찰 대상자의 일반준수사항에 해당하나, ㉡ · ㉥은 특별준수사항에 해당한다(보호관
찰법 제32조 제2항 · 제3항).

06. Answer ④

① · ② · ③ 소년부 판사는 사건을 조사 또는 심리하는 데 필요하다고 인정하면 소년의 감호에 관하여 결정으로써 다음과 같은 임시조치를 할 수 있다(소년법 제18조 제1항).

소년부 판사가 소년의 감호에 관하여 할 수 있는 임시조치
• 보호자, 소년을 보호할 수 있는 적당한 자 또는 시설에 위탁
• 병원이나 그 밖의 요양소에 위탁
• 소년분류심사원에 위탁

07. Answer ④

실험연구에 해당한다. 여기서 A집단은 실험집단, 아무런 처치가 가해지지 않은 B집단은 비교집단(통제집단)이 된다. 실험연구는 다수의 연구자가 동시에 관찰하므로 연구자의 주관을 배제할 수 있고, 동일한 관찰을 반복적으로 실행하므로 오류를 시정할 수 있다는 점이 특징이다.

08. Answer ③

① 리스트가 특별예방사상을 주장한 인물이라는 내용은 옳은 표현이나, 형벌예고를 통해 일반인의 범죄충동을 억제하는 것은 일반예방사상에 관한 설명이므로, 지문의 후반부 내용은 틀린 표현이다.
② 리스트는 처벌해야 할 것은 "행위가 아니라 행위자"라고 함으로써 고전학파의 행위주의를 비판하고, 행위자주의를 표방하였다.
④ 리스트는 교육형주의의 입장에서 범죄방지대책으로 부정기형의 채택, 단기자유형의 폐지, 강제노역을 인정할 것을 주장하였다.

09. Answer ②

방임은 아동학대와 노인학대에서 주로 많이 나타나는 가정폭력의 유형의 하나로, 경제적 자립능력이 부족하거나 일상생활에 도움이 필요한 아동과 노인을 방치하는 행위를 말한다.

10. Answer ①

② 강간범죄는 증거의 오염과 시일의 경과 등으로 증거확보가 어렵다. 따라서 가해자의 자백 등에 의존한 범죄사실 입증이 다수를 차지한다.
③ 강간범죄 역시 다른 사회행위를 학습하는 것과 동일하며, 성폭력에 우호적인 친구관계 및 포르노물 등을 통해 강간을 학습하고 실행하는 것은 '사회학적 요인'이다.
④ 그로스가 주장한 폭력적 강간의 유형은 지배강간, 가학적 변태성욕강간, 분노강간이다.

지배강간	피해자를 자신의 통제하에 놓고 싶어 하는 강간유형이다. 즉, 능력 있는 남성이라는 자부심을 유지하기 위해 강간이라는 비정상적인 행위로써 자신의 힘을 과시하고 확인하고자 한다고 하였다.
가학성 변태성욕강간	분노와 권력에의 욕구가 성적으로 변형되어 가학적인 공격행위 그 자체에서 성적 흥분을 느끼는 정신병리적 강간유형이다. 사전계획하에 상대방을 묶거나 성기 또는 유방을 물어뜯거나 불로 지지는 등 다양한 방법으로 모욕하는 등 반복적인 행동으로 쾌락과 만족감을 얻는다고 하였다.

분노강간	강간자의 증오와 분노감정에 의해 촉발되는 우발적이고 폭력적인 강간유형이다. 즉, 성적만족을 위한 행위가 아니라, 자신의 분노를 표출하고 상대방을 모욕 · 미워하기 위한 행위로서 신체적인 학대가 심하다고 하였다.

11. Answer ④

× : ⓒ 글룩 부부는 범죄발생과 유전적 결함은 밀접한 관계가 있다고 보았다.
　　ⓔ 덕데일은, 유전성은 환경의 불변성에 의존하며, 환경의 변화는 생애의 전체 변화를 낳을 수 있다고 하여 유전적 요인 외에도 환경의 중요성을 강조하였다.
○ : ⓐ, ⓑ

12. Answer ②

[미네소타 다면적 인성검사(MMPI)]
- 정신의학 분야와 일반의료 분야에서 환자들의 임상진단에 관한 정보를 제공해 주려는 목적으로 개발한 가장 널리 사용되는 객관적 인성검사기법이다.
- 최초 MMPI의 문항내용들은 정신과적 · 의학적 · 신경학적 장애에 대한 것이었으며, 총 550개로 확정되었다. 550개 문항의 질문지를 주고 그 응답유형을 바탕으로 피검사자의 성격을 검사하는 방법이다.
- MMPI의 척도 중 가장 먼저 개발된 것은 건강염려증 척도(1번 척도, Hs)였으며, 이어서 강박증(7번 척도, Pt), 우울증(2번 척도, D), 히스테리(3번 척도, Hy)의 세 가지 신경증 환자집단에 대한 척도가 개발되었다.
- MMPI는 그 결과의 해석 및 활용에 있어서는 전문가가 필요하지만, 검사실시 및 채점방법은 간단하여 비전문가에 의해서도 손쉽게 행할 수 있다는 장점이 있다. 그러나 문항수가 너무 많고 피검사자의 학력수준이 높아야 정확한 예측이 가능하므로, 피검사자의 검사에 대한 태도와 검사상황 등에 따라 그 결과가 좌우될 수 있다고 하는 단점이 있다.
- 10개의 임상척도는 각각의 개별척도 점수를 사용해 간접적인 임상적 진단이 가능하다. 직접적인 것은 아니지만 임상척도 중 4번 척도(Pd)는 반항, 가족관계 분열, 충동성, 학업이나 직업문제, 범법행위, 약물중독 등 반사회적 행동을 나타내므로, 범죄인과 비범죄인의 구분에 가장 근접한 척도이다. 8번 척도(Sc)의 점수가 높을 경우 전통적인 규범에서 벗어나는 정신분열성 생활양식을 반영하며, 9번 척도(Ma)는 조울증의 조증증상 발현의 초기단계에 있는 환자에게 사용하기 위해 개발되었다.
- 최근 MMPI 연구는 각 하위척도와 관련되는 성격적 · 행동적 변이들을 발견하는 쪽으로 집중되고 있다.

[MMPI의 임상척도]

척도명	기호	약자
건강염려증(Hypochondriasis)	1	Hs
우울증(Depression)	2	D
히스테리(Hysteria)	3	Hy
반사회성(Psychopathic Deviate)	4	Pd
남성특성-여성특성(Masculinity-Femininity)	5	Mf
편집증(Paranoia)	6	Pa
강박증(Psychasthenia)	7	Pt
정신분열증(Schizophrenia)	8	Sc

| 경조증(Hypomania) | 9 | Ma |
| 사회적 내향성(Social Introversion) | 10 | Si |

13. Answer ②

② 심리학적 원인론은 개인의 정신(심리)상태와 범죄와의 관계를 중시하는 이론이고, 내인성 원인론에 속한다.

① 스키너는 어떤 특정 상황에서 행동을 취하게 되면 그것에 따른 결과물이 제공되며, 이 결과가 보상으로 인식될 때 강화가 이루어지고 행동을 반복하게 되는 강화학습이 이루어진다고 하였다. 스키너(Skinner)는 쥐의 행동을 관찰한 조작적 조건반사작용에 관한 실험으로, 쥐가 실험상자 안에서 지렛대를 눌렀을 때 음식 한 덩어리가 나오는 것을 통한 조작적 조건반사에 관한 연구가 인간의 행위에도 적용될 수 있다고 주장하였다.

④ [로렌츠와 위그(Lorenz & Weig)의 공격반응]

외벌형	좌절(분함)을 신체적·언어적으로 타인에게 돌린다.
내벌형	불만의 원인을 자신에게 돌리고 자신을 비난하며 상처받는다.
무벌형	공격에 대한 반응을 최소화하거나 무시한다.

14. Answer ④

외향적인 사람은 내성적인 사람처럼 효과적으로 비범죄행위에 대한 학습을 하지 못한다. 따라서 외향성이 높은 사람일수록 더 빈번하게 범죄행위를 할 것이라고 기대한다.

15. Answer ②

에그뉴는 일반긴장이론을 제시하면서 비행의 원인으로 긍정적 압력보다 부정적 압력에 주목하였다.

[애그뉴(Agnew)의 일반긴장의 원인]
• 긍정적 목표(목적) 달성의 실패
• 기대와 성취의 불일치
• 긍정적 자극의 소멸
• 부정적 자극에의 직면(부정적 자극의 생성)

16. Answer ②

해당 지문은 서덜랜드(Sutherland)의 차별적 접촉이론에 대한 설명이다.

17. Answer ③

×: ㉠ 1960년대 당시 주류를 이루고 있던 의료모델(범죄자는 특정 질환을 가진 환자이므로 치료되어야 할 대상이라는 범죄인 처우기법)을 비판하고 등장한 정의모델이 합리적 선택이론 형성의 토대가 되었다.

㉤ 범죄경제학에 따르면, 범죄로 인해 얻어지는 이익에는 금전적 이익뿐만 아니라 개인의 취향, 심리적 만족감, 대인관계에서의 위신, 편리함 등도 포함된다.

○: ㉡, ㉢, ㉣

18. Answer ③

베커는 일탈자를 단순한 규범위반자와 체계적 일탈자로 구분하고, 전자가 후자로 단계별 발전을 한다는 단계별 발전모델을 제시한 낙인이론가이다. 근본적으로 낙인이론은 전통적 범죄론을 배척하고, 사회통제기관의 태도가 범죄를 결정하는 중요한 요인이라고 보며, 처벌이 범죄를 억제하기보다는 오히려 증가시킨다고 보므로, 결론적으로 낙인이론으로는 사례와 같이 전과자가 건전한 사회인으로 복귀하는 것을 설명하기 어렵다.

19. Answer ③

범죄와 처벌에 대해 대다수의 합의가 존재한다는 것은 합의론적 범죄개념에 관한 설명이다.

20. Answer ③

충격구금이란 보호관찰에 앞서 구금의 고통이 가장 큰 짧은 기간 동안만 범죄인을 구금하여 수감의 고통을 경험하게 함으로써 장래 범죄행위를 억제하려는 것으로 구금, 형의 유예 및 보호관찰의 일부 장점들을 결합한 것이다.

20회 정답 및 해설

01. ①	02. ②	03. ③	04. ③	05. ①	06. ③	07. ①	08. ③	09. ④	10. ②
11. ④	12. ③	13. ④	14. ②	15. ③	16. ④	17. ④	18. ②	19. ④	20. ①

01. Answer ①

① 범죄예측은 범죄자나 비행소년뿐만 아니라, 범죄가능성이 있는 사람도 포함되므로 옳은 표현이다.
② 범죄예측은 범죄방지의 목적뿐만 아니라, 범죄원인의 규명도 추구한다.
③ 범죄예측은 수사 · 재판의 단계뿐만 아니라, 범죄의 예방 및 교정의 단계에서도 요구된다.
④ 범죄예측은 개별현상으로서의 범죄에 대한 이해를 돕는 것이다.

02. Answer ②

다이버전은 형사사법기관이 통상의 형사절차를 중단하고 이를 대체하는 새로운 절차로의 이행을 통해 형사제재의 최소화를 도모할 수 있다는 점에서 통상의 형사절차에 해당하는 보석이나 구속적부심과 구별된다.

03. Answer ③

단기자유형은 형기가 짧아 형벌로서의 위하력이 약하므로 일반예방효과를 거두기 어렵다는 비판이 있다.

단기자유형 폐지주장의 논거
• 형벌위하력이 미약하여 일반예방효과를 거두기 어렵다.
• 짧은 형기로 인해 교화개선의 효과를 기대할 시간적 여유가 없어 특별예방효과를 거두기 어렵다.
• 가족에게 정신적 부담과 경제적 파탄을 초래할 수 있다.
• 범죄적 악풍에 감염되기 쉬우며, 출소 후 낙인효과로 재범위험성이 조장된다.
• 수형기간이 짧아 효과적인 교정처우계획 수립이 곤란하다.
• 과밀수용의 원인이 된다.

04. Answer ③

③ 법무부장관은 특별사면을 상신할 때에는 사면심사위원회의 심사를 거쳐야 한다(사면법 제10조 제2항). 즉 직권으로는 특별사면을 상신할 수 없다.
② 동법 제11조
④ 동법 제21조

05. Answer ①

② 보호관찰은 독립적 처분으로 부과할 수 있다. 형법 제59조의2 제1항은 "형의 선고를 유예하는 경우에 재범

방지를 위하여 지도 및 원호가 필요한 때에는 보호관찰을 받을 것을 명할 수 있다"고 규정하고 있고, 형법 제62조의2 제1항은 "형의 집행을 유예하는 경우에는 보호관찰을 받을 것을 명하거나 사회봉사 또는 수강을 명할 수 있다"고 규정하고 있다.

③ 보호관찰대상자가 보호관찰에 따른 준수사항을 위반한 경우에는 경고(보호관찰법 제38조) · 구인(동법 제39조) · 긴급구인(동법 제40조) · 유치(동법 제42조) · 가석방 및 임시퇴원의 취소(동법 제48조) · 보호처분의 변경(동법 제49조) 등의 제재수단을 사용할 수 있다.

④ 임시해제 결정이 취소된 경우에는 그 임시해제 기간을 보호관찰 기간에 포함한다(동법 제52조 제4항).

① 동법 제29조 제1항

06. Answer ③

ㄴ · ㄹ 모두 6개월 연장 가능하다.

07. Answer ①

① 실험연구는 집단의 등가성 확보, 사전 · 사후조사, 대상집단과 통제집단이라는 세 가지 전제조건을 특징으로 하고, 연구의 내적 타당성에 영향을 미치는 요인들을 통제하는 데 유리한 연구방법이다.

② 개별적 사례조사는 조사대상자에 대한 개별적 사례조사나 그의 과거사를 조사하는 것으로 개인의 내밀한 정보의 획득이 요구되며, 범죄자 개개인의 인격, 성장과정, 범죄경력 등을 종합적으로 분석하여 각 요소 간의 상호관계를 규명하는 방법이다.

08. Answer ③

① 리스트가 특별예방사상을 주장한 인물이라는 내용은 옳은 표현이나, 형벌예고를 통해 일반인의 범죄충동을 억제하는 것은 일반예방사상에 관한 설명이므로, 지문의 후반부 내용은 틀린 표현이다.

② 리스트는 처벌해야 할 것은 "행위가 아니라 행위자"라고 함으로써 고전학파의 행위주의를 비판하고, 행위자주의를 표방하였다.

④ 리스트는 교육형주의의 입장에서 범죄방지대책으로 부정기형의 채택, 단기자유형의 폐지, 강제노역을 인정할 것을 주장하였다.

09. Answer ④

마약의 주생산지인 황금의 삼각지대는 미얀마 · 태국 · 라오스 3국의 접경지역이고, 제2의 주생산지로 알려진 황금의 초승달지역은 아프가니스탄 · 파키스탄 · 이란 3국의 접경지대이다.

10. Answer ②

[연쇄살인의 특징]
• 순간적인 충동에 의한 살인이 아닌 철저한 계획하에 행해진다.
• 다른 살인범죄와 달리 살인의 과정에서 자신이 했다는 일종의 표시를 남기기도 하는 자기과시적 범죄가 많다.
• 범행의 반복가능성이 있으며, 사건 사이에 시간적 공백, 심리적 냉각기가 있다.
• 동기가 분명하지 않아 범인을 색출하는 데 어려움이 크다.

11. Answer ④

서덜랜드(Sutherland)는 조나단 에드워드(Jonathan Edward)가의 연구를 통해 선조 중에는 살인범이 있었으나, 후손 중에는 살인범이 전혀 없었다는 점을 들어 범죄의 유전성을 부정하였다.

12. Answer ③

○ : ㉠, ㉢

× : ㉡ 소질론은 개인의 생리적·정신적인 내부적 특질이 범죄발생원인의 주요 원인이라고 보는 입장이다. 지문에서의 빈곤, 가정해체에 대한 내용은 환경론에 관한 설명이다.

㉣ 달라드와 밀러(Dollard & Miller)는 공격하고자 하는 발양성의 강도는 욕구좌절의 양에 정비례한다고 주장하였다.

[에고의 갈등해결 유형(=방어기제)]
- 억압 : 충동·부정적 경험을 억눌러서 (의식이나 기억하지 못하고) 무의식에 머무르게 하는 것(전형적인 방어기제)
- 부정 : 있는 그대로 받아들이는 것이 고통스러워서 인정하지 않으려고 하는 것
- 반동형성 : 금지된 충동을 억제하기 위해 그와 반대되는 생각·행동을 하는 것
- 투사 : 받아들일 수 없는 생각·욕구를 (자신이 아닌) 타인 또는 외부환경 때문이라고 돌리는 것
- 승화 : 사회적으로 허용되지 않는 충동을 허용되는 행위로 바꿔서 하는 것(방어기제 중 가장 성숙하고 건설적인 유형) 예 성적 충동을 고상한 예술활동으로 돌리는 무의식적 과정
- 합리화 : 죄책감·자책을 느끼지 않기 위해 현실을 왜곡하여 상처받지 않도록 하는 것
- 전위 : 내적인 충동·욕구를 다른 대상에게 분출하는 것

13. Answer ④

헤어(Hare)에 대한 설명이다. 로버트 헤어가 개발한 사이코패스에 대한 표준화된 진단표(PCL-R)는 20개의 문항으로 범죄적 사이코패스의 정서적·대인적·행동적·사회적 일탈 측면을 평가하는데, 현재 가장 많이 사용되고 있는 사이코패스 측정도구이다.

14. Answer ②

× : ㉡ 퀴니(Quinney)에 관한 설명으로, 퀴니는 1970년 『범죄의 사회적 실재』를 통해 볼드의 집단갈등이론을 바탕으로 형사법의 제정과 집행과정이 개인 및 집단의 이익을 추구하는 정치적 환경에서 이루어진다고 주장했다.

㉢ [반두라의 사회학습이론에서의 학습과정]
- 집중단계 : 관찰한 행동이 학습되려면 그 행동이 '주의'나 '관심'을 끌어야 한다.
- 인지단계 : 학습한 행동에 관한 정보를 내적으로 '기억'함으로써 '인지'한다.
- 재생단계 : 실제 행동으로 옮기기 위해서 저장한 기억을 재생시켜 행동을 조정한다.
- 동기화단계 : 학습한 내용대로 실제 행동에 옮기기 전에 기대감(=동기부여)을 가진다.

○ : ㉠, ㉣

15. Answer ③

① 인지한 것을 유의미하게 만드는 방법을 조직(organization)이라고 한다.

[피아제의 인지발달과정(경험을 통한 단계적인 형성과정)]

- 도식(Scheme) : 개인이 가지고 있는 이해의 틀
- 도식 : 이미 형성되어 있는 '도식'과 동일시(='동화')하여 쉽게 이해한다.
- 조절 : 기존의 '도식'에 맞지 않아 변형 · 대체하는 과정(='조절')을 통해 해소한다.
- 조직 : 인지능력이 발달하게 되면 비슷한 대상을 같은 범주로 분류한다.

② 인지발달단계에 따라 도덕적 판단능력에서 차이가 있다는 인지이론의 설명은 다양한 비행원인론을 포괄할 수 있다는 장점이 있는 반면, 도덕성과 비행성의 관계를 직접 검증한 연구가 부족하다는 단점이 있다. 또한 도덕심과 비행의 상관관계는 하나의 상식에 지나지 않는다는 비판도 제기되고 있다.

④ 인지부조화이론에 대한 설명이다. 인지부조화이론에 따르면, 어느 정도의 일탈을 허용하는 것이 범죄예방에 효율적이라고 본다.

[인지부조화 감소방법]

부인	정보의 출처를 무시하고 과소평가하여 문제의 존재 자체를 부인한다.
변경	기존의 사고를 변경하여 일관성을 가지려고 한다.
재구성	자신의 사고를 변경하거나 문제 자체의 중요성을 과소평가한다.
조사	상대방의 입장에서 오류를 발견하고 출처를 의심한다.
분리	상충관계에 있는 태도를 각각 분리한다.
합리화	불일치를 수용할 수 없는 변명거리나, 자신의 행동 · 의견을 정당화할 수 있는 이유를 찾는다.

16. Answer ④

가족갈등은 압력요인에 해당한다.

17. Answer ④

합리적 선택이론은 경제학의 기대효용(expected ultility)원리에 기초하여 범죄자는 범죄로 인해 얻게 될 손실의 크기를 비교함으로써 범행 여부를 결정한다는 이론으로, ⓔ의 내용과 부합한다.

㉠ – ⓓ, ㉡ – ⓑ, ㉢ – ⓐ, ㉣ – ⓔ, ㉤ – ⓒ

18. Answer ②

✕ : ㉠ 차별접촉이론에 대해서는 과실범 · 격정범 등 학습과정 없이 이루어지는 충동적 범죄에는 적용하기 어렵다는 비판이 있다.

㉤ 낙인이론은 일탈자와 사회 간의 상호작용을 지나치게 강조한 결과 행위자의 주체적 속성을 소홀히 하고 있다는 비판이 있다.

○ : ㉡, ㉢, ㉣

19. Answer ④

비판범죄학은 사회적 반응이 일탈을 초래한다는 낙인이론의 기본전제를 수용하면서도, 나아가 범죄발생의 저변

에 작용하고 있는 구조적 요인에서 범죄의 원인을 찾는다. 공식적 통제기구의 범죄자에 대한 적극적 태도(낙인 찍는 행위)에서 범죄의 원인을 찾는 것은 낙인이론이다.

20. Answer ①

가석방된 자는 가석방기간 중 보호관찰을 받는다. 다만 가석방을 허가한 행정관청이 필요가 없다고 인정한 때에는 그러하지 아니하다(형법 제73조의2 제2항). 즉, 현행법상 가석방기간 중 보호관찰은 필요적 절차이다.

memo

memo

memo

상위권의 기준

최상위
사고력

수학 좀 한다면

선 하나를 내리긋는 힘!

직사각형이 있습니다.
윗변의 어느 한 점과 밑변의 두 끝을 연결한
삼각형을 만듭니다.

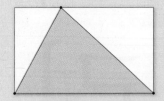

이 삼각형은 직사각형 전체 넓이의 얼마를 차지할까요?

옛 수학자가 이 문제를 푸느라
몇 날 며칠 밤, 땀을 뻘뻘 흘립니다.

그러다 문득!
삼각형의 위쪽 꼭짓점에서 수직으로 선을 하나 내리긋습니다.

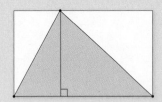

이제 모든 게 선명해집니다.
직사각형은 2개로 나뉘었고
각각의 직사각형은 삼각형의 두 변에 의해 반씩 나누어 집니다.

정답은 $\dfrac{1}{2}$

그러나 중요한 건 정답이 아닙니다.
문제를 해결하려 땀을 뻘뻘 흘리다, 뇌가 번쩍하며
선 하나를 내리긋는 순간!
스스로 수학적 개념을 발견하는 놀라움!

삼각형, 직사각형의 넓이 구하는 공식을 달달 외워
기계적으로 문제를 푸는 것이 아닌

진짜 수학적 사고력이란 이런 것입니다.
문제에 부딪혔을 때, 문제를 해결하는 과정 속에서
스스로 수학적 개념을 발견하고 해결하는 즐거움.
이러한 즐거운 체험의 연속이 수학적 사고력의 본질입니다.

선 하나를 내리긋는 놀라운 생각.
디딤돌 최상위 사고력입니다.

수학적 개념을 발견하고 해결하는 즐거운 여행

정답을 구하는 것이 목적이 아니라
생각하는 과정 자체가 목적이 되는 문제들로 구성하였습니다.

4-2. 모양을 겹쳐서 도형 만들기

1 겹쳐진 부분을 찾아 색칠하고 색칠한 도형의 개수를 각각 쓰시오.

삼각형 _____ 개

사각형 _____ 개

오각형 _____ 개

육각형 _____ 개

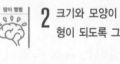 **2** 크기와 모양이 같은 삼각형 2개를 겹쳤을 때 겹쳐진 부분의 모양이 오각형과 육각형이 되도록 그리시오.

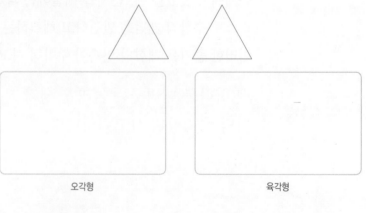

오각형   육각형

 땀이 뻘뻘

첫 번째 문제와 비슷해 보이지만 막상 풀려면
수학적 개념을 세우느라 머리에 땀이 납니다.

뇌가 번쩍

앞의 문제를 자신만의 방법으로 풀면서 뒤죽박죽 생각했던 것들이
명쾌한 수학개념으로 정리됩니다. 이제 똑똑해지는 기분이 듭니다.

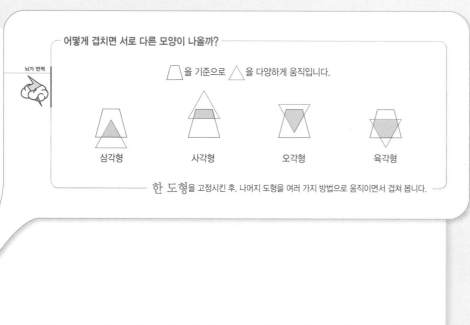

어떻게 겹치면 서로 다른 모양이 나올까?

⬛ 을 기준으로 △ 을 다양하게 움직입니다.

| 삼각형 | 사각형 | 오각형 | 육각형 |

한 도형을 고정시킨 후, 나머지 도형을 여러 가지 방법으로 움직이면서 겹쳐 봅니다.

최상위 사고력

오른쪽과 같이 모양과 크기가 같은 사각형 2개를 겹쳤습니다. 보기와 같이 겹쳐진 모양을 보고 어떻게 겹쳤는지 사각형 2개를 그리시오.

| 보기 |

오각형

삼각형

사각형

육각형

팔각형

최상위 사고력 문제

뇌가 번쩍을 통해 알게된 개념을
다양한 관점에서
이해하고 해석해 봄으로써
한 단계 더 깊게 생각하는
힘을 기릅니다.

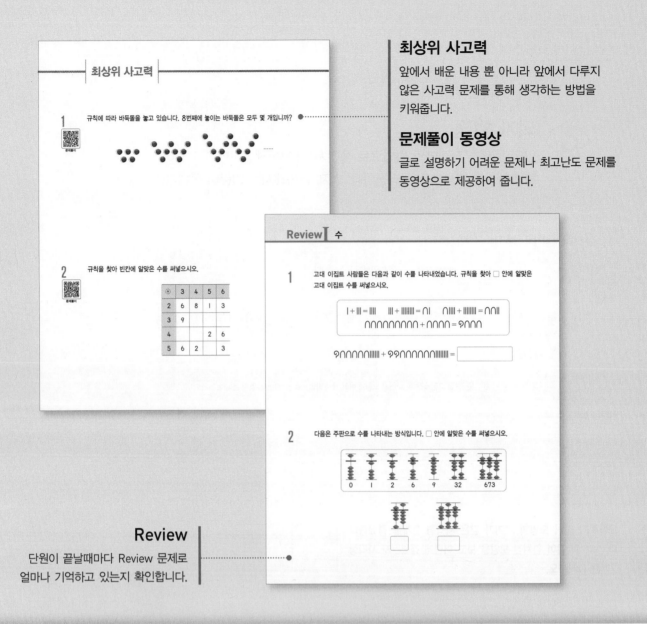

최상위 사고력

최상위 사고력
앞에서 배운 내용 뿐 아니라 앞에서 다루지 않은 사고력 문제를 통해 생각하는 방법을 키워줍니다.

문제풀이 동영상
글로 설명하기 어려운 문제나 최고난도 문제를 동영상으로 제공하여 줍니다.

Review
단원이 끝날때마다 Review 문제로 얼마나 기억하고 있는지 확인합니다.

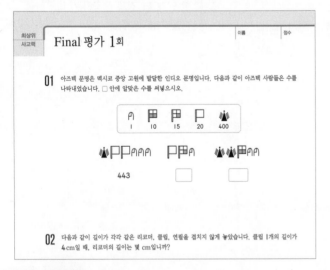

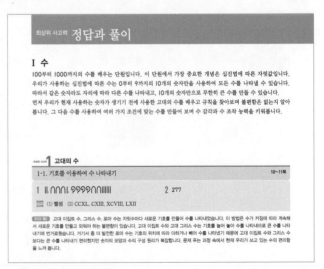

Final 평가
이 책에서 다룬 사고력 문제를 시험지 형식으로 풀어보며 실전 감각을 키웁니다.

친절한 정답과 풀이
단원 배경 설명, 저자 톡!을 통해 문제를 선정하고 배치한 이유를 알려줍니다. 문제마다 좀 더 보기 쉽고, 이해하기 쉽게 설명하려고 하였습니다.

contents

연산 (1)

I

1-1. 여러 가지 방법으로 계산하기

1 |보기|와 같은 방법으로 계산하시오.

(1)

|보기|

$198 + 326 = 200 + 324 = 524$

$\underset{2\quad324}{}$

$496 + 145 =$

(2)

|보기|

$\overset{+7}{\overbrace{\qquad}}$
$193 + 252 = 200 + 245 = 445$
$\underset{-7}{\underbrace{\qquad}}$

$294 + 547 =$

(3)

|보기|

$135 + 295 = 435 - 5 = 430$

$\underset{300\quad-5}{}$

$236 + 197 =$

복잡한 계산을 좀 더 쉽게 할 수 없을까?

가르기와 모으기 이용하기

$158 + 196 = 358 - 4 = 354$
$\underset{200\quad-4}{}$

$158 + 196 = 154 + 200 = 354$
$\underset{154\quad4}{}$

같은 수를 더하고 빼기

$158 + 196 = 154 + 200 = 354$
$\underset{-4\downarrow\quad\downarrow+4}{}$
$154\quad200$

몇백을 만들어 계산합니다.

물음에 답하시오.

(1) $675-289$를 세 가지 방법으로 계산하시오.

정답과 풀이 10쪽 ▶

방법1 빼는 수를 몇백으로 만들기

$675-289=$

방법2 빼지는 수를 몇백으로 만들기

$675-289=$

방법3 같은 수를 더하고 빼기

$675-289=$

(2) $468-179$를 두 가지 방법으로 계산하시오.

방법1

$468-179=$

방법2

$468-179=$

정답과 풀이 10쪽 ▶

1-2. 간단하게 계산하기

1 다음을 계산하시오.

(1) $727 + 546 + 273 + 454 + 269$

(2) $612 - 81 - 19 - 80 - 20 - 79 - 21 - 78 - 22 - 77 - 23 - 76 - 24$

(3) $123 + 234 + 345 + 456 + 567 + 678 + 789 + 891 + 912$

(4) $999 + 998 + 997 + 996 + 995 + 994 + 993 + 992 + 991$

복잡해 보이는 계산을 간단히 할 수 없을까?

뇌가 번쩍

합이 같은 수끼리 묶기

$$100-10-12-14-16-18-20$$

(30, 30, 30으로 묶음)

$$=100-30-30-30$$
$$=10$$

간단한 수로 바꾸기

$$9+99+999$$
$$=(10-1)+(100-1)+(1000-1)$$
$$=1110-3$$
$$=1107$$

같은 수가 나오게 **묶거나** 간단한 계산으로 **바꾸어** 생각합니다.

최상위 사고력 A

규칙적으로 수를 나열한 것입니다. 다음을 계산하시오.

$$100+99+98+97-96-95-94-93+92+91+90+89-88-87$$
$$-86-85+\cdots\cdots-8-7-6-5+4+3+2+1$$

최상위 사고력 B

100부터 199까지의 수를 모두 더한 값의 십의 자리 숫자와 일의 자리 숫자를 차례로 구하시오.

정답과 풀이 11쪽 ▶

1-3. 수 카드로 만든 수의 합 구하기

1 주어진 세 장의 수 카드를 한 번씩 모두 사용하여 세 자리 수를 만들려고 합니다.
만들 수 있는 모든 세 자리 수의 합을 구하시오.

(1)

(2)

(3) **0** **4** **7**

수 카드로 만들 수 있는 모든 세 자리 수의 합을 구하는 방법은?

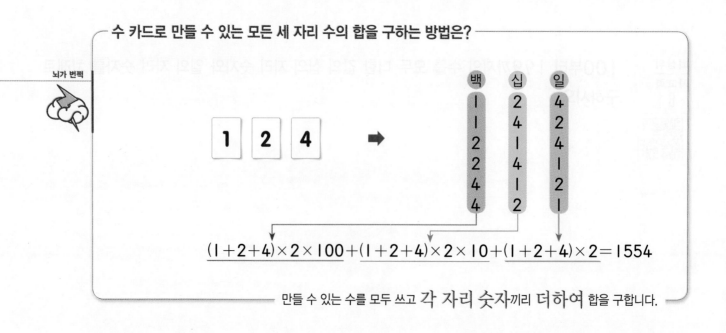

만들 수 있는 수를 모두 쓰고 각 자리 숫자끼리 더하여 합을 구합니다.

다음 수 카드 중 세 장을 골라 한 번씩만 사용하여 세 자리 수를 만들려고 합니다. 만들 수 있는 모든 세 자리 수의 합을 구하시오.

| 1 | 2 | 3 | 4 |

서로 다른 한 자리 수 카드 ㄱ, ㄴ, ㄷ을 한 번씩만 사용하여 만들 수 있는 모든 세 자리 수를 더했더니 2220이 되었습니다. 세 장의 카드에 적힌 수가 될 수 있는 경우를 (ㄱ, ㄴ, ㄷ)으로 나타내어 모두 구하시오. (단, (1, 2, 3), (1, 3, 2)와 같이 수는 같고, 위치만 다른 경우는 같은 것으로 봅니다.)

💡 한 자리 수는 1부터 9까지의 자연수이므로 ㄱ, ㄴ, ㄷ은 0이 될 수 없습니다.

정답과 풀이 12쪽 ▶

1 | 경시대회 기출 |

합이 543인 세 자리 수 ㉮와 ㉯가 있습니다. ㉮가 ㉯보다 작을 때 ㉮가 될 수 있는 수는 모두 몇 개입니까?

2 계산 결과가 가장 큰 것부터 차례로 기호를 쓰시오.

㉠ $1+2-3+4+5-6+7+8-9+\cdots+31+32-33$

㉡ $103+99+111+93+109+95+106+98$

㉢ $1000+999-998+899-898+799-\cdots-298+199-198$

3 다음 수 카드 중 세 장을 한 번씩만 사용하여 세 자리 수를 만들려고 합니다. 만들 수 있는 모든 세 자리 수의 합을 구하시오.

| 1 | 2 | 2 | 3 |

4 다음은 서로 다른 네 개의 수를 2개씩 겹치지 않게 짝을 지어 더한 값입니다. 서로 다른 네 개의 수를 모두 더한 값을 구하시오.

문제풀이

| 98 | 87 | 92 | 103 | 89 | 101 |

2-1. 벌레 먹은 셈 — 계산식을 이루는 숫자의 일부나 전체가 지워져 보이지 않는 식

1 ☐ 안에 알맞은 한 자리 수를 써넣어 식을 완성하시오.

$$23\boxed{}+5\boxed{}9+\boxed{}67=\boxed{}780$$

2 서로 다른 방법으로 ☐ 안에 4부터 9까지의 수를 한 번씩만 써넣어 식을 완성하시오.

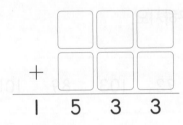

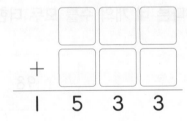

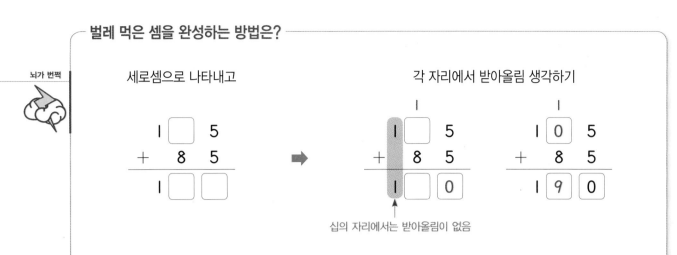

벌레 먹은 셈을 완성하는 방법은?

세로셈으로 나타내고

$$
\begin{array}{r}
1\ \square\ 5 \\
+\ \ 8\ 5 \\
\hline
1\ \square\ \square
\end{array}
$$

➡

각 자리에서 받아올림 생각하기

$$
\begin{array}{r}
1\ \square\ 5 \\
+\ \ 8\ 5 \\
\hline
1\ \square\ 0
\end{array}
$$

십의 자리에서는 받아올림이 없음

$$
\begin{array}{r}
1\ 0\ 5 \\
+\ \ 8\ 5 \\
\hline
1\ 9\ 0
\end{array}
$$

최상위 사고력 A

㉠, ㉡, ㉢은 서로 다른 한 자리 수입니다. 다음 뺄셈식에서 ㉠+㉡+㉢의 값이 가장 클 때 ㉠, ㉡, ㉢을 각각 구하시오.

$$
\begin{array}{r}
9\ \boxed{㉠}\ 5 \\
-\ 7\ \boxed{㉡}\ 9 \\
\hline
\boxed{㉢}\ 5\ 6
\end{array}
$$

최상위 사고력 B

다음 |조건|을 모두 만족하는 두 세 자리 수를 크기가 큰 순서대로 쓰시오.

|조건|
- 두 수의 합은 1227입니다.
- 두 수 중 큰 수의 십의 자리 숫자는 4입니다.
- 두 수 중 작은 수의 일의 자리 숫자는 8입니다.
- 두 수의 차는 100보다 작습니다.

2-2. 계산 결과의 최소

1 □ 안에 3부터 8까지의 수를 한 번씩만 써넣어 계산 결과가 510보다 큰 식을 모두 만드시오. (단, 계산 결과가 모두 달라야 합니다.)

2 다음 수 카드를 모두 사용하여 (세 자리 수)−(세 자리 수)를 만들 때, 계산 결과가 가장 작은 값을 구하시오.

| 0 | 2 | 3 | 5 | 8 | 9 |

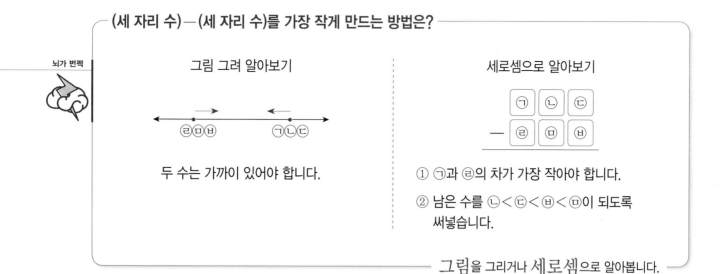

(세 자리 수)−(세 자리 수)를 가장 작게 만드는 방법은?

그림 그려 알아보기

두 수는 가까이 있어야 합니다.

세로셈으로 알아보기

① ㉠과 ㉣의 차가 가장 작아야 합니다.

② 남은 수를 ㉡<㉢<㉤<㉥이 되도록 써넣습니다.

그림을 그리거나 세로셈으로 알아봅니다.

최상위 사고력

다음 수 카드를 한 번씩 모두 사용하여 (세 자리 수)−(세 자리 수)를 만들려고 합니다. 물음에 답하시오.

(1) 계산 결과가 두 번째로 작은 값은 얼마입니까?

(2) 세 자리 수가 모두 홀수일 때, 계산 결과가 가장 작은 값은 얼마입니까?

2-3. 조건을 만족하는 식

1 ☐ 안에 1부터 9까지의 수를 한 번씩 모두 써넣어 식을 완성하시오.

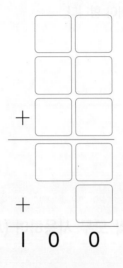

2 1부터 9까지의 수를 한 번씩 모두 사용하여 세 자리 수 478, ㉠, ㉡을 만들었습니다. 만든 세 수가 다음 |조건|을 모두 만족할 때, 가장 작은 수 ㉠은 얼마입니까?

> |조건|
> • ㉠은 ㉡보다 작습니다.
> • 세 수의 합과 1000의 차가 가장 작습니다.

서로 다른 수를 사용하여 식을 완성할 때 주의할 점은?

```
        2
        8
    +   4 ┐
    ─────── │ 중복
    Ⅰ   4 ┘
      (×)
```

세 수 중에서 두 수의 합이
10이 되면 안됩니다.

```
        4
    -   2 ┐
    ─────── │ 중복
        2 ┘
      (×)
```

빼어지는 수가 빼는 수의
2배가 되면 안됩니다.

최상위 사고력

0부터 9까지의 수를 한 번씩 모두 사용하여 덧셈식을 만들려고 합니다. 계산 결과가 가장 크게, 가장 작게 되도록 만드시오.

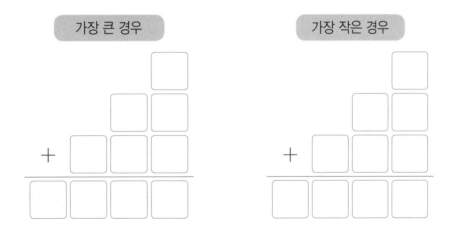

가장 큰 경우

가장 작은 경우

   정답과 풀이 19쪽 ▶

| 경시대회 기출 |

1 뺄셈과 덧셈을 차례로 계산한 것입니다. ☐ 안에 알맞은 수를 써넣으시오.

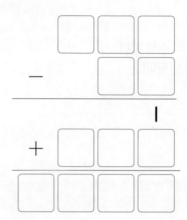

| 경시대회 기출 |

2 1부터 9까지의 수 중 7개의 수를 한 번씩만 사용하여 계산 결과가 가장 작게 되도록 만들려고 합니다. ☐ 안에 알맞은 수를 써넣고 계산 결과를 구하시오.

3 다음 뺄셈식에서 가장 큰 ㉠+㉡의 값은 얼마입니까?

$$
\begin{array}{r}
6\ ㉠\ 1 \\
-\ 3\ ㉡\ 5 \\
\hline
2\ 3\ 6
\end{array}
$$

4 세 자리 수의 덧셈 4㉠5＋17㉡을 잘못하여 뺄셈을 하였더니 4㉠5－17㉡＝㉢67이 되었습니다. 바르게 계산하면 얼마입니까?

문제풀이

3-1. 복면산 — 수를 문자나 모양으로 나타낸 계산식

1 다음 식에서 같은 문자는 같은 수를, 다른 문자는 다른 수를 나타냅니다. 두 수의 합 EVEN이 될 수 있는 수를 모두 구하시오.

$$\begin{array}{r} O\ D\ D \\ +\ O\ D\ D \\ \hline E\ V\ E\ N \end{array}$$

TIP ODD는 홀수를, EVEN은 짝수를 뜻하는 영문자입니다.

2 다음 식에서 같은 모양은 같은 수를, 다른 모양은 다른 수를 나타냅니다. ☐ 안에 알맞은 수를 써넣으시오.

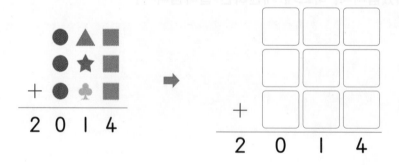

복면산을 어떻게 풀어야 할까?

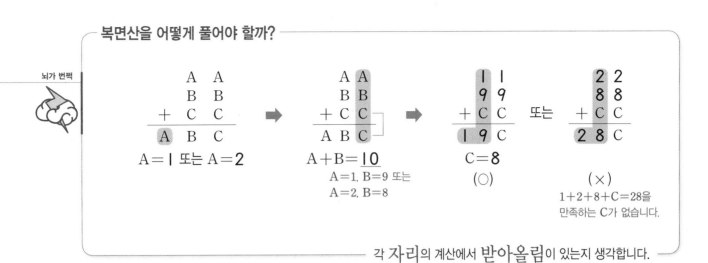

각 자리의 계산에서 **받아올림**이 있는지 생각합니다.

최상위 사고력

다음 식에서 같은 문자는 같은 수를, 다른 문자는 다른 수를 나타냅니다. 세 자리 수 DCD가 될 수 있는 수 중 가장 큰 수를 구하시오.

$$
\begin{array}{r}
A\ B\ B \\
+\ A\ C\ C \\
\hline
D\ C\ D
\end{array}
$$

정답과 풀이 22쪽 ▶

3-2. 자릿수가 바뀐 수

1 다음은 어떤 세 자리 수 ABC에서 이 수의 백의 자리 숫자와 일의 자리 숫자를 바꾼 수 CBA를 뺀 것입니다. 같은 문자는 같은 수를, 다른 문자는 다른 수를 나타낼 때 D+E의 값을 구하시오.

$$\begin{array}{r} A\ B\ C \\ -\ C\ B\ A \\ \hline D\ E\ 7 \end{array}$$

2 어떤 두 자리 수의 왼쪽에 7을 붙여 만든 세 자리 수는 오른쪽에 7을 붙여 만든 세 자리 수보다 189만큼 작습니다. 어떤 두 자리 수는 얼마입니까?

자릿수가 바뀐 두 수를 어떻게 찾을까?

$$\begin{array}{r} ㉠\;㉡\;㉢ \\ +\;㉢\;㉡\;㉠ \\ \hline 3\;6\;3 \end{array}$$
➡
$$\begin{array}{r} 1\;3\;2 \\ +\;2\;3\;1 \\ \hline 3\;6\;3 \end{array}$$
또는
$$\begin{array}{r} 2\;3\;1 \\ +\;1\;3\;2 \\ \hline 3\;6\;3 \end{array}$$

문자를 사용하여 세로셈을 만들어 풉니다.

최상위 사고력

각 자리 숫자가 서로 다른 세 자리 수 중에서 처음 수와 각 자리 숫자를 거꾸로 배열한 수의 차가 396이 되는 수는 모두 몇 개입니까? (단, 처음 수는 각 자리 숫자를 거꾸로 배열한 수보다 큽니다.)

3-3. 뒤집힌 수 카드

1 서로 다른 3장의 수 카드를 한 번씩만 사용하여 세 자리 수를 만들려고 합니다. 만들 수 있는 세 자리 수 중 가장 큰 수와 가장 작은 수의 차가 297일 때, ㉠이 될 수 있는 수를 모두 구하시오.

2 다음은 1부터 9까지의 서로 다른 수가 적혀 있는 수 카드 중에서 4장을 뽑은 것입니다. 수 카드를 한 번씩만 사용하여 만들 수 있는 가장 큰 세 자리 수와 가장 작은 세 자리 수의 차를 구하면 십의 자리 숫자가 5입니다. 수 카드에 적힌 수를 작은 수부터 차례로 쓰시오.

TIP 가장 큰 세 자리 수를 만들 때와 가장 작은 세 자리 수를 만들 때 사용하는 수 카드는 다를 수 있습니다.

뇌가 번쩍

모르는 수가 있으면 문제를 어떻게 풀어야 할까?

(단, 0이 아닌 서로 다른 한 자리 수)

① 임의로 수의 크기 정하기 ➡ ㉠>㉡>㉢

② 수 만들기 ➡ 가장 큰 수: ㉠㉡㉢
　　　　　　　　 가장 작은 수: ㉢㉡㉠

모르는 수를 기호로 나타내고 **임의로** 수의 크기를 정합니다.

최상위 사고력

다음 |조건|을 만족하는 **4개의 수를 모두 구해 작은 수부터 차례로 쓰시오.**

|조건|

① 가장 큰 수와 가장 작은 수의 합은 **487**입니다.

② 가장 작은 수와 두 번째로 작은 수의 합은 **70**입니다.

③ 가장 큰 수와 두 번째로 큰 수의 합은 **594**입니다.

④ 가장 큰 수를 제외한 나머지 세 수의 합은 **206**입니다.

최상위 사고력

QR 문제풀이

1 |경시대회 기출|

|보기|는 서로 다른 세 장의 수 카드를 여러 번 사용하여 덧셈식을 만든 것입니다. 사용한 세 장의 수 카드를 구하고, ☐ 안에 알맞은 수를 써넣으시오.

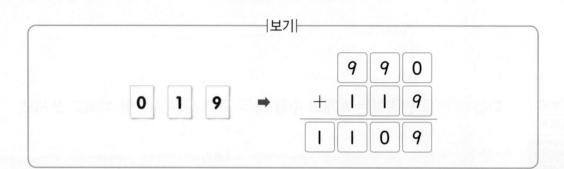

(1) 합이 가장 작은 식

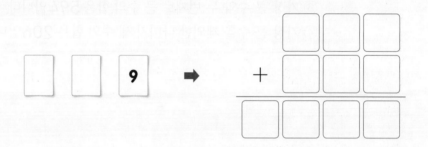

(2) 합이 가장 큰 식

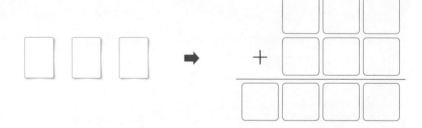

2 다음 식을 만족하는 ㄱ, ㄴ, ㄷ, ㄹ을 구하시오. (단, ㄱ, ㄴ, ㄷ, ㄹ은 1부터 9까지의 서로 다른 수입니다.)

> ㄱㄴㄴㄷ − ㄹㄷㄱ = ㄹㄷㄱ

3 네 자리 수 ADEF가 될 수 있는 수를 모두 구하시오. (단, A, B, C, D, E, F는 0부터 9까지의 서로 다른 수입니다.)

$$
\begin{array}{r}
A\ B\ C \\
+\ C\ B\ C \\
\hline
A\ D\ E\ F
\end{array}
$$

1 규칙적으로 수를 나열한 것입니다. 다음을 계산하시오.

(1) $1000-102-104-106-108-110-112-114-116-118$

(2) $1+2+3-4+5+6+7-8+9+10+11-12+\cdots\cdots+21+22+23-24$

2 다음 수 카드를 모두 사용하여 (세 자리 수)$-$(세 자리 수)를 만들었습니다. 계산 결과가 가장 작은 값은 얼마입니까?

0	2	5	6	7	9

3 다음 수 카드를 한 번씩 모두 사용하여 만들 수 있는 세 자리 수를 모두 더하면 얼마입니까?

$$\boxed{1} \quad \boxed{4} \quad \boxed{3}$$

4 서로 다른 3장의 수 카드를 모두 사용하여 세 자리 수를 만들려고 합니다. 만들 수 있는 가장 큰 수와 가장 작은 수의 차가 495일 때, ㉠은 얼마입니까?

$$\boxed{2} \quad \boxed{5} \quad \boxed{㉠}$$

5 각 자리 숫자가 서로 다른 세 자리 수와 181을 더하였더니 각 자리 숫자가 모두 같은 세 자리 수가 되었습니다. 처음 세 자리 수로 알맞은 수를 모두 쓰시오.

6 1부터 9까지의 수가 한 번씩 모두 사용된 덧셈식입니다. ☐ 안에 알맞은 수를 써넣으시오.

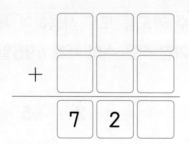

💡 2와 7은 이미 사용되었으므로 ☐ 안에 써넣을 수 없습니다.

도형

4-1. 직각삼각형의 개수

1 다음은 칠교 조각으로 정사각형을 만든 것입니다. 찾을 수 있는 직각은 모두 몇 개입니까?

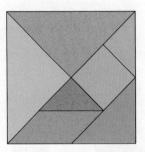

2 정사각형 안에 선을 그어 만든 도형입니다. 찾을 수 있는 크고 작은 직각삼각형은 모두 몇 개입니까?

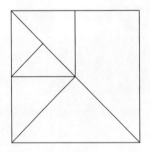

직각의 개수: 6개

직각삼각형이 되지 않는
직각의 개수: 3개

직각삼각형이 2개 생기는
직각의 개수: 1개

➡ 직각삼각형의 개수: 6−3+1=4(개)
└─ 더 생기는 직각삼각형의 개수

직각의 개수를 세고 그중에서 직각삼각형이 되지 않는 것과 2개, 3개 …… 더 생기는 것을 찾습니다.

**최상위
사고력**
직사각형 안에 선을 그어 만든 도형입니다. 찾을 수 있는 크고 작은 직각삼각형은 모두 몇 개입니까?

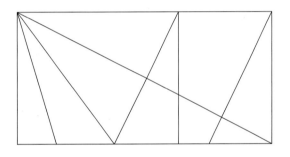

4-2. 정사각형의 개수

1 도형에서 ♥을 1개만 포함하는 정사각형을 모두 찾아 그리시오.

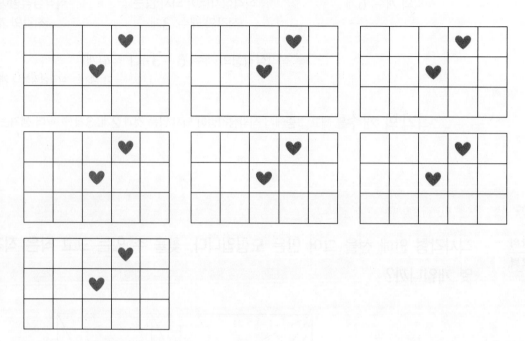

2 도형에서 찾을 수 있는 크고 작은 정사각형은 모두 몇 개입니까?

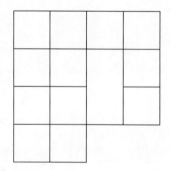

정사각형의 개수를 빠짐없이 세려면?

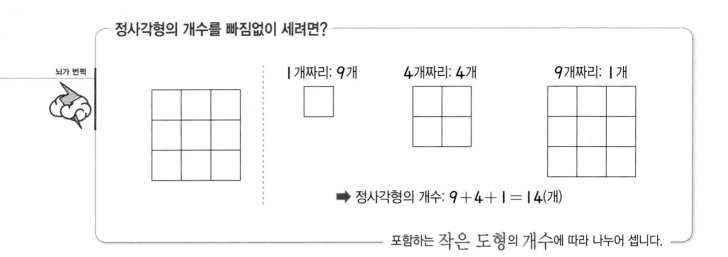

1개짜리: 9개 4개짜리: 4개 9개짜리: 1개

➡ 정사각형의 개수: 9+4+1=14(개)

포함하는 작은 도형의 개수에 따라 나누어 셉니다.

최상위 사고력

도형에서 찾을 수 있는 크고 작은 정사각형은 모두 몇 개입니까?

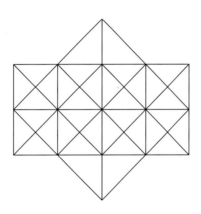

4-3. 직사각형의 개수

1 크기가 다른 정사각형을 겹치지 않게 이어 붙여 만든 도형입니다. 정사각형이 아닌 크고 작은 직사각형은 모두 몇 개입니까?

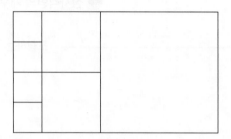

2 도형에서 ★을 포함하는 크고 작은 직사각형은 모두 몇 개입니까?

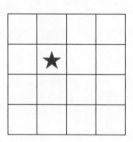

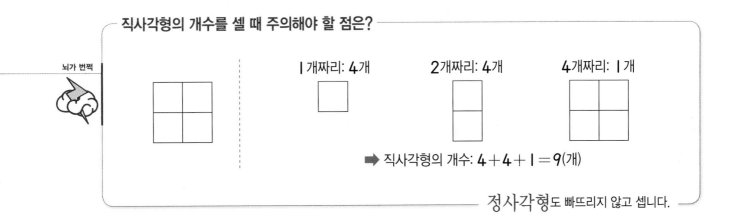

뇌가 번쩍

직사각형의 개수를 셀 때 주의해야 할 점은?

1개짜리: 4개 2개짜리: 4개 4개짜리: 1개

➡ 직사각형의 개수: 4+4+1=9(개)

정사각형도 빠뜨리지 않고 셉니다.

**최상위
사고력**
도형에서 찾을 수 있는 크고 작은 직사각형은 모두 몇 개입니까?

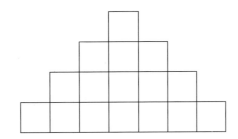

정답과 풀이 32쪽 ▶

1 도형에서 직각삼각형이 만들어지지 않는 직각은 모두 몇 개인지 구하시오.

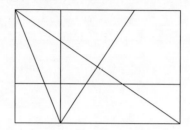

2 도형에서 찾을 수 있는 크고 작은 직각삼각형은 모두 몇 개입니까?

문제풀이

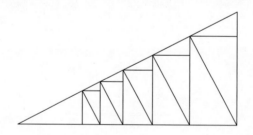

3 다음은 일정한 규칙으로 작은 정사각형을 나열한 것입니다. 다섯 번째 도형에서 찾을 수 있는 크고 작은 정사각형은 모두 몇 개입니까?

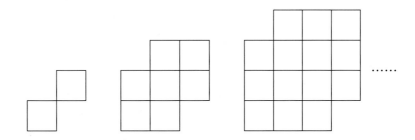

4 도형에서 ●은 포함하고 ♠은 포함하지 않는 크고 작은 직사각형은 모두 몇 개입니까?

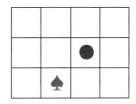

5-1. 선분, 직선, 반직선의 개수

1 점판 위 두 점을 이어 직선, 선분, 반직선을 모두 그으시오.

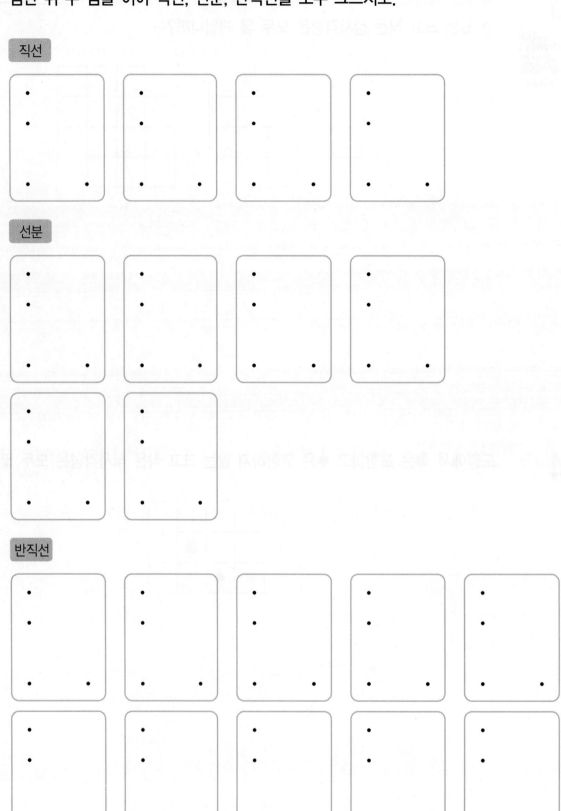

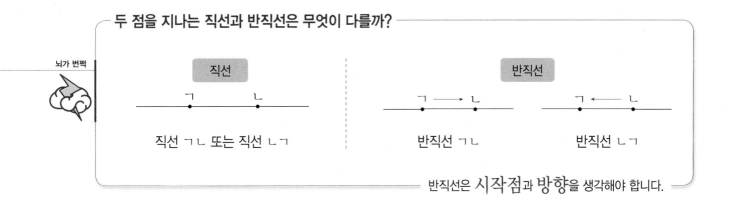

뇌가 번쩍

두 점을 지나는 직선과 반직선은 무엇이 다를까?

| 직선 | 반직선 |

직선 ㄱㄴ 또는 직선 ㄴㄱ

반직선 ㄱㄴ   반직선 ㄴㄱ

반직선은 시작점과 방향을 생각해야 합니다.

최상위 사고력

한 직선 위의 점의 개수가 10개일 때, 두 점을 이어 그을 수 있는 선분과 반직선은 각각 몇 개인지 차례로 쓰시오.

정답과 풀이 35쪽 ▶

5-2. 직각삼각형의 개수

1 일정한 간격으로 찍힌 점을 이어 서로 다른 직각삼각형을 모두 그리시오. (단, 돌리거나 뒤집어서 같은 것은 한 가지로 생각합니다.)

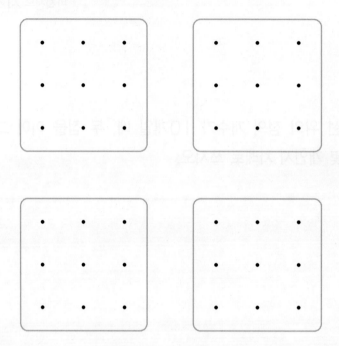

 2 일정한 간격으로 찍힌 점을 이어 그릴 수 있는 서로 다른 직각삼각형은 모두 몇 가지입니까? (단, 돌리거나 뒤집어서 같은 것은 한 가지로 생각합니다.)

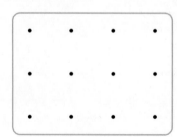

점판 위에 서로 다른 종류의 직각삼각형을 빠짐없이 그리려면?

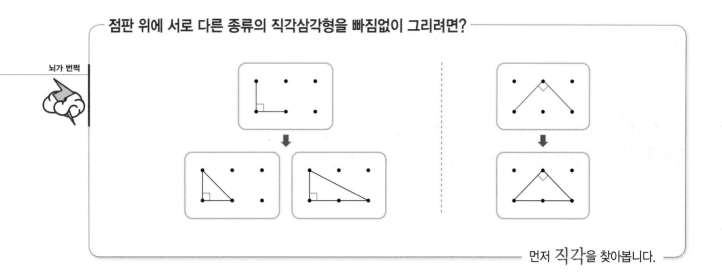

먼저 직각을 찾아봅니다.

직사각형의 네 변 위에 꼭짓점을 제외하고 12개의 점이 일정한 간격으로 찍혀 있습니다. 이 점들 중 서로 다른 변 위의 세 점을 꼭짓점으로 하여 그릴 수 있는 직각삼각형은 모두 몇 가지입니까? (단, 돌리거나 뒤집어서 같은 것은 한 가지로 생각합니다.)

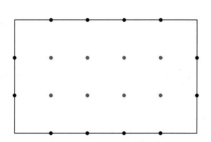

정답과 풀이 36쪽 ▶

5-3. 정사각형의 개수

1 다음 점판에서 네 점을 연결하여 그릴 수 있는 크고 작은 정사각형은 모두 몇 개입니까?

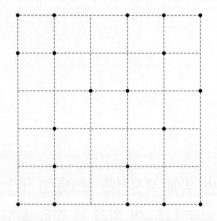

2 일정한 간격으로 찍힌 점을 이어 그릴 수 있는 정사각형이 아닌 직사각형은 모두 몇 가지입니까? (단, 돌리거나 뒤집어서 같은 것은 한 가지로 생각합니다.)

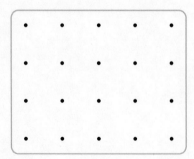

점을 이어 정사각형을 그릴 때 주의해야 할 점은?

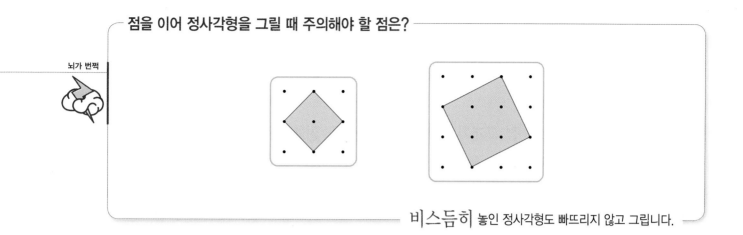

비스듬히 놓인 정사각형도 빠뜨리지 않고 그립니다.

**최상위
사고력**

일정한 간격으로 찍힌 점을 이어 그릴 수 있는 크고 작은 정사각형은 모두 몇 개입니까?

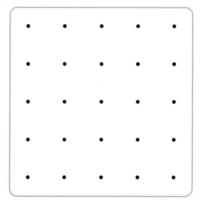

정답과 풀이 37쪽 ▶

1 일정한 간격으로 점 7개가 찍혀 있습니다. 두 점을 이어 그릴 수 있는 선분과 직선은 각각 몇 개인지 차례로 쓰시오.

2 일정한 간격으로 찍힌 점을 이어 그릴 수 있는 정사각형은 모두 몇 가지입니까? (단, 돌리거나 뒤집어서 같은 것은 한 가지로 생각합니다.)

3 일정한 간격으로 찍힌 점을 이어 크고 작은 직각삼각형을 모두 그리시오. (단, 돌리거나 뒤집어서 같은 것은 한 가지로 생각합니다.)

정답과 풀이 38쪽 ▶

6-1. 정사각형의 변의 길이

1 크고 작은 정사각형을 겹치지 않게 이어 붙여 만든 도형입니다. 색칠한 정사각형의 한 변의 길이가 3cm일 때 정사각형 가, 나, 다, 라의 한 변의 길이를 각각 구하시오.

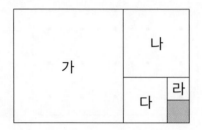

 2 크고 작은 정사각형을 겹치지 않게 이어 붙여 만든 도형입니다. 색칠한 정사각형의 한 변의 길이는 몇 cm입니까?

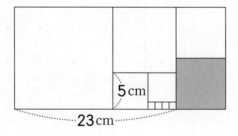

정사각형으로만 이루어진 도형에서 가로와 세로를 구하는 방법은?

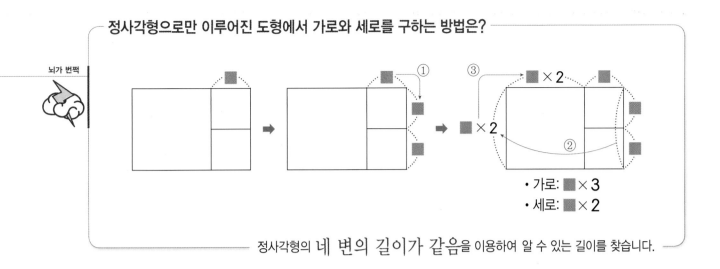

• 가로: ■×3
• 세로: ■×2

정사각형의 네 변의 길이가 같음을 이용하여 알 수 있는 길이를 찾습니다.

최상위
사고력

크고 작은 정사각형을 겹치지 않게 이어 붙여 만든 도형입니다. 색칠한 정사각형의 한 변의 길이가 12 cm일 때 다음 물음에 답하시오.

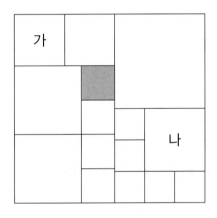

(1) 정사각형 가의 한 변의 길이는 몇 cm입니까?

(2) 정사각형 나의 한 변의 길이는 몇 cm입니까?

6-2. 직사각형의 변의 길이

도형을 둘러싸고 있는 테두리의 길이

1 다음과 같이 정사각형을 똑같은 직사각형 4개로 나누었습니다. 한 직사각형의 둘레가 60cm일 때, 처음 정사각형의 둘레는 몇 cm입니까?

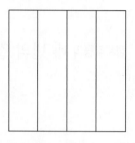

땀이 뻘뻘

2 가로가 10cm인 직사각형 모양의 색종이가 있습니다. 이 색종이에서 정사각형 모양을 잘라내고 남은 직사각형의 둘레는 몇 cm입니까?

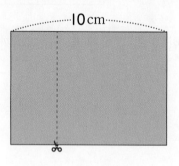

10cm

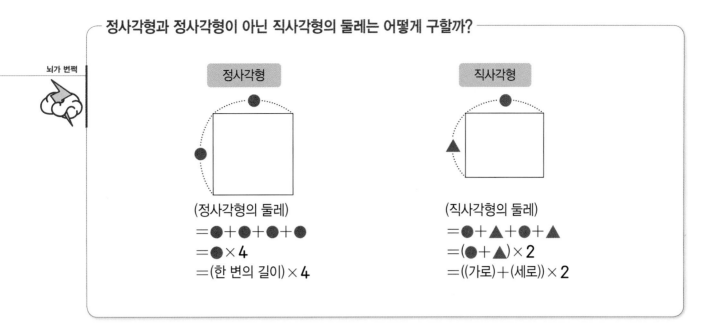

정사각형과 정사각형이 아닌 직사각형의 둘레는 어떻게 구할까?

뇌가 번쩍

정사각형

직사각형

(정사각형의 둘레)
= ● + ● + ● + ●
= ● × 4
= (한 변의 길이) × 4

(직사각형의 둘레)
= ● + ▲ + ● + ▲
= (● + ▲) × 2
= ((가로) + (세로)) × 2

최상위
사고력

똑같은 직사각형 5개를 변끼리 겹치지 않게 이어 붙여 세로가 20 cm인 직사각형을 만들었습니다. 이 도형의 가로는 몇 cm입니까?

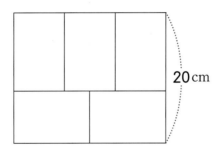

20 cm

6-3. 도형의 둘레

1 한 변의 길이가 1cm인 정사각형 4개를 변끼리 맞닿게 이어 붙여 둘레가 10cm인 도형을 모두 그리시오. (단, 돌리거나 뒤집어서 같은 것은 한 가지로 생각합니다.)

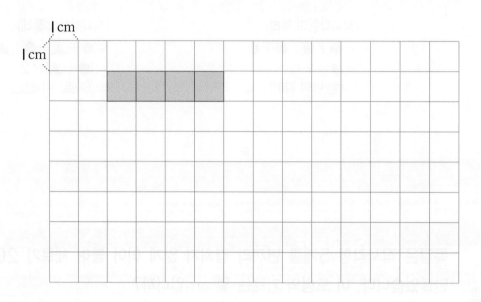

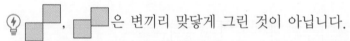 은 변끼리 맞닿게 그린 것이 아닙니다.

 2 한 변의 길이가 4cm인 정사각형 10개로 다음과 같은 도형을 만들었습니다. 이 도형의 둘레는 몇 cm입니까?

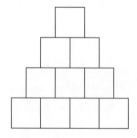

직각으로 꺾인 부분이 있는 도형의 둘레를 쉽게 구하려면?

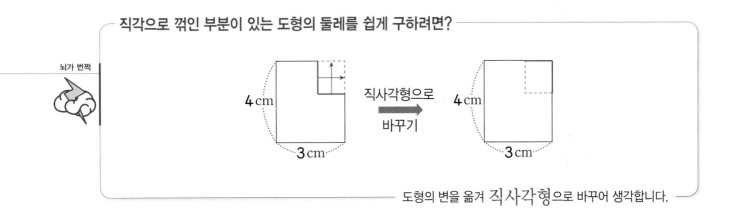

직사각형으로
바꾸기

도형의 변을 옮겨 직사각형으로 바꾸어 생각합니다.

**최상위
사고력
A**

한 변의 길이가 8 cm인 정사각형 7개가 다음과 같이 겹쳐 있습니다. 빨간색 선의 길이는 몇 cm입니까?

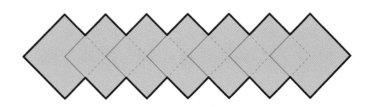

**최상위
사고력
B**

다음과 같은 규칙으로 한 변의 길이가 1 cm인 정사각형을 겹치지 않게 이어 붙이려고 합니다. 여덟 번째 도형의 둘레는 몇 cm입니까?

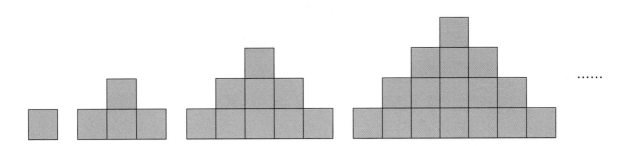

정답과 풀이 42쪽 ▶

1 크고 작은 정사각형을 겹치지 않게 이어 붙여 만든 도형입니다. 가장 큰 정사각형의 둘레가 48 cm일 때 가장 작은 정사각형의 한 변의 길이는 몇 cm입니까?

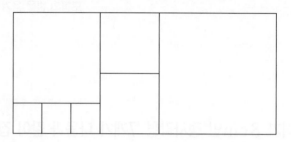

2 다음과 같이 가로가 6 cm, 세로가 2 cm인 직사각형 3개를 겹치지 않게 이어 붙였습니다. 이 도형의 둘레는 몇 cm입니까?

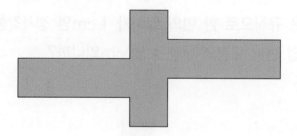

3 다음과 같이 가로가 8 cm, 세로가 3 cm인 직사각형 모양의 종이를 접었습니다. 색칠한 두 도형의 둘레의 합은 몇 cm입니까?

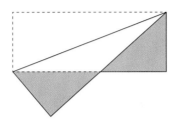

| 경시대회 기출 |

4 다음과 같이 한 변의 길이가 1 cm인 정사각형 20개를 변끼리 겹치지 않게 이어 붙일 때 만들어지는 도형의 둘레는 몇 cm입니까?

문제풀이

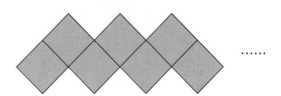

정답과 풀이 43쪽 ▶

7-1. 서로 다른 조각으로 도형 채우기

1 |보기|의 조각을 여러 번 사용하여 주어진 모양을 8가지 방법으로 빈틈없이 채워 보시오. (단, 조각을 돌리거나 뒤집을 수 있고, 사용한 조각이 같더라도 채운 방법이 다르면 다른 것으로 봅니다.)

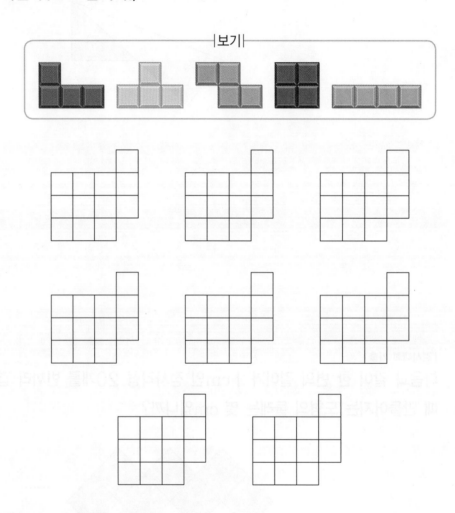

TIP 한 조각을 여러 번 사용해도 됩니다.

도형 채우기를 효율적으로 하는 방법은?

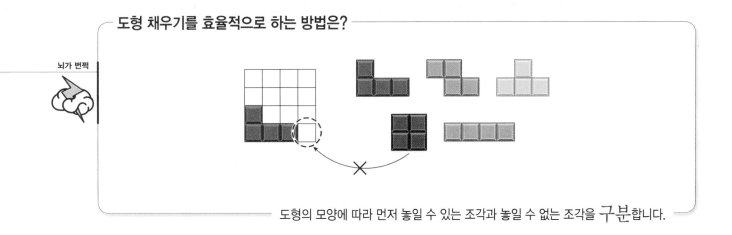

도형의 모양에 따라 먼저 놓일 수 있는 조각과 놓일 수 없는 조각을 **구분**합니다.

최상위 사고력

|보기|의 조각 중에서 서로 다른 3조각을 사용하여 다음과 같은 직사각형을 빈틈없이 채우는 방법은 모두 몇 가지입니까? (단, 조각을 돌리거나 뒤집을 수 있고, 사용한 조각이 같은 것은 한 가지로 생각합니다.)

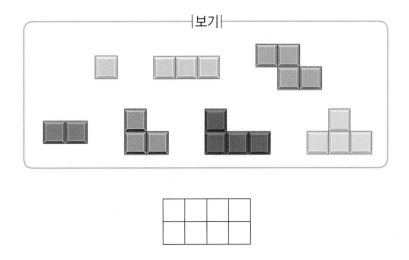

정답과 풀이 44쪽 ▶

7-2. 도형 채우기와 가짓수

1 다음과 같이 가로가 $8\,\text{m}$, 세로가 $4\,\text{m}$인 직사각형 모양의 벽에 가로가 $4\,\text{m}$, 세로가 $2\,\text{m}$인 벽지 4장을 겹치지 않게 빈틈없이 붙이려고 합니다. 벽지를 붙이는 방법을 모두 그리시오.

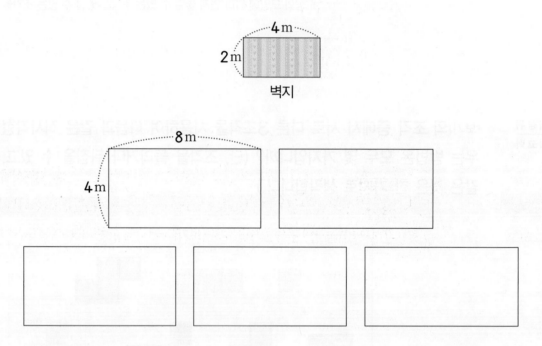

2 |보기|의 조각을 여러 번 사용하여 다음과 같은 정사각형을 빈틈없이 채울 수 있는 방법은 모두 몇 가지입니까? (단, 사용한 조각이 같더라도 채운 방법이 다르면 다른 것으로 봅니다.)

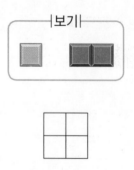

TIP 두 조각을 모두 사용해야 하는 것은 아닙니다.

뇌가 번쩍

조각으로 전체를 채우는 방법은?

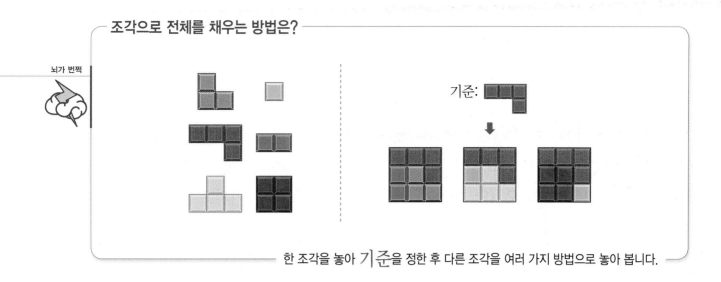

한 조각을 놓아 **기준**을 정한 후 다른 조각을 여러 가지 방법으로 놓아 봅니다.

최상위 사고력

|보기|의 조각을 한 번씩 모두 이어 붙여 다음과 같은 계단 모양을 만들려고 합니다. 만들 수 있는 방법은 모두 몇 가지입니까?

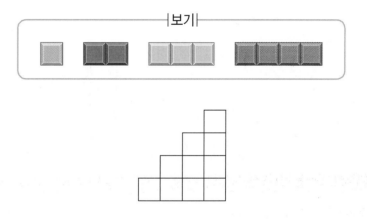

정답과 풀이 45쪽 ▶

7-3. 도형 붙이기

1 크기가 같은 정사각형 2개 중에서 1개를 반으로 잘라 3조각으로 만들었습니다. 3조각을 한 번씩 모두 사용하여 변끼리 이어 붙여서 만들 수 있는 서로 다른 모양을 모두 그리시오. (단, 돌리거나 뒤집어서 같은 것은 한 가지로 생각합니다.)

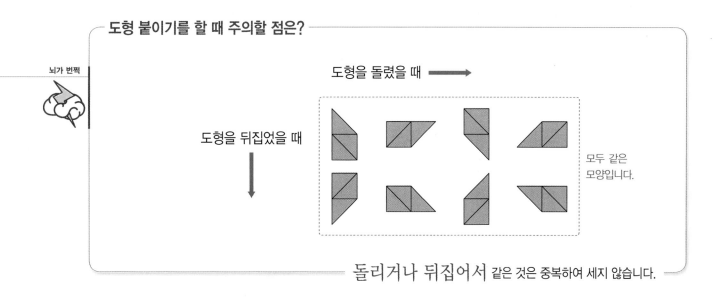

뇌가 번쩍

도형 붙이기를 할 때 주의할 점은?

도형을 돌렸을 때 ➡

도형을 뒤집었을 때

모두 같은 모양입니다.

돌리거나 뒤집어서 같은 것은 중복하여 세지 않습니다.

최상위 사고력

|보기|는 두 변의 길이가 같은 직각삼각형 2개를 변끼리 이어 붙여서 만든 모양입니다. 두 변의 길이가 같은 직각삼각형 4개를 변끼리 이어 붙여 만들 수 있는 서로 다른 모양은 모두 몇 가지입니까? (단, 돌리거나 뒤집어서 같은 것은 한 가지로 생각합니다.)

|보기|

정답과 풀이 46쪽 ▶

1 |보기|의 조각을 한 번씩 모두 사용하여 정사각형을 빈틈없이 채워 보시오. (단, 조각을
    돌리거나 뒤집을 수 있습니다.)

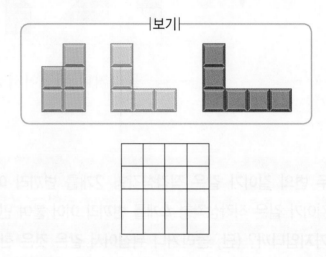

| 경시대회 기출 |

2   조각을 겹치지 않게 이어 붙여 가장 작은 정사각형을 만들려면 필요한 조각은
    몇 개입니까?

문제풀이

3 가 벽지 6장과 나 벽지 2장을 모두 겹치지 않게 빈틈없이 붙여 벽을 채우려고 합니다. 나 벽지는 가로로만 길게 붙일 수 있을 때 벽을 채울 수 있는 방법은 모두 몇 가지입니까?

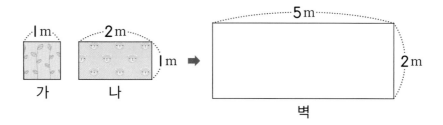

4 다음과 같은 직사각형 종이 1장과 직각삼각형 종이 2장을 길이가 같은 변끼리 모두 이어 붙여 사각형을 만들려고 합니다. 만들 수 있는 사각형은 모두 몇 가지입니까? (단, 종이를 돌리거나 뒤집을 수 있고, 돌리거나 뒤집어서 같은 것은 한 가지로 생각합니다.)

문제풀이

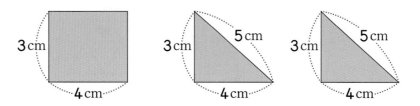

정답과 풀이 47쪽 ▶

1   가로가 2 cm, 세로가 1 cm인 직사각형을 다음과 같이 이어 붙여 놓았습니다. 만든 도형의 둘레를 구하시오.

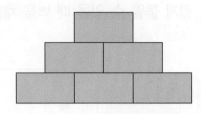

2   도형에서 ♥을 포함하지 않는 크고 작은 삼각형은 모두 몇 개입니까?

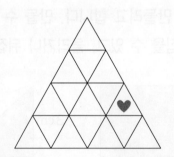

3 크고 작은 정사각형과 가로가 5 cm이고, 세로가 3 cm인 직사각형을 겹치지 않게 이어 붙여 만든 도형입니다. 사각형 ㄱㄴㄷㄹ의 둘레를 구하시오.

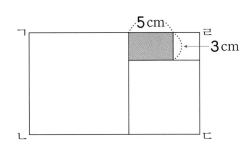

4 |보기|의 조각을 여러 번 사용하여 만들 수 있는 도형은 어느 것입니까?

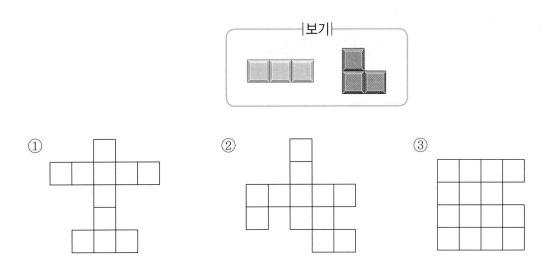

5 일정한 간격으로 찍힌 점을 이어 그릴 수 있는 크고 작은 정사각형은 모두 몇 개입니까?

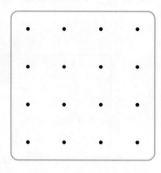

6 다음과 같은 2장의 직각삼각형 모양의 종이를 길이가 같은 변끼리 이어 붙여 사각형을 만들려고 합니다. 만들 수 있는 사각형을 모두 그리시오. (단, 종이를 돌리거나 뒤집을 수 있고, 돌리거나 뒤집어서 같은 것은 한 가지로 생각합니다.)

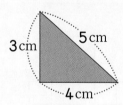 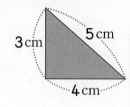

연산 (2)

8-1. 곱셈식 완성하기

1 다음 곱셈식을 3가지 방법으로 완성하려고 합니다. ☐ 안에 알맞은 한 자리 수를 써넣으시오.

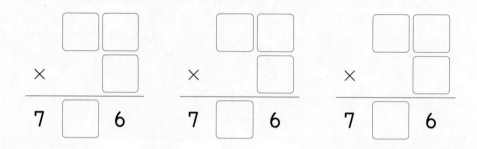

2 ☐ 안에 2부터 9까지의 수 중에서 5가 아닌 서로 다른 수를 써넣어 만들 수 있는 곱셈식은 모두 몇 가지입니까?

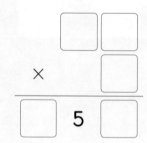

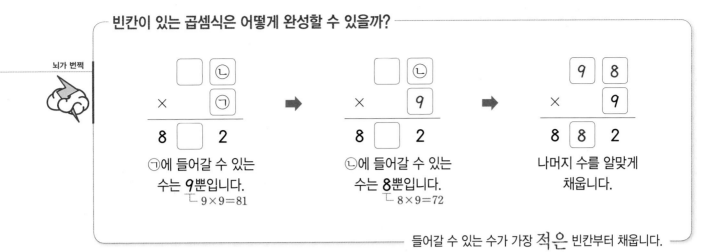

빈칸이 있는 곱셈식은 어떻게 완성할 수 있을까?

㉠에 들어갈 수 있는 수는 **9**뿐입니다.
└ 9×9=81

㉡에 들어갈 수 있는 수는 **8**뿐입니다.
└ 8×9=72

나머지 수를 알맞게 채웁니다.

들어갈 수 있는 수가 가장 **적은** 빈칸부터 채웁니다.

최상위 사고력

다음 곱셈식을 보고 물음에 답하시오.

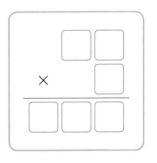

(1) ☐ 안에 **1**부터 **6**까지의 수를 한 번씩 모두 써넣어 식을 완성하시오.

(2) ☐ 안에 **3**을 **4**번 써넣어 식을 완성하시오.

75 Ⅲ 연산 ⑵

정답과 풀이 51쪽 ▶

8-2. 곱셈 복면산

1 다음 식에서 같은 문자는 같은 수를, 다른 문자는 다른 수를 나타냅니다. ☐ 안에 알맞은 수를 써넣으시오.

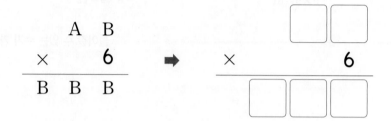

2 ☐ 안에 0, 2, 4, 6, 8을 한 번씩 모두 써넣어 식을 만드시오.

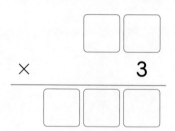

곱셈 복면산을 풀 때 알아야 할 것은?

① 곱셈구구의 각 단의 일의 자리 숫자

	5의 단	2, 4, 6, 8의 단	3, 7, 9의 단
일의 자리 숫자	0, 5	0, 2, 4, 6, 8	1, 2, 3, 4, 5, 6, 7, 8, 9

② 자신을 곱하였을 때 일의 자리에 자신이 나오는 수

$$1 \times 1 = 1 \qquad 5 \times 5 = 25 \qquad 6 \times 6 = 36$$

곱셈구구에서 각 단의 특징을 생각합니다.

최상위 사고력

다음 |조건|을 만족하는 두 자리 수 ㉠㉡은 모두 몇 개입니까?

┤조건├
- ㉠㉡ × 3의 백의 자리 숫자는 2입니다.
- ㉡㉠ × 4의 백의 자리 숫자는 3입니다.
- ㉠과 ㉡은 서로 다른 숫자입니다.

정답과 풀이 52쪽 ▶

8-3. 조건에 맞는 수

1 민우의 생일의 월과 일을 더하면 23이고, 곱하면 120입니다. 민우의 생일은 몇 월 며칠입니까?

2 ㉠은 한 자리 수, ㉡은 두 자리 수일 때 ㉢에 알맞은 수를 모두 구하시오.

$$㉡-㉠=100-㉢$$
$$㉠\times㉡=153$$

합과 곱이 주어진 조건에서 두 수를 쉽게 찾는 방법은?

|조건|

(두 자리 수)+(한 자리 수)=28

(두 자리 수)×(한 자리 수)=75

조건2

$15 \times 5 = 75$

$25 \times 3 = 75$

$75 \times 1 = 75$

➡

조건1

$15 + 5 = 20$

$25 + 3 = 28$ → 두 수: 25, 3

$75 + 1 = 76$

덧셈보다는 경우의 수가 더 적은 곱셈을 먼저 이용합니다.

최상위
사고력
A

|조건|을 만족하는 ㉠을 구하시오.

|조건|

• ㉠은 두 자리 수입니다.

• ㉠에 한 자리 수를 곱하면 80이 됩니다.

• ㉠은 같은 한 자리 수를 두 번 곱한 수입니다.

최상위
사고력
B

어떤 두 자리 수 ㉠과 한 자리 수 ㉡의 곱은 315이고, ㉠에서 3을 뺀 후 ㉡를 곱하면 294입니다. 두 수 ㉠, ㉡을 차례로 쓰시오.

1 다음 식에서 같은 문자는 같은 수를, 다른 문자는 다른 수를 나타냅니다. A, B, C, D가
나타내는 수를 각각 구하시오.

$$
\begin{array}{r}
A\ B \\
\times \qquad A \\
\hline
1\ 6\ A \\
+\quad C\ C \\
\hline
D\ A\ B \\
\end{array}
$$

| 경시대회 기출 |

2 ☐ 안에 5, 6, 7, 8을 한 번씩 모두 써넣어 계산 결과가 짝수인 식을 모두 만들었습니다.
계산 결과를 모두 더하시오.

☐ × ☐ − ☐ + ☐

3
십의 자리 숫자와 일의 자리 숫자의 합이 11인 두 자리 수가 있습니다. 이 두 자리 수에 2를 곱해야 하는데 잘못하여 두 자리 수의 십의 자리 숫자와 일의 자리 숫자를 바꾼 수에 2를 곱하였더니 바르게 계산한 것보다 18만큼 커졌습니다. 바르게 계산한 값은 얼마입니까?

4
다음 식에서 같은 모양은 같은 수를, 다른 모양은 다른 수를 나타냅니다. ●, ▲, ■가 나타내는 수를 각각 구하시오.

$$
\begin{array}{r}
● \ ▲ \\
+ \quad 3 \\
\hline
● \ ■
\end{array}
\qquad
\begin{array}{r}
● \ ▲ \\
× \quad 3 \\
\hline
■ \ ●
\end{array}
$$

정답과 풀이 55쪽 ▶

9-1. 나눗셈식 만들기

1 4장의 수 카드 2, 4, 5, 6 중에서 2장을 사용하여 두 자리 수를 만들려고 합니다. 만든 수 중 7과 8로 모두 나누어떨어지는 수를 구하시오.

땀이 뻘뻘

2 주어진 수 카드 중에서 3장을 골라 다음과 같은 나눗셈식을 만들려고 합니다. 만들 수 있는 식을 모두 쓰시오.

2   3   4   5   8   12   15   16

☐ ÷ ☐ = ☐

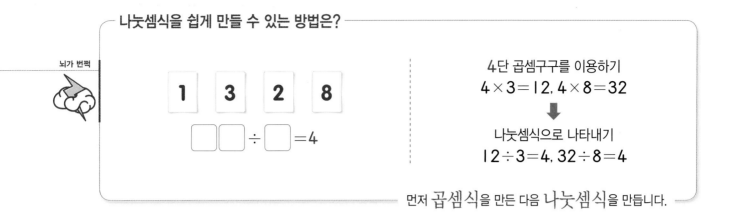

나눗셈식을 쉽게 만들 수 있는 방법은?

1 3 2 8

$\square\square \div \square = 4$

4단 곱셈구구를 이용하기
$4 \times 3 = 12, 4 \times 8 = 32$

↓

나눗셈식으로 나타내기
$12 \div 3 = 4, 32 \div 8 = 4$

먼저 곱셈식을 만든 다음 나눗셈식을 만듭니다.

최상위 사고력

1부터 9까지의 수 카드 중에서 8장을 한 번씩만 사용하여 두 식을 완성하려고 합니다. 두 자리 수 ㉠㉡이 될 수 있는 수를 구하시오.

$$\boxed{}\boxed{1} \div \boxed{} = \boxed{}$$

$$\boxed{㉠}\boxed{㉡} \div \boxed{} = \boxed{}$$

   정답과 풀이 56쪽 ▶

9-2. 조건과 수

1 |조건|을 모두 만족하는 수를 구하시오.

> ──|조건|──
> • 30보다 크고 50보다 작은 수입니다.
> • 7로 나누어떨어집니다.
> • 이 수보다 2 작은 수는 5로 나누어떨어집니다.

2 두 수 ㉠과 ㉡이 있습니다. ㉠과 ㉡을 더하면 63이고, ㉠을 ㉡으로 나누면 몫이 6으로 나누어떨어집니다. ㉠은 어떤 수입니까?

조건이 여러 개일 때 알맞은 수를 어떻게 구할까?

|조건|

• 큰 수를 작은 수로 나눈 몫이 **2**입니다.

• 큰 수와 작은 수의 합이 **11**입니다.

조건2	조건1
(1, 10)	$10 \div 1 = 10$
(2, 9)	$9 \div 2 = 4 \cdots 1$
(3, 8)	$\boxed{8 \div 3 = 2 \cdots 2}$
(4, 7)	$7 \div 4 = 1 \cdots 3$
(5, 6)	$6 \div 5 = 1 \cdots 1$

경우의 수가 더 적은 조건을 먼저 이용합니다.

최상위 사고력

㉠, ㉡, ㉢이 나타내는 수를 각각 구하시오.

$$㉠ \div ㉡ \div ㉢ = 3$$
$$㉠ \div ㉡ \times ㉢ = 27$$
$$㉡ + ㉢ = 7$$

TIP 곱셈과 나눗셈의 혼합 계산은 앞에서부터 차례로 계산합니다.

정답과 풀이 57쪽 ▶

9-3. 연산 퍼즐

1 1부터 8까지의 수를 한 번씩 모두 사용하여 2가지 방법으로 연산 퍼즐을 완성하시오.

방법1

방법2

최상위
사고력
A
□ 안에 0부터 9까지의 수를 한 번씩 모두 써넣어 식을 완성하시오.

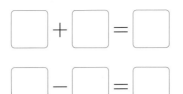

$$\boxed{} + \boxed{} = \boxed{}$$

$$\boxed{} - \boxed{} = \boxed{}$$

$$\boxed{}\,\boxed{} \div \boxed{} = \boxed{}$$

최상위
사고력
B

사각형 밖에 있는 수는 그 줄에 있는 수들의 곱입니다. 빈칸에 1부터 9까지의 수를
한 번씩 모두 써넣어 퍼즐을 완성하시오.

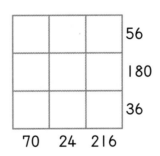

87 Ⅲ 연산 ⑵   정답과 풀이 58쪽 ▶

1 1부터 6까지 적힌 주사위가 2개 있습니다. 이 두 주사위를 동시에 던졌을 때 나온 두 수의 합이 4로 나누어떨어지는 경우는 모두 몇 가지입니까?

2 규칙을 찾아 ㉠에 알맞은 수를 구하시오.

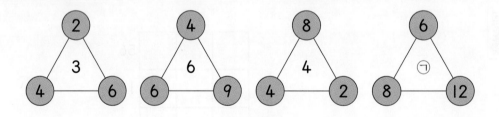

3

□ 안에 2부터 9까지의 수 중에서 6개의 수를 한 번씩만 써넣어 식을 완성하시오.

문제풀이

$$\boxed{}\boxed{} \div \boxed{} = 7$$

$$7 \times \boxed{} = \boxed{}\boxed{}$$

4 ㉠, ㉡, ㉢, ㉣, ㉤은 서로 다른 한 자리 수를 나타냅니다. ㉠, ㉡, ㉢, ㉣, ㉤이 나타내는 수를 각각 구하시오.

㉠	×	㉡	=	㉢㉡
×		÷		×
㉣㉢	÷	㉢	=	㉠
=		=		=
㉤㉢	×	㉢	=	㉣㉡㉡

정답과 풀이 60쪽 ▶

10-1. 수 배열과 합

1 일정한 규칙에 따라 수를 배열한 표입니다. 색칠한 수의 합을 구하시오.

1	2	3	4	5	6	7	8	9	10
11	12	13	14	15	16	17	18	19	20
21	22	23	24	25	26	27	28	29	30
31	32	33	34	35	36	37	38	39	40
41	42	43	44	45	46	47	48	49	50
51	52	53	54	55	56	57	58	59	60
61	62	63	64	65	66	67	68	69	70
71	72	73	74	75	76	77	78	79	80
81	82	83	84	85	86	87	88	89	90
91	92	93	94	95	96	97	98	99	100

땀이 뻘뻘

2 다음과 같이 일정한 규칙에 따라 수를 배열한 후 더하려고 합니다. 배열된 20개의 수를 모두 더하면 얼마입니까?

$$11+15+19+23+\cdots\cdots$$

수 배열표에서 여러 개의 수를 간단히 더하는 방법은?

방법 1 가로줄을 이용하기

21	22	23
31	32	33

$+10$

$21+22+23=66$
➡ $66\times2+10\times3=162$

방법 2 세로줄을 이용하기

21	22	23
31	32	33

$22+32=54$
➡ $54\times3=162$

방법 3 끝의 수를 이용하기

21	22	23
31	32	33

$21+33=54$
➡ $54\times3=162$

규칙을 찾아 곱을 이용합니다.

최상위 사고력

일정한 규칙에 따라 수를 배열한 표의 일부분입니다. 표 안에 있는 수를 모두 더한 값이 ■이고, ■ $=26\times$ ▲ 라 할 때 ▲의 값을 구하시오.

			10		16	
			11		15	
10	11	12	13	14	15	16
			13		13	
16	15	14	13	12	11	10
			15		11	
			16		10	

정답과 풀이 61쪽 ▶

10-2. 연속수의 합

1 3, 4, 5 또는 7, 8, 9와 같이 차례대로 배열된 수들을 '연속수'라고 합니다. 주어진 수를 연속수의 합으로 모두 나타내어 보고, 나타낼 수 없는 수는 ×표 하시오.

수	연속수의 합	수	연속수의 합
1	×	11	
2	×	12	
3	1+2	13	
4	×	14	
5	2+3	15	
6		16	
7	3+4	17	
8		18	
9		19	
10		20	

💡 0을 더하는 경우는 생각하지 않습니다.

2 63을 연속수의 합으로 나타내려고 합니다. 4가지 방법으로 나타내시오.

63 = ☐ + ☐

63 = ☐ + ☐ + ☐

63 = ☐ + ☐ + ☐ + ☐ + ☐ + ☐ + ☐

63 = ☐ + ☐ + ☐ + ☐ + ☐ + ☐ + ☐ + ☐ + ☐

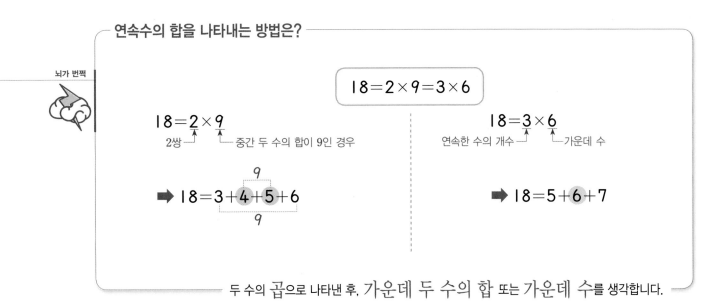

연속수의 합을 나타내는 방법은?

뇌가 번쩍

$$18 = 2 \times 9 = 3 \times 6$$

$18 = 2 \times 9$

2쌍 ⌐ └ 중간 두 수의 합이 9인 경우

9
➡ $18 = 3 + 4 + 5 + 6$
9

$18 = 3 \times 6$

연속한 수의 개수 ⌐ └ 가운데 수

➡ $18 = 5 + 6 + 7$

두 수의 **곱**으로 나타낸 후, **가운데 두 수의 합** 또는 **가운데 수**를 생각합니다.

최상위 사고력 A

35를 연속수의 합으로 나타내려고 합니다. 3가지 방법으로 나타내시오. (단, 사용한 수는 같고 더하는 순서만 다른 것은 같은 것으로 봅니다.)

최상위 사고력 B

두 자리 수 중에서 연속한 5개의 수의 합으로 나타낼 수 있는 수는 모두 몇 개입니까?

💡 0을 더하는 경우는 생각하지 않습니다.

정답과 풀이 63쪽 ▶

10-3. 거꾸로 생각하기

1 어떤 수에 6을 더한 다음 6을 곱한 후 6을 빼고 6으로 나누었더니 6이 되었습니다. 어떤 수는 얼마입니까?

땀이 뻘뻘

2 다음과 같은 |규칙|을 보고 물음에 답하시오.

|규칙|
① 홀수는 3배 한 후 1을 더합니다.
② 짝수는 2로 나눕니다.

(1) |규칙|에 따라 3번 계산하여 나오는 수를 구하시오.

수	과정	나오는 수
13	13→	
20		
76		

(2) 어떤 수를 |규칙|에 따라 3번 계산하였더니 2가 나왔습니다. 어떤 수를 모두 구하시오.

뇌가 번쩍

처음 수를 구하는 문제는 어떻게 풀까?

㉔ 어떤 수에 3을 더한 후 5를 곱하면 20이 됩니다.

□ $\xrightarrow[+3]{}$ □ $\xrightarrow[\times 5]{}$ 20   ➡   1 $\xleftarrow[+3]{-3}$ 4 $\xleftarrow[\times 5]{\div 5}$ 20

결과에서부터 **거꾸로** 계산합니다.

최상위 사고력

A, B 주머니에 들어 있는 구슬을 모두 더하면 100개입니다. A 주머니에서 구슬 36개를 꺼내어 B 주머니에 넣고, 다시 B 주머니에서 구슬 45개를 꺼내 A 주머니에 넣었더니 A 주머니의 구슬 수는 B 주머니의 구슬 수의 4배가 되었습니다. 처음 A 주머니에 들어 있던 구슬은 몇 개입니까?

| 경시대회 기출 |

1 달력에서 색칠한 8개의 수의 합은 72입니다. 같은 모양으로 8개의 수를 더한 값이 120일 때, 8개의 수 중 가장 큰 수는 얼마입니까?

일	월	화	수	목	금	토
		1	2	3	4	5
6	7	8	9	10	11	12
13	14	15	16	17	18	19
20	21	22	23	24	25	26
27	28	29	30	31		

2 11개의 연속수가 있습니다. 이 중 가장 큰 수는 가장 작은 수의 3배라고 할 때 연속수의 합은 얼마입니까?

3   45를 연속수의 합으로 나타내는 방법은 모두 몇 가지입니까? (단, 사용한 수는 같고 더하는 순서만 다른 것은 같은 것으로 봅니다.)

4   민우는 친구들에게 사탕을 나누어 주었습니다. 수지에게는 가지고 있는 사탕의 절반보다 2개 더 많이 주었고, 상호에게는 나머지의 절반보다 5개 더 많이 주었고, 보영이에게는 3개를 주었더니 1개가 남았습니다. 민우가 처음에 가지고 있던 사탕은 몇 개입니까?

문제풀이

정답과 풀이 66쪽 ▶

1 ☐ 안에 알맞은 수를 써넣으시오.

(1)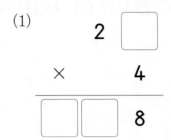

(2)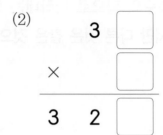

2 다음 수 카드 중에서 2장을 한 번씩만 사용하여 두 자리 수를 만들려고 합니다. 만들수 있는 수 중에서 4로 나누어떨어지는 수는 몇 개입니까?

3 일정한 규칙에 따라 수를 배열한 표입니다. 색칠한 수의 합을 구하시오.

1	2	3	4	5	6	7	8
9	10	11	12	13	14	15	16
17	18	19	20	21	22	23	24
25	26	27	28	29	30	31	32
33	34	35	36	37	38	39	40
41	42	43	44	45	46	47	48
49	50	51	52	53	54	55	56
57	58	59	60	61	62	63	64
65	66	67	68	69	70	71	72

4 다음 식에서 같은 모양은 같은 수를, 다른 모양은 다른 수를 나타냅니다. ●, ▲, ■이 나타내는 수를 각각 구하시오.

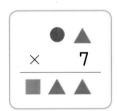

정답과 풀이 67쪽 ▶

5 다음과 같이 화살표 방향을 약속할 때, □ 안에 알맞은 수를 써넣으시오.

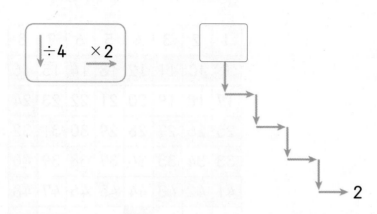

6 30을 연속수의 합으로 나타내려고 합니다. 3가지 방법으로 나타내시오. (단, 사용한 수는 같고 더하는 순서만 다른 것은 같은 것으로 봅니다.)

측정

11-1. 통나무 자르기와 시간

1 나무꾼이 여러 가지 방법으로 통나무를 자릅니다. 물음에 답하시오.

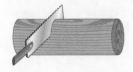

(1) 길이가 120 cm인 통나무를 20 cm씩 모두 자르려고 합니다. 한 번 자르는 데 3분이 걸린다면 모두 자르는 데 몇 분이 걸리겠습니까?

(2) 통나무 한 개를 5도막으로 자르는 데 20분이 걸렸습니다. 같은 빠르기로 통나무를 자른다고 할 때, 통나무 한 개를 10도막으로 자르는 데 걸리는 시간은 몇 분입니까?

(3) 통나무를 한 번 자르는 데 10초가 걸리고, 한 번 자른 후에 5초간 쉰다고 합니다. 길이가 4 m인 통나무를 50 cm씩 자르는 데 걸리는 시간은 몇 초입니까?

통나무 자르기를 할 때 반드시 알아야 할 것은?

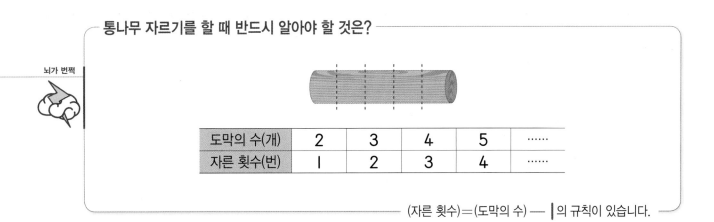

도막의 수(개)	2	3	4	5	……
자른 횟수(번)	1	2	3	4	……

(자른 횟수)=(도막의 수) — 1의 규칙이 있습니다.

**최상위
사고력**

길이가 72 cm인 나무를 똑같은 길이로 자르려고 합니다. 한 번 자르는 데 6분이 걸리고, 자른 후에는 2분씩 쉬었습니다. 나무를 1시부터 자르기 시작하여 2시 2분에 끝났다면, 자른 한 도막의 길이는 몇 cm입니까?

11-2. 가고 오는 데 걸리는 시간

1 다음은 승호가 학교에서 출발하여 박물관에서 4시간 동안 관람한 후 학교로 돌아온 시각입니다. 학교에서 박물관으로 갈 때보다 박물관에서 학교로 돌아올 때 20분이 더 걸렸을 때, 승호가 박물관에 도착한 시각은 오전 몇 시 몇 분입니까?

오전

학교에서 박물관으로
출발한 시각

오후

박물관에서 학교로
돌아온 시각

땀이 뻘뻘

2 민재는 놀이공원에 다녀왔습니다. 민재가 집을 떠나기 전 시계를 보니 오후 2시였고, 놀이공원에 도착해서 시계를 보니 오후 3시였습니다. 4시간 동안 놀다가 집으로 돌아오니 시계는 오후 9시를 가리키고 있었습니다. 민재네 집 시계가 잘못 맞추어져 있었다고 할 때, 어떻게 잘못 맞추어져 있었는지 쓰시오. (단, 민재네 집에서 놀이공원에 가고 오는 데 걸리는 시간은 같습니다.)

뇌가 번쩍

이동한 장소를 그림으로 나타내고 ➡ 걸린 시간을 표시합니다.

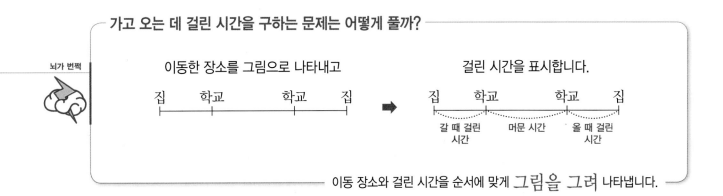

이동 장소와 걸린 시간을 순서에 맞게 그림을 그려 나타냅니다.

최상위 사고력

민주는 학교에서 오후 3시에 어머니를 만나 차를 타고 집으로 오기로 하였습니다. 하지만 집에 빨리 가고 싶었던 민주는 오후 2시에 학교에서 나와 집으로 걸어갔습니다. 중간에 어머니를 만나 차를 타고 집으로 왔더니, 학교에서부터 차를 타고 오는 것보다 20분 빨리 도착했습니다. 민주가 학교에서부터 어머니를 만날 때까지 걸은 시간은 몇 분입니까?

11-3. 고장 난 시계

1 민수에게는 정확한 시계와 한 시간에 10분씩 느리게 가는 고장 난 시계가 있습니다. 어제 오후 10시에 고장 난 시계를 정확히 10시로 맞추어 놓고 다음날 오전에 시계를 보았더니 다음과 같았습니다. 오늘 오후 10시에 고장 난 시계는 오후 몇 시를 가리키겠습니까?

정확한 시계

고장 난 시계

2 한 시간에 15분씩 빠르게 가는 시계를 오늘 정오에 정확히 맞추어 놓았습니다. 이 시계가 오늘 오후 10시를 가리키고 있을 때, 실제 시각을 구하시오.

뇌가 번쩍

한 시간에 5분씩 느리게 가는 시계에서 주의해야 할 점은?

		|시간	|시간	|시간	
정확한 시계		시	2시	3시	4시	……
고장 난 시계	|시	|시 55분	2시 50분	3시 45분	……

55분   55분   55분

정확한 시계가 |시간 갈 때 고장 난 시계는 55분 갑니다.

———— 정확한 시계를 기준으로 고장 난 시계의 시각을 구합니다. ————

최상위 사고력 A

한 시간에 6분씩 빨라지는 시계와 한 시간에 4분씩 느려지는 시계가 있습니다. 오늘 두 시계를 모두 |2시로 맞추어 놓았을 때, 두 시계가 처음으로 같은 시각을 가리킬 때는 며칠 후입니까?

최상위 사고력 B

재호는 일정한 빠르기로 가는 고장 난 시계를 가지고 있습니다. 오늘 오전 9시에 시계를 정확히 맞춘 후 낮 |2시에 보았더니 다음과 같았습니다. 고장 난 시계가 같은 날 오후 9시 50분을 가리키고 있을 때, 실제 시각을 구하시오.

1 소희는 계단을 1층에서 4층까지 쉬지 않고 올라가는 데 21초가 걸렸습니다. 4층부터는 한 층을 올라가면 반드시 10초씩 쉰다고 할 때, 4층에서 20층까지 가는 데 걸리는 시간은 몇 초입니까? (단, 한 층을 오르는 데 걸리는 시간은 같습니다.)

2 서울역에서 출발하는 부산행 기차는 매시 정각과 30분에 출발하고, 부산역에서 출발하는 서울행 기차는 매시 10분과 40분에 출발합니다. 서울역과 부산역을 오고 가는 데 걸리는 시간은 똑같이 각각 2시간 30분이라고 할 때, 낮 12시에 서울역에서 출발하는 부산행 기차는 부산역에서 출발한 서울행 기차 몇 대와 만나겠습니까?

3

몸의 길이가 3 cm가 되면 1 cm와 2 cm로 각각 나누어지는 미생물이 있습니다. 이 미생물의 몸의 길이는 10분에 1 cm씩 자란다고 할 때, 몸의 길이가 1 cm인 미생물 10마리는 1시간 후에 모두 몇 마리가 되겠습니까?

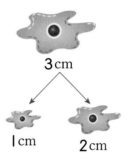

3 cm

1 cm   2 cm

4

1시간에 1분씩 빠르게 가는 시계와 1시간에 2분씩 느리게 가는 시계가 있습니다. 어느 날 두 시계를 정확히 맞추어 놓고 24시간 내에 다시 보았더니 빠른 시계는 9시를 가리키고 느린 시계는 8시를 가리키고 있었습니다. 이때 실제 시각을 구하시오.

정답과 풀이 73쪽 ▶

12-1. 방향과 거리

1 병원은 소방서에서 어느 쪽으로 몇 m 떨어진 곳에 있는지 구하시오.

> • 학교는 소방서의 서쪽으로 **600** m 떨어진 곳에 있습니다.
> • 구청은 경찰서의 동쪽으로 **400** m 떨어진 곳에 있습니다.
> • 구청은 병원의 남쪽으로 **400** m 떨어진 곳에 있습니다.
> • 학교는 경찰서의 북쪽으로 **400** m 떨어진 곳에 있습니다.

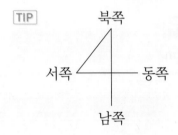

TIP

북쪽
서쪽 동쪽
남쪽

2 ㉠, ㉡, ㉢, ㉣ **4**개의 마을이 있습니다. 마을과 마을을 연결하는 길은 모두 **3**개라고 할 때, ㉡부터 ㉢까지 길의 길이를 구하시오.

> • ㉠에서 ㉣ 사이에는 ㉢이 있습니다.
> • ㉠에서 북쪽으로 **18** km 가면 ㉣이 있습니다.
> • ㉡에서 동쪽으로 가면 ㉢이 있습니다.
> • ㉢에서 ㉣까지 길의 길이는 **9** km입니다.
> • ㉠에서 ㉢까지 길의 길이는 ㉡에서 ㉢까지 길의 길이의 **3**배입니다.

위치와 길이에 대한 문제는 어떻게 풀까?

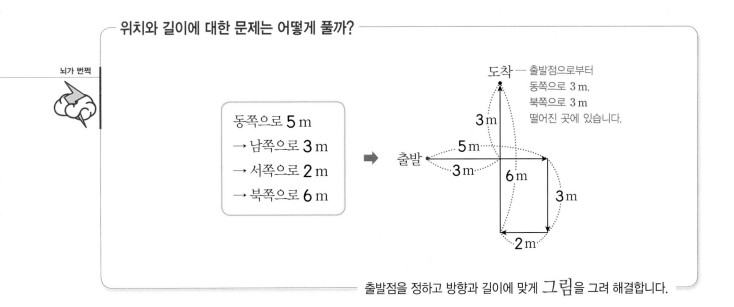

동쪽으로 5 m
→ 남쪽으로 3 m
→ 서쪽으로 2 m
→ 북쪽으로 6 m

도착 — 출발점으로부터 동쪽으로 3 m, 북쪽으로 3 m 떨어진 곳에 있습니다.

출발점을 정하고 방향과 길이에 맞게 그림을 그려 해결합니다.

한 변의 길이가 22 m인 정사각형 모양의 무대가 있습니다. 다음과 같이 소희가 무대의 중심에서부터 시작하여 일정한 규칙으로 걸어가려고 합니다. 무대의 가장자리에 닿으려면 중심에서부터 모두 몇 m를 걸어야 합니까?

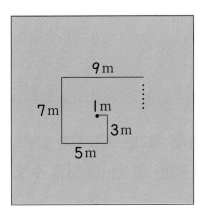

정답과 풀이 74쪽 ▶

12-2. 빠르기

1 1분에 1 km를 달리는 자동차와 1분에 860 m를 달리는 자전거가 있습니다. 자동차와 자전거가 동시에 출발하여 5분 동안 달린다면 자동차는 자전거보다 몇 m 더 달릴 수 있습니까?

땀이 뻘뻘

2 8분 동안 12 km를 달리는 자동차가 있습니다. 이 자동차가 같은 빠르기로 달린다면 1시간 20분 동안에는 몇 km를 달릴 수 있습니까?

움직인 시간과 거리가 다르면 빠르기를 어떻게 비교할까?

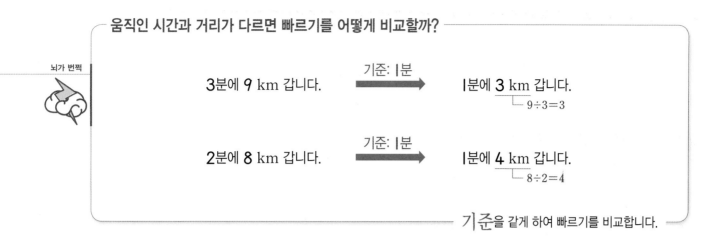

3분에 9 km 갑니다.   기준: 1분 →   1분에 3 km 갑니다.
                                                    └ 9÷3=3

2분에 8 km 갑니다.   기준: 1분 →   1분에 4 km 갑니다.
                                                    └ 8÷2=4

기준을 같게 하여 빠르기를 비교합니다.

최상위 사고력 A

수레바퀴 ㉠은 10초에 6바퀴 회전하고, 수레바퀴 ㉡은 15초에 12바퀴 회전합니다. 45초 동안 두 수레바퀴가 일정한 빠르기로 회전했을 때, 두 수레바퀴의 회전 수의 차는 몇 바퀴입니까?

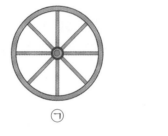

㉠   ㉡

최상위 사고력 B

진우가 집에서 학교까지 가는 데 일정한 빠르기로 걸었을 때 13분이 걸립니다. 같은 빠르기로 진우가 집에서부터 8분 동안 걸어왔을 때 학교까지의 거리가 300 m 남았다면 진우네 집에서 학교까지의 거리는 몇 m입니까?

          정답과 풀이 76쪽 ▶

12-3. 만나기

1 다음은 두 사람이 직선 상에 있는 길을 걷거나 뛰는 상황입니다. 물음에 답하시오.

(1)
> 승호는 1분에 300 m의 빠르기로 뛰고, 민수는 2분에 500 m의 빠르기로 뜁니다. 민수가 승호보다 200 m 앞에서 동시에 같은 방향으로 출발한다면, 승호가 민수를 따라잡는 것은 출발한 지 몇 분이 지난 후입니까?

(2)
> 진우와 성호는 ㉠, ㉡ 두 지점에서 동시에 서로를 향하여 걷기 시작했습니다. 진우는 1분에 90 m를 걷고, 성호는 1분에 60 m를 걷습니다. 두 사람이 중간에 한 번 만나고, 2분 후에 진우가 ㉡에 도착했다면 ㉠과 ㉡ 사이의 거리는 얼마입니까?

같은 방향과 다른 방향으로 걸을 때 두 사람 사이의 거리를 구하는 방법은?

예 A: 1분에 100 m 걸음, B: 1분에 80 m 걸음

같은 방향으로 걸을 때	다른 방향으로 걸을 때

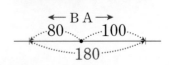

1분에 100−80=20(m)씩 멀어집니다.   1분에 100+80=180(m)씩 멀어집니다.

빠르기의 **합**과 **차**로 두 사람 사이의 거리를 알 수 있습니다.

영호와 민주는 ㉠, ㉡ 두 지점에서 동시에 서로를 향하여 각각 일정한 빠르기로 걷기 시작했습니다. 10초 후에 한 번 만난 후 계속 걸어 각각 양끝 점에 도달한 뒤 다시 반대 방향으로 걸어 ㉢에서 두 번째 만났습니다. 출발할 때부터 두 번째 만날 때까지 걸린 시간은 몇 초입니까?

운동장을 일정한 빠르기로 한 바퀴 도는 데 아빠는 20초, 민아는 24초 걸립니다. 아빠와 민아가 운동장의 반대편에서 시계 방향으로 동시에 출발할 때, 아빠와 민아는 출발한 지 몇 초 후에 처음 만납니까?

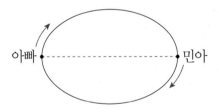

TIP 아빠가 민아를 따라잡으려면 민아보다 몇 바퀴를 더 돌아야 하는지 생각해 봅니다.

1 두 개의 톱니바퀴가 맞물려 돌아가고 있습니다. 큰 톱니바퀴가 1바퀴 회전할 때 작은 톱니바퀴는 2바퀴 회전합니다. 큰 톱니바퀴가 1분에 4바퀴 회전한다면 1시간 25분 동안 작은 톱니바퀴는 몇 바퀴 회전합니까?

| 경시대회 기출 |

2 민수는 1 km를 가는 데 걸어서 가면 10분이 걸리고, 자전거를 타고 가면 2분이 걸립니다. 민수네 집에서 학교까지의 거리는 3 km 500 m이고, 학교에서 도서관까지의 거리는 800 m입니다. 민수가 9시 30분에 집에서 자전거를 타고 출발하여 학교까지 간 다음 자전거를 학교에 놓고 걸어서 도서관까지 갔을 때, 도서관에 도착한 시각은 몇 시 몇 분입니까? (단, 자전거를 학교에 놓는 시간은 생각하지 않습니다.)

문제풀이

3

다음은 자동차 경주로를 나타낸 그림입니다. 자동차가 출발점에서 시작하여 경주로를 모두 돌고 다시 출발점으로 돌아왔습니다. 길은 모두 직각으로 꺾여 있다고 할 때, 자동차가 달린 거리를 구하시오.

- 출발점에서부터 첫 번째 꺾이는 곳까지 **700 m** 달렸습니다.
- 세 번째 꺾이는 곳에서부터 네 번째 꺾이는 곳까지 **500 m** 달렸습니다.
- 네 번째 꺾이는 곳에서부터 다섯 번째 꺾이는 곳까지 **600 m** 달렸습니다.
- 일곱 번째 꺾이는 곳에서부터 출발점까지 **400 m** 달렸습니다.

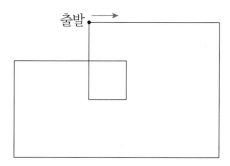

4

승호는 1분에 **75 m**의 빠르기로, 민주는 1분에 **70 m**의 빠르기로 호수 둘레를 돌고 있습니다. 승호와 민주가 같은 곳에서 출발하여 서로 반대 방향으로 돌면 4분 후에 만난다고 할 때, 같은 방향으로 돈다면 몇 분 후에 만나게 됩니까?

1   재희는 공원에서 서쪽으로 36 m만큼 걸어간 후 남쪽으로 15 m만큼 걸어갔습니다. 재희는 다시 동쪽으로 17 m만큼 걸어간 후 북쪽으로 20 m 걸어갔습니다. 재희가 처음 출발한 자리로 다시 돌아오려면 동쪽으로 몇 m, 남쪽으로 몇 m만큼 걸어가야 합니까?

2   개미 두 마리가 한 점에서 출발하여 각각 화살표 방향으로 기어갑니다. 아래로 가는 개미는 1분에 3 m를 가고, 오른쪽으로 가는 개미는 1분에 2 m를 갈 때 두 개미가 움직인 후 처음 만나게 되는 것은 몇 분 후입니까?

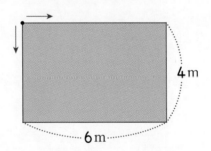

3 수미는 일정한 빠르기로 가는 고장 난 시계를 가지고 있습니다. 오늘 낮 12시에 시계를 정확히 맞춘 후 오후 1시에 보았더니 다음과 같았습니다. 고장 난 시계가 같은 날 오후 6시를 가리키고 있을 때, 실제 시각을 구하시오.

4 1층에서 20층까지 계단을 올라가려고 합니다. 1층에서 6층까지는 한 층의 계단을 올라가는 데 5초씩 걸렸고, 6층에서 15층까지는 8초씩, 15층에서 20층까지는 10초씩 걸렸습니다. 이때 계단을 한 층 올라갈 때마다 10초씩 쉰다면 1층에서 출발하여 20층에 도착할 때까지 걸린 시간은 몇 분 몇 초입니까?

정답과 풀이 80쪽 ▶

5 진호와 정수는 ㉠, ㉡ 두 지점에서 동시에 서로를 향하여 걷기 시작했습니다. 진호는 1분에 60 m를 걷고, 정수는 1분에 30 m를 걷습니다. 두 사람이 중간에 한 번 만나고, 3분 후에 진호가 ㉡에 도착했다면 ㉠과 ㉡ 사이의 거리는 얼마입니까?

6 승호는 집에서 아래와 같이 멈춰있는 시계를 건전지만 바꾸어 움직이도록 한 후 수영장에 갔습니다. 수영장에 도착하니 정확한 시계로 오후 2시 30분이었고, 수영이 끝나고 집으로 출발한 시각은 정확한 시계로 오후 4시였습니다. 집에 도착하니 집에 있는 시계는 오후 4시 10분을 가리키고 있었습니다. 집에서 수영장에 갈 때와 수영장에서 집으로 올 때 걸린 시간이 같을 때, 승호가 집에 도착한 정확한 시각을 구하시오.

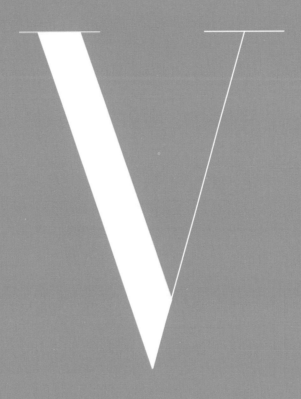

수

13-1. 분수만큼 색칠하기

1 다음은 여러 가지 도형을 나눈 것입니다. $\frac{1}{4}$만큼 색칠할 수 있는 도형을 찾아 알맞게 색칠하시오.

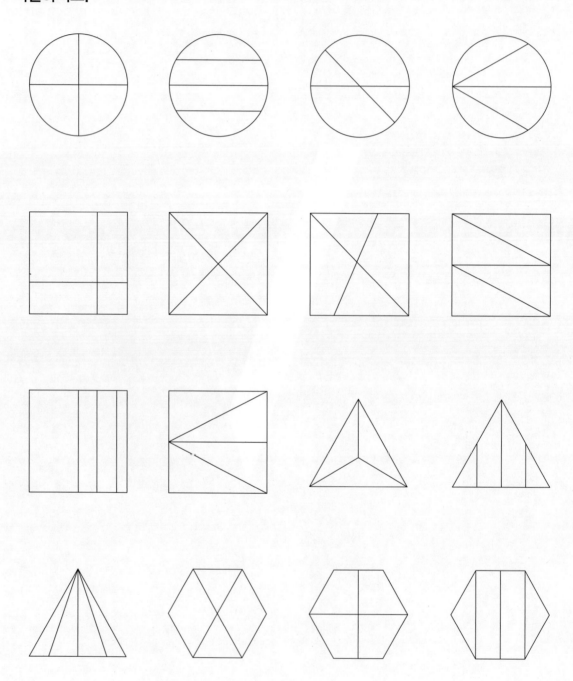

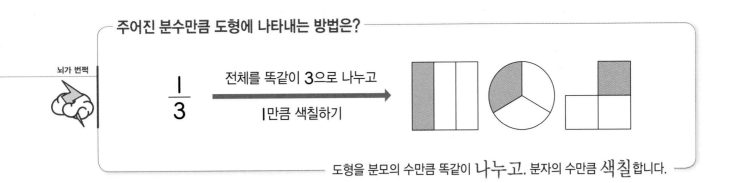

주어진 분수만큼 도형에 나타내는 방법은?

$\frac{1}{3}$ → 전체를 똑같이 3으로 나누고 1만큼 색칠하기

도형을 분모의 수만큼 똑같이 **나누고**, 분자의 수만큼 **색칠**합니다.

최상위 사고력

다음은 세 변의 길이가 같은 삼각형입니다. 삼각형을 분수에 맞게 나누고 색칠하시오.

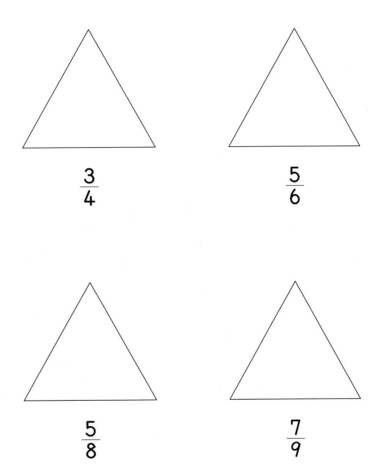

$\frac{3}{4}$

$\frac{5}{6}$

$\frac{5}{8}$

$\frac{7}{9}$

정답과 풀이 82쪽 ▶

13-2. 분수로 나타내기

1 색칠한 부분은 전체를 똑같이 나눈 것 중 얼마인지 분수로 나타내시오.

(1)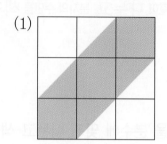

(2)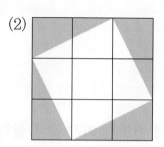

2 다음은 정사각형을 7조각으로 나누어 놓은 칠교판입니다. ㉠＋㉡＋㉢의 조각은 전체의 얼마인지 분수로 나타내시오.

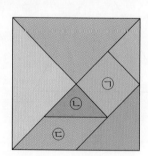

색칠한 부분을 분수로 쉽게 나타낼 수 없을까?

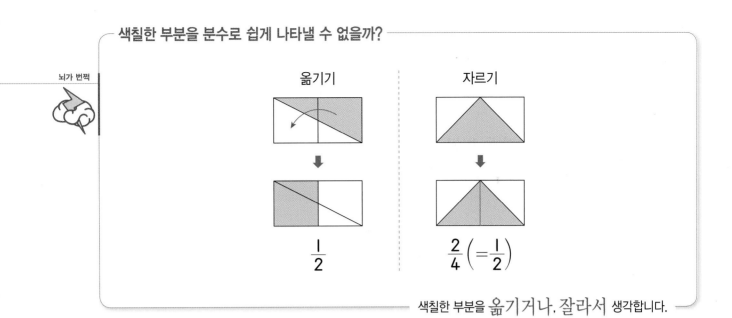

색칠한 부분을 옮기거나, 잘라서 생각합니다.

최상위 사고력 다음은 세 변의 길이가 같은 삼각형을 3등분한 것과 4등분한 것을 겹쳐서 그린 것입니다. 색칠한 부분은 전체의 얼마인지 분수로 나타내시오.

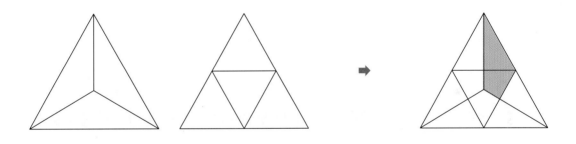

125 V 분수

정답과 풀이 83쪽 ▶

13-3. 작아지는 도형

1 다음은 직사각형을 반씩 나누는 것을 반복한 것입니다. 색칠한 부분은 전체의 얼마인지 분수로 나타내시오.

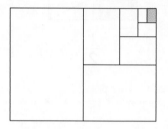

2 다음은 정사각형의 네 변의 가운데를 이어서 작은 정사각형을 계속해서 그린 것입니다. 색칠한 부분은 전체를 똑같이 16으로 나눈 것 중 얼마인지 분수로 나타내시오.

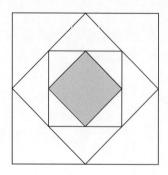

작은 부분이 전체와 비슷한 형태로 끝없이 되풀이되는 구조를 '프랙탈'이라고 합니다. 네 번째 도형에서 색칠한 부분은 전체의 얼마인지 분수로 나타내시오.

첫 번째

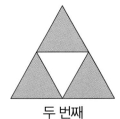
두 번째

세 번째

......

정사각형을 일정한 규칙으로 색칠했습니다. 네 번째 도형에서 세 번째 도형보다 더 색칠한 부분은 전체의 얼마인지 분수로 나타내시오.

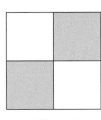

첫 번째

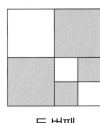
두 번째

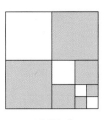
세 번째

......

정답과 풀이 84쪽 ▶

| 경시대회 기출 |

1 색칠한 부분은 전체의 얼마인지 분수로 나타내시오.

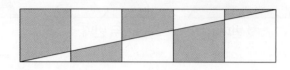

2 색칠한 부분의 크기가 전체의 $\frac{1}{4}$이 아닌 것을 모두 고르시오.

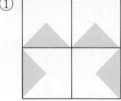 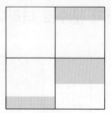 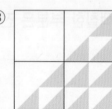

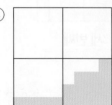

3 칠교판의 7조각 중 몇 조각을 사용하여 오른쪽 모양을 만들었습니다. 오른쪽 모양은 칠교판 전체의 얼마인지 분수로 나타내시오.

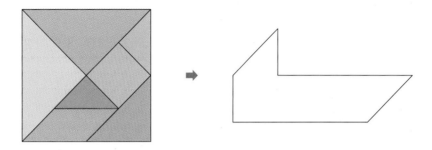

4 정사각형 모양의 종이를 다음과 같이 접고 잘랐습니다. 잘라낸 부분은 자르기 전의 정사각형을 똑같이 16으로 나눈 것 중 얼마인지 분수로 나타내시오.

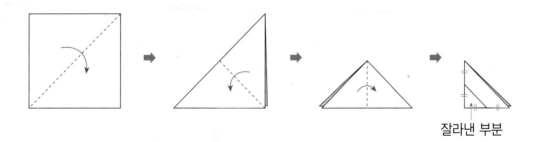

잘라낸 부분

14-1. 크기가 같은 분수

1 위쪽에 있는 수직선의 수를 분자, 아래쪽에 있는 수직선의 수를 분모로 하여 분수를 나타내려고 합니다. 주어진 분수와 크기가 같은 분수를 찾아 선을 그어 나타내고 ☐ 안에 알맞은 수를 써넣으시오.

(1)

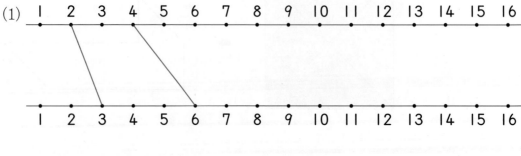

$$\frac{2}{3} = \frac{4}{6} = \frac{\boxed{}}{\boxed{}} = \frac{\boxed{}}{\boxed{}} = \frac{\boxed{}}{\boxed{}}$$

(2)

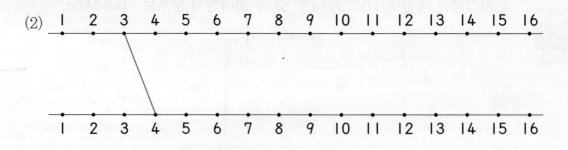

$$\frac{3}{4} = \frac{\boxed{}}{\boxed{}} = \frac{\boxed{}}{\boxed{}} = \frac{\boxed{}}{\boxed{}}$$

크기가 같은 분수는 어떻게 만들까?

분모와 분자에 0이 아닌 같은 수를 곱하기

$$\frac{1}{2} \overset{\times 2 \quad \times 3}{=} \frac{2}{4} = \frac{3}{6}$$

분모와 분자를 0이 아닌 같은 수로 나누기

$$\frac{4}{12} \overset{\div 2 \quad \div 4}{=} \frac{2}{6} = \frac{1}{3}$$

───── 분모와 분자에 같은 수를 **곱하거나** 분자와 분모를 같은 수로 **나눕니다.**

최상위 사고력 A

분모가 두 자리 수인 분수 중에서 $\dfrac{3}{7}$ 과 크기가 같은 분수는 모두 몇 개인지 구하시오.

최상위 사고력 B

분모가 50보다 작은 분수 중에서 $\dfrac{15}{24}$ 와 크기가 같은 분수를 모두 구하시오.

$$\frac{15}{24} = \frac{\square}{\square} = \frac{\square}{\square} = \frac{\square}{\square} = \frac{\square}{\square} = \frac{\square}{\square}$$

14-2. 분수의 크기 비교

1 두 분수의 크기를 비교하여 더 큰 분수를 위의 빈칸에 써넣으시오.

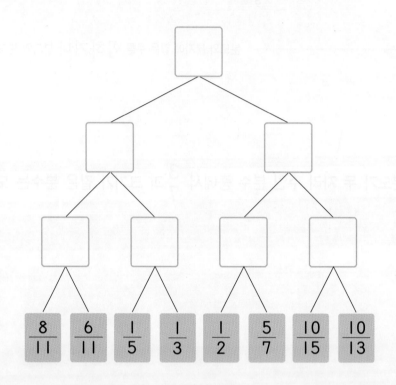

 2 다음 수들을 수직선에 나타낼 때 ㉠보다 왼쪽에 놓이는 분수를 모두 고르시오.

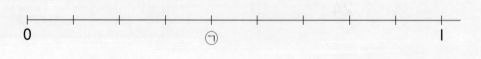

① $\dfrac{2}{5}$ ② $\dfrac{4}{8}$ ③ $\dfrac{5}{9}$ ④ $\dfrac{1}{10}$ ⑤ $\dfrac{2}{6}$

분수의 크기를 비교하는 방법은?

방법1

분모가 같은 분수로 만들기

$$\frac{2}{3}\left(=\frac{6}{9}\right) < \frac{7}{9}$$

➡ 분자가 클수록 큽니다.

방법2

분자가 같은 분수로 만들기

$$\frac{3}{7} > \frac{1}{3}\left(=\frac{3}{9}\right)$$

➡ 분모가 작을수록 큽니다.

방법3

분모와 분자의 차가 같은 분수로 만들기

$$\frac{7}{9} > \frac{3}{4}\left(=\frac{6}{8}\right)$$

➡ 분모(분자)가 클수록 큽니다.

최상위 사고력

다음 분수를 큰 수부터 차례로 쓰시오.

$$\frac{8}{9} \qquad \frac{11}{12} \qquad \frac{2}{5} \qquad \frac{4}{16} \qquad \frac{8}{11}$$

정답과 풀이 88쪽 ▶

14-3. 수 카드로 분수 만들기

1 1부터 9까지의 수를 한 번씩 모두 사용하여 크기가 같은 분수를 2가지 방법으로 만들려고 합니다. □ 안에 알맞은 수를 써넣으시오.

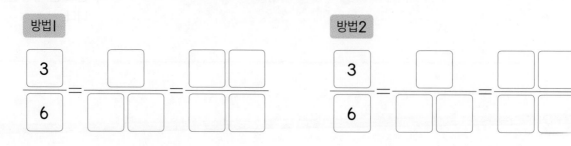

방법1

$$\frac{3}{6} = \frac{\square}{\square\square} = \frac{\square\square}{\square\square}$$

방법2

$$\frac{3}{6} = \frac{\square}{\square\square} = \frac{\square\square}{\square\square}$$

2 다음 수 카드를 한 번씩 모두 사용하여 만들 수 있는 분수 중에서 $\frac{1}{2}$ 보다 크고 1보다 작은 분수를 모두 만드시오.

| 1 | 2 | 3 | 4 |

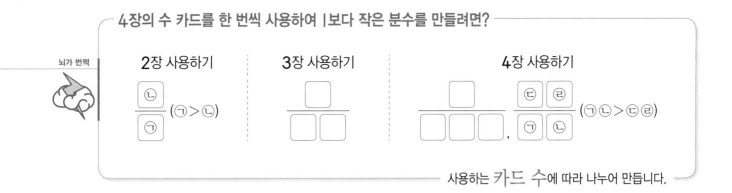

4장의 수 카드를 한 번씩 사용하여 1보다 작은 분수를 만들려면?

2장 사용하기

$\dfrac{\text{ⓛ}}{\text{㉠}}$ (㉠ > ⓛ)

3장 사용하기

4장 사용하기

(㉠ⓛ > ㉢㉣)

사용하는 카드 수에 따라 나누어 만듭니다.

최상위 사고력

다음 수 카드를 한 번씩만 사용하여 만들 수 있는 분수 중에서 1보다 작은 분수는 모두 몇 개인지 구하시오. (단, 수 카드 4장을 모두 사용할 필요는 없으며 분자가 0인 경우는 생각하지 않습니다.)

0 1 2 3

최상위 사고력

| 경시대회 기출 |

1 다음 분수를 작은 수부터 차례로 쓰시오.

$$\frac{17}{20} \qquad \frac{5}{12} \qquad \frac{17}{32} \qquad \frac{21}{42}$$

2 다음 수 카드를 한 번씩만 사용하여 만들 수 있는 분수 중에서 $\frac{1}{3}$ 과 크기가 같은 분수는 모두 몇 개인지 구하시오. (단, 수 카드 4장을 모두 사용할 필요는 없습니다.)

$$\boxed{2} \quad \boxed{3} \quad \boxed{7} \quad \boxed{9}$$

3 ☐ 안에 들어갈 수 있는 수를 구하시오.

$$\frac{2}{7} < \frac{1}{\boxed{}} < \frac{5}{12}$$

4 다음 수 카드 중에서 2장을 골라 만들 수 있는 분수 중에서 $\frac{1}{3}$ 보다 크고 $\frac{4}{5}$ 보다 작은 분수는 모두 몇 개인지 구하시오. (단, $\frac{1}{2}$ 과 $\frac{2}{4}$ 와 같이 크기는 같지만 사용한 수 카드가 다르면 다른 것으로 봅니다.)

문제풀이

| 1 | 2 | 3 | 4 | 5 | 6 |

15-1. 조건에 맞는 분수

1 빈칸에 알맞은 분수를 써넣으시오.

$$\frac{2}{3} \qquad \frac{1}{4} \qquad \frac{3}{5} \qquad \frac{5}{9} \qquad \frac{3}{8} \qquad \frac{4}{7}$$

	$\frac{1}{2}$ 보다 작습니다.	$\frac{1}{2}$ 보다 큽니다.
분모와 분자의 합이 10보다 큽니다.		
분모와 분자의 합이 10보다 작습니다.		

2 $\frac{3}{7}$ 과 크기가 같은 분수 중에서 분모와 분자의 차가 100인 분수를 구하시오.

조건에 맞는 분수를 쉽게 찾는 방법은?

|조건|

• 분모와 분자의 합이 50입니다.

• $\frac{2}{3}$ 와 크기가 같은 분수입니다.

10번째

조건2 $\frac{2}{3}$, $\frac{4}{6}$, $\frac{6}{9}$, $\frac{8}{12}$, $\frac{10}{15}$ ······ $\frac{20}{30}$

↓

조건1 5 10 15 20 25 ······ 50

　　　　+5 +5 +5 +5

조건의 순서에 관계없이 수를 구하기 쉬운 조건부터 이용합니다.

최상위 사고력 A

분모와 분자의 합이 10보다 작은 분수 중에서 $\frac{1}{2}$ 보다 작은 분수는 모두 몇 개인지 구하시오. (단, $\frac{1}{2}$ 과 $\frac{2}{4}$ 와 같이 크기는 같지만 사용한 수가 다르면 다른 것으로 봅니다.)

최상위 사고력 B

다음 |조건|을 모두 만족하는 분수 중에서 가장 큰 분수를 구하시오.

|조건|

• 분모는 두 자리 수입니다.

• 분자는 분모의 각 자리 숫자의 합입니다.

정답과 풀이 93쪽 ▶

15-2. 규칙과 분수

1 일정한 규칙에 따라 분수를 배열한 표입니다. ♥에 알맞은 분수를 구하시오.

	$\frac{1}{2}$		$\frac{1}{3}$	$\frac{2}{3}$	$\frac{3}{3}$	$\frac{1}{4}$			
$\frac{1}{5}$	$\frac{2}{5}$								
									♥

2 다음과 같은 규칙으로 분수를 늘어놓았습니다. 13번째에 놓일 분수를 구하시오.

$$\frac{1}{2},\ \frac{2}{3},\ \frac{3}{5},\ \frac{5}{8},\ \frac{8}{13}\ \cdots\cdots$$

① 분모와 분자로 나누어 규칙을 찾습니다.

$$\frac{1}{2}, \frac{3}{5}, \frac{5}{8}, \frac{7}{11}, \frac{9}{14} \cdots\cdots$$

➡ 분자는 2씩 커지고, 분모는 3씩 커집니다.

② 분모와 분자의 관계를 찾습니다.

$$\frac{3}{12}, \frac{6}{15}, \frac{9}{18}, \frac{12}{21}, \frac{15}{24} \cdots\cdots$$

➡ 분모와 분자의 차가 9입니다.

최상위 사고력

다음과 같은 규칙으로 분수를 늘어놓았습니다. $\dfrac{4}{11}$는 몇 번째 분수인지 구하시오.

$$\frac{1}{1}, \frac{1}{2}, \frac{2}{1}, \frac{1}{3}, \frac{2}{2}, \frac{3}{1}, \frac{1}{4}, \frac{2}{3}, \frac{3}{2}, \frac{4}{1}, \frac{1}{5}, \frac{2}{4}, \frac{3}{3}, \frac{4}{2}, \frac{5}{1} \cdots\cdots$$

정답과 풀이 95쪽 ►

15-3. 분수를 이용한 문장제

1 민수, 희영, 지민, 영호가 달리기 시합을 합니다. 네 명이 동시에 출발하여 1분 동안 민수는 거리 전체의 $\dfrac{8}{9}$만큼, 희영은 $\dfrac{11}{12}$만큼, 지민은 $\dfrac{2}{5}$만큼, 영호는 $\dfrac{8}{11}$만큼 갔습니다. 네 명 중 세 번째로 달리고 있는 사람은 누구인지 구하시오.

땀이 뻘뻘

2 지우네 집에서 학교까지 가는 길에 문구점과 도서관이 차례로 있습니다. 집에서 도서관까지는 $80\,\text{m}$ 떨어져 있고, 문구점에서 학교까지도 $80\,\text{m}$ 떨어져 있습니다. 문구점에서 도서관까지의 거리는 집에서 학교까지의 거리의 $\dfrac{1}{7}$일 때 집에서 학교까지의 거리는 몇 m인지 구하시오. (단, 모든 건물은 일직선 상에 있습니다.)

분수를 이용하는 문장제 문제는 어떻게 풀까?

㉠ 케이크를 첫째 날 $\frac{1}{2}$을 먹고 둘째 날 나머지의 $\frac{1}{3}$을 먹었더니 4조각이 남았습니다.

처음에 있던 케이크는 몇 조각인지 구하시오.

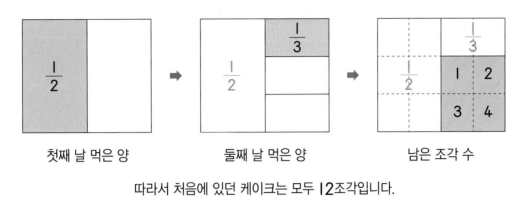

| 첫째 날 먹은 양 | 둘째 날 먹은 양 | 남은 조각 수 |

따라서 처음에 있던 케이크는 모두 **12**조각입니다.

그림을 그린 후 전체와 부분의 관계를 이용합니다.

최상위 사고력

수지는 가지고 있던 돈의 $\frac{1}{2}$로 필통을 사고, 남은 돈의 $\frac{2}{3}$로 공책을 샀습니다. 다시 남은 돈의 $\frac{2}{3}$로 연필을 샀더니 200원이 남았습니다. 수지가 처음에 가지고 있던 돈은 얼마인지 구하시오.

1 분모와 분자의 합이 20인 분수 중에서 $\frac{1}{2}$ 보다 작은 분수는 모두 몇 개인지 구하시오.

2 소희, 정우, 하영이는 피자를 나누어 먹었습니다. 소희는 전체의 $\frac{2}{9}$ 를 먹었고, 정우는 소희의 3배를 먹었습니다. 하영이는 소희와 정우가 먹고 남은 피자의 절반을 먹었을 때 남은 피자는 전체의 얼마인지 분수로 나타내시오.

| 경시대회 기출 |

3

분모는 1부터 9까지의 수 중 하나이고, 분자는 1부터 5까지의 수 중 하나인 분수를 수직선의 0과 1 사이에 점으로 표시하려고 합니다. 직선에 표시할 수 있는 서로 다른 점은 모두 몇 개인지 구하시오.

0 —————————————————————— 1

| 경시대회 기출 |

4

다음과 같은 규칙으로 분수를 늘어놓았습니다. 50번째에 놓일 분수를 구하시오.

$$\frac{1}{2},\ \frac{1}{4},\ \frac{2}{3},\ \frac{1}{6},\ \frac{2}{5},\ \frac{3}{4},\ \frac{1}{8},\ \frac{2}{7},\ \frac{3}{6},\ \frac{4}{5},\ \frac{1}{10},\ \frac{2}{9},\ \frac{3}{8},\ \frac{4}{7},\ \frac{5}{6}\ \cdots\cdots$$

정답과 풀이 97쪽 ▶

1   다음은 세 변의 길이가 같은 삼각형입니다. 삼각형을 분수에 맞게 나누고 색칠하시오.

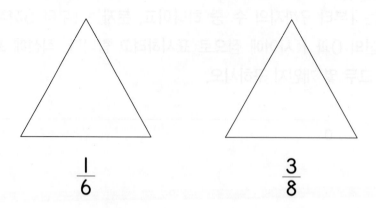

$$\frac{1}{6}$$ $$\frac{3}{8}$$

2   색칠한 부분은 전체를 똑같이 24로 나눈 것 중 얼마인지 분수로 나타내시오.

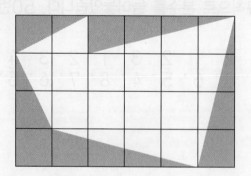

3 분모가 두 자리 수인 분수 중에서 $\frac{1}{6}$과 크기가 같은 분수는 모두 몇 개인지 구하시오.

4 다음 수 카드 중에서 2장을 골라 만들 수 있는 분수 중에서 $\frac{1}{2}$보다 작은 분수는 모두 몇 개인지 구하시오.

| 1 | 3 | 4 | 6 | 8 |

5 칠교판의 7조각 중 몇 조각을 사용하여 오른쪽 모양을 만들었습니다. 오른쪽 모양은 칠교판 전체의 얼마인지 분수로 나타내시오.

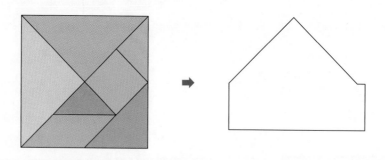

6 A_0용지를 반으로 자른 크기의 종이가 A_1용지이고, A_1용지를 반으로 자른 크기의 종이가 A_2용지, A_2용지를 반으로 자른 크기의 종이가 A_3용지가 된다고 합니다. A_6용지의 크기는 A_2용지의 크기의 얼마인지 분수로 나타내시오.

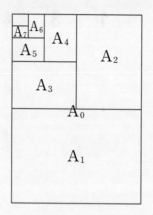

MEMO

최상위
연산
수학

1~6학년(학기용)

단순 계산이 아닌
수학 원리를
알아가는
수학 공부의 첫 걸음,
같아 보이지만
완전히 다른 연산!

디딤돌

초등수학은 디딤돌!

아이의 학습 능력과 학습 목표에 따라
맞춤 선택을 할 수 있도록
다양한 교재를 제공합니다.

문제해결력 강화 문제유형, 응용

개념 다지기 원리, 기본

연산력 강화

최상위 연산

개념 + 문제해결력 강화를 동시에

기본+유형, 기본+응용

정답과 풀이

초등 **3A**

상위권의 기준

최상위 사고력

초등 3A

수학 좀 한다면

디딤돌

I 연산 (1)

최상위 사고력 1 세 자리 수 계산하기
| 10~17쪽

1-1. 여러 가지 방법으로 계산하기

1 (1) $496+145=500+141=641$

$$4 \quad 141$$

$$+6$$

(2) $294+547=300+541=841$

$$-6$$

(3) $236+197=436-3=433$

$$200 \quad -3$$

최상위 사고력

(1) 방법1 $675-289=675-300+11$

$$300 \quad -11=375+11=386$$

방법2 $675-289=600-289+75$

$$600 \quad 75 \quad =311+75=386$$

$$+11$$

방법3 $675-289=686-300=386$

$$-11$$

(2) 방법1 예 468에서 200을 뺀 다음 21을
더 뺏으므로 다시 더합니다.

$$468-179=468-200+21$$
$$=268+21=289$$

방법2 예 400에서 179를 뺀 다음 68을
더합니다.

$$468-179=400-179+68$$
$$=221+68$$
$$=289$$

1-2. 간단하게 계산하기

1 (1) 2269 (2) 12 (3) 4995 (4) 8955

최상위 사고력 A **202**

최상위 사고력 B **5, 0**

1-3. 수 카드로 만든 수의 합 구하기

1 (1) 1332 (2) 888 (3) 2321

최상위 사고력 A **6660**

최상위 사고력 B $(1, 2, 7), (1, 3, 6), (1, 4, 5), (2, 3, 5)$

최상위 사고력

1 172개

2 ⓒ, ⓛ, ⓐ

3 2664

4 190

최상위 사고력 2 식 완성하기
| 18~25쪽

2-1. 벌레 먹은 셈

1 4, 7, 9, 1

2 예

```
  6 5 9        5 4 6
+ 8 7 4      + 9 8 7
─────        ─────
1 5 3 3      1 5 3 3
```

최상위 사고력 A ⓐ=5, ⓛ=9, ⓒ=1

최상위 사고력 B 649, 578

2-2. 계산 결과의 최소

1
```
  8 7 6        8 7 5
- 3 4 5      - 3 4 6
─────        ─────
5 3 1 ,      5 2 9 ,
```
```
  8 7 6        8 7 4
- 3 5 4      - 3 5 6
─────        ─────
5 2 2 ,      5 1 8
```
```
  8 6 7        8 7 5
- 3 5 4      - 3 6 4
─────        ─────
5 1 3 ,      5 1 1
```

2 7

2-3. 조건을 만족하는 식

1 예

```
    1 5
    3 6
  + 4 7
    9 8
  +   2
  1 0 0
```

2 125

예

```
        5
      8 4
    + 9 7 3
    1 0 6 2
```

예

```
        3
      4 5
    + 9 7 8
    1 0 2 6
```

| 최상위 사고력 |

1
```
    1 0 0
  −    9 9
        1
  + 9 9 9
  1 0 0 0
```

2 예 124 + 35 − 98, 61

3 12

4 623

식 세우기

|26∼33쪽|

3-1. 복면산

1 1310, 1710

2 예

```
    6 3 8
    6 7 8
  + 6 9 8
  2 0 1 4
```

3-2. 자릿수가 바뀐 수

1 11   **2** 98   ^{최상위 사고력} 40개

3-3. 뒤집힌 수 카드

1 2, 3   **2** 1, 2, 8, 9

| 최상위 사고력 |

1 (1) 0, 1, 9 / 예

```
    9 0 0
  + 1 0 0
  1 0 0 0
```

(2) 1, 8, 9 /
```
    9 9 9
    9 9 9
  1 9 9 8
```

2 ㄱ=1, ㄴ=4, ㄷ=2, ㄹ=7

3 1056, 1058, 1078

Review I   연산 (1)

|34∼36쪽|

1 (1) 10 (2) 132   **2** 5

3 1776   **4** 7

5 152, 263, 374, 485, 596

6 예

```
    1 8 3
  + 5 4 6
    7 2 9
```

II 도형

4-1. 직각삼각형의 개수

1 13개　　　**2** 9개　　　최상위 사고력 15개

4-2. 정사각형의 개수

1
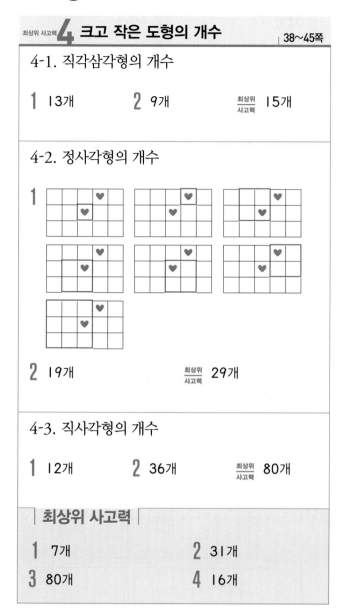

2 19개　　　최상위 사고력 29개

4-3. 직사각형의 개수

1 12개　　　**2** 36개　　　최상위 사고력 80개

│ 최상위 사고력 │

1 7개　　　　　**2** 31개

3 80개　　　　　**4** 16개

5-1. 선분, 직선, 반직선의 개수

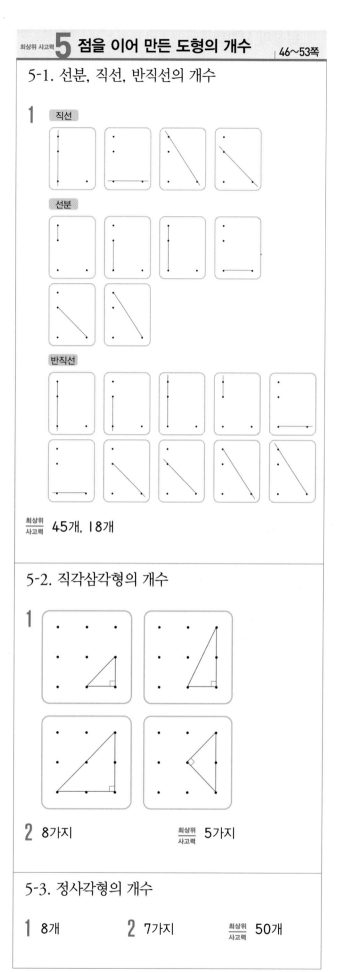

최상위 사고력 45개, 18개

5-2. 직각삼각형의 개수

2 8가지　　　최상위 사고력 5가지

5-3. 정사각형의 개수

1 8개　　　**2** 7가지　　　최상위 사고력 50개

1 21개, 15개   **2** 7가지

3

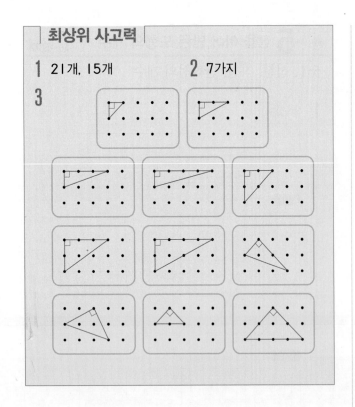

1 3 cm   **2** 40 cm

3 22 cm   **4** 42 cm

최상위 사고력 **7** 도형 채우기와 도형 붙이기 | 62~69쪽

7-1. 서로 다른 조각으로 도형 채우기

1

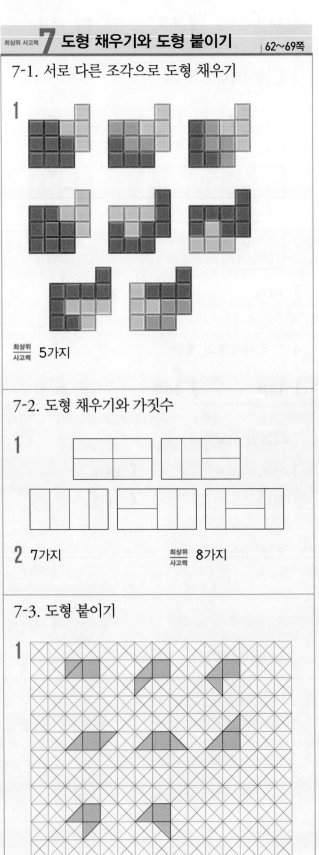

최상위 사고력 5가지

7-2. 도형 채우기와 가짓수

1

2 7가지   최상위 사고력 8가지

7-3. 도형 붙이기

1

최상위 사고력 **6** 도형과 길이 | 54~61쪽

6-1. 정사각형의 변의 길이

1 가: 15 cm, 나: 9 cm, 다: 6 cm, 라: 3 cm

2 7 cm

최상위 사고력 (1) 18 cm   (2) 22 cm

6-2. 직사각형의 변의 길이

1 96 cm   **2** 20 cm

최상위 사고력 24 cm

6-3. 도형의 둘레

1 (예)

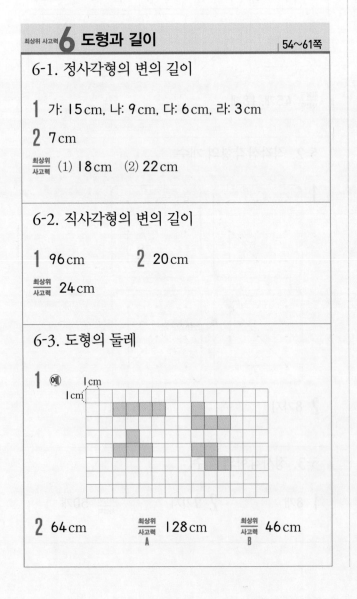

2 64 cm   최상위 사고력 A 128 cm   최상위 사고력 B 46 cm

최상위
사고력 14가지

| 최상위 사고력 |

1 (예)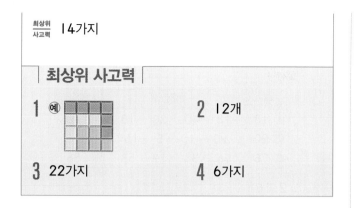

2 12개

3 22가지

4 6가지

Review Ⅱ 도형 | 70~72쪽

1 18 cm

2 21개

3 60 cm

4 ③

5 20개

6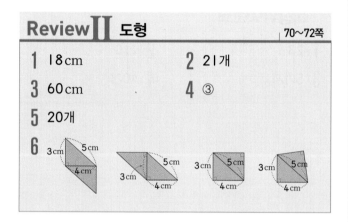

Ⅲ 연산 (2)

최상위 사고력 **8** 곱셈 | 74~81쪽

8-1. 곱셈식 완성하기

1

$\begin{array}{r} 9\ 2 \\ \times\ \ 8 \\ \hline 7\ 3\ 6 \end{array}$ $\begin{array}{r} 8\ 4 \\ \times\ \ 9 \\ \hline 7\ 5\ 6 \end{array}$ $\begin{array}{r} 9\ 7 \\ \times\ \ 8 \\ \hline 7\ 7\ 6 \end{array}$

2 5가지

최상위
사고력

(1) $\begin{array}{r} 5\ 4 \\ \times\ \ 3 \\ \hline 1\ 6\ 2 \end{array}$ (2) $\begin{array}{r} 3\ 7 \\ \times\ \ 9 \\ \hline 3\ 3\ 3 \end{array}$

8-2. 곱셈 복면산

1 $\begin{array}{r} 7\ 4 \\ \times\ \ \ 6 \\ \hline 4\ 4\ 4 \end{array}$ 2 $\begin{array}{r} 6\ 8 \\ \times\ \ \ 3 \\ \hline 2\ 0\ 4 \end{array}$

최상위
사고력 9개

8-3. 조건에 맞는 수

1 8월 15일

2 52, 92

최상위
사고력
A 16

최상위
사고력
B ㉠=45, ㉡=7

| 최상위 사고력 |

1 A=4, B=1, C=7, D=2

2 96

3 112

4 ●=2, ▲=4, ■=7

최상위 사고력 **9** 곱셈과 나눗셈 | 82~89쪽

9-1. 나눗셈식 만들기

1 56

2 8÷2=4, 8÷4=2, 16÷2=8, 16÷8=2,
12÷3=4, 12÷4=3, 15÷3=5, 15÷5=3

최상위
사고력 54

9-2. 조건과 수

1 42

2 54

최상위
사고력 ㉠=36, ㉡=4, ㉢=3

9-3. 연산 퍼즐

1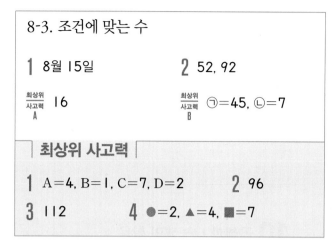

최상위
사고력
A (예) 1+7=8
9−6=3
20÷4=5

최상위
사고력
B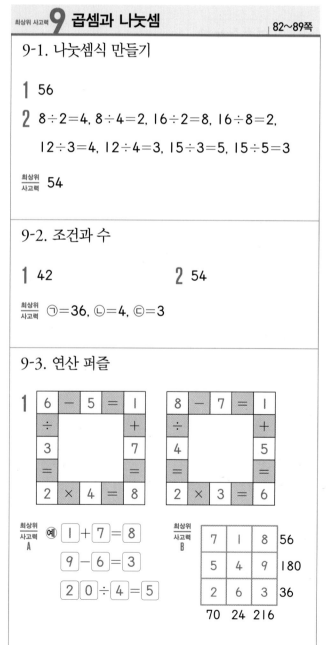

1 9가지 **2** 9

3 예) $63 \div 9 = 7$, $7 \times 4 = 28$

4 ㉠$=6$, ㉡$=4$, ㉢$=2$, ㉣$=1$, ㉤$=7$

최상위 사고력 **10** 곱셈과 나눗셈의 활용 90~97쪽

10-1. 수 배열과 합

1 1622 **2** 980 최상위 사고력 **12**

10-2. 연속수의 합

1

수	연속수의 합	수	연속수의 합
1	×	11	5+6
2	×	12	3+4+5
3	1+2	13	6+7
4	×	14	2+3+4+5
5	2+3	15	1+2+3+4+5 / 4+5+6 / 7+8
6	1+2+3	16	×
7	3+4	17	8+9
8	×	18	3+4+5+6 / 5+6+7
9	2+3+4 / 4+5	19	9+10
10	1+2+3+4	20	2+3+4+5+6

2 $63 = \boxed{31} + \boxed{32}$

$63 = \boxed{20} + \boxed{21} + \boxed{22}$

$63 = \boxed{6} + \boxed{7} + \boxed{8} + \boxed{9} + \boxed{10} + \boxed{11} + \boxed{12}$

$63 = \boxed{3} + \boxed{4} + \boxed{5} + \boxed{6} + \boxed{7} + \boxed{8} + \boxed{9} + \boxed{10} + \boxed{11}$

최상위 사고력 A $35 = 17 + 18$, $35 = 5 + 6 + 7 + 8 + 9$,

$35 = 2 + 3 + 4 + 5 + 6 + 7 + 8$

최상위 사고력 B 17개

10-3. 거꾸로 생각하기

1 1 최상위 사고력 71개

2 (1)

수	과정	나오는 수
① 13	13 → 40 → 20 → 10	10
② 20	20 → 10 → 5 → 16	16
③ 76	76 → 38 → 19 → 58	58

(2) 2, 16

1 23 **2** 110

3 5가지 **4** 40개

Review **III** 연산 (2) 98~100쪽

1 (1)

$$\begin{array}{r} 2\,\boxed{7} \\ \times \quad 4 \\ \hline \boxed{1}\,0\,8 \end{array}$$

(2)

$$\begin{array}{r} 3\,\boxed{6} \\ \times \quad \boxed{9} \\ \hline 3\,2\,\boxed{4} \end{array}$$

2 5개 **3** 846

4 ●$=6$, ▲$=5$, ■$=4$

5 32

6 $30 = 6 + 7 + 8 + 9$, $30 = 9 + 10 + 11$,

$30 = 4 + 5 + 6 + 7 + 8$

IV 측정

V 수

분수의 의미

13-1. 분수만큼 색칠하기

1 예

최상위 사고력 예

$\dfrac{3}{4}$　　$\dfrac{5}{6}$

$\dfrac{5}{8}$　　$\dfrac{7}{9}$

13-2. 분수로 나타내기

1 (1) $\dfrac{5}{9}$　(2) $\dfrac{4}{9}$　**2** $\dfrac{5}{16}$

최상위 사고력 $\dfrac{5}{24}$

13-3. 작아지는 도형

1 $\dfrac{1}{128}$　**2** $\dfrac{2}{16}$

최상위 사고력 A $\dfrac{27}{64}$　최상위 사고력 B $\dfrac{2}{256}\left(=\dfrac{1}{128}\right)$

최상위 사고력

1 $\dfrac{1}{2}$　　**2** ③, ⑤

3 $\dfrac{8}{16}\left($또는 $\dfrac{2}{4}, \dfrac{1}{2}\right)$　**4** $\dfrac{4}{16}$

최상위 사고력## 분수의 크기 비교

14-1. 크기가 같은 분수

1 (1)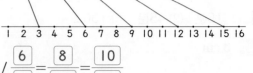

$/\ \dfrac{6}{9}=\dfrac{8}{12}=\dfrac{10}{15}$

(2)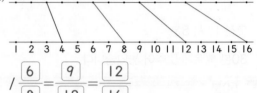

$/\ \dfrac{6}{8}=\dfrac{9}{12}=\dfrac{12}{16}$

최상위 사고력 A 13개

최상위 사고력 B $\dfrac{5}{8}=\dfrac{10}{16}=\dfrac{20}{32}=\dfrac{25}{40}=\dfrac{30}{48}$

14-2. 분수의 크기 비교

1 (위에서부터) $\dfrac{10}{13}$ / $\dfrac{8}{11}, \dfrac{10}{13}$ / $\dfrac{8}{11}, \dfrac{1}{3}, \dfrac{5}{7}, \dfrac{10}{13}$

2 ①, ④, ⑤　최상위 사고력 $\dfrac{11}{12}, \dfrac{8}{9}, \dfrac{8}{11}, \dfrac{2}{5}, \dfrac{4}{16}$

14-3. 수 카드로 분수 만들기

1 방법1 $\dfrac{7}{14}=\dfrac{29}{58}$

방법2 $\dfrac{9}{18}=\dfrac{27}{54}$

2 $\dfrac{13}{24}, \dfrac{14}{23}, \dfrac{21}{34}, \dfrac{23}{41}, \dfrac{24}{31}, \dfrac{31}{42}, \dfrac{32}{41}$

최상위 사고력 33개

최상위 사고력

1 $\dfrac{5}{12}, \dfrac{21}{42}, \dfrac{17}{32}, \dfrac{17}{20}$　**2** 2개

3 3　　**4** 8개

최상위 사고력 3A　**8**

15 분수의 활용

15-1. 조건에 맞는 분수

1 (위에서부터) $\frac{3}{8}$ / $\frac{5}{9}$, $\frac{4}{7}$ / $\frac{1}{4}$ / $\frac{2}{3}$, $\frac{3}{5}$

2 $\frac{75}{175}$

최상위 사고력 **A** 9개

최상위 사고력 **B** $\frac{10}{19}$

15-2. 규칙과 분수

1 $\frac{2}{8}$ **2** $\frac{377}{610}$

최상위 사고력 95번째

15-3. 분수를 이용한 문장제

1 영호 **2** 140 m

최상위 사고력 3600원

최상위 사고력

1 6개 **2** $\frac{1}{18}$

3 23개 **4** $\frac{5}{16}$

Review V 수

1 ㉖
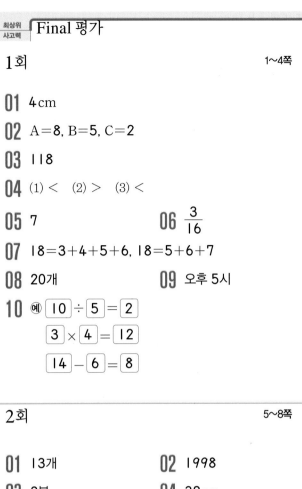
$\frac{1}{6}$ $\frac{3}{8}$

2 $\frac{9}{24}$ **3** 15개

4 5개 **5** $\frac{10}{16}$ (또는 $\frac{5}{8}$)

6 $\frac{1}{16}$

Final 평가

1회

01 4 cm

02 A=8, B=5, C=2

03 118

04 (1) < (2) > (3) <

05 7 **06** $\frac{3}{16}$

07 18=3+4+5+6, 18=5+6+7

08 20개 **09** 오후 5시

10 ㉖ $\boxed{10} \div \boxed{5} = \boxed{2}$
$\boxed{3} \times \boxed{4} = \boxed{12}$
$\boxed{14} - \boxed{6} = \boxed{8}$

2회

01 13개 **02** 1998

03 2분 **04** 32 cm

05 270 mm **06** 200 m

07 32개

08 ㉖ $\boxed{1} \times \boxed{2} \times \boxed{7} = \boxed{5} + \boxed{9}$
$\boxed{6} \div \boxed{3} = \boxed{8} \div \boxed{4}$

09 8가지 **10** 오전 11시 15분

I 연산 (1)

세 자리 수의 덧셈, 뺄셈은 물건 값을 계산하거나 어느 학교의 전체 학생수를 계산하는 등 생활 속에서 자주 접하게 됩니다. 연산 활동은 일상생활 속에서 정확하고 효율적으로 계산하고 합리적으로 수학적 판단을 내리기 위한 가장 기본이 되는 학습 요소이므로 **1** 세 자리 수 계산하기에서는 세 자리 수의 효율적인 계산에 대해 학습합니다.

2 식 완성하기, **3** 식 세우기에서는 세 자리 수의 계산 능력을 바탕으로 벌레 먹은 셈, 복면산 등과 같이 주어진 조건에 맞게 식을 완성하거나 모르는 수를 구하는 등의 수 감각을 요구하는 문제들을 다룹니다. 어느 수부터 찾아야 하고, 문자가 어떤 수라고 예상하고 확인하는 등의 다양한 사고 과정을 경험하여 수학적 사고력을 한 층 더 높이 키울 수 있도록 합니다.

최상위 사고력 **1** **세 자리 수 계산하기**

1-1. 여러 가지 방법으로 계산하기
10~11쪽

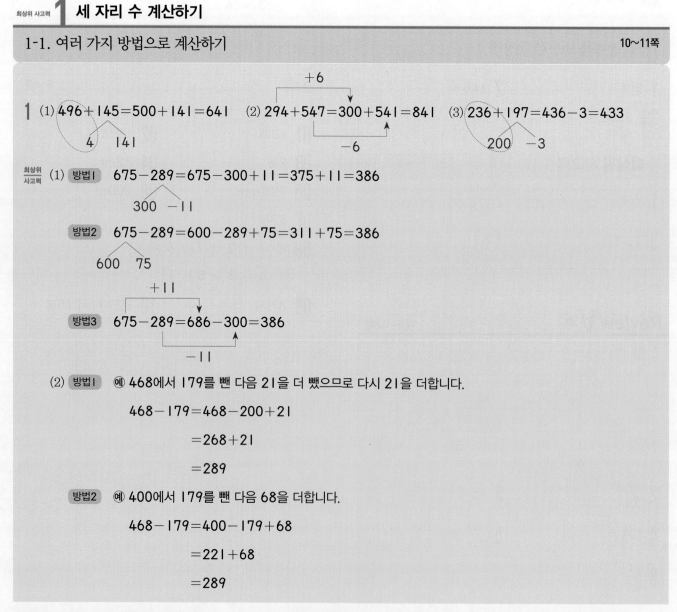

1 (1) $496+145=500+141=641$ (2) $294+547=300+541=841$ (3) $236+197=436-3=433$

최상위 사고력 (1) 방법1 $675-289=675-300+11=375+11=386$

          방법2 $675-289=600-289+75=311+75=386$

          방법3 $675-289=686-300=386$

   (2) 방법1   예 468에서 179를 뺀 다음 21을 더 뺐으므로 다시 21을 더합니다.

$$468-179=468-200+21$$
$$=268+21$$
$$=289$$

          방법2   예 400에서 179를 뺀 다음 68을 더합니다.

$$468-179=400-179+68$$
$$=221+68$$
$$=289$$

저자 톡! 여러 가지 방법으로 계산하기는 교과서에서도 등장하는 내용이며 사고력 수학에서도 매우 중요하게 다루는 주제 중의 하나입니다. 주어진 두 수에 따라 계산하는 방법이 다를 수 있지만 모두 받아올림, 받아내림을 적게 하는 효율적인 방법으로 계산하도록 합니다.

1 (1) 198을 200으로 만들어 계산하기 위해 326을 324와 2로 가른 후 2와 198을 모으기 한 200과 324를 더하는 방법입니다.

(2) 193을 200으로 만들어 계산하기 위해 193에 7을 더한 수와 252에서 7을 뺀 수를 더하는 방법입니다.

(3) 295를 300보다 5 작은 수로 생각하여 135와 300을 더한 후 5만큼 빼는 방법입니다.

해결 전략
주어진 3가지 방법의 계산은 모두 두 수 중 몇백에 더 가까운 수를 몇백으로 만들어 계산하는 방법입니다.

1-2. 간단하게 계산하기

12~13쪽

1 (1) 2269 (2) 12 (3) 4995 (4) 8955

최상위
사고력 **202**
A

최상위
사고력 **5, 0**
B

저자 톡! 앞에서는 두 수를 간단히 계산하는 방법을 찾았다면 이번에는 여러 개의 수를 간단히 계산하는 방법을 찾습니다. 주어진 수를 앞에서부터 차례로 계산하기보다 받아올림, 받아내림을 적게 하는 규칙을 찾아 간단히 계산하도록 합니다.

1 (1) 합이 1000이 되는 두 수씩 묶어 계산합니다.

$$727+546+273+454+269=1000+1000+269=2269$$

보충 개념
뺄셈에서도 두 수씩 묶어서 몇십 또는 몇백을 만들어 계산할 수 있습니다.

(2) 두 번째 수부터 차례로 두 수씩 묶어 100을 만들어 계산합니다.

$$612-81-19-80-20-79-21-78-22-77-23-76-24$$

$$=612-100-100-\cdots\cdots-100=612-600=12$$

6개

(3) 9개 수의 각 자리 숫자를 살펴보면 각 자리에 1부터 9까지의 수가 모두 1개씩 있습니다. 따라서 백의 자리 숫자, 십의 자리 숫자, 일의 자리 숫자끼리 계산한 후 모두 더합니다.

백의 자리 숫자끼리의 합: $(1+2+3+\cdots\cdots+8+9)\times100$
$$=45\times100=4500$$

십의 자리 숫자끼리의 합: $(1+2+3+\cdots\cdots+8+9)\times10$
$$=45\times10=450$$

일의 자리 숫자끼리의 합: $1+2+3+\cdots\cdots+8+9=45$

➡ $4500+450+45=4995$

보충 개념
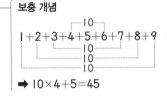
➡ $10\times4+5=45$

(4) 1000을 기준수로 하여 주어진 수를 바꾸어 계산합니다.

$$999+998+997+996+995+994+993+992+991$$
$$=(1000-1)+(1000-2)+(1000-3)+\cdots\cdots+(1000-8)$$
$$+(1000-9)$$
$$=1000+1000+\cdots\cdots+1000-1-2-3-\cdots\cdots-8-9$$

9개   ➡ $-(1+2+3+\cdots\cdots+8+9)$

$$=9000-45=8955$$

해결 전략
크기가 비슷한 수를 더할 때에는 계산하기 쉬운 기준수를 정하여 계산합니다.

최상위 사고력 A 앞에서부터 수를 8개씩 묶으면 12묶음이 되고 뒤의 수 4개가 남습니다.

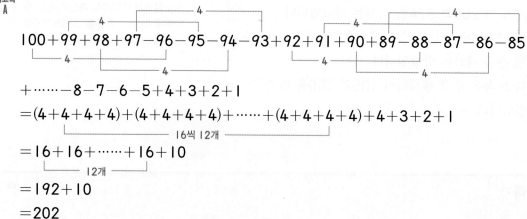

$$+\cdots\cdots-8-7-6-5+4+3+2+1$$
$$=(4+4+4+4)+(4+4+4+4)+\cdots\cdots+(4+4+4+4)+4+3+2+1$$
16씩 12개

$$=16+16+\cdots\cdots+16+10$$
12개

$$=192+10$$
$$=202$$

최상위 사고력 B 더한 값의 십의 자리 숫자와 일의 자리 숫자를 구하는 것이므로 100은 더하지 않고 101부터 199까지 99개의 수를 더합니다.
150을 제외하고 합이 300이 되는 두 수씩 짝지을 수 있습니다.

$$101+102+\cdots\cdots+149+150+151+\cdots\cdots+198+199$$
300
300
300

300을 49번 더한 값의 십의 자리 숫자와 일의 자리 숫자는 0이므로 150을 더하면 십의 자리 숫자는 5, 일의 자리 숫자는 0인 수가 됩니다.
따라서 100부터 199까지의 수를 모두 더한 값의 십의 자리 숫자는 5이고, 일의 자리 숫자는 0입니다.

보충 개념
300을 여러 번 더한 값의 십의 자리 숫자와 일의 자리 숫자는 모두 0입니다.
$$300\times2=6\underline{00}$$
$$300\times3=9\underline{00}$$
$$300\times4=12\underline{00}$$
$$\vdots$$

다른 풀이
100부터 199까지의 100개의 수의 십의 자리 숫자가 나타내는 수와 일의 자리 수의 합을 계산한 후 모두 더합니다.
십의 자리 수의 합: $(0+1+2+\cdots\cdots+8+9)\times10\times10=450\times10=4500$
일의 자리 수의 합: $(0+1+2+\cdots\cdots+8+9)\times10=45\times10=450$
➡ $4500+450=4950$
따라서 100부터 199까지의 수를 모두 더한 값의 십의 자리 숫자는 5이고, 일의 자리 숫자는 0입니다.

보충 개념
100개 수의 십의 자리 숫자와 일의 자리 숫자를 살펴보면 0부터 9까지의 숫자가 모두 10개씩 있습니다.

1-3. 수 카드로 만든 수의 합 구하기
14~15쪽

1 (1) 1332 (2) 888 (3) 2321

최상위 사고력 A 6660

최상위 사고력 B (1, 2, 7), (1, 3, 6), (1, 4, 5), (2, 3, 5)

저자 톡! 주어진 수 카드로 만들 수 있는 모든 세 자리 수를 찾고, 그 수들을 더해 봅니다. 이 과정을 통해 앞에서와 같이 여러 수를 간단히 계산하는 방법을 찾아 효율적으로 계산하도록 합니다.

1 (1) 3장의 수 카드로 만들 수 있는 세 자리 수는 123, 132, 213, 231, 312, 321로 모두 6개입니다.

해결 전략
만들 수 있는 세 자리 수를 모두 구한 다음 같은 자리 수끼리 더하여 계산합니다.

백의 자리 수끼리의 합: $(1+2+3) \times 2 \times 100 = 1200$

십의 자리 수끼리의 합: $(1+2+3) \times 2 \times 10 = 120$

일의 자리 수끼리의 합: $(1+2+3) \times 2 = 12$

➡ $1200+120+12=1332$

(2) 3장의 수 카드로 만들 수 있는 세 자리 수는 233, 323, 332로 모두 3개입니다.

백의 자리 수끼리의 합: $(2+3+3) \times 100 = 800$

십의 자리 수끼리의 합: $(3+2+3) \times 10 = 80$

일의 자리 수끼리의 합: $3+3+2=8$

➡ $800+80+8=888$

(3) 3장의 수 카드로 만들 수 있는 세 자리 수는 407, 470, 704, 740으로 모두 4개입니다.

주의
가장 높은 자리에 0은 올 수 없습니다.

백의 자리 수끼리의 합: $(4+4+7+7) \times 100 = 2200$

십의 자리 수끼리의 합: $(7+4) \times 10 = 110$

일의 자리 수끼리의 합: $7+4=11$

➡ $2200+110+11=2321$

최상위 사고력

A 만들 수 있는 수를 각 자리에 맞추어 쓰면 각 자리에 1, 2, 3, 4가 몇 번씩 사용되었는지 알 수 있습니다.

〈백의 자리 숫자: 1〉	〈백의 자리 숫자: 2〉	〈백의 자리 숫자: 3〉	〈백의 자리 숫자: 4〉
123	213	312	412
124	214	314	413
132	231	321	421
134	234	324	423
142	241	341	431
143	243	342	432

각 자리에 1, 2, 3, 4가 6번씩 사용되므로 각 자리 수끼리 더합니다.

백의 자리 수끼리의 합: $(1+2+3+4) \times 6 \times 100 = 6000$

십의 자리 수끼리의 합: $(1+2+3+4) \times 6 \times 10 = 600$

일의 자리 수끼리의 합: $(1+2+3+4) \times 6 = 60$

따라서 만들 수 있는 모든 세 자리 수의 합은 $6000+600+60=6660$ 입니다.

0이 아닌 수 카드 3장으로 만들 수 있는 세 자리 수는 ㄱㄴㄷ,
ㄱㄷㄴ, ㄴㄱㄷ, ㄴㄷㄱ, ㄷㄱㄴ, ㄷㄴㄱ으로 모두 6개입니다.
각 자리 수끼리 모두 더한 값은
(ㄱ+ㄴ+ㄷ)×2×100+(ㄱ+ㄴ+ㄷ)×2×10+(ㄱ+ㄴ+ㄷ)×2=2220,
(ㄱ+ㄴ+ㄷ)×200+(ㄱ+ㄴ+ㄷ)×20+(ㄱ+ㄴ+ㄷ)×2=2220입니다.
(ㄱ+ㄴ+ㄷ)으로 묶어서 계산해 보면
(ㄱ+ㄴ+ㄷ)×(200+20+2)=2220,
(ㄱ+ㄴ+ㄷ)×222=2220, (ㄱ+ㄴ+ㄷ)=10입니다.
ㄱ+ㄴ+ㄷ=10이므로 서로 다른 한 자리 수 3개를 더하여 10이 되는
세 수의 쌍 (ㄱ, ㄴ, ㄷ)은 (1, 2, 7), (1, 3, 6), (1, 4, 5), (2, 3, 5)입니다.

> **보충 개념**
> 덧셈과 곱셈에서는 분배법칙이 성립합니다.
> (●×■)+(▲×■)=(●+▲)×■

> **지도 가이드**
> 분배법칙은 덧셈과 곱셈의 중요한 성질이지만 중등 과정에서 처음 배우게 됩니다. 비교적
> 간단한 수의 연산에서부터 분배법칙의 성질을 이해하고 사용한다면 이후 중등 학습에서도
> 쉽게 이해할 수 있을 뿐만 아니라 문제해결력을 기르는 데에도 도움이 됩니다.

최상위 사고력

16~17쪽

1 172개

2 ©, ⓒ, ⓒ

3 2664

4 190

---

1 ㉮+㉯=543이고, ㉮<㉯를 만족하는 수 중에서 ㉮가 가장 작을 때와
가장 클 때로 나누어 생각해 봅니다.

- ㉮가 가장 작을 때
  ㉮=100이라고 하면
  100+443=543이고 100<443이므로 조건을 모두 만족합니다.
  따라서 ㉮가 될 수 있는 가장 작은 수는 100입니다.

- ㉮가 가장 클 때
  ㉮는 ㉯보다 작으면서 ㉯와의 차가 가장 작아야 합니다.
  ㉮가 271인 경우 271+272=543이고, 271<272이므로 조건을
  모두 만족합니다. 따라서 ㉮가 될 수 있는 가장 큰 수는 271입니다.

➡ ㉮가 될 수 있는 수는 100부터 271까지 수이므로
모두 172개입니다.

> **보충 개념**
> 가장 작은 세 자리 수는 100입니다.

> **보충 개념**
> ●부터 ■까지 수의 개수 구하기
> ➡ ■-●+1(개)

2 ㉠ 앞에서부터 세 수씩 묶어서 계산한 후 규칙을 찾아 모두 더합니다.

$(1+2-3)+(4+5-6)+(7+8-9)+\cdots\cdots+(31+32-33)$

$=0+3+6+9+12+15+18+21+24+27+30$

$=30+30+30+30+30+15=165$

㉡ 각 수들을 100을 기준으로 덧셈과 뺄셈으로 나타냅니다.

$103+99+111+93+109+95+106+98$

$=(100+3)+(100-1)+(100+11)+(100-7)+(100+9)+(100-5)+(100+6)+(100-2)$

$=(100+100+\cdots\cdots+100)+3-1+11-7+9-5+6-2$

　　　　8개

$=800+2+4+4+4$

$=800+14$

$=814$

㉢ 두 번째 수부터 두 수씩 묶어서 계산한 후 1000과 더합니다.

$1000+(999-998)+(899-898)+(799-798)+\cdots\cdots+(299-298)+(199-198)$

$=1000+1+1+1+\cdots\cdots+1=1009$

　　　　　　9개

$1009>814>165$이므로 계산 결과가 가장 큰 것부터 차례로 기호를 쓰면 ㉢, ㉡, ㉠ 입니다.

3 〈백의 자리 숫자: 1〉　〈백의 자리 숫자: 2〉　〈백의 자리 숫자: 3〉

122	212	312
123	213	321
132	221	322
	223	
	231	
	232	

해결 전략
만들 수 있는 수를 각 자리에 맞추어 쓴 후 각 자리 수끼리 더하여 계산합니다.

각 자리에 1이 3번, 2가 6번, 3이 3번씩 반복되는 것을 알 수 있습니다.

백의 자리 수끼리의 합: $(1\times3+2\times6+3\times3)\times100=2400$

십의 자리 수끼리의 합: $(1\times3+2\times6+3\times3)\times10=240$

일의 자리 수끼리의 합: $(1\times3+2\times6+3\times3)=24$

따라서 만들 수 있는 모든 세 자리 수의 합은

$2400+240+24=2664$입니다.

4 서로 다른 네 수를 ㉠, ㉡, ㉢, ㉣이라 하고, ㉠<㉡<㉢<㉣이라 하면 두 수의 합인 6개의 수 중에서 가장 작은 수 87은 가장 작은 수와 두 번째로 작은 수를 더한 값이고, 가장 큰 수 103은 가장 큰 수와 두 번째로 큰 수를 더한 값입니다.

따라서 ㉠+㉡=87, ㉢+㉣=103이므로

네 수의 합은 ㉠+㉡+㉢+㉣=87+103=190입니다.

해결 전략
• 두 수의 합이 가장 클 때
➡ (가장 큰 수)+(두 번째로 큰 수)
• 두 수의 합이 가장 작을 때
➡ (가장 작은 수)+(두 번째로 작은 수)

주의
네 개의 수를 모두 구하지 않아도 됩니다.

2-1. 벌레 먹은 셈

1 4, 7, 9, 1

2 예

```
  6 5 9        5 4 6
+ 8 7 4      + 9 8 7
─────        ─────
1 5 3 3      1 5 3 3
```

최상위 사고력 A ㉠=5, ㉡=9, ㉢=1

최상위 사고력 B 649, 578

저자 톡! 어떤 계산 식에서 숫자가 보이지 않을 때 그 수를 구하는 수 퍼즐을 벌레 먹은 셈이라고 합니다. 받아올림, 받아내림, 일의 자리 숫자의 계산 등을 생각하며 먼저 알 수 있는 숫자부터 차례로 구할 수 있도록 합니다.

1 주어진 식을 세로셈으로 바꾸어 일의 자리, 십의 자리, 백의 자리 순서로 ☐ 안에 알맞은 수를 구합니다.

```
  2 3 ㉠
  5 ㉡ 9
+ ㉢ 6 7
───────
㉣ 7 8 0
```

해결 전략
빠진 숫자를 구해야 하는 식에서는 가로셈보다 세로셈이 편리합니다.

· 일의 자리 계산: ㉠+9+7=20이므로
　　　　　　　　㉠+16=20, ㉠=4입니다.
· 십의 자리 계산: 2+3+㉡+6=18이므로
　　　　　　　　11+㉡=18, ㉡=7입니다.
· 백의 자리 계산: 1+2+5+㉢=17이므로 8+㉢=17,
　　　　　　　　㉢=9입니다.
· ㉣은 백의 자리에서 받아올림한 1입니다.

➡
```
  2 3 [4]
  5 [7] 9
+ [9] 6 7
───────
[1] 7 8 0
```

2 계산 결과의 십의 자리 숫자, 일의 자리 숫자가 각각 3이므로 받아올림이 십의 자리, 일의 자리에서 한 번씩 있습니다.
백의 자리 숫자의 합이 14가 되는 두 숫자는 (6, 8)과 (5, 9)로 2가지입니다.
각각의 경우에 알맞은 식을 만들어 봅니다.

해결 전략
받아올림을 생각하여 백의 자리, 십의 자리, 일의 자리에 들어가는 숫자를 찾아봅니다.

· 백의 자리 숫자가 6, 8인 경우

```
  [6] 5 [9]
+ [8] 7 [4]
─────────
  1 5 3 3
```

· 백의 자리 숫자가 5, 9인 경우

```
  [5] 4 [6]
+ [9] 8 [7]
─────────
  1 5 3 3
```

이외에도 각 자리 숫자끼리 위치를 바꾸는 방법에 따라 답은 여러 가지입니다.

최상위 사고력 A 일의 자리 계산에 의해 십의 자리에서 받아내림이 있으므로 ㉠−1−㉡=5, ㉠−㉡=6입니다.

- 백의 자리에서 받아내림이 없는 경우

    ㉢=2이고 (㉠, ㉡)=(9, 3), (8, 2), (7, 1), (6, 0)으로 4가지 경우가 있습니다.

    이 중에서 ㉠+㉡+㉢=9+3+2=14일 때 가장 큽니다.

- 백의 자리에서 받아내림이 있는 경우

    ㉢=1이고 (㉠, ㉡)=(1, 5), (2, 6), (3, 7), (4, 8), (5, 9)로 5가지 경우가 있습니다.

    이 중에서 ㉠+㉡+㉢=5+9+1=15일 때 가장 큽니다.

    따라서 ㉠+㉡+㉢=15인 경우가 가장 크므로 ㉠=5, ㉡=9, ㉢=1입니다.

최상위 사고력 B 일의 자리, 십의 자리, 백의 자리 순서로 계산하여 ☐ 안에 알맞은 수를 찾습니다.

해결 전략
첫 번째, 두 번째, 세 번째 조건을 이용하여 세로식을 씁니다.

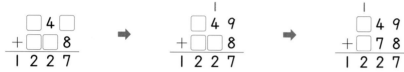

십의 자리에서 받아올림한 1을 생각하면 백의 자리에 알맞은 수는

(6, 5), (7, 4), (8, 3), (9, 2)로 4가지입니다.

이 중에 두 수의 차가 100보다 작은 경우는 (6, 5)일 때 두 수가

649, 578이 되어 두 수의 차는 649−578=71이 됩니다.

따라서 두 수 중 큰 수는 649, 작은 수는 578입니다.

2-2. 계산 결과의 최소

20~21쪽

1 (예)

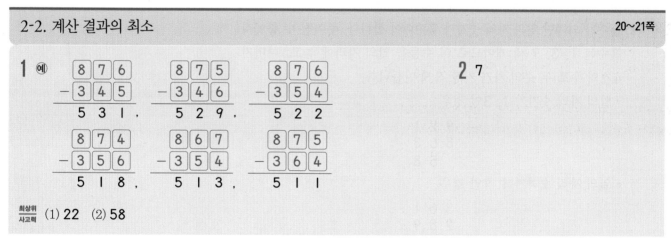

2 7

최상위 사고력 (1) 22 (2) 58

[저자 톡!] 두 수의 차가 가장 작다는 의미는 두 수가 가장 가까워야 한다는 의미입니다. 세로셈으로 두 수의 차를 다양하게 구해 보며 어떤 수를 어느 곳부터 넣어야 하는지 그 방법을 설명할 수 있어야 합니다.

1 두 수의 차가 510보다 크려면 두 수의 백의 자리에 들어갈 수 있는 숫자는 3과 8입니다. 나머지 빈칸에 4, 5, 6, 7을 써넣어 만든 식의 계산 결과는 511, 513, 518, 522, 529, 531로 6가지입니다.

511, 513, 518, 522, 529, 531을 만드는 방법은 여러 가지입니다.

주의
백의 자리에서 받아내림이 없어야 합니다.

2 (세 자리 수)−(세 자리 수)의 계산 결과가 가장 작으려면 가장 높은
자리인 백의 자리 숫자의 차가 가장 작아야 합니다.
백의 자리 숫자가 3과 2, 9와 8인 경우 차가 1로 가장 작습니다.
또한 나머지 4장의 수 카드로 빼어지는 수는 가장 작게, 빼는 수는 가장
크게 만들면 다음과 같이 2가지가 나옵니다.

$$
\begin{array}{r} 3\,0\,5 \\ -\,2\,9\,8 \\ \hline 7 \end{array}
\qquad
\begin{array}{r} 9\,0\,2 \\ -\,8\,5\,3 \\ \hline 4\,9 \end{array}
$$

이 중에서 두 수의 차가 더 작은 것은 7입니다.

최상위
사고력 (1) 백의 자리 숫자가 1과 2, 2와 3, 8과 9인 경우 차가 1로 가장
작습니다.

- 백의 자리 숫자가 1, 2인 경우

$$
\begin{array}{r} 2\,3\,6 \\ -\,1\,9\,8 \\ \hline 3\,8 \end{array}
$$

- 백의 자리 숫자가 2, 3인 경우

$$
\begin{array}{r} 3\,1\,6 \\ -\,2\,9\,8 \\ \hline 1\,8 \end{array}
\qquad
\begin{array}{r} 3\,1\,8 \\ -\,2\,9\,6 \\ \hline 2\,2 \end{array}
$$

- 백의 자리 숫자가 8, 9인 경우

$$
\begin{array}{r} 9\,1\,2 \\ -\,8\,6\,3 \\ \hline 4\,9 \end{array}
$$

18<22<38<49이므로 계산 결과가 두 번째로 작을 때의 값은
두 수가 318, 296일 때 22입니다.

(2) 홀수가 되려면 일의 자리 숫자가 홀수여야 합니다. 주어진 수 중에서
홀수는 1, 3, 9 세 개이므로 이 수들을 일의 자리에 놓고, 나머지
4개의 수로 두 수의 차가 가장 작게 만듭니다.

- 일의 자리 숫자가 1, 3인 경우

$$
\begin{array}{r} 9\,2\,1 \\ -\,8\,6\,3 \\ \hline 5\,8 \end{array}
$$

- 일의 자리 숫자가 1, 9인 경우

$$
\begin{array}{r} 3\,6\,1 \\ -\,2\,8\,9 \\ \hline 7\,2 \end{array}
$$

- 일의 자리 숫자가 3, 9인 경우

$$
\begin{array}{r} 2\,6\,3 \\ -\,1\,8\,9 \\ \hline 7\,4 \end{array}
$$

따라서 세 자리 수가 모두 홀수일 때, 계산 결과가 가장 작을 때의
값은 두 수가 921, 863일 때 58입니다.

보충 개념

(세 자리 수)−(세 자리 수)

- 차가 가장 큰 경우
  ➡ (가장 큰 세 자리 수)
  　−(가장 작은 세 자리 수)
- 차가 가장 작은 경우
  ➡ ㉠㉡㉢−㉣㉤㉥일 때
  　㉠과 ㉣의 차를 가장 작게 하고,
  　㉤㉥−㉡㉢을 가장 크게 만듭니다.

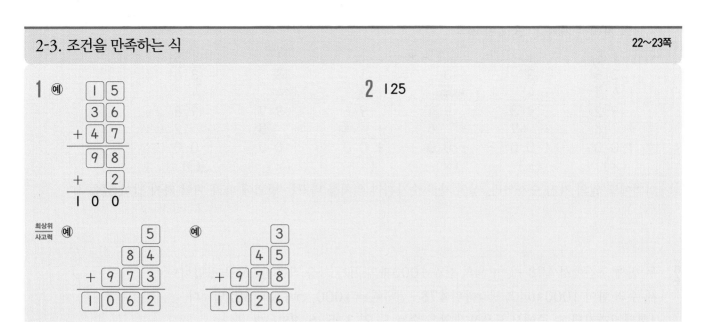

1 예
```
    1 5
    3 6
  + 4 7
    9 8
  +   2
  1 0 0
```

2 125

최상위 사고력

예
```
      5
    8 4
  + 9 7 3
  1 0 6 2
```

예
```
      3
    4 5
  + 9 7 8
  1 0 2 6
```

저자 톡! 주어진 식의 빈칸에 주어진 수를 한 번씩만 사용하여 식을 완성하는 내용입니다. 같은 수를 중복하여 사용하지 않으면서 9개의 수를 모두 사용하기 위해서 어떤 수를 어디에 사용해야 하는지 순서를 정하여 하나씩 써넣어야 합니다.

1 (두 자리 수)+(한 자리 수)=100(세 자리 수)이 되어야 하므로
두 자리 수의 십의 자리 숫자는 9가 되어야 합니다.
일의 자리 숫자의 합은 0이 되어야 하므로 두 수의 일의 자리 숫자가 될 수 있는 경우는
(2, 8), (3, 7), (4, 6), (6, 4), (7, 3), (8, 2)입니다.

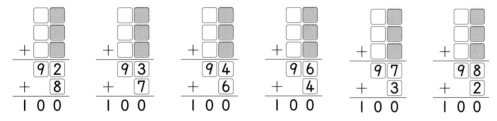

일의 자리에서 받아올림이 없는 경우 세 수를 더해 2, 3, 4를 만들 수 없습니다.
1+2+3=6이지만 남은 수 5, 7, 8의 합이 9가 아닙니다.
1+2+4=7이지만 남은 수 5, 6, 8의 합이 9가 아닙니다.
1+3+4=8이지만 남은 수 5, 6, 7의 합이 9가 아닙니다.
따라서 일의 자리에서 받아올림이 있어야 하므로 십의 자리 숫자의 합은 1+2+5=8과 1+3+4=8입니다.
다음 중에서 계산이 맞지 않거나 같은 숫자가 나오는 경우를 제외하면 한 가지 경우만 가능합니다.
• 십의 자리 숫자가 1, 2, 5인 경우

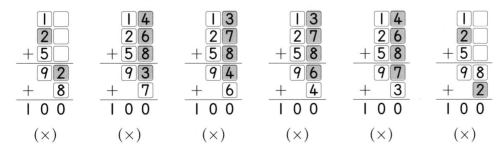

• 십의 자리 숫자가 1, 3, 4인 경우

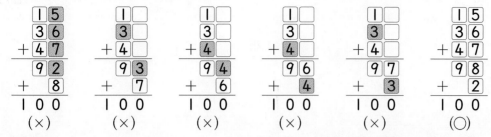

이외에도 일의 자리 숫자끼리, 십의 자리 숫자끼리 위치를 바꾸는 방법에 따라 여러 가지 답이 있습니다.

2 두 번째 조건에서 478+㉠+㉡의 값과 1000과의 차가 가장 작은 ㉠, ㉡을 구합니다.

세 수의 합이 1000이라고 생각하면 478+㉠+㉡=1000, ㉠+㉡=522입니다.

1부터 9까지의 수 중에서 사용하지 않은 수는 1, 2, 3, 5, 6, 9입니다.

이 여섯 개의 수로 세 자리 수 2개의 합이 522에 가장 가깝게 되도록 덧셈식을 만들면

합이 521인 식을 여러 개 만들 수 있습니다.

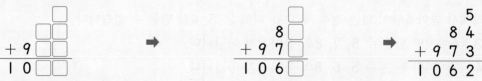

이 중에서 가장 작은 수 ㉠이 될 수 있는 수는 125+396=521일 때 125입니다.

최상위 사고력 (한 자리 수)+(두 자리 수)+(세 자리 수)=(네 자리 수)가 되려면 네 자리 수의 천의 자리 숫자는 1, 백의 자리 숫자는 0이 되고, 세 자리 수의 백의 자리 숫자는 9가 되어야 합니다.

> **해결 전략**
> (한 자리 수)+(두 자리 수)+(세 자리 수)
> =(네 자리 수)일 때, 네 자리 수의 천의
> 자리 숫자는 1입니다.

• 가장 큰 경우

① 십의 자리의 계산에서 백의 자리로 받아올림 1이 있으면서 가장 크게 되는 십의 자리 숫자를 찾습니다.

② 일의 자리의 계산에서 십의 자리로 받아올림 1이 있으면서 가장 크게 되는 일의 자리 숫자를 찾습니다.

• 가장 작은 경우

① 십의 자리의 계산에서 백의 자리로 받아올림 1이 있으면서 가장 작게 되는 십의 자리 숫자를 찾습니다.

② 일의 자리의 계산에서 십의 자리로 받아올림 1이 있으면서 가장 작게 되는 일의 자리 숫자를 찾습니다.

이외에도 여러 가지 답이 있습니다.

1

```
  ┌─┬─┬─┐
  │1│0│0│
  └─┴─┴─┘
  ┌─┬─┬─┐
 -│ │9│9│
  └─┴─┴─┘
      ┌─┐
      │1│
      └─┘
  ┌─┬─┬─┐
 +│9│9│9│
  └─┴─┴─┘
┌─┬─┬─┬─┐
│1│0│0│0│
└─┴─┴─┴─┘
```

2 예 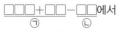, 61

3 12

4 623

---

1 (세 자리 수)−(두 자리 수)=1이 될 수 있는 계산은 100−99=1뿐입니다.
1+(세 자리 수)=(네 자리 수)가 될 수 있는 계산은 1+999=1000뿐입니다.

2
$$\underset{\textcircled{\scriptsize ㄱ}}{\boxed{}\boxed{}\boxed{}}+\boxed{}\boxed{}-\underset{\textcircled{\scriptsize ㄴ}}{\boxed{}\boxed{}}$$

계산 결과가 작으려면 ㉠은 작게, ㉡은 크게 만들어야 합니다.
㉠이 가장 작은 경우는 124+35이고, 이 식에 가장 큰 수
98을 빼면 계산 결과가 가장 작아집니다.
➡ 124+35−98=61
따라서 계산 결과가 가장 작을 때의 값은 61입니다.

> **보충 개념**
> 125+34−98=61, 134+25−98=61, 135+24−98=61과 같이 십의 자리 숫
> 자끼리, 일의 자리 숫자끼리 위치를 바꾸는 방법에 따라 식은 여러 가지입니다.

> **해결 전략**
> $$\underset{\textcircled{\scriptsize ㄱ}}{\boxed{}\boxed{}\boxed{}}+\boxed{}\boxed{}-\underset{\textcircled{\scriptsize ㄴ}}{\boxed{}\boxed{}}$$에서
> ・가장 큰 경우
> ➡ ㉠은 가장 크게,
> 　　㉡은 가장 작게 만듭니다.
> ・가장 작은 경우
> ➡ ㉠은 가장 작게,
> 　　㉡은 가장 크게 만듭니다.

3 백의 자리의 계산에서 6−3=2가 되었으므로 십의 자리로 받아내림이
있습니다. 또 일의 자리의 계산에서 1−5=6이므로 일의 자리로 받
아내림이 있습니다.
10+㉠−㉡−1=3, 9+㉠−㉡=3, ㉡−㉠=6이므로
(㉠, ㉡)=(3, 9), (2, 8), (1, 7), (0, 6)입니다.
이때 ㉠+㉡은 (㉠, ㉡)=(3, 9)일 때 가장 크므로
㉠+㉡=3+9=12입니다.

> **해결 전략**
> 먼저 받아내림이 있는 식인지 살펴봅니다.

4 잘못 계산한 식을 세로셈으로 나타낸 후 일의 자리, 십의 자리, 백의
자리 순서로 계산하여 ㉠, ㉡, ㉢의 값을 찾습니다.

```
   4 ㉠ 5         4 ㉠ 5         4 4 5         4 4 5
 - 1 7 ㉡   ➡   - 1 7 8   ➡   - 1 7 8   ➡   - 1 7 8
 ───────       ───────       ───────       ───────
   ㉢ 6 7         ㉢ 6 7         ㉢ 6 7         2 6 7
```

㉠=4, ㉡=8, ㉢=2이므로 4㉠5+17㉡=445+178=623입니다.

> **다른 풀이**
> 뺄셈식을 덧셈식으로 바꾸어 풀어 봅니다.
> ```
>    ㉢ 6 7         ㉢ 6 7         ㉢ 6 7         2 6 7
>  + 1 7 ㉡   ➡   + 1 7 8   ➡   + 1 7 8   ➡   + 1 7 8
>  ───────       ───────       ───────       ───────
>    4 ㉠ 5         4 ㉠ 5         4 4 5         4 4 5
> ```
> ㉠=4, ㉡=8, ㉢=2이므로 4㉠5+17㉡=445+178=623입니다.

> **해결 전략**
> 잘못 계산한 식을 계산해 ㉠, ㉡, ㉢이 나타내
> 는 수를 구하고 올바른 식을 세워 계산 값을
> 구합니다.

3-1. 복면산

1 1310, 1710

2 예
```
   6 3 8
   6 7 8
 + 6 9 8
 2 0 1 4
```

최상위
사고력 **787**

저자 톡! 문자나 기호로 나타낸 계산식에서 문자나 기호가 나타내는 수를 구하는 수 퍼즐을 복면산이라고 합니다. 수들이 복면(가면)을 쓰고 정체를 감춘 연산이라는 의미입니다. 벌레 먹은 셈과 같이 받아올림, 받아내림, 일의 자리의 숫자의 계산 등을 생각하며 먼저 알 수 있는 기호부터 차례로 어떤 수를 나타내는지 구할 수 있도록 합니다.

---

1 i) (세 자리 수)+(세 자리 수)=(네 자리 수)이므로 E=1입니다.

```
  O D D
+ O D D
  1 V 1 N
```

해결 전략
E → D → N → O 순서로 문자가 나타내는
수를 구해 봅니다.

ii) 계산 값의 십의 자리의 숫자가 1이므로 D=5이고, N=0입니다.

```
  O 5 5
+ O 5 5
  1 V 1 0
```

iii) E=1, D=5, N=0이므로 O=6, 7, 8, 9가 될 수 있습니다.

•O=6인 경우	•O=7인 경우	•O=8인 경우	•O=9인 경우
655 +655 1310	755 +755 1510	855 +855 1710	955 +955 1910
(○)	(×)	(○)	(×)
	D와 V가 같습니다.		O와 V가 같습니다.

> **지도 가이드**
>
> 벌레 먹은 셈에서 빠진 수를 □로 표현하였다면 복면산에서는 빠진 수를 기호나 문자로 나타냅니다. 대신 같은 수는 같은 문자로, 다른 수는 다른 문자로 나타내어 벌레 먹은 셈보다는 빠진 수에 대한 조건이 더 주어집니다. 복면산 중에서도 식을 이루는 글자들이 의미 있는 단어나 문장으로 된 것을 「이중복면산」이라고 합니다.
>
> 예
> ```
>   S E N D
> + M O R E
>   M O N E Y
> ```
> ```
>   S E E
> + Y O U
>   S O O N
> ```
> ```
>   F O R T Y
>     T E N
> +   T E N
>   S I X T Y
> ```

2 i) 일의 자리의 계산에서 같은 3개의 수를 더하여 4가 되는 수는 8입니다.

```
    □ 8
    □ 8
 + □□ 8
 2 0 1 4
```

해결 전략
먼저 ■와 ●가 나타내는 수를 구해 봅니다.

ii) 백의 자리의 계산에서 같은 3개의 수를 더하여 십의 자리에서
받아올림한 수 2가 있어야 합니다.

즉, 6+6+6+2=20이므로 ●=6입니다.

$$
\begin{array}{r}
6\ \boxed{}\ 8 \\
6\ \boxed{}\ 8 \\
+\ 6\ \boxed{}\ 8 \\
\hline
2\ 0\ 1\ 4
\end{array}
$$

iii) 일의 자리에서 받아올림한 수가 2이므로 십의 자리 계산에서
2+▲+★+♣=21, ▲+★+♣=19입니다.

1부터 9까지의 수 중 이미 사용한 수 6, 8을 제외한 3개의 수를
더하여 19를 만들 수 있는 수는 3, 7, 9입니다.

$$
\begin{array}{r}
6\ \boxed{3}\ 8 \\
6\ \boxed{7}\ 8 \\
+\ 6\ \boxed{9}\ 8 \\
\hline
2\ 0\ 1\ 4
\end{array}
$$

십의 자리 숫자끼리 위치를 바꾸는 방법에 따라 답은 여러 가지입니다.

최상위 사고력 십의 자리 계산에서 B+C=C이므로 B=0 또는 9입니다.

해결 전략
B → A → C, D 순서로 문자가 나타내는
수를 구해 봅니다.

i) B=0인 경우

$$
\begin{array}{r}
A\ 0\ 0 \\
+\ A\ C\ C \\
\hline
D\ C\ D
\end{array}
$$
일의 자리 계산에서 C=D이므로 불가능합니다.

보충 개념
B+C=C에서
· 받아올림이 없는 경우: B=0
· 받아올림이 있는 경우:
 1+B+C=C ➡ B=9

ii) B=9인 경우

$$
\begin{array}{r}
A\ 9\ 9 \\
+\ A\ C\ C \\
\hline
D\ C\ D
\end{array}
$$
C는 0이 아니므로 일의 자리와 십의 자리에서 각각
받아올림이 있습니다. A=1, 2, 3, 4가 가능하고
D가 가장 커야 하므로 A에 4부터 넣어봅니다.

· A=4인 경우

$$
\begin{array}{r}
A\ 9\ 9 \\
+\ A\ C\ C \\
\hline
D\ C\ D
\end{array}
\Rightarrow
\begin{array}{r}
4\ 9\ 9 \\
+\ 4\ C\ C \\
\hline
9\ C\ 9
\end{array}
$$
B=D이므로 불가능합니다.

· A=3인 경우

$$
\begin{array}{r}
3\ 9\ 9 \\
+\ 3\ C\ C \\
\hline
D\ C\ D
\end{array}
\Rightarrow
\begin{array}{r}
3\ 9\ 9 \\
+\ 3\ C\ C \\
\hline
7\ C\ 7
\end{array}
\Rightarrow
\begin{array}{r}
3\ 9\ 9 \\
+\ 3\ 8\ 8 \\
\hline
7\ 8\ 7
\end{array}
$$
일의 자리 계산에서 C=8, D=7입니다.

· A=2인 경우

$$
\begin{array}{r}
2\ 9\ 9 \\
+\ 2\ C\ C \\
\hline
D\ C\ D
\end{array}
\Rightarrow
\begin{array}{r}
2\ 9\ 9 \\
+\ 2\ C\ C \\
\hline
5\ C\ 5
\end{array}
\Rightarrow
\begin{array}{r}
2\ 9\ 9 \\
+\ 2\ 6\ 6 \\
\hline
5\ 6\ 5
\end{array}
$$
일의 자리 계산에서 C=6, D=5입니다.

· A=1인 경우

$$
\begin{array}{r}
1\ 9\ 9 \\
+\ 1\ C\ C \\
\hline
D\ C\ D
\end{array}
\Rightarrow
\begin{array}{r}
1\ 9\ 9 \\
+\ 1\ C\ C \\
\hline
3\ C\ 3
\end{array}
\Rightarrow
\begin{array}{r}
1\ 9\ 9 \\
+\ 1\ 4\ 4 \\
\hline
3\ 4\ 3
\end{array}
$$
일의 자리 계산에서 C=4, D=3입니다.

따라서 세 자리 수 DCD가 될 수 있는 수 787, 565, 343 중에서
가장 큰 수는 787입니다.

1 | | **2** 98

저자 톡! 주어진 문제를 읽고 스스로 기호를 사용하여 식으로 만든 후 복면산을 푸는 방법으로 각 기호가 나타내는 수를 구하는 내용입니다. 주어진 수의 자릿수가 바뀌면 어떤 특징이 있는지 생각하며 문제를 해결하도록 합니다.

1 백의 자리의 계산에서 A>C이고 일의 자리의 계산에 의해 십의 자리에서 받아내림이 있으므로 E=9입니다.

$$\begin{array}{r} A\ B\ C \\ -\ C\ B\ A \\ \hline D\ 9\ 7 \end{array}$$

일의 자리 계산에서 A>C이므로 $10+C-A=7$, $A-C=3$입니다.

백의 자리 계산에서 십의 자리로 받아내림이 있으므로

$\underset{3}{A}-C-1=D$, $3-1=D$, $D=2$입니다.

따라서 $D+E=2+9=11$입니다.

> **주의**
> D+E의 값을 구하는 문제이므로 A, B, C, D, E가 나타내는 수를 모두 구할 필요는 없습니다.

2 어떤 두 자리 수를 AB라 하면 왼쪽에 7을 붙여 만든 수는 7AB, 오른쪽에 7을 붙여 만든 수는 AB7입니다.

7AB는 AB7보다 189만큼 작으므로 $AB7-7AB=189$, $AB7-189=7AB$입니다.

가로셈을 세로셈으로 나타내어 A, B가 나타내는 수를 구합니다.

$$\begin{array}{r} A\ B\ 7 \\ -\ 1\ 8\ 9 \\ \hline 7\ A\ B \end{array} \Rightarrow \begin{array}{r} A\ 8\ 7 \\ -\ 1\ 8\ 9 \\ \hline 7\ A\ 8 \end{array} \Rightarrow \begin{array}{r} 9\ 8\ 7 \\ -\ 1\ 8\ 9 \\ \hline 7\ 9\ 8 \end{array}$$

일의 자리 계산에서   십의 자리 계산에서
B=8입니다.   A=9입니다.

따라서 어떤 두 자리 수 AB는 98입니다.

최상위 사고력 처음 수를 ㄱㄴㄷ이라 하면 처음 수와 각 자리 숫자를 거꾸로 배열한 수는 ㄷㄴㄱ입니다.

$$\begin{array}{r} ㄱ\ ㄴ\ ㄷ \\ -\ ㄷ\ ㄴ\ ㄱ \\ \hline 3\ 9\ 6 \end{array}$$

십의 자리 계산에서 계산 값이 0이 아닌 9이므로 백의 자리에서 받아내림이 있습니다.

ㄱ-1-ㄷ=3이므로 ㄱ-ㄷ=4입니다.

(ㄱ, ㄷ)은 (5, 1), (6, 2), (7, 3), (8, 4), (9, 5)로 5가지가 있고, ㄴ은 0부터 9까지의 수 중에 ㄱ과 ㄷ에 사용된 두 수를 제외한 8개의 수가 될 수 있으므로 ㄱㄴㄷ으로 가능한 수는 모두 $5\times8=40$(개)입니다.

> **해결 전략**
> 큰 수를 ㄱㄴㄷ이라 하여 세로셈으로 나타내어 봅니다.

1 2, 3

2 1, 2, 8, 9

최상위
사고력 29, 41, 136, 458

저자 톡! 앞에서와 같이 모르는 수를 기호로 나타내어 식을 세우고 더 나아가 모르는 수의 범위도 가정할 수 있어야 합니다. 문제해결의 방법은 복면산을 푸는 방법과 같으므로 시행착오를 적게 하는 방법을 생각하여 모르는 수를 구하도록 합니다.

1 ㉠을 ㉠<1, 1<㉠<4, ㉠>4인 3가지 경우로 나누어 생각해 봅니다.

	㉠<1	1<㉠<4	㉠>4
가장 큰 수	41㉠	4㉠1	㉠41
가장 작은 수	1㉠4	1㉠4	14㉠

주의
㉠<1인 경우는 ㉠=0인 경우이므로 가장 작은 수는 ㉠14가 아니라 1㉠4입니다.

• ㉠<1인 경우

$$\begin{array}{r} 4\ 1\ ㉠ \\ -\ 1\ ㉠\ 4 \\ \hline 2\ 9\ 7 \end{array}$$

㉠=1인데 ㉠<1이므로 불가능합니다.

• 1<㉠<4인 경우

$$\begin{array}{r} 4\ ㉠\ 1 \\ -\ 1\ ㉠\ 4 \\ \hline 2\ 9\ 7 \end{array}$$

㉠은 어떤 수도 가능하지만 1<㉠<4이므로 ㉠=2, 3입니다.

• ㉠>4인 경우

$$\begin{array}{r} ㉠\ 4\ 1 \\ -\ 1\ 4\ ㉠ \\ \hline 2\ 9\ 7 \end{array}$$

㉠=4인데 ㉠>4이므로 불가능합니다.

따라서 ㉠이 될 수 있는 수는 2와 3입니다.

다른 풀이
• ㉠<1인 경우(㉠=0)
410−104=306이므로 ㉠=0은 불가능합니다.
• 1<㉠<4인 경우(㉠=2, 3)
421−124=297, 431−134=297이므로 ㉠이 될 수 있는 수는 2, 3입니다.
• ㉠>4인 경우

$$\begin{array}{r} ㉠\ 4\ 1 \\ -\ 1\ 4\ ㉠ \\ \hline 2\ 9\ 7 \end{array}$$

일의 자리 계산에서 10+1−㉠=7이므로 11−㉠=7, ㉠=4입니다. 그러나 ㉠>4이어야 하므로 불가능합니다.
따라서 ㉠이 될 수 있는 수는 2, 3입니다.

2 수 카드에 적힌 수를 A, B, C, D(A>B>C>D)로 놓고 식을 세워 봅니다.

$$\begin{array}{r} A\ B\ C \\ -\ D\ C\ B \\ \hline \square\ 5\ \square \end{array}$$

일의 자리 계산에서 C<B이므로 십의 자리에서 일의 자리로 받아내림이 있습니다.
십의 자리 계산에서 B−C−1=5, B−C=6이므로
(B, C)는 (9, 3), (8, 2), (7, 1) 세 가지 경우가 있습니다.
A>B>C>D에 의해 (B, C)=(9, 3)인 경우 A가 될 수 있는 수가 없고, (B, C)=(7, 1)인 경우 D가 될 수 있는 수가 없습니다.
따라서 (B, C)=(8, 2)이고 A>8>2>D이므로 A=9, D=1입니다.
따라서 수 카드에 적힌 수를 작은 수부터 쓰면 1, 2, 8, 9입니다.

해결 전략
서로 다른 네 수를 A, B, C, D (A>B>C>D)라 하여 세로셈으로 나타냅니다.

최상위 사고력 서로 다른 네 수를 A, B, C, D(A>B>C>D)라 하여 조건에 맞게 식을 세웁니다.

① A+D=487

② D+C=70

③ A+B=594

④ B+C+D=206

②, ④에서 B+C+D=B+70=206, B=136

③에서 A+B=A+136=594, A=458

①에서 A+D=458+D=487, D=29

②에서 D+C=29+C=70, C=41

따라서 4개의 수는 29, 41, 136, 458입니다.

보충 개념

식이 여러 개 있을 때는 같은 문자가 있는 식이나 겹쳐지는 식이 있는 것을 이용합니다.

주의

서로 다른 네 수 A, B, C, D가 꼭 한 자리 수를 나타내는 것은 아닙니다.

최상위 사고력

32~33쪽

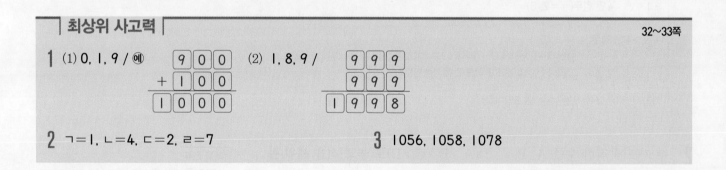

1 (1) 0, 1, 9 / 예

```
  9 0 0
+ 1 0 0
─────────
1 0 0 0
```

(2) 1, 8, 9 /

```
  9 9 9
  9 9 9
─────────
1 9 9 8
```

2 ㄱ=1, ㄴ=4, ㄷ=2, ㄹ=7

3 1056, 1058, 1078

---

1 (세 자리 수)+(세 자리 수)=(네 자리 수)이므로 네 자리 수의 천의 자리에는 1이 들어갑니다.

(1) 네 자리 수 중 가장 작은 수는 1000이므로 두 수의 합이 1000이 되도록 3개의 숫자만 사용하여 덧셈식을 만들어 봅니다.

➡ 사용한 숫자: 0, 1, 9

```
  9 0 0        또는      1 0 0
+ 1 0 0                + 9 0 0
─────────              ─────────
1 0 0 0                1 0 0 0
```

(2) 두 수의 합이 2000에 가깝도록 3개의 숫자만 사용하여 덧셈식을 만들어 봅니다.

➡ 사용한 숫자: 1, 8, 9

```
  9 9 9
+ 9 9 9
─────────
1 9 9 8
```

해결 전략

합이 가장 큰 네 자리 수는 가장 큰 세 자리 수끼리의 합입니다.

2

$$
\begin{array}{r}
\text{ㄱㄴㄴㄷ} \\
- \text{ㄹㄷㄱ} \\
\hline
\text{ㄹㄷㄱ}
\end{array}
\;\Rightarrow\;
\begin{array}{r}
\text{ㄹㄷㄱ} \\
+ \text{ㄹㄷㄱ} \\
\hline
\text{ㄱㄴㄴㄷ}
\end{array}
$$

해결 전략
계산이 편리하도록 가로셈을 세로셈으로 바꾸고, 뺄셈식을 덧셈식으로 바꾸어 나타냅니다.

(세 자리 수)+(세 자리 수)=(네 자리 수)이므로 ㄱ=1입니다.

$$
\begin{array}{r}
\text{ㄹㄷ}1 \\
+ \text{ㄹㄷ}1 \\
\hline
1\text{ㄴㄴㄷ}
\end{array}
\;\Rightarrow\;
\begin{array}{r}
\text{ㄹ}21 \\
+ \text{ㄹ}21 \\
\hline
1\text{ㄴㄴ}2
\end{array}
\;\Rightarrow\;
\begin{array}{r}
\text{ㄹ}21 \\
+ \text{ㄹ}21 \\
\hline
1442
\end{array}
\;\Rightarrow\;
\begin{array}{r}
721 \\
+721 \\
\hline
1442
\end{array}
$$

ㄷ=2입니다.　　ㄴ=4입니다.　　ㄹ=7입니다.

따라서 ㄱ=1, ㄴ=4, ㄷ=2, ㄹ=7입니다.

3 (세 자리 수)+(세 자리 수)=(네 자리 수)이므로 A=1입니다.

백의 자리 계산에서 받아올림이 있어야 하므로 C는 8 또는 9입니다.

주의
D는 0 또는 1이 될 수 있지만 A가 1이므로 D는 0만 될 수 있습니다.

• C=8인 경우

$$
\begin{array}{r}
1\,B\,8 \\
+\,8\,B\,8 \\
\hline
1\,D\,E\,F
\end{array}
\;\xrightarrow[F=6]{D=0}\;
\begin{array}{r}
1\,B\,8 \\
+\,8\,B\,8 \\
\hline
1\,0\,E\,6
\end{array}
\;\xrightarrow[E=5]{B=7}\;
\begin{array}{r}
1\,7\,8 \\
+\,8\,7\,8 \\
\hline
1\,0\,5\,6
\end{array}
$$

• C=9인 경우

$$
\begin{array}{r}
1\,B\,9 \\
+\,9\,B\,9 \\
\hline
1\,D\,E\,F
\end{array}
\;\xrightarrow[F=8]{D=0}\;
\begin{array}{r}
1\,B\,9 \\
+\,9\,B\,9 \\
\hline
1\,0\,E\,8
\end{array}
$$

$B=2$, $E=5$
$$
\begin{array}{r}
1\,2\,9 \\
+\,9\,2\,9 \\
\hline
1\,0\,5\,8
\end{array}
$$

$B=3$, $E=7$
$$
\begin{array}{r}
1\,3\,9 \\
+\,9\,3\,9 \\
\hline
1\,0\,7\,8
\end{array}
$$

따라서 네 자리 수 ADEF가 될 수 있는 수는 1056, 1058, 1078입니다.

Review 연산 (1)

34~36쪽

1 (1) 10　(2) 132　　　**2** 5　　　**3** 1776

4 7　　　**5** 152, 263, 374, 485, 596　　　**6** 예

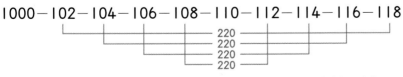

1 (1) 먼저 220을 만들 수 있는 두 수씩 묶어서 계산합니다.

1000-102-104-106-108-110-112-114-116-118

(220, 220, 220, 220)

$=1000-220-220-220-220-110=1000-990=10$

(2) 앞에서부터 네 수씩 묶어서 계산한 후 규칙을 찾아 모두 더합니다.

$(1+2+3-4)+(5+6+7-8)+(9+10+11-12)+\cdots\cdots+(21+22+23-24)$

$=2+10+18+26+34+42$

$=44+44+44$

$=132$

2
백의 자리 숫자가 5와 6, 6과 7인 경우 차가 1로 가장 작습니다.
나머지 4장의 수 카드로 빼어지는 수는 가장 작게, 빼는 수는 가장
크게 만들면 다음과 같이 2가지가 나옵니다.

$$\begin{array}{r} 6\ 0\ 2 \\ -\ 5\ 9\ 7 \\ \hline 5 \end{array} \qquad \begin{array}{r} 7\ 0\ 2 \\ -\ 6\ 9\ 5 \\ \hline 7 \end{array}$$

따라서 두 수의 차가 더 작을 때의 값은 5입니다.

해결 전략
차가 가장 작으려면 가장 높은 자리인 백의
자리 숫자의 차가 가장 작아야 합니다.

3
3장의 수 카드로 만들 수 있는 세 자리 수는 134, 143, 314, 341,
413, 431로 모두 6개입니다.
백의 자리 수끼리의 합: $(1+3+4)\times2\times100=1600$
십의 자리 수끼리의 합: $(1+3+4)\times2\times10=160$
일의 자리 수끼리의 합: $(1+3+4)\times2=16$
➡ $1600+160+16=1776$

해결 전략
1, 3, 4는 백의 자리, 십의 자리, 일의 자리
에서 모두 두 번씩 사용됩니다.

4

	㉠<2	2<㉠<5	㉠>5
가장 큰 수	52㉠	5㉠2	㉠52
가장 작은 수	㉠25	2㉠5	25㉠

해결 전략
㉠을 ㉠<2, 2<㉠<5, ㉠>5인 3가지
경우로 나누어 생각해 봅니다.

• ㉠<2인 경우

$$\begin{array}{r} 5\ 2\ ㉠ \\ -\ ㉠\ 2\ 5 \\ \hline 4\ 9\ 5 \end{array}$$
㉠=0이지만 세 자리 수의 백의 자리 숫자에 0이 올 수 없으므로 불가능합니다.

• 2<㉠<5인 경우

$$\begin{array}{r} 5\ ㉠\ 2 \\ -\ 2\ ㉠\ 5 \\ \hline 4\ 9\ 5 \end{array}$$
일의 자리 계산에서 5가 나올 수 없으므로 불가능합니다.

• ㉠>5인 경우

$$\begin{array}{r} ㉠\ 5\ 2 \\ -\ 2\ 5\ ㉠ \\ \hline 4\ 9\ 5 \end{array}$$
㉠=7이고 7>5이므로 가능합니다.

따라서 ㉠=7입니다.

5 각 자리 숫자가 서로 다른 세 자리 수를 ㄱㄴㄷ으로 하여 세로셈으로 나타냅니다.

$$
\begin{array}{r}
ㄱㄴㄷ \\
+\ 1\ 8\ 1 \\
\hline
ㄹㄹㄹ
\end{array}
$$

ㄹ이 1부터 9까지의 수인 경우로 나누어 구해 봅니다.

이때 백의 자리의 계산에서 ㄹ=1, 2인 경우는 불가능합니다.

• ㄹ=3인 경우	• ㄹ=4인 경우	• ㄹ=5인 경우	• ㄹ=6인 경우	• ㄹ=7인 경우

$$
\begin{array}{r}
ㄱㄴㄷ \\
+\ 1\ 8\ 1 \\
\hline
3\ 3\ 3
\end{array}
\qquad
\begin{array}{r}
ㄱㄴㄷ \\
+\ 1\ 8\ 1 \\
\hline
4\ 4\ 4
\end{array}
\qquad
\begin{array}{r}
ㄱㄴㄷ \\
+\ 1\ 8\ 1 \\
\hline
5\ 5\ 5
\end{array}
\qquad
\begin{array}{r}
ㄱㄴㄷ \\
+\ 1\ 8\ 1 \\
\hline
6\ 6\ 6
\end{array}
\qquad
\begin{array}{r}
ㄱㄴㄷ \\
+\ 1\ 8\ 1 \\
\hline
7\ 7\ 7
\end{array}
$$

ㄱㄴㄷ=152	ㄱㄴㄷ=263	ㄱㄴㄷ=374	ㄱㄴㄷ=485	ㄱㄴㄷ=596
(가능)	(가능)	(가능)	(가능)	(가능)

• ㄹ=8인 경우	• ㄹ=9인 경우

$$
\begin{array}{r}
ㄱㄴㄷ \\
+\ 1\ 8\ 1 \\
\hline
8\ 8\ 8
\end{array}
\qquad
\begin{array}{r}
ㄱㄴㄷ \\
+\ 1\ 8\ 1 \\
\hline
9\ 9\ 9
\end{array}
$$

ㄱㄴㄷ=707	ㄱㄴㄷ=818
(불가능)	(불가능)

따라서 ㄱㄴㄷ으로 알맞은 수는 152, 263, 374, 485, 596입니다.

6 계산 결과의 십의 자리 숫자가 2이므로 십의 자리에서 백의 자리로 받아올림이 있습니다.

두 수의 백의 자리 숫자의 합은 6이고, 2는 이미 사용되었으므로 백의 자리에는 1과 5가 들어갑니다.

$$
\begin{array}{r}
\boxed{1}\ \square\ \square \\
+\ \boxed{5}\ \square\ \square \\
\hline
7\ 2\ \square
\end{array}
$$

남은 숫자 3, 4, 6, 8, 9를 이용하여 알맞은 식을 만듭니다.

$$
\begin{array}{r}
\boxed{1}\ \boxed{8}\ \boxed{3} \\
+\ \boxed{5}\ \boxed{4}\ \boxed{6} \\
\hline
7\ 2\ \boxed{9}
\end{array}
$$

같은 자리 숫자끼리 자리를 바꾸는 방법에 따라 답은 여러 가지입니다.

해결 전략
백의 자리 숫자부터 구해봅니다.

Ⅱ 도형

이번 단원에서는 교과 수학에서 배운 직각삼각형, 정사각형, 직사각형을 대상으로 크고 작은 도형의 개수 구하기, 도형의 길이 구하기, 도형 붙이기 3가지 주제에 대해 학습합니다.

4 크고 작은 도형의 개수, **5** 점을 이어 만든 도형의 개수에서는 주어진 도형에서 크고 작은 도형의 개수를 구하고, 이어서 점판 위에서 점을 이어 만들 수 있는 크고 작은 도형의 개수를 구합니다. 도형의 개수를 구하는 문제는 무작정 도형을 그려서 찾기보다는 기준을 정하면 도형을 중복하여 세지 않고 빠짐없이 찾을 수 있습니다.

6 도형과 길이에서는 정사각형과 직사각형의 길이에 대한 특징을 이용하여 다양한 도형의 길이를 구합니다.

7 도형 채우기와 도형 붙이기에서는 도형을 다양한 방법으로 붙여 만들 수 있는 모양과 가짓수에 대해 학습합니다.

이번 단원을 통해 효율적으로 도형을 찾기 위해서는 기준을 정해야 한다는 것을 깨닫도록 합니다.

최상위 사고력 **4** 크고 작은 도형의 개수

4-1. 직각삼각형의 개수		38~39쪽
1 13개	**2** 9개	최상위 사고력 15개

저자 톡! 주어진 도형에서 크고 작은 직각삼각형을 빠짐없이 모두 찾는 내용입니다. 도형을 눈에 보이는 대로 찾기보다는 직각삼각형의 특징을 생각하며 어떻게 하면 직각삼각형을 빠르고 정확하게 찾을 수 있는지 생각해 봅니다.

1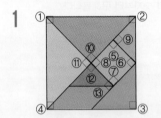

주의
선으로 나누어진 부분도 빠뜨리지 말고 세어야 합니다.

지도 가이드
다음과 같은 각을 직각이라고 합니다.

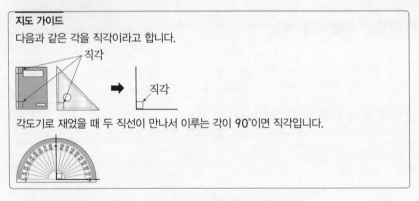

각도기로 재었을 때 두 직선이 만나서 이루는 각이 90°이면 직각입니다.

2 직각을 먼저 찾아 표시한 후 직각삼각형을 찾습니다.

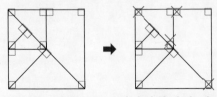

직각: 13개 → 직각삼각형이 되지 않는 직각의 개수: 4개

보충 개념
다음과 같이 한 각이 직각인 삼각형을 직각삼각형이라고 합니다.

따라서 직각삼각형은 모두 13-4=9(개)입니다.

최상위 사고력 직각을 먼저 찾아 표시한 후 직각삼각형을 찾습니다.

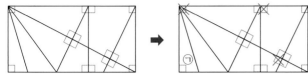

직각: 16개　　　　　　　직각삼각형이 되지 않는 직각의 개수: 3개

직각 ㉠에서 더 생기는 직각삼각형의 개수: 2개

따라서 직각삼각형은 모두 16-3+2=15(개)입니다.

4-2. 정사각형의 개수

1 (도형들)

2 19개

최상위 사고력 29개

저자 톡! 주어진 도형에서 크고 작은 정사각형을 빠짐없이 모두 찾는 내용입니다. 앞에서는 직각을 기준으로 직각삼각형을 찾았다면 정사각형을 변의 길이, 크기 등을 기준으로 하여 효율적으로 찾아보도록 합니다.

1 ♥을 2개 모두 포함하지 않도록 주의하여 정사각형을 그려 봅니다.

2 가장 작은 정사각형을 포함하는 개수에 따라 나누어 세어 봅니다.

> **보충 개념**
> ▢ 모양은 가장 작은 정사각형 2개가 포함된 것입니다.

1개짜리: 12개

4개짜리:

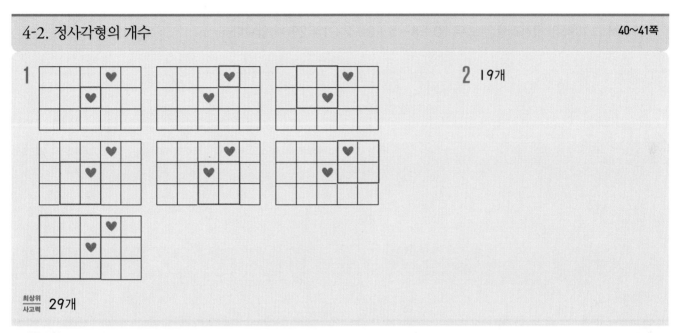

➡ 5개

9개짜리:

➡ 2개

따라서 크고 작은 정사각형은 모두 12+5+2=19(개)입니다.

최상위 사고력 정사각형의 크기에 따라 정사각형을 나누어 세어 봅니다.

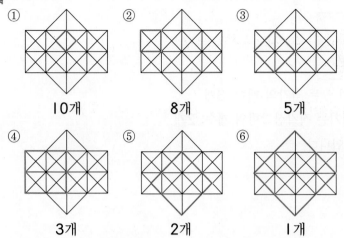

① 10개 ② 8개 ③ 5개

④ 3개 ⑤ 2개 ⑥ 1개

따라서 크고 작은 정사각형은 모두 10+8+5+3+2+1=29(개)입니다.

해결 전략
반듯하게 놓인 정사각형 뿐만 아니라 비스듬히 놓인 정사각형도 빠짐없이 셉니다.

4-3. 직사각형의 개수

42~43쪽

1 12개   **2** 36개   **최상위 사고력** 80개

저자 톡! 주어진 도형에서 찾을 수 있는 정사각형뿐만 아니라 크고 작은 직사각형을 빠짐없이 모두 찾는 내용입니다. 도형을 중복하여 세지 않고 빠짐없이 찾기 위해서는 어떤 방법이 가장 효율적인지 생각해 보며 찾도록 합니다.

1 모양과 크기에 따라 직사각형을 나누어 세어 봅니다.

주의
정사각형의 개수는 세면 안 됩니다.

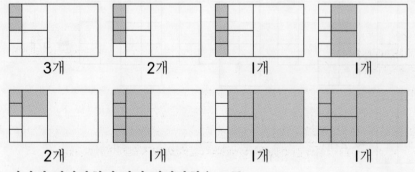

3개   2개   1개   1개

2개   1개   1개   1개

따라서 정사각형이 아닌 직사각형은 모두

3+2+1+1+2+1+1+1=12(개)입니다.

2 작은 정사각형(□)을 포함하는 개수에 따라
★을 포함하는 직사각형을 나누어 세어 봅니다.

주의
★을 포함하는 정사각형도 빠짐없이 세야
합니다.

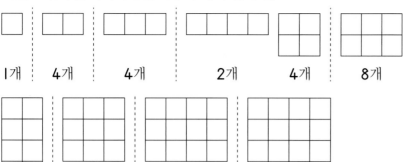

|개 | 4개 | 4개 | 2개 | 4개 | 8개

4개   4개   4개 |개

따라서 ★을 포함하는 크고 작은 직사각형은 모두
1+4+4+2+4+8+4+4+4+1=36(개)입니다.

최상위 사고력 작은 정사각형(□)을 포함하는 개수에 따라 직사각형을 나누어 세어 봅니다.

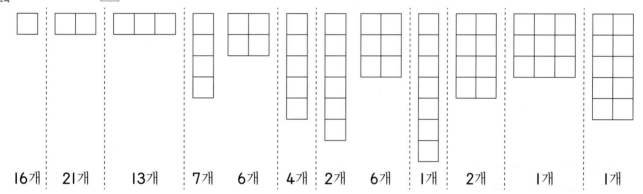

16개 21개 13개 7개 6개 4개 2개 6개 |개 2개 |개 |개

따라서 크고 작은 직사각형은 모두
16+21+13+7+6+4+2+6+1+2+1+1=80(개)입니다.

│ 최상위 사고력 │   **44~45쪽**

1 7개   **2** 31개   **3** 80개   **4** |6개

---

1 먼저 두 선이 만나는 곳에 있는 직각을 찾고 그중 직각삼각형이 만들
어지지 않는 직각을 찾아봅니다.

주의
기울어진 선의 직각을 빠뜨리지 말고 세야
합니다.

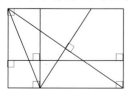

2 포함하는 작은 직각삼각형의 개수에 따라 나누어 세어 봅니다.

1개짜리: 16개, 2개짜리: 6개, 4개짜리: 1개,

5개짜리: 1개, 7개짜리: 1개, 8개짜리: 1개, 10개짜리: 1개,

11개짜리: 1개, 13개짜리: 1개, 14개짜리: 1개, 16개짜리: 1개

따라서 크고 작은 직각삼각형은 모두

$16+6+1+1+1+1+1+1+1+1+1=31$(개)입니다.

해결 전략
직각의 개수가 많을 때는 포함하는 작은 직각삼각형의 개수에 따라 나누어 세는 방법을 사용합니다.

다른 풀이

다음과 같이 직각삼각형을 늘려가면 직각삼각형이 6개씩 더 늘어나는 규칙을 찾을 수 있습니다.

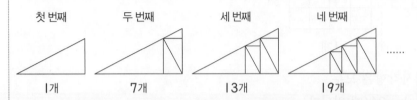

첫 번째   두 번째   세 번째   네 번째

1개   7개   13개   19개

주어진 도형은 여섯 번째 도형이므로 찾을 수 있는 크고 작은 직각삼각형은 모두 $1+6+6+6+6+6=31$(개)입니다.

---

3 이어 붙인 작은 정사각형이 4개, 9개, 16개……인 도형에서 첫 번째 가로줄의 맨 왼쪽과 마지막 가로줄의 맨 오른쪽의 작은 정사각형이 1개씩 없어지는 규칙입니다.

따라서 다섯 번째 도형은 다음과 같습니다.

보충 개념
첫 번째: (2×2)개 ➡ 4개
두 번째: (3×3)개 ➡ 9개
세 번째: (4×4)개 ➡ 16개
네 번째: (5×5)개 ➡ 25개
다섯 번째: (6×6)개 ➡ 36개

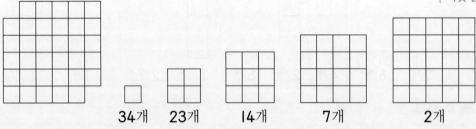

34개   23개   14개   7개   2개

따라서 다섯 번째 도형에서 찾을 수 있는 크고 작은 정사각형은 모두

$34+23+14+7+2=80$(개)입니다.

보충 개념

점점 커지는 정사각형에서 찾을 수 있는 크고 작은 정사각형의 개수는 일정한 규칙이 있습니다.

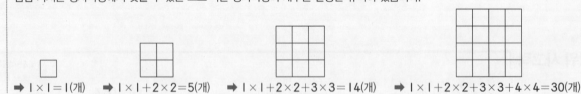

➡ $1 \times 1 = 1$(개)   ➡ $1 \times 1 + 2 \times 2 = 5$(개)   ➡ $1 \times 1 + 2 \times 2 + 3 \times 3 = 14$(개)   ➡ $1 \times 1 + 2 \times 2 + 3 \times 3 + 4 \times 4 = 30$(개)

다른 풀이

오른쪽 도형에서 찾을 수 있는 크고 작은 정사각형의 개수에서 색칠한 작은 정사각형을 포함하는 정사각형의 개수를 빼서 구합니다.

① 크고 작은 정사각형의 개수: $1 \times 1 + 2 \times 2 + 3 \times 3 + 4 \times 4 + 5 \times 5 + 6 \times 6 = 91$(개)

② 색칠한 사각형을 포함하는 정사각형의 개수: 11(개)

따라서 찾을 수 있는 크고 작은 정사각형은 ①−②=$91 - 11 = 80$(개)입니다.

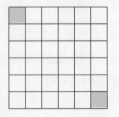

4 작은 정사각형()의 개수에 따라 ●은 포함하고 ♠은 포함하지 않는 직사각형의 개수를 세어 봅니다.

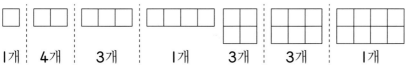

|1개|4개|3개|1개|3개|3개|1개|

따라서 크고 작은 직사각형은 모두

$1+4+3+1+3+3+1=16$(개)입니다.

최상위 사고력 **5** 점을 이어 만든 도형의 개수

5-1. 선분, 직선, 반직선의 개수   46~47쪽

1 풀이 참조   최상위 사고력 45개, 18개

저자 톡! 주어진 점판 위에서 그을 수 있는 선분, 직선, 반직선의 개수를 구하는 내용입니다. 주어진 도형에서 크고 작은 도형을 셀 때 기준을 정하여 도형을 분류한 것과 같이 선분, 직선, 반직선의 차이점을 생각하며 기준을 정하여 빠짐없이 찾도록 합니다.

1

직선

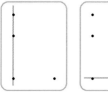  

선분

반직선

 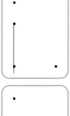 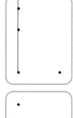

최상위 사고력 직선 위에 있는 점의 개수를 1개씩 늘려가며 선분과 반직선의 개수의 규칙을 찾습니다.

점의 개수	2	3	4	5	6	......
선분의 개수	1	3	6	10	15	......
반직선의 개수	2	4	6	8	10	......

➡ 개수의 규칙
 : 2, 3, 4, 5......씩 늘어납니다.

➡ 개수의 규칙
 : 2씩 늘어납니다.

따라서 직선 위의 점이 10개일 때 두 점에서 그릴 수 있는 선분은 $1+2+3+4+\cdots\cdots+9=45$(개), 반직선은 $2\times9=18$(개)입니다.

5-2. 직각삼각형의 개수

1
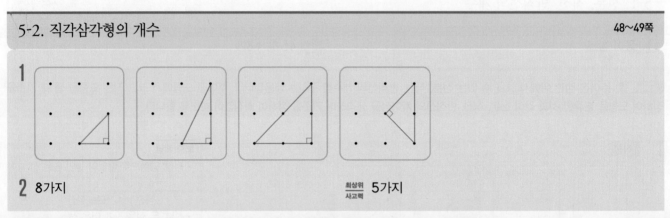

2 8가지

최상위 사고력 5가지

저자 톡! 주어진 점판 위에서 점을 이어 만들 수 있는 크고 작은 직각삼각형의 개수를 구하는 내용입니다. 주어진 도형에서 크고 작은 직각삼각형을 찾을 때 사용한 방법과 같이 점판 위에서도 직각삼각형을 빠짐없이 찾기 위해서 어떤 방법으로 해결해야 할지 생각해 봅니다.

1 직각을 낀 두 변이 가로와 세로로 놓인 경우와 비스듬히 놓인 경우로 나누어 찾아봅니다.

2
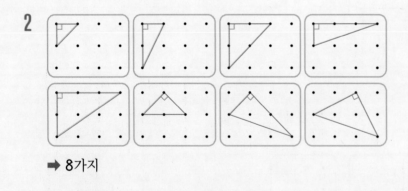

➡ 8가지

최상위 사고력 서로 다른 변 위의 세 점을 꼭짓점으로 하여 그릴 수 있는 직각삼각형은 다음과 같습니다.

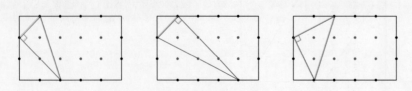

최상위 사고력 3A **36**

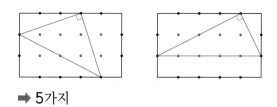

➡ 5가지

| 1 8개 | 2 7가지 | 최상위 사고력 50개 |

저자 톡! 주어진 점판 위에서 점을 이어 만들 수 있는 크고 작은 정사각형의 개수를 구하는 내용입니다. 도형을 찾을 때 정사각형의 한 변의 길이, 정사각형의 크기 등과 같은 기준을 정하여 크고 작은 정사각형을 빠짐없이 찾도록 합니다.

1 직각을 낀 두 변이 가로와 세로로 놓인 경우와 비스듬히 놓인 경우로 나누어 찾아봅니다.

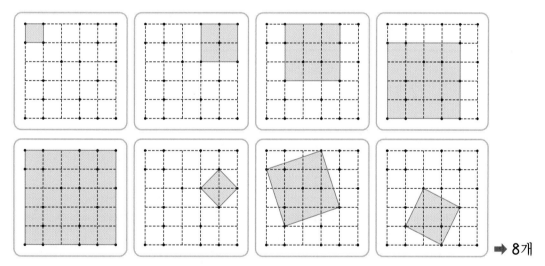

➡ 8개

2 직각을 낀 두 변이 가로와 세로로 놓인 경우와 비스듬히 놓인 경우로 나누어 찾아봅니다.
이때 변의 길이가 짧은 것부터 긴 것까지 변의 길이를 늘여 가며 찾습니다.

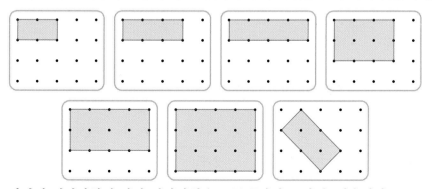

따라서 정사각형이 아닌 직사각형은 모두 7가지 그릴 수 있습니다.

최상위 사고력 모양과 크기가 다른 정사각형을 변의 길이에 따라 분류하여 개수를 세어 봅니다.

주의
비스듬히 놓인 경우에는 기울어진 방향이 반대인 것도 생각해야 합니다.

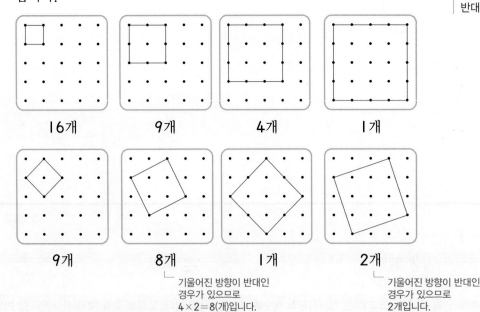

| 16개 | 9개 | 4개 | 1개 |

| 9개 | 8개 | 1개 | 2개 |

┗ 기울어진 방향이 반대인 경우가 있으므로 4×2=8(개)입니다.

┗ 기울어진 방향이 반대인 경우가 있으므로 2개입니다.

따라서 점판 위에 그릴 수 있는 정사각형은 모두
16+9+4+1+9+8+1+2=50(개)입니다.

최상위 사고력

52~53쪽

1 21개, 15개   **2** 7가지   **3** 풀이 참조

---

1 〈선분의 개수〉

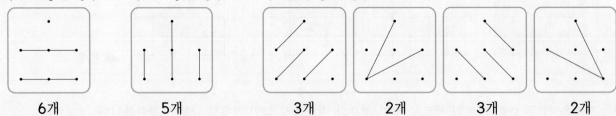

• 가로로 놓인 경우   • 세로로 놓인 경우   • 비스듬히 놓인 경우

| 6개 | 5개 | 3개 | 2개 | 3개 | 2개 |

따라서 그릴 수 있는 선분은 모두 6+5+3+2+3+2=21(개)입니다.

〈직선의 개수〉

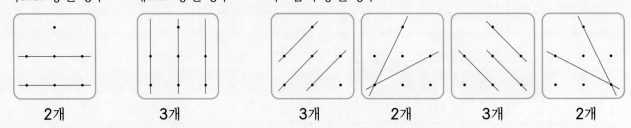

• 가로로 놓인 경우   • 세로로 놓인 경우   • 비스듬히 놓인 경우

| 2개 | 3개 | 3개 | 2개 | 3개 | 2개 |

따라서 그릴 수 있는 직선은 모두 2+3+3+2+3+2=15(개)입니다.

2 직각을 낀 두 변이 가로와 세로로 놓인 경우와 비스듬히 놓인 경우로 나누어 찾아봅니다.

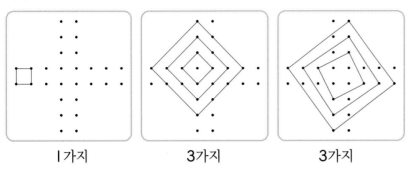

| 가지   3가지   3가지

따라서 만들 수 있는 정사각형은 모두 1+3+3=7(가지)입니다.

3 직각을 낀 두 변이 가로와 세로로 놓인 경우와 비스듬히 놓인 경우로 나누어 찾아봅니다.

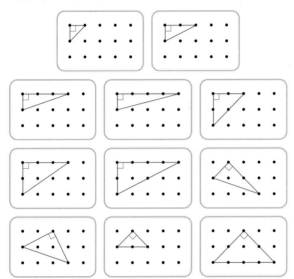

최상위 사고력 6 도형과 길이

6-1. 정사각형의 변의 길이

54~55쪽

1 가: 15 cm, 나: 9 cm, 다: 6 cm, 라: 3 cm

2 7 cm

최상위
사고력 (1) 18 cm (2) 22 cm

저자 톡! 크고 작은 정사각형을 겹치지 않게 이어 붙여 만든 도형에서 정사각형의 한 변의 길이를 구하는 내용입니다. 정사각형의 모든 변의 길이는 같다는 성질을 이용하여 알 수 있는 길이부터 하나씩 찾도록 합니다.

1

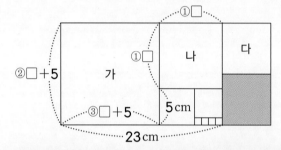

보충 개념
정사각형은 네 변의 길이가 모두 같습니다.

①~⑤ 순서로 알 수 있는 길이를 찾아봅니다.

(라의 한 변의 길이)=(색칠한 정사각형의 한 변의 길이)=3cm

(다의 한 변의 길이)=(라의 한 변의 길이)+(색칠한 정사각형의 한 변의 길이)=3+3=6(cm)

(나의 한 변의 길이)=(다의 한 변의 길이)+(라의 한 변의 길이)=6+3=9(cm)

(가의 한 변의 길이)=(나의 한 변의 길이)+(다의 한 변의 길이)=9+6=15(cm)

2

해결 전략
정사각형 나의 한 변의 길이를 □라 하여
알 수 있는 길이를 표시해 봅니다.

나의 한 변의 길이를 □라 하여 ①~③ 순서로 길이를 나타냅니다.

주어진 길이 23cm를 이용하면 (□+5)+□=23(cm),

□×2+5=23(cm), □×2=18(cm), □=9(cm)입니다.

정사각형 가의 한 변의 길이는 □+5=9+5=14(cm)이고,

색칠한 정사각형의 한 변의 길이는

정사각형 가의 한 변의 길이의 반이므로

14÷2=7(cm)입니다.

최상위 사고력 ①~⑩ 순서로 알 수 있는 길이를 찾아봅니다.

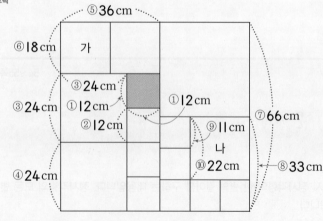

보충 개념
• 정사각형 가의 한 변의 길이는 36cm의
  반이므로 36÷2=18(cm)입니다.
• 정사각형 나의 한 변의 길이는 11cm의
  2배이므로 11×2=22(cm)입니다.

1 96 cm　　　　　　**2** 20 cm　　　　　최상위
사고력　24 cm

저자 톡! 직사각형의 마주 보는 두 변의 길이가 같음을 이용하여 도형의 길이를 구하는 내용입니다. 직사각형의 가로와 세로 중 모르는 길이 가 있을 때 어떻게 구해야 하는지 생각하며 문제를 해결합니다.

1 작은 직사각형의 가로를 □라 하여 도형의 길이를 □를 이용하여 나타냅니다.

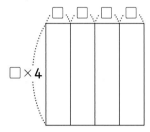

직사각형의 둘레는

$\square + (\square \times 4) + \square + (\square \times 4) = \square \times 10 = 60$(cm)이므로 $\square = 6$ cm입니다.

따라서 처음 정사각형의 한 변의 길이는 $\square \times 4 = 6 \times 4 = 24$(cm)이므로

정사각형의 둘레는 $24 + 24 + 24 + 24 = 96$(cm)입니다.

2 잘라낸 정사각형의 한 변의 길이를 □라 하여 도형의 길이를 □를 이용하여 나타냅니다.

해결 전략
잘라낸 정사각형의 한 변의 길이는 구할 수 없지만 남은 직사각형의 둘레는 구할 수 있습니다.

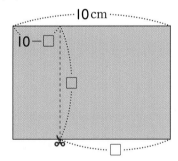

남은 직사각형의 가로는 $(10 - \square)$cm, 세로는 $\square$cm이므로

직사각형의 둘레는 $(10 - \square) + \square + (10 - \square) + \square = 20$(cm)입니다.

최상위
사고력

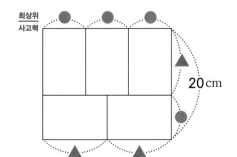

작은 직사각형의 가로를 ●, 세로를 ▲라 하여 식을 세웁니다.

만든 직사각형의 세로가 20 cm이므로 ●＋▲＝20(cm),

●×3과 ▲×2가 모두 직사각형의 가로이므로 ●×3＝▲×2입니다.

●(cm)	1	2	3	4	……	8
▲(cm)	19	18	17	16	……	12
●×3(cm)	3	6	9	12	……	24
▲×2(cm)	38	36	34	32	……	24

●＝8 cm, ▲＝12 cm이므로 도형의 가로는 ▲＋▲＝12＋12＝24(cm)입니다.

1 예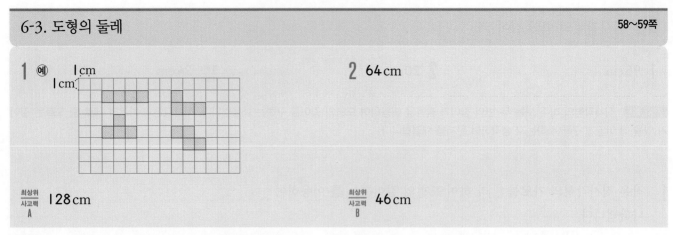

2 64 cm

최상위 사고력 A 128 cm

최상위 사고력 B 46 cm

저자 특! 주어진 길이에 대한 몇 가지 조건만 이용하여 직각으로 꺾인 부분이 있는 도형의 둘레를 구하는 내용입니다. 주어진 도형 그대로 둘레를 구하기보다는 도형을 변형하면 둘레를 쉽게 구할 수 있음을 경험하도록 합니다.

1 둘레가 10 cm이므로 도형의 변을 옮겨 직사각형으로 바꾸었을 때
직사각형의 (가로)+(세로)=5 cm입니다.

2 도형의 변을 옮겨 정사각형으로 바꾼 후,
둘레를 구합니다.
작은 정사각형의 한 변의 길이가 4 cm이므로
만든 정사각형의 둘레는 $(4 \times 4) \times 4 = 64$(cm)입니다.

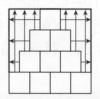

보충 개념
도형의 둘레는 작은 정사각형의 한 변의 길이의 16배입니다.

최상위 사고력 A 도형을 정사각형으로 바꾸어 둘레를 구합니다.

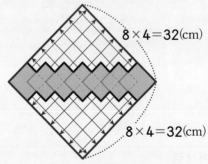

$8 \times 4 = 32$(cm)

$8 \times 4 = 32$(cm)

해결 전략
빨간색 선의 길이는 도형을 정사각형으로 바꾸었을 때, 정사각형의 둘레와 같습니다.

따라서 도형의 둘레는 $32 \times 4 = 128$(cm)입니다.

최상위 사고력 B 도형을 직사각형으로 바꾸어 둘레를 구합니다.

......

직사각형	첫 번째	두 번째	세 번째	네 번째	......	여덟 번째
가로(cm)	1	3	5	7	......	15
세로(cm)	1	2	3	4	......	8
둘레(cm)	4	10	16	22	......	46

보충 개념
직사각형은 마주 보는 두 변의 길이가 같으므로 가로가 15 cm, 세로가 8 cm일 때
(직사각형의 둘레)
$=(15+8) \times 2$
$=23 \times 2 = 46$(cm)입니다.

따라서 여덟 번째 도형의 둘레는 46 cm입니다.

1 가장 작은 정사각형의 한 변의 길이를 ■라 하여 ①~③ 순서로 길이를
■를 이용하여 나타냅니다.

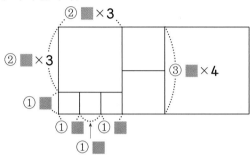

가장 큰 정사각형의 둘레가 48cm이므로
한 변의 길이는 48÷4=12cm입니다.
따라서 ■×4=12(cm), ■=3cm이므로
가장 작은 정사각형의 한 변의 길이는 3cm입니다.

2 도형의 변을 옮겨 직사각형으로 바꾼 후 둘레를 구하면
(14+6)×2=40(cm)입니다.

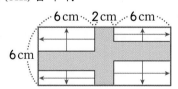

해결 전략
도형을 직사각형으로 바꾼 후 직사각형의
둘레를 구합니다.

3 직사각형을 접었을 때 이동하는 변과 꼭짓점을 이용하여 알 수 있는
길이를 표시합니다.

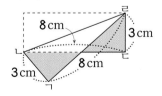

직사각형의 가로와 세로를 이용하면 색칠한 두 도형의 둘레의 합은
(변 ㄱㄹ의 길이)+(변 ㄴㄷ의 길이)+(변 ㄱㄴ의 길이)+(변 ㄹㄷ의 길이)
=8+8+3+3=22(cm)입니다.

해결 전략
색칠한 도형의 각 변의 길이를 따로 구할
필요 없이 두 도형의 둘레의 합을 구하면
됩니다.

보충 개념

직사각형을 다시 펼치면 같은 색으로 표시
한 부분의 길이는 각각 같습니다.

4 정사각형을 I개씩 늘려 가며 도형의 둘레를 구해봅니다.

해결 전략
정사각형이 I개씩 늘어날 때마다 도형의 둘레
는 몇 cm씩 늘어나는지 규칙을 찾아봅니다.

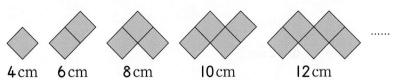

4 cm   6 cm   8 cm   10 cm   12 cm   ......

정사각형이 I개 늘어날 때마다 둘레는 2 cm씩 늘어납니다.

따라서 정사각형이 I개에서 19개 늘어난 20개일 때

도형의 둘레는 $4+2\times19=42$(cm)가 됩니다.

최상위 사고력 7 도형 채우기와 도형 붙이기

7-1. 서로 다른 조각으로 도형 채우기

62~63쪽

1 (예)

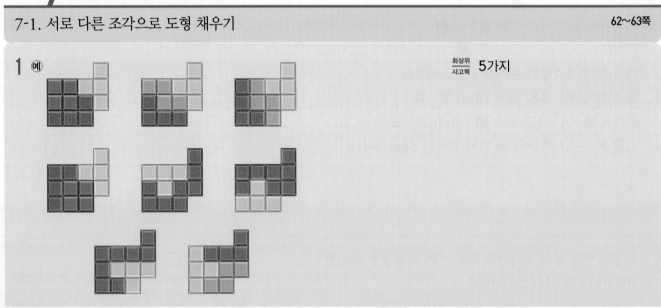

최상위
사고력 5가지

저자 톡! 몇 개의 도형을 붙여 주어진 도형을 여러 가지 방법으로 만드는 내용입니다. 다양하게 도형을 맞추어 보며 시행착오를 줄여 나가며 도형을 맞출 수 있도록 합니다.

---

1 ㉠에 조각을 놓을 수 있는 방법은 다음과 같이 3가지입니다.

㉠에 조각을 놓는 3가지 방법으로 나누어 다른 조각을 채워 봅니다.

보충 개념
정사각형 2개를 붙여서 만든 도형
: 도미노 (Domino)
정사각형 3개를 붙여서 만든 도형
: 트리미노 (Trimino)
정사각형 4개를 붙여서 만든 도형
: 테트로미노 (Tetromino)
정사각형 5개를 붙여서 만든 도형
: 펜토미노 (Pentomino)

최상위 사고력 직사각형은 작은 정사각형 8개로 이루어졌습니다.

따라서 사용하는 3조각이 작은 정사각형 8개로 되어있어야 합니다.

$1+3+4=8$, $2+3+3=8$이므로 작은 정사각형 I개, 3개, 4개로

이루어진 조각과 작은 정사각형 2개, 3개, 3개로 이루어진 조각으로

직사각형을 채워 봅니다.

- 작은 정사각형 1개, 3개, 4개로 이루어진 3조각으로 채우는 경우

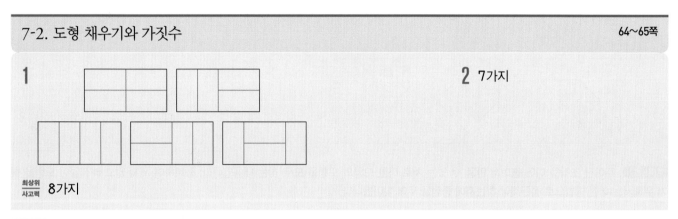

➡ 4가지

- 작은 정사각형 2개, 3개, 3개로 이루어진 3조각으로 채우는 경우

➡ 1가지

따라서 직사각형을 채우는 방법은 모두 4+1=5(가지)입니다.

1

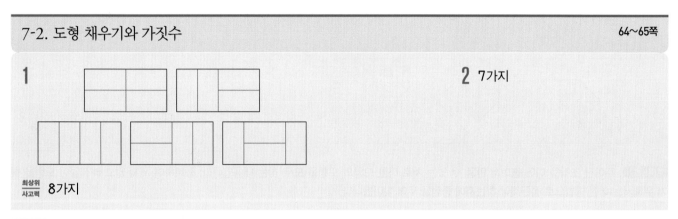

2 7가지

최상위
사고력 8가지

저자 톡! 주어진 조각으로 도형을 채우는 모든 방법의 가짓수를 찾는 내용입니다. 놓는 조각에 따라, 조각을 놓아야 할 위치에 따라 기준을 정하여 모든 방법을 찾도록 합니다.

1 벽지의 긴 쪽을 가로로 붙이는 경우와 세로로 붙이는 경우로 나누어 채워 봅니다.

해결 전략
벽을 작은 정사각형 8개로 나누어 생각해 봅니다.

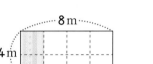

2 ▨▨ 타일을 2개 사용하는 경우: ➡ 2가지

▨▨ 타일을 1개 사용하는 경우: ➡ 4가지

▨▨ 타일을 0개 사용하는 경우: ➡ 1가지

따라서 정사각형을 채울 수 있는 방법은 모두 2+4+1=7(가지)입니다.

최상위
사고력 ① ▨▨▨ 조각을 가로로 놓는 경우

해결 전략
가장 긴 조각부터 놓아야 할 곳을 정하여 생각합니다.

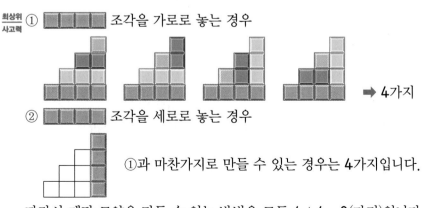

➡ 4가지

② ▨▨▨ 조각을 세로로 놓는 경우

①과 마찬가지로 만들 수 있는 경우는 4가지입니다.

따라서 계단 모양을 만들 수 있는 방법은 모두 4+4=8(가지)입니다.

1

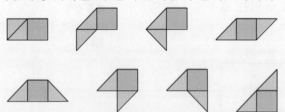

최상위
사고력 14가지

저자 톡! 주어진 조각을 이어 붙여서 만들 수 있는 서로 다른 모양의 도형을 모두 찾는 내용입니다. 중복하여 세지 않고 빠짐없이 도형을 찾기 위해서는 어떤 방법으로 접근해야 하는지에 중점을 두어 찾아봅니다.

1 ▣ 조각과 ◸ 조각을 붙여 만들 수 있는 모양은 ◹ 입니다.
여기에 직각삼각형 하나를 더 붙이면 다음과 같이 **8가지**가 나옵니다.

주의
돌렸을 때 같은 모양이면 한 가지로 세야 합니다.

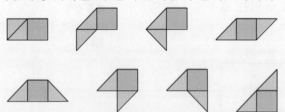

최상위
사고력 직각삼각형 **3개**를 붙여 만들 수 있는 모양은 다음과 같습니다.

해결 전략
먼저 직각삼각형 3개를 붙여 만들 수 있는 모양을 찾습니다.

직각삼각형 **3개**를 붙여 만들 수 있는 모양 **4가지**에 직각삼각형 **1개**를 더 붙여 여러 가지 모양을 만들어 봅니다.

• ◿ 모양에 직각삼각형 **1개**를 더 붙이는 경우

주의
길이가 같은 변끼리 맞닿도록 이어 붙여야 합니다.

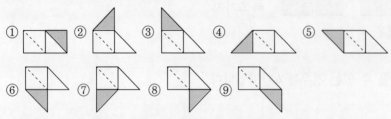

(○)   (×)

②와 ⑦은 돌려서 같은 모양이므로 **8가지** 모양이 나옵니다.

• 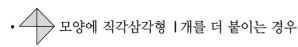 모양에 직각삼각형 1개를 더 붙이는 경우

①, ②, ⑤는 앞에서 구한 모양과 같으므로 새로운 모양은 2가지가 나옵니다.

• 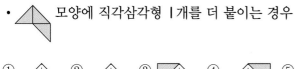 모양에 직각삼각형 1개를 더 붙이는 경우

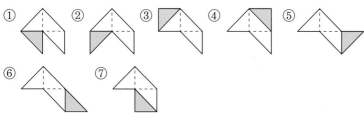

①, ③, ④, ⑦은 앞에서 구한 모양과 같으므로 새로운 모양은 3가지가 나옵니다.

• 모양에 직각삼각형 1개를 더 붙이는 경우

다음 모양을 제외하면 모두 앞에서 구한 모양과 같으므로 새로운 모양은 1가지가 나옵니다.

따라서 직각삼각형 4개를 붙여 만들 수 있는 서로 다른 모양은 모두 8+2+3+1=14(가지)입니다.

최상위 사고력

68~69쪽

1 예

2 12개

3 22가지

4 6가지

1 가장 큰 조각 ▉▉ 부터 놓은 후 다른 조각으로 채워 봅니다.

이외에도 도형을 돌리고 뒤집는 방법에 따라 여러 가지 답이 있습니다.

2 2조각을 이용하면 가로 3칸, 세로 2칸인 가장 작은
직사각형을 만들 수 있습니다.

해결 전략
먼저 주어진 조각으로 가장 작은 직사각형을
만들어 봅니다.

가로 3칸, 세로 2칸인 직사각형을 가장 적게 이어 붙여
만들 수 있는 정사각형은 가로 6칸, 세로 6칸인 정사
각형입니다.
따라서 필요한 조각은 모두 12개입니다.

3 나 벽지를 같은 줄에 붙이는 경우와 다른 줄에 붙이는 경우로 나누어
세어 봅니다.

보충 개념

• 같은 줄에 붙이는 경우

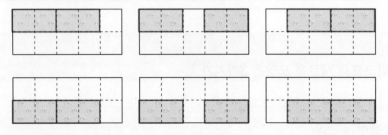

➡ 6가지

• 다른 줄에 붙이는 경우

윗줄에 나 벽지 1개를 붙이는 방법은 4가지이고, 각 경우에 아랫줄에
나 벽지 1개를 붙이는 방법은 4가지씩 있습니다.

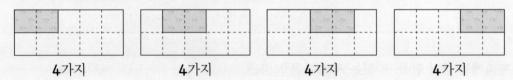

4가지   4가지   4가지   4가지

➡ 4×4=16(가지)

따라서 벽을 채울 수 있는 방법은 모두 6+16=22(가지)입니다.

4 직사각형 1개와 직각삼각형 1개를 붙이는 방법은 2가지입니다.

주의
가로와 세로가 다른 것에 주의하여 모양을
생각해 봅니다.

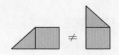

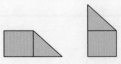

나머지 직각삼각형을 길이가 같은 변끼리 이어 붙이면
서로 다른 사각형은 모두 6가지입니다.

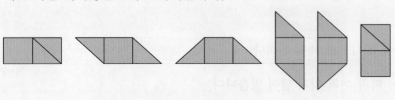

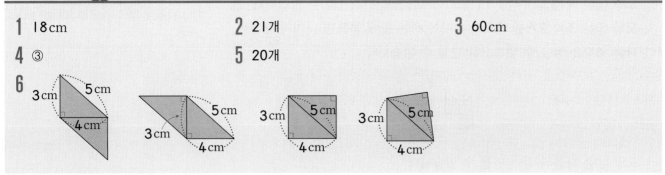

1 18cm **2** 21개 **3** 60cm

4 ③ **5** 20개

6
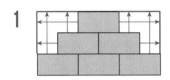

1
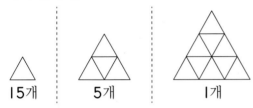

도형의 변을 옮겨 직사각형으로 바꾼 후 둘레를 구하면
$(2 \times 3 + 1 \times 3) \times 2 = 18$(cm)입니다.

해결 전략
도형을 직사각형으로 바꾸어 직사각형의
둘레를 구합니다.

2 ♥을 포함하지 않는 작은 삼각형으로 이루어진 개수에 따라 나누어
세어 봅니다.

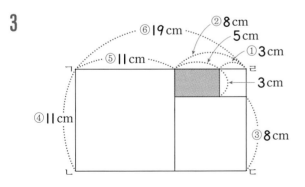

15개   5개   1개

따라서 ♥을 포함하지 않는 크고 작은 삼각형은 모두
$15 + 5 + 1 = 21$(개)입니다.

3

⑥19 cm ②8 cm 5 cm ①3 cm
⑤11 cm —3 cm
④11 cm
③8 cm

①~⑥ 순서로 알 수 있는 길이를 찾아봅니다.
따라서 사각형 ㄱㄴㄷㄹ의 둘레는
$19 + 11 + 19 + 11 = 60$(cm)입니다.

해결 전략
알 수 있는 길이부터 찾아봅니다.

4 |보기|의 조각은 모두 작은 정사각형 **3**개로 이루어져 있습니다.

모양 ①은 작은 정사각형 **11**개로 이루어졌으므로 만들 수 없습니다.

모양 ②는 조각 **2**개를 반드시 놓아야 하는 곳에 놓으면 나머지 부분에

다른 조각을 놓을 수 없으므로 만들 수 없습니다.

해결 전략
두 종류의 조각을 붙여 만든 도형의 작은
정사각형의 개수는 **3**의 배수이어야 합니다.

모양 ③은 다음과 같이 만들 수 있습니다.

5

해결 전략
모양과 크기가 다른 정사각형을 변의 길이에
따라 분류하여 개수를 세어 봅니다.

9개   **4**개   **1**개

4개   **2**개

└─ 기울어진 방향이 반대인 경우가 있으므로
   2개입니다.

따라서 점판 위에 만들 수 있는 정사각형은 모두

$9+4+1+4+2=20$(개)입니다.

6 종이 **1**장을 기준으로 정하여 움직이지 않고, 다른 종이를 돌리거나 뒤

집어서 붙여 보면 모두 **4**가지 모양이 나옵니다.

해결 전략
길이가 같은 변끼리 이어 붙일 수 있는 방법
을 모두 찾아 봅니다.

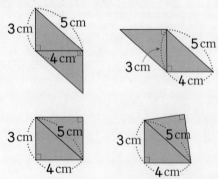

Ⅲ 연산 (2)

학교 수학에서 배운 (두 자리 수)×(한 자리 수), (두 자리 수)÷(한 자리 수)를 바탕으로 곱셈식과 나눗셈의 빈칸을 채우는 문제부터 곱셈과 나눗셈이 문제해결에서 유용하게 사용되는 깊이 있는 사고력 문제까지 다루어 봅니다.
벌레 먹은 셈과 복면산은 덧셈, 뺄셈에서 뿐만 아니라 곱셈과 나눗셈에서도 빠지지 않고 등장하는 주제입니다. 이 주제는 문제가 복잡해 보이지 않고 수수께끼와 같이 학생들이 쉽게 접근할 수 있으며 수를 하나씩 추리해 나가는 과정에서 추론력과 수 감각을 기를 수 있는 문제 중의 하나입니다. 퍼즐형 문제를 풀 때에는 연산 감각도 필요하지만 시행착오를 줄일 수 있도록 우선순위를 정하여 차례로 해결해 나갈 수 있도록 합니다.

최상위 사고력 **8 곱셈**

8-1. 곱셈식 완성하기   74~75쪽

1

	9	2			8	4			9	7
×		8		×		9		×		8
7	3	6		7	5	6		7	7	6

2 5가지

최상위 사고력

(1)

	5	4
×		3
1	6	2

(2)

	3	7
×		9
3	3	3

저자 톡! (두 자리 수)×(한 자리 수)의 세로셈에서 빈칸에 알맞은 수를 구하는 내용입니다. 먼저 곱셈구구 각 단의 특징을 생각해 보고, 빈칸에 들어갈 수 있는 수를 예상하고 확인하는 방법으로 수를 줄여가며 찾아봅니다.

1 계산 결과의 백의 자리 숫자가 7이므로 ⓛ에 들어갈 수 있는 수는 8 또는 9입니다.
일의 자리 숫자의 곱 ㉠×ⓛ=6을 만족하는 (㉠, ⓛ)은 (2, 8), (4, 9), (7, 8)로 3가지입니다.
따라서 각각의 경우에 맞게 □ 안에 알맞은 수를 넣어 구해 봅니다.

		㉠
×		ⓛ
7		6

> **보충 개념**
> (한 자리 수)×(한 자리 수)의 계산 결과의 십의 자리 숫자가 7이 되는 경우는 8×9=72뿐입니다.

2 빈 칸에 들어갈 수 있는 수는 1과 5를 제외한 7개의 수입니다. ⓛ×ⓒ이 받아올림이 없고, ㉠×ⓒ에서 일의 자리 숫자가 5가 되려면 ㉠ 또는 ⓒ이 5이어야 하므로 ⓛ×ⓒ은 받아올림이 있습니다.

	㉠	ⓛ
×		ⓒ
㉣	5	㉤

- ⓛ×ⓒ에서 받아올림이 1인 경우:
  ⓒ=2일 때 ㉣=1이므로 곱셈식을 만들 수 없습니다.
  ⓒ=3일 때 ㉠=8, ⓒ=4일 때 ㉠=6이 가능하지만 다른 빈칸에 알맞은 수가 없습니다.
  ⓒ=6일 때 ㉠=4, ㉣=2, ⓛ=3, ㉤=8입니다.
  ⓒ=7일 때 ㉠=2, ㉣=1이므로 곱셈식을 만들 수 없습니다.
  ⓒ=8일 때 ㉠=3, ⓒ=9일 때 ㉠=6이 가능하지만 다른 빈칸에 알맞은 수가 없습니다.

> **보충 개념**
> ⓛ×ⓒ에서 받아올림이 1인 경우
> ㉠×ⓒ에서 일의 자리 숫자는 4입니다.

이 점에 주의하여 각각의 경우에 맞게 알맞은 수를 넣어 구해 보면 다음과 같이 모두 5가지입니다.

4 3	9 4	8 9	9 4	8 4
× 6	× 7	× 4	× 8	× 9
2 5 8	6 5 8	3 5 6	7 5 2	7 5 6

최상위 사고력

```
      ㉠ ㉡
    ×    ㉢
    ㉣ ㉤ ㉥
```

(1) 어떤 수에 1을 곱하면 자기 자신이 되고 5를 곱하면 일의 자리 숫자가 5 또는 0이 되므로 1과 5는 ㉡, ㉢, ㉤, ㉥에 들어갈 수 없습니다. 그러므로 ㉠=5, ㉣=1이 됩니다.

이 점에 주의하여 ㉢에 2, 3, 4, 6을 차례로 넣어보며 ㉡, ㉤, ㉥에 알맞은 수를 구해 봅니다.

(2) ㉠, ㉡, ㉢ 중에서 3이 2개 들어가는 경우에는 3이 4개 들어 있는 곱셈식을 만들 수 없습니다.

따라서 ㉣, ㉤, ㉥ 모두에 3이 들어가는 곱셈식을 만들어 봅니다.

> **보충 개념**
> ㉠=1, ㉣=5가 되는 경우는 ㉢에 올 수 있는 한 자리 수가 없습니다.

> **해결 전략**
> 곱하는 수, 곱해지는 수, 계산 결과에 각각 3을 넣어가며 조건을 만족하는 경우를 찾습니다.

8-2. 곱셈 복면산

76~77쪽

1
```
      7 4
    ×   6
    4 4 4
```

2
```
      6 8
    ×   3
    2 0 4
```

최상위 사고력 9개

> **저자 톡!** 곱셈 복면산은 벌레 먹은 셈에서 빈칸을 문자나 기호로 바꾸어 놓은 것입니다. 같은 문자나 기호는 같은 수를 나타낸다는 조건을 이용하여 벌레 먹은 셈과 같이 먼저 알 수 있는 문자부터 수를 찾습니다.

1 B×6의 일의 자리 숫자가 B이므로 B가 될 수 있는 수는 2, 4, 6, 8입니다.

- B=2, 6, 8인 경우 A에 들어갈 수 있는 수가 없습니다.

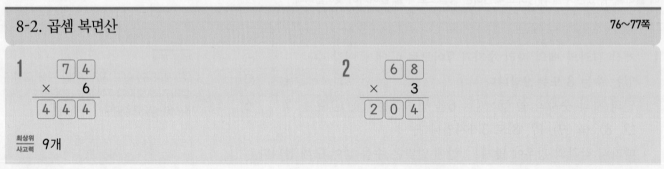

- B=4인 경우 A=7입니다.

> **해결 전략**
> 먼저 B×6=B의 일의 자리 숫자가 B가 될 수 있는 수를 찾습니다.

2

① 0이 들어갈 수 있는
곳은 ㄹ뿐입니다.

② ㄷ에 들어갈 수 있는
수는 2뿐입니다.

③ 나머지 수 4, 6, 8을
알맞게 써넣습니다.

해결 전략
먼저 0이 들어갈 수 있는 빈칸을 찾습니다.

보충 개념
(두 자리 수)×3=(세 자리 수)일 때, 세 자리 수의 백의 자리 숫자는 1 또는 2입니다.

최상위 사고력

첫 번째 조건을 만족하는 ㉠은 6, 7, 8, 9입니다.

두 번째 조건을 만족하는 ㉡은 7, 8, 9입니다.

조건에서 ㉠과 ㉡은 서로 다른 숫자이므로 (㉠, ㉡)=(6, 7), (6, 8), (6, 9), (7, 8), (7, 9), (8, 7), (8, 9), (9, 7), (9, 8)로 9가지입니다.

9가지 경우로 나누어 조건에 맞는 수를 구해 봅니다.

• (㉠, ㉡)=(6, 7)인 경우

$$67 \times 3 = 201 \qquad 76 \times 4 = 304$$

• (㉠, ㉡)=(6, 8)인 경우

$$68 \times 3 = 204 \qquad 86 \times 4 = 344$$

• (㉠, ㉡)=(6, 9)인 경우

$$69 \times 3 = 207 \qquad 96 \times 4 = 384$$

• (㉠, ㉡)=(7, 8)인 경우

$$78 \times 3 = 234 \qquad 87 \times 4 = 348$$

• (㉠, ㉡)=(7, 9)인 경우

$$79 \times 3 = 237 \qquad 97 \times 4 = 388$$

• (㉠, ㉡)=(8, 7)인 경우

$$87 \times 3 = 261 \qquad 78 \times 4 = 312$$

• (㉠, ㉡)=(8, 9)인 경우

$$89 \times 3 = 267 \qquad 98 \times 4 = 392$$

• (㉠, ㉡)=(9, 7)인 경우

$$97 \times 3 = 291 \qquad 79 \times 4 = 316$$

• (㉠, ㉡)=(9, 8)인 경우

$$98 \times 3 = 294 \qquad 89 \times 4 = 356$$

9가지 경우 모두 조건을 만족합니다.

따라서 조건에 맞는 두 자리 수 ㉠㉡은 67, 68, 69, 78, 79, 87, 89, 97, 98로 모두 9개입니다.

8-3. 조건에 맞는 수

78~79쪽

1 8월 15일

2 52, 92

최상위 사고력 A 16

최상위 사고력 B ㉠=45, ㉡=7

저자 톡! 앞에서는 주어진 곱셈식에서 모르는 수를 구했다면 이번에는 곱셈, 덧셈, 뺄셈을 모두 이용하여 조건에 맞는 수를 구합니다. 조건이 여러 개 있을 때 어떤 조건부터 먼저 이용하는 것이 시행착오를 줄일 수 있는지 중점을 두어 학습합니다.

1 월은 1부터 12까지의 수가 될 수 있고, 일은 1부터 31까지의 수가
될 수 있습니다.
월과 일을 곱하면 120이 되는 두 수를 먼저 찾습니다.

해결 전략
월은 1월부터 12월까지 있고, 일은 1일부터
31일까지 있습니다.

월	1	2	3	4	5	6	7	8	9	10	11	12
일	×	×	×	30	24	20	×	15	×	12	×	10

이 중에서 월과 일을 더하면 23이 될 때는 8월 15일입니다.
따라서 민우의 생일은 8월 15일입니다.

2 ㉠은 한 자리 수이므로 ㉠이 1, 2, 3……9일 때 ㉠×㉡=153을 만족
하는 ㉡을 찾습니다.
3×51=153, 9×17=153이므로
(㉠, ㉡)=(3, 51), (9, 17)입니다.
• (3, 51)인 경우
  ㉡−㉠=100−㉢에서 51−3=100−㉢, ㉢=52입니다.
  └48=100−㉢, ㉢=100−48
• (9, 17)인 경우
  ㉡−㉠=100−㉢에서 17−9=100−㉢, ㉢=92입니다.
  └8=100−㉢, ㉢=100−8

보충 개념
㉠×㉡=153을 만족하는 (㉠, ㉡)을 먼저
구합니다.

최상위 사고력 A 첫 번째 조건과 세 번째 조건에서 ㉠은 같은 한 자리 수를 두 번 곱한
두 자리 수이므로
4×4=16, 5×5=25, 6×6=36, 7×7=49,
8×8=64, 9×9=81로 6가지입니다.
이 중에서 두 번째 조건을 만족하는 경우는 16×5=80이므로
㉠은 16입니다.

보충 개념
■×■처럼 같은 수를 두 번 곱한 수를
제곱수라고 합니다.

최상위 사고력 B 어떤 두 자리 수 ㉠과 한 자리 수 ㉡의 곱은 315이므로
㉡이 1, 2, 3……9일 때 ㉠×㉡=315를 만족하는 ㉠을 찾습니다.
5×63=315, 7×45=315, 9×35=315이므로
(㉠, ㉡)=(63, 5), (45, 7), (35, 9)입니다.
• (㉠, ㉡)=(63, 5)인 경우
  (㉠−3)×㉡에서 (63−3)×5=60×5=300입니다.
• (㉠, ㉡)=(45, 7)인 경우
  (㉠−3)×㉡에서 (45−3)×7=42×7=294입니다.
• (㉠, ㉡)=(35, 9)인 경우
  (㉠−3)×㉡에서 (35−3)×9=32×9=288입니다.
따라서 ㉠=45, ㉡=7입니다.

1 A=4, B=1, C=7, D=2 **2** 96 **3** 112 **4** ●=2, ▲=4, ■=7

1 A×A의 계산 결과가 일의 자리 계산에서 받아올림한 값을 더해 16이 되는 경우와
받아올림 없이 16인 경우로 나누어 생각해 보면 A=3 또는 4임을 알 수 있습니다.
A=3이면 일의 자리 계산 B×3=3에서 B=1이 되어 곱셈식을 만족하지 않습니다.
따라서 A=4이고 B×4=4이므로 B=1입니다.
덧셈에서 일의 자리 계산 4+C=1을 만족하는 C는 7이므로 D는 2입니다.

$$
\begin{array}{r}
4\,1 \\
\times \quad 4 \\
\hline
1\,6\,4 \\
+\ \ C\,C \\
\hline
D\,4\,1
\end{array}
\quad\Rightarrow\quad
\begin{array}{r}
4\,1 \\
\times \quad 4 \\
\hline
1\,6\,4 \\
+\ \ 7\,7 \\
\hline
2\,4\,1
\end{array}
$$

2 □×□−□+□에서 □×□가 홀수인 경우와 짝수인 경우로 나누어
구해 봅니다.

보충 개념
(홀수)+(홀수)=(짝수)
(홀수)+(짝수)=(홀수)
(짝수)+(홀수)=(홀수)
(짝수)+(짝수)=(짝수)

① □×□가 홀수인 경우
   (홀수)×(홀수)=(홀수)이므로 5×7=35 한 가지 뿐입니다.
   하지만 나머지 수 6, 8이 모두 짝수이므로
   (홀수)×(홀수)−(짝수)+(짝수)=(홀수)가 되어 짝수를 만들 수 없습니다.
② □×□가 짝수인 경우
   (홀수)×(짝수)=(짝수), (짝수)×(짝수)=(짝수)입니다.
   (홀수)×(짝수)=(짝수)인 경우 (홀수)×(짝수)−(홀수)+(짝수)=(홀수),
   (홀수)×(짝수)−(짝수)+(홀수)=(홀수)가 되어 짝수를 만들 수 없습니다.
   (짝수)×(짝수)=(짝수)인 경우 나머지 두 수가 홀수이므로
   (짝수)×(짝수)−(홀수)+(홀수)=(짝수)입니다.
   따라서 (짝수)×(짝수)−(홀수)+(홀수)에 맞게 써넣어 계산하면
   6×8−5+7=50, 6×8−7+5=46으로 2가지입니다.
   따라서 계산 결과를 모두 더하면 50+46=96입니다.

3 두 자리 수를 ㉠㉡이라 하고 조건을 식으로 나타내어 봅니다.
㉠㉡에 2를 곱한 값보다 ㉡㉠에 2를 곱한 값이 18 더 크므로
㉡㉠×2−㉠㉡×2=18, (㉡㉠−㉠㉡)×2=18, ㉡㉠−㉠㉡=9입니다.
일의 자리 숫자와 십의 자리 숫자를 바꾸어 9만큼 차이 나는 수는 일의
자리 숫자가 십의 자리 숫자보다 1 클 때이므로
12, 23, 34, 45……89입니다.
이 중에서 십의 자리 숫자와 일의 자리 숫자의 합이 11인 수는 <u>56</u>입니다.
5+6=11
따라서 바르게 계산한 값은 56×2=112입니다.

보충 개념
곱셈에서는 분배법칙이 성립합니다.
(a×c)−(b×c)=(a−b)×c
➡ ㉡㉠×2−㉠㉡×2=18,
   (㉡㉠−㉠㉡)×2=18,
   ㉡㉠−㉠㉡=9

4 덧셈식의 일의 자리에서 받아올림이 없으므로 ▲<7이고,
■>3입니다.
곱셈식의 계산 결과가 두 자리 수이므로 ●가 될 수 있는 수는
1, 2, 3 중에 하나입니다.

> **주의**
> 조건을 만족하면서 덧셈식과 곱셈식의 ●,
> ▲, ■ 값이 같은지 확인합니다.

- ●=1인 경우

$$\begin{array}{r} 1\ ▲ \\ \times \quad 3 \\ \hline ■\ 1 \end{array}$$

▲=7이어야 하는데 덧셈식에서 ▲<7이므로 조건에 맞지 않습니다.

- ●=2인 경우

$$\begin{array}{r} 2\ ▲ \\ \times \quad 3 \\ \hline ■\ 2 \end{array} \xrightarrow{▲=4} \begin{array}{r} 2\ 4 \\ \times \quad 3 \\ \hline ■\ 2 \end{array} \xrightarrow{■=7} \begin{array}{r} 2\ 4 \\ \times \quad 3 \\ \hline 7\ 2 \end{array}$$ 이고

$$\begin{array}{r} 2\ ▲ \\ + \quad 3 \\ \hline 2\ ■ \end{array} \xrightarrow{▲=4} \begin{array}{r} 2\ 4 \\ + \quad 3 \\ \hline 2\ ■ \end{array} \xrightarrow{■=7} \begin{array}{r} 2\ 4 \\ + \quad 3 \\ \hline 2\ 7 \end{array}$$

조건에 맞습니다.

- ●=3인 경우

$$\begin{array}{r} 3\ ▲ \\ \times \quad 3 \\ \hline ■\ 3 \end{array} \xrightarrow{▲=1} \begin{array}{r} 3\ 1 \\ \times \quad 3 \\ \hline ■\ 3 \end{array} \xrightarrow{■=9} \begin{array}{r} 3\ 1 \\ \times \quad 3 \\ \hline 9\ 3 \end{array}$$

$$\begin{array}{r} 3\ ▲ \\ + \quad 3 \\ \hline 3\ ■ \end{array} \xrightarrow{▲=1} \begin{array}{r} 3\ 1 \\ + \quad 3 \\ \hline 3\ ■ \end{array} \xrightarrow{■=4} \begin{array}{r} 3\ 1 \\ + \quad 3 \\ \hline 3\ 4 \end{array}$$

곱셈식과 덧셈식에서 ■가 서로 다르므로 조건에 맞지 않습니다.
따라서 ●=2, ▲=4, ■=7입니다.

최상위 사고력 9 곱셈과 나눗셈

9-1. 나눗셈식 만들기　　　　　　　　　　　　　　　　　　　82~83쪽

1 56

2 8÷2=4, 8÷4=2, 16÷2=8, 16÷8=2, 12÷3=4, 12÷4=3, 15÷3=5, 15÷5=3

최상위 사고력 54

저자 톡! 주어진 수 카드로 만들 수 있는 나눗셈식을 모두 찾는 내용입니다. 곱셈구구를 활용하여 문제를 해결해야 하므로 곱셈구구의 각 단의 특징을 생각하며 나눗셈식을 빠짐없이 찾도록 합니다.

1 숫자 카드로 만들 수 있는 두 자리 수는 24, 25, 26, 42, 45, 46, 52, 54, 56, 62, 64, 65로 12가지입니다.

이 중에서 곱셈구구를 이용하여 7과 8로 나누어떨어지는 수를 찾습니다.

$42 \div 7 = 6$, $56 \div 7 = 8$, $24 \div 8 = 3$, $56 \div 8 = 7$, $64 \div 8 = 8$이므로

7로 나누어떨어지는 수는 42, 56이고, 8로 나누어떨어지는 수는 24, 56, 64입니다.

따라서 7과 8로 모두 나누어떨어지는 수는 56입니다.

2 먼저 수 카드 3장으로 만들 수 있는 곱셈식 $\square \times \square = \square$을 만들어 봅니다.

$2 \times 4 = 8$, $2 \times 8 = 16$, $3 \times 4 = 12$, $3 \times 5 = 15$로 4가지를 만들 수 있습니다.

각각의 곱셈식은 나눗셈식을 2개씩 만들 수 있으므로 만들 수 있는 나눗셈식은 $4 \times 2 = 8$(개)입니다.

➡ $8 \div 2 = 4$, $8 \div 4 = 2$, $16 \div 2 = 8$, $16 \div 8 = 2$, $12 \div 3 = 4$, $12 \div 4 = 3$, $15 \div 3 = 5$, $15 \div 5 = 3$

최상위 사고력 첫 번째 식에서 일의 자리 숫자가 1인 두 자리 수를 나눌 수 있는 수는 3과 7입니다.

➡ 2 1 ÷ 3 = 7 , 2 1 ÷ 7 = 3

1, 2, 3, 7을 제외하고 4, 5, 6, 8, 9를 이용하여 만들 수 있는 곱셈식은 $6 \times 9 = 54$입니다.

➡ 5 4 ÷ 6 = 9 , 5 4 ÷ 9 = 6 입니다.

따라서 ㉠㉡이 될 수 있는 수는 54입니다.

9-2. 조건과 수

1 42   **2** 54

최상위 사고력 ㉠=36, ㉡=4, ㉢=3

저자 톡! 나눗셈식을 비롯한 여러 개의 조건이 주어질 때 조건에 맞는 수를 찾는 내용입니다. 앞에서 학습한 여러 조건이 있는 곱셈식에서와 같이 먼저 이용해야 하는 조건부터 찾아 시행착오를 줄일 수 있는 방법으로 문제를 해결하도록 합니다.

1 첫 번째 조건과 두 번째 조건을 먼저 이용합니다.

30보다 크고 50보다 작은 수 중에서 7로 나누어떨어지는 수는 35, 42, 49입니다.

이 중에서 2 작은 수가 5로 나누어떨어지는 수는

$42 - 2 = 40$ ➡ $40 \div 5 = 8$이므로 조건을 만족하는 수는 42입니다.

2 주어진 조건을 식으로 나타내면 ㉠+㉡=63, ㉠÷㉡=6입니다.

㉠÷㉡=6 ➡ ㉠=6×㉡

㉠+㉡=63 ➡ 6×㉡+㉡=63, 7×㉡=63, ㉡=9

㉠=6×㉡에서 ㉠=6×9=54입니다.

최상위 사고력

㉠÷㉡÷㉢=3 …… ①

㉠÷㉡×㉢=27 …… ②

㉡+㉢=7 …… ③

①과 ②에서 ㉠÷㉡을 □라고 하면 □÷㉢=3, □×㉢=27이므로

㉢=3입니다.

③에서 ㉡+㉢=7, ㉡+3=7, ㉡=4입니다.

①에서 ㉠÷4÷3=3, ㉠÷4=9, ㉠=36입니다.

따라서 ㉠=36, ㉡=4, ㉢=3입니다.

> **보충 개념**
> 등호(=)의 양쪽에 같은 수를 곱해도 등식은 성립합니다.
> ㉠÷㉡=6
> ➡ ㉠÷㉡×㉡=6×㉡, ㉠×1=6×㉡

> **보충 개념**
> □÷㉢=3 → □=3×㉢
> □×㉢=27 → 3×㉢×㉢=27, ㉢×㉢=9, ㉢=3

9-3. 연산 퍼즐

1

6 − 5 = 1, ÷, 3, =, 2 × 4 = 8 (좌측 퍼즐)

8 − 7 = 1, ÷, 4, =, 2 × 3 = 6 (우측 퍼즐)

최상위 사고력 A 예

1 + 7 = 8

9 − 6 = 3

20 ÷ 4 = 5

최상위 사고력 B

7	1	8	56
5	4	9	180
2	6	3	36
70	24	216	

저자 톡! 덧셈, 뺄셈, 곱셈, 나눗셈의 사칙연산을 모두 사용하여 빈칸에 들어갈 수를 구하는 퍼즐형 문제를 다룹니다. 빈칸에 들어갈 수를 예상하고 확인하는 방법도 필요한 방법 중의 하나이지만 가장 먼저 알 수 있는 수부터 구하여 시행착오를 줄일 수 있는 방법으로 퍼즐을 풀도록 합니다.

1

곱셈식을 이용하여 ㉠에 들어갈 수 있는 수부터 먼저 구하면 다음과 같이 4가지 경우가 나옵니다.

> **해결 전략**
> 곱셈식과 나눗셈을 만족하는 경우를 먼저 구합니다.

① 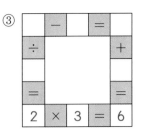 ② ③ ④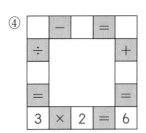

(grid ①) 2 × 4 = 8
(grid ②) 4 × 2 = 8
(grid ③) 2 × 3 = 6
(grid ④) 3 × 2 = 6

이 중에서 나눗셈식을 만족하는 수를 구하면 ①, ③만 가능합니다.

① 6 − □ = □ / ÷ / 3 / + / = / 2 × 4 = 8
③ 8 − □ = □ / ÷ / 4 / + / = / 2 × 3 = 6

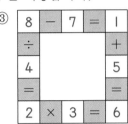

남은 수로 빈 곳에 알맞은 수를 써넣습니다.

① 6 − 5 = 1 / ÷ / 3 / + / 7 / = / 2 × 4 = 8
③ 8 − 7 = 1 / ÷ / 4 / + / 5 / = / 2 × 3 = 6

_{최상위}
_{사고력}
A

□0 ÷ □ = □ 에서 나누어지는 수의 십의 자리에 1, 2, 3, 4……
9를 넣어 가능한 수를 모두 구합니다.

① 10÷2=5 또는 10÷5=2

② 20÷4=5 또는 20÷5=4

③ 30÷5=6 또는 30÷6=5

④ 40÷5=8 또는 40÷8=5

남은 수를 사용하여 덧셈식과 뺄셈식을 만듭니다.

① 3, 4, 6, 7, 8, 9
 □+□=□
 □−□=□
 불가능

② 1, 3, 6, 7, 8, 9
 1+7=8, 9−6=3
  또는
 3+6=9, 8−1=7

③ 1, 2 4, 7, 8, 9
 □+□=□
 □−□=□
 불가능

④ 1, 2, 3, 6, 7, 9
 □+□=□
 □−□=□
 불가능

따라서 1+7=8, 9−6=3, 20÷4=5입니다.
이외에도 답은 여러 가지입니다.

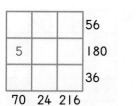

56
5 | 180
36
70 24 216

① 일의 자리 숫자가 0이
되려면 5를 곱해야
합니다.

➡

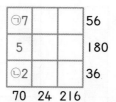

㉠7 | 56
5 | 180
㉡2 | 36
70 24 216

② 7×2=14이므로 ㉠, ㉡은 7과 2
입니다. 이때 세로줄 56과 36 중
7을 곱하여 36을 만들 수 없으므로
7을 ㉠에 써넣습니다.

➡

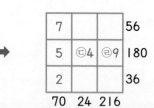

7 | | | 56
5 | ㉢4 | ㉣9 | 180
2 | | | 36
70 24 216

③ ㉢, ㉣은 4와 9입니다.
이때 세로줄 24와 216 중
9를 곱하여 24를 만들 수
없으므로 ㉣에 9를 써넣어
야 합니다.

➡

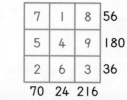

7 | 1 | 8 | 56
5 | 4 | 9 | 180
2 | 6 | 3 | 36
70 24 216

④ 남은 수 1, 3, 6, 8로 나
머지 빈칸을 채워봅니다.

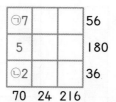
해결 전략
두 수의 곱을 이용하여 곱해진 세 수를 찾
습니다.

$$14×5=70$$
$$7×2$$

최상위 사고력

88~89쪽

1 9가지

2 9

3 예 63÷9=7, 7×4=28

4 ㉠=6, ㉡=4, ㉢=2, ㉣=1, ㉤=7

---

1 두 수의 합은 1+1=2부터 6+6=12까지의 수이고 이 중에서 4로
나누어떨어지는 수는 4, 8, 12입니다.
두 수의 합이 4인 경우: (1, 3), (2, 2), (3, 1) ➡ 3가지
두 수의 합이 8인 경우: (2, 6), (3, 5), (4, 4), (5, 3), (6, 2)
➡ 5가지
두 수의 합이 12인 경우: (6, 6) ➡ 1가지
따라서 나온 두 수의 합이 4로 나누어떨어지는 경우는 모두
3+5+1=9(가지)입니다.

2 가장 큰 수와 가장 작은 수의 곱을 나머지 수로 나눈 몫을 ㉠에 쓰는
규칙입니다.

해결 전략
주어진 세 수를 계산하여 가운데 수를 만드는
규칙을 찾아봅니다.

6×2÷4=3

9×4÷6=6

8×2÷4=4

12×6÷8=9

따라서 ㉠에 알맞은 수는 9입니다.

3 첫 번째 식 $\boxed{}\boxed{}\div\boxed{}=7$을 곱셈식으로 바꾸면 $7\times\boxed{}=\boxed{}\boxed{}$입니다.

따라서 $7\times\boxed{}=\boxed{}\boxed{}$, $7\times\boxed{}=\boxed{}\boxed{}$ 두 식을 만족하는 $\boxed{}$ 안의 수를 구합니다.

$7\times\boxed{}$에서 $\boxed{}$ 안에 2가 들어가면 계산 결과의 십의 자리 숫자가 1,

3이 들어가면 계산 결과의 일의 자리 숫자가 1이 되므로

곱하는 한 자리 수는 4, 5, 6, 7, 8, 9 중 하나입니다.

서로 다른 수를 사용하여 만들 수 있는 식은

$7\times\boxed{4}=\boxed{2}\boxed{8}$, $7\times\boxed{6}=\boxed{4}\boxed{2}$, $7\times\boxed{7}=\boxed{4}\boxed{9}$,

$7\times\boxed{8}=\boxed{5}\boxed{6}$, $7\times\boxed{9}=\boxed{6}\boxed{3}$입니다.

이 중에서 6개의 수가 서로 다른 식은

$7\times\boxed{4}=\boxed{2}\boxed{8}$, $7\times\boxed{9}=\boxed{6}\boxed{3}$ / $7\times\boxed{7}=\boxed{4}\boxed{9}$, $7\times\boxed{8}=\boxed{5}\boxed{6}$입니다.

➡ $\boxed{6}\boxed{3}\div\boxed{9}=7$ $\boxed{2}\boxed{8}\div\boxed{4}=7$ $\boxed{5}\boxed{6}\div\boxed{8}=7$ $\boxed{4}\boxed{9}\div\boxed{7}=7$

    $7\times\boxed{4}=\boxed{2}\boxed{8}$ $7\times\boxed{9}=\boxed{6}\boxed{3}$ $7\times\boxed{7}=\boxed{4}\boxed{9}$ $7\times\boxed{8}=\boxed{5}\boxed{6}$

해결 전략
나눗셈을 곱셈식으로 바꾸어 $\boxed{}$ 안의 수를 구하면 편리합니다.

4 ㉠에서 ㉡÷㉢=㉢을 만족하는 (㉡, ㉢)을 찾아봅니다.

$4\div2=2$, $9\div3=3$으로 (㉡, ㉢)=(4, 2), (9, 3) 2가지 경우가 있습니다.

㉡=9일 때, ②에서 ㉠×㉡=㉢㉡ ➡ ㉠×9=㉢9를 만족하는 한 자리 수가 없으므로 (㉡, ㉢)=(4, 2)입니다.

나머지 기호도 같은 방법으로 찾아보면 ㉠=6, ㉣=1, ㉤=7입니다.

따라서 ㉠=6, ㉡=4, ㉢=2, ㉣=1, ㉤=7입니다.

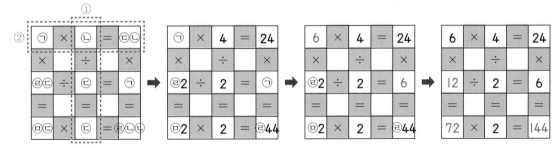

10-1. 수 배열과 합		90~91쪽
1 1622	**2** 980	최상위 사고력 12

저자 톡! 수 배열표에 있는 여러 개의 수의 합을 구할 때 간단히 구하는 방법에 대해 학습합니다. 수 배열표에서 규칙을 찾아 곱셈을 이용하여 여러 수의 합을 구하면 문제를 쉽게 해결할 수 있음을 경험하여 곱셈의 유용함을 느끼도록 합니다.

1 합이 같은 수끼리 짝지어 곱셈을 이용하여 구합니다.

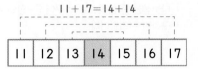

11+17=14+14

| 11 | 12 | 13 | 14 | 15 | 16 | 17 |

➡ (가운데 수)×(수의 개수)=14×7=98

보충 개념

연속된 수의 개수가 홀수인 경우 배열된 수의 합은 다음과 같습니다.

☐−1   ☐   ☐+1

(☐−1)+☐+(☐+1)

=☐+(☐−̸1)+(☐+̸1)

=☐+☐+☐

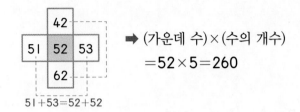

	42	
51	52	53
	62	

51+53=52+52

➡ (가운데 수)×(수의 개수)
   =52×5=260

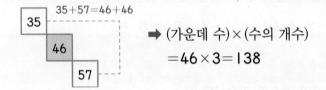

35+57=46+46

➡ (가운데 수)×(수의 개수)
   =46×3=138

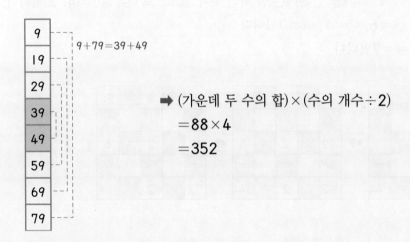

9+79=39+49

| 9 |
| 19 |
| 29 |
| 39 |
| 49 |
| 59 |
| 69 |
| 79 |

➡ (가운데 두 수의 합)×(수의 개수÷2)
   =88×4
   =352

77+95=86+86

75	76	77
85	86	87
95	96	97

➡ (가운데 수)×(수의 개수)
   =86×9
   =774

따라서 색칠한 수의 합은 98+260+138+352+774=1622입니다.

2 4씩 커지는 규칙이므로 20번째 수는 11+4×19=87입니다.
덧셈식에서 가운데를 중심으로 두 수의 합은 모두 같습니다.
따라서 양끝의 두 수의 합은 11+87=98이고 합이 같은 두 수의 개
수가 10개이므로 20개의 수를 모두 더하면 98×10=980입니다.

최상위 사고력 10부터 16까지의 수 배열이 모두 4줄 있으므로 4줄에 있는 수의 합에서 겹쳐지는 부분의 수를 빼어 구합니다.

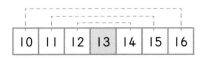

| 10 | 11 | 12 | 13 | 14 | 15 | 16 |

(4줄에 있는 수의 합) − (겹쳐지는 수의 합)

$= 13 \times 7 \times 4 - (12+14) \times 2$

$= 13 \times 7 \times 2 \times 2 - 26 \times 2 = 26 \times 14 - 26 \times 2$

$= 26 \times (14-2) = 26 \times 12$입니다.

따라서 ▲ = 12입니다.

> **보충 개념**
> 곱셈에서는 순서를 바꾸어 곱해도 계산 결과는 같습니다.
> $13 \times 7 \times 2 \times 2 = 13 \times 2 \times 7 \times 2$
> $\qquad\qquad = 26 \times 14$

10-2. 연속수의 합

92~93쪽

1

수	연속수의 합	수	연속수의 합
1	×	11	5+6
2	×	12	3+4+5
3	1+2	13	6+7
4	×	14	2+3+4+5
5	2+3	15	1+2+3+4+5 / 4+5+6 / 7+8
6	1+2+3	16	×
7	3+4	17	8+9
8	×	18	3+4+5+6 / 5+6+7
9	2+3+4 / 4+5	19	9+10
10	1+2+3+4	20	2+3+4+5+6

2 $63 = \boxed{31} + \boxed{32}$

$63 = \boxed{20} + \boxed{21} + \boxed{22}$

$63 = \boxed{6} + \boxed{7} + \boxed{8} + \boxed{9} + \boxed{10} + \boxed{11} + \boxed{12}$

$63 = \boxed{3} + \boxed{4} + \boxed{5} + \boxed{6} + \boxed{7} + \boxed{8} + \boxed{9} + \boxed{10} + \boxed{11}$

최상위 사고력 A $35 = 17 + 18$, $35 = 5 + 6 + 7 + 8 + 9$, $35 = 2 + 3 + 4 + 5 + 6 + 7 + 8$

최상위 사고력 B 17개

저자 톡! 앞에서는 규칙성이 있는 여러 개의 수의 합을 구했다면 이번에는 하나의 수를 1씩 차이나는 여러 개의 수의 합으로 나타내는 방법을 학습합니다. 처음에는 어림을 이용하여 수의 합으로 나타내어 보다가 점차 곱셈을 이용하여 간단히 나타내는 방법을 찾도록 합니다.

1
- 1을 제외한 홀수는 모두 연속한 두 수의 합으로 나타낼 수 있습니다.
- 연속한 수의 개수가 홀수 개인 경우 합은 (가운데 수) × (연속 수의 개수)입니다.
- 연속한 수의 개수가 짝수 개인 경우 합은 (양 끝의 두 수의 합) ÷ 2 × (연속 수의 개수)입니다.

2 • 1을 제외한 홀수는 모두 연속한 두 수의 합으로 나타낼 수 있으므로
  31+32=63입니다.

  63을 두 수의 곱으로 나타내면 63=7×9 또는 63=21×3입니다.
  두 수의 곱에서 연속한 수의 개수는 홀수만 될 수 있으므로 3개, 7개,
  9개가 될 수 있습니다. 이때 21개가 연속한 수의 개수이면 3이 가운
  데 수가 되어 21개를 나열할 수 없으므로 21개는 생각하지 않습니다.

  • 연속수가 3개일 때
    63=21×3 ➡ 63=20+㉑+22
  • 연속수가 7개일 때
    63=7×9 ➡ 63=6+7+8+⑨+10+11+12
  • 연속수가 9개일 때
    63=9×7 ➡ 63=3+4+5+6+⑦+8+9+10+11

최상위 사고력 A 35÷2=17…1이므로 연속한 두 수의 합으로 나타내면
  35=17+18입니다.
  35를 두 수의 곱으로 나타내면 35=5×7입니다.
  • 연속수가 5개일 때
    35=5×7 ➡ 35=5+6+⑦+8+9
  • 연속수가 7개일 때
    35=7×5 ➡ 35=2+3+4+⑤+6+7+8

최상위 사고력 B 연속한 5개의 수의 합으로 나타낼 수 있는 수는 5×□로 나타낼 수 있습
  니다. □에 1 또는 2가 들어가면 연속수의 합으로 나타낼 수 없습니다.
  5개의 수의 합으로 나타낼 수 있는 곱은 5×3, 5×4, 5×5……
  5×19이므로 연속한 5개의 수의 합으로 나타낼 수 있는 수는 모두
  19-3+1=17(개)입니다.

10-3. 거꾸로 생각하기

94~95쪽

1 1

2 (1)

수	과정	나오는 수
① 13	13 → 40 → 20 → 10	10
② 20	20 → 10 → 5 → 16	16
③ 76	76 → 38 → 19 → 58	58

(2) 2, 16

최상위 사고력 71개

저자 톡! 복잡해 보이는 여러 가지 조건 속에서 처음 수를 찾는 내용입니다. 조건을 순서대로 나열한 후 결과에서부터 거꾸로 계산하여 답을
구할 수 있어야 하며 이때 덧셈, 뺄셈, 곱셈, 나눗셈의 관계를 정확히 이용하도록 합니다.

1 주어진 조건을 화살표를 이용하여 나타냅니다.

해결 전략
거꾸로 계산하면 $+ \rightarrow -$, $- \rightarrow +$, $\times \rightarrow \div$, $\div \rightarrow \times$로 기호가 바뀝니다.

6에서부터 거꾸로 계산하면서 풀어 봅니다.

$$\boxed{1} \underset{+6}{\overset{-6}{\longleftrightarrow}} \boxed{7} \underset{\times 6}{\overset{\div 6}{\longleftrightarrow}} \boxed{42} \underset{-6}{\overset{+6}{\longleftrightarrow}} \boxed{36} \underset{\div 6}{\overset{\times 6}{\longleftrightarrow}} \boxed{6}$$

따라서 어떤 수는 1입니다.

2 (1) ① $13 \times 3 + 1 = 40 \Rightarrow 40 \div 2 = 20 \Rightarrow 20 \div 2 = 10$

② $20 \div 10 = 10 \Rightarrow 10 \div 2 = 5 \Rightarrow 5 \times 3 + 1 = 16$

③ $76 \div 2 = 38 \Rightarrow 38 \div 2 = 19 \Rightarrow 19 \times 3 + 1 = 58$

(2)

어떤 수	1번	2번	3번

해결 전략
2에서부터 짝수와 홀수인 경우로 나누어 거꾸로 생각하여 풀어 봅니다.

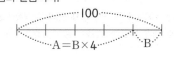

① $\square \times 3 + 1 = 2$

$\square \times 3 = 1 \Rightarrow \square$는 자연수가 아닙니다.

② $\square \times 3 + 1 = 4$

$\square \times 3 = 3 \Rightarrow \square = 1$

③ $\square \times 3 + 1 = 8$

$\square \times 3 = 7 \Rightarrow \square$는 자연수가 아닙니다.

④ $\square \times 3 + 1 = 1$

$\square \times 3 = 0 \Rightarrow \square$는 자연수가 아닙니다.

따라서 어떤 수는 2와 16입니다.

최상위 사고력 마지막에 A 주머니 구슬 수가 B 주머니 구슬 수의 4배가 되었으므로 다음과 같이 2개의 식을 세울 수 있습니다.

(A 주머니 구슬 수) = (B 주머니 구슬 수) × 4

(A 주머니 구슬 수) + (B 주머니 구슬 수) = 100

두 식에 의하여

(A 주머니 구슬 수) + (B 주머니 구슬 수)

= (B 주머니 구슬 수) × 4 + (B 주머니 구슬 수)

= (B 주머니 구슬 수) × 5 = 100

➡ (B 주머니 구슬 수) = 20개, (A 주머니 구슬 수) = 100 − 20 = 80(개)

해결 전략
마지막의 구슬 수를 그림으로 나타내면 다음과 같습니다.

주어진 조건을 화살표를 이용하여 나타냅니다.

A: $\boxed{} \xrightarrow[-36]{} \boxed{} \xrightarrow[+45]{} \boxed{80}$

80에서부터 거꾸로 계산하면서 풀어 봅니다.

A: $\boxed{71} \underset{-36}{\overset{+36}{\longleftarrow}} \boxed{35} \underset{+45}{\overset{-45}{\longleftarrow}} \boxed{80}$

따라서 처음 A 주머니에 들어 있던 구슬은 71개입니다.

최상위 사고력

1 23 **2** 110 **3** 5가지 **4** 40개

---

1 주어진 모양으로 색칠한 8개의 수의 합은 (가운데 수)×8인 규칙이
있으므로 색칠한 수의 합은 9×8=72입니다.
색칠된 8개의 수의 합이 120이면 (가운데 수)×8=120이므로
(가운데 수)=120÷8=15입니다.
따라서 색칠한 수 중 가장 큰 수는 15에서 ＼방향에 있는 수이므로
15+8=23입니다.

해결 전략

색칠된 수들끼리 각각 더하면 18이므로
9×2입니다. 모두 4묶음이므로
9×2×4=9×8입니다.
➡ (가운데 수)×8

2 11개의 연속수 중에서 가장 작은 수를 □라 하면 가장 큰 수는
□+10입니다.
가장 큰 수는 가장 작은 수의 3배라고 하였으므로
□+10=□×3, □×2=10, □=5입니다.
따라서 가장 작은 수는 5, 가장 큰 수는 15이므로
11개의 수들의 합은 (양 끝의 두 수의 합)÷2×11
(5+15)÷2×11=20÷2×11=110입니다.

보충 개념
· (연속수의 합)=(가운데 수)×(연속수의 개수)
· (연속수의 합)=(양 끝의 두 수의 합)÷2
×(연속수의 개수)

3 연속수의 합을 구할 때는 (연속한 수의 개수)×(가운데 수) 또는
(연속한 수의 쌍의 개수)×(가운데 두 수의 합)으로 나타냅니다.
45를 두 수의 곱으로 나타내면 45=5×9=9×5,
45=15×3=3×15, 45=1×45=45×1입니다.
가운데 수로 나타내는 경우:
① 가운데 수가 5일 때 연속한 수의 개수는 9개
　　45=9×5 ➡ 45=1+2+3+4+⑤+6+7+8+9
② 가운데 수가 9일 때 연속한 수의 개수는 5개
　　45=5×9 ➡ 45=7+8+⑨+10+11

③ 가운데 수가 15일 때 연속한 수의 개수는 3개

45=3×15 ➡ 14+⑮+16

④ 가운데 수가 3일 때

45=15×3 ➡ 1+2+③+4+5+……: 만들 수 없습니다.

보충 개념
연속수의 합을 구할 때 자연수의 범위에서
생각합니다.

⑤ 가운데 수가 45일 때 연속한 수의 개수는 1개

➡ 수의 개수가 한 개이므로 연속한 수의 합이 아닙니다.

⑥ 가운데 수가 1일 때 연속한 수의 개수는 45개

45=45×1 ➡ ①+……: 만들 수 없습니다.

가운데 수의 합으로 나타내는 경우:

⑦ 가운데 두 수의 합이 9일 때 연속한 수의 개수는 5쌍

45=5×9 ➡ 0+1+2+3+④+⑤+6+7+8+9

➡ 연속한 수의 개수가 9개인 경우와 같습니다.

⑧ 가운데 두 수의 합이 5일 때

45=9×5 ➡ 1+②+③+4+……: 만들 수 없습니다.

⑨ 가운데 두 수의 합이 3일 때

45=15×3 ➡ ①+②+……: 만들 수 없습니다.

⑩ 가운데 두 수의 합이 15일 때 연속한 수의 개수는 3쌍

45=3×15 ➡ 5+6+⑦+⑧+9+10

⑪ 가운데 두 수의 합이 45일 때 연속한 수의 개수는 1쌍

45=1×45=㉒+㉓

⑫ 가운데 두 수의 합이 1일 때 연속한 수의 개수는 45쌍

➡ 두 수를 더해 1을 만들 수 없습니다.

따라서 가능한 경우는 ①, ②, ③, ⑩, ⑪이므로 45를 연속수의 합으로 나타내는 방법은 모두 5가지입니다.

4 마지막에 민우가 가진 사탕 1개부터 거꾸로 계산하면서 풀어 봅니다.

수지에게 주기 전		상호에게 주기 전		보영이에게 주기 전		
40	÷2 → −2 ──────────── +2 → ×2	18	÷2 → −5 ──────────── ÷5 → ×2	4	−3 ──── +3	1

따라서 민우가 처음에 가지고 있던 사탕은 40개입니다.

Review Ⅲ 연산 (2)

| 98~100쪽

1 (1)
```
    2 7
  ×   4
  1 0 8
```
(2)
```
    3 6
  ×   9
  3 2 4
```

2 5개

3 846

4 ●=6, ▲=5, ■=4

5 32

6 30=6+7+8+9, 30=9+10+11, 30=4+5+6+7+8

1 (1) 곱해지는 수의 일의 자리 숫자를 ㉠이라고 할 때,
　　 ㉠×4의 일의 자리 숫자가 8이 되는 경우는 ㉠=2 또는 7입니다.

　　　　 • ㉠=2인 경우　　　　　　　　 • ㉠=7인 경우

```
    2 [2]              2 [7]
  ×   4            ×    4
 [㉡][8] 8          [1][0] 8
```

　　　 ㉡=0이 되어
　　　 불가능합니다.

(2) 곱해지는 수의 일의 자리 숫자를 ㉠, 곱하는 수를 ㉡이라고 할 때,
　　 ㉡에 9보다 작은 수가 들어가면 계산 결과가 320보다 작게 되므로
　　 ㉡=9입니다. 받아올림을 생각하여 ㉠에 알맞은 수를 써넣습니다.

```
    3 [㉠]              3 [6]
  ×  [㉡]      ➡      ×   [9]
  3  2 [ ]            3  2 [4]
```

해결 전략
십의 자리의 계산 3×9=27이므로 계산
결과가 32가 되려면 일의 자리 계산에서
받아올림이 5가 되어야 합니다.

2 십의 자리 숫자가 1부터 4까지인 수 중에서 4로 나누어떨어지는
　 두 자리 수를 구합니다.

```
 1 ╱ 0      2 ╱ 0      3 ╱ 0      4 ╱ 0
   ─ 2        ─ 1        ─ 1        ─ 1
   ─ 3        ─ 3        ─ 2        ─ 2
   ─ 4        ─ 4        ─ 4        ─ 3
```

➡ 12, 20, 24, 32, 40

　 따라서 만든 두 자리 수 중에서 4로 나누어떨어지는 수는 모두 5개입니다.

해결 전략
4로 나누어떨어지는 수는 4의 배수와 같습
니다.

3 합이 같은 수끼리 짝 지어 곱셈을 이용하여 구합니다.

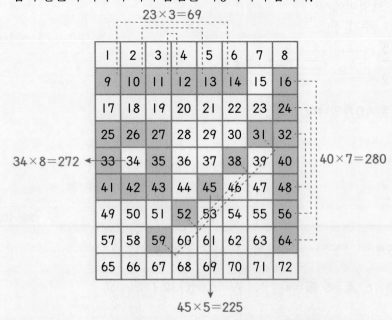

　 따라서 색칠한 수의 합은 69+272+225+280=846입니다.

4 ▲×7의 일의 자리 숫자가 ▲이려면 5×7=35이므로 ▲=5입니다.

해결 전략
●, ▲, ■에서 ▲를 먼저 구합니다.

$$\begin{array}{r} ● \ ▲ \\ \times \qquad 7 \\ \hline ■ \ ▲ \ ▲ \end{array} \quad \xrightarrow{▲=5} \quad \begin{array}{r} ● \ \ 5 \\ \times \qquad 7 \\ \hline ■ \ \ 5 \ \ 5 \end{array}$$

일의 자리 숫자에서 십의 자리로 받아올림한 수가 3이므로
●×7의 일의 자리 숫자는 2가 되어야 합니다.
7단 곱셈구구에서 일의 자리 숫자가 2인 곱셈구구는 6×7=42이므로
●=6입니다.

$$\begin{array}{r} 6 \ \ 5 \\ \times \qquad 7 \\ \hline ■ \ \ 5 \ \ 5 \end{array} \quad \xrightarrow{■=4} \quad \begin{array}{r} 6 \ \ 5 \\ \times \qquad 7 \\ \hline 4 \ \ 5 \ \ 5 \end{array}$$

따라서 ●=6, ▲=5, ■=4입니다.

5 주어진 화살표의 반대 방향을 계산하면 다음과 같습니다.

↑×4 ÷2←

마지막 수 2에서부터 거꾸로 생각하여 바로 전의 수를 차례로 구해 봅니다.

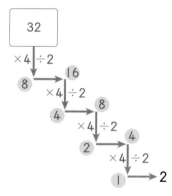

따라서 ☐ 안에 알맞은 수는 32입니다.

6 30을 두 수의 곱으로 나타내면 30=2×15=3×10=5×6이므로
연속된 수의 개수는 3개, 5개입니다.

주의
연속수가 15개이면 가운데 수가 2가 되므로
연속수를 구할 수 없습니다.

① 30=2×15 ➡ 30=6+7+8+9
    2쌍   가운데 두 수의 합

② 연속수가 3개일 때
    30=3×10 ➡ 30=9+⑩+11

③ 연속수가 5개일 때
    30=5×6 ➡ 30=4+5+⑥+7+8

Ⅳ 측정

교과서에서는 시간과 길이에 대한 단위와 의미에 대해 주목하였다면 여기에서는 시간과 길이의 합과 차를 이용하는 다양한 상황에 중점을 두어 학습합니다.

11 길이와 시간에서는 통나무 자르기와 같은 상황 속에서 시간에 대한 계산 문제를 다루고, 실생활 속에서 장소를 이동하거나 시계가 고장 난 상황 속에서 시간의 합과 차를 이용하여 문제를 해결합니다.

12 속력과 거리에서는 길이의 합과 차를 시작으로 길이와 시간과의 관계를 이용하는 다양한 상황을 접하게 됩니다. 많은 학생들이 어려워할 수 있는 주제이므로 문제를 해결할 수 있는 방법을 다양하게 생각해 보도록 하고, 문제의 핵심을 파악하는 능력을 기를 수 있도록 합니다.

최상위 사고력 **11** **길이와 시간**

11-1. 통나무 자르기와 시간   102~103쪽

1 (1) 15분 (2) 45분 (3) 100초

최상위 사고력 **8 cm**

> **저자 톡!** 통나무 자르기 문제는 단순화하여 문제 속에 숨어 있는 수학적 원리와 규칙을 찾은 후 문제를 정확히 풀 수 있도록 합니다.

---

1 (1) 통나무를 잘랐을 때 생기는 도막은 $120 \div 20 = 6$(도막)이므로 모두 $6 - 1 = 5$(번) 잘라야 합니다. 한 번 자르는 데 3분이 걸리므로 통나무를 모두 자르는 데 $3 \times 5 = 15$(분)이 걸립니다.

> **해결 전략**
> (자른 횟수)=(도막의 수)-1
> (쉬는 횟수)=(자른 횟수)-1

(2) 통나무 한 개를 5도막으로 자르려면 모두 4번 잘라야 합니다. 4번 자르는 데 20분이 걸렸으므로 1번 자르는 데 걸리는 시간은 $20 \div 4 = 5$(분)입니다. 통나무 한 개를 10도막으로 자르려면 $10 - 1 = 9$(번) 잘라야 하므로 $5 \times 9 = 45$(분) 걸립니다.

(3) 길이가 4 m인 통나무를 50 cm씩 자르면 나무 도막은 $400 \div 50 = 8$(도막) 생기므로 모두 $8 - 1 = 7$(번) 잘라야 합니다. 통나무를 한 번 자르는 데 걸리는 시간은 10초이므로 통나무를 자르는 데에만 걸리는 시간은 $10 \times 7 = 70$(초)입니다. 또한 1번 자르고 나서는 반드시 5초 동안 쉬어야 하고, 쉬는 횟수는 $7 - 1 = 6$(번)이므로 쉬는 시간은 모두 $5 \times 6 = 30$(초)입니다.

> **보충 개념**
> 맨 마지막에는 통나무를 자르고 쉬지 않습니다.

➡ (통나무를 자르는 데 걸리는 시간)$=70 + 30 = 100$(초)

최상위 사고력 나무 자르는 횟수를 □번이라 하면

자른 후 쉬는 횟수는 (□−1)번입니다.

나무를 자르는 데 걸리는 시간은

□×6+(□−1)×2=□×6+2×□−2=□×8−2(분)입니다.

나무를 자르는 데 1시부터 2시 2분까지 62분 걸렸으므로

□×8−2=62, □×8=64, □=8입니다.

따라서 나무를 자른 횟수는 8번입니다.

잘라진 도막은 8+1=9(도막)이므로 길이가 72 cm인 나무를

9도막으로 나누면 한 도막의 길이는 72÷9=8(cm)입니다.

보충 개념

나무를 자르는 횟수가 □번일 때 나무를 자른 후 쉬는 횟수는 맨 마지막에 자르고 쉬지 않으므로 (□−1)번입니다.

11-2. 가고 오는 데 걸리는 시간   104~105쪽

1 오전 11시 5분

2 30분 빠르게 맞추어 놓았습니다.

최상위 사고력 50분

저자 톡! 시간은 수와 같이 눈에 보이지 않는 추상적인 개념이기 때문에 학생들이 어려워하는 주제입니다. 이 단원에서는 시간에 관한 복잡해 보이는 문장제 문제를 장소와 시간에 따라 그림을 그려 나타내어 문제를 이해하고 문제 해결의 실마리를 찾아 봅니다.

1

승호가 박물관에 다녀오는 데 걸린 시간은

□+4시간+(□+20)=4시간+□×2+20=6시간 30분,

4시간+□×2=6시간 10분, □×2=2시간 10분,

□=1시간 5분이므로 승호가 박물관에 도착한 시각은

오전 10시+1시간 5분=오전 11시 5분입니다.

해결 전략

승호가 학교에서 박물관에 갈 때 걸린 시간을 □라 하고, 박물관에 다녀오는 데 걸린 시간을 장소에 따라 그림을 그려 나타냅니다.

2

민재가 놀이공원에 다녀오는 데 걸린 시간은

□+4시간+□=4시간+(□×2)

집 시계로 2시부터 9시까지 9−2=7(시간)동안 다녀온 것이므로

4시간+(□×2)=7시간, (□×2)=3시간, □=1시간 30분입니다.

놀이공원의 시계는 정확한 시계이므로 민재가 집에서 출발한 정확한 시각은 3시−1시간 30분=1시 30분이고 떠나기 전 본 시각인 오후 2시와 30분 차이가 납니다.

따라서 민재네 집 시계는 30분 빠르게 맞추어 놓은 것입니다.

해결 전략

민재가 집에서 놀이공원에 갈 때 걸린 시간을 □라 하고, 놀이공원에 다녀오는 데 걸린 시간을 장소에 따라 그림을 그려 나타냅니다.

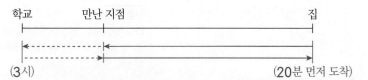

(3시)   (20분 먼저 도착)

어머니는 민주를 만난 지점부터 학교까지 갔다가 다시 민주를 만난 지점까지 되돌아오는 시간만큼 집에 빨리 도착합니다. 이 시간이 20분이므로 어머니가 민주를 만나는 지점부터 학교까지 가는 시간은
20÷2=10(분)입니다.
그러므로 어머니가 민주를 만나는 시각은 3시보다 10분 빠른 2시 50분입니다.
따라서 민주가 걸은 시간은 오후 2시부터 오후 2시 50분까지 50분입니다.

11-3. 고장 난 시계
106~107쪽

1 오후 6시

2 오후 8시

최상위 사고력 A 3일 후

최상위 사고력 B 오후 11시

저자 톡! 한 시간에 몇 분 빠르게 가거나 느리게 가는 고장 난 시계와 정확한 시계를 비교하며 일정한 시간이 흐른 후 두 시계의 관계를 따지는 내용입니다. 1시간마다 기준을 정하여 두 시계의 시각을 차례로 구할 수 있어야 합니다.

1 정확한 시계가 어제 오후 10시부터 다음 날 오후 10시까지 24시간이 지나면 10분씩 느리게 가는 고장 난 시계는 10분×24=240분(=4시간)이 느린 오후 10시−4시간=오후 6시를 가리킵니다.

보충 개념
6시 20분+14시간−2시간 20분
=20시 20분−2시간 20분
=18시(=6시)

오후 ●시 ➡ (●+12시)

다른 풀이
정확한 시계가 어제 오후 10시부터 다음날 오전 8시까지 10시간이 지나면 10분씩 느리게 가는 고장 난 시계는 10분×10=100분(=1시간 40분)이 느린 오전 8시−1시간 40분=오전 6시 20분을 가리킵니다.
또한 정확한 시계가 오늘 오전 8시부터 오늘 오후 10시까지 14시간이 지나면 고장 난 시계는 10분×14=140분(=2시간 20분)이 느린 오전 6시 20분+14시간−2시간 20분=오후 6시를 가리킵니다.

2 정확한 시계와 고장 난 시계가 가리키는 시간을 1시간마다 구해 봅니다.
정확한 시계가 1시간 갈 때 고장 난 시계는 1시간 15분 갑니다.

정확한 시계(오후)	1시	2시	3시	4시	5시	6시	7시	8시
고장 난 시계(오후)	1시 15분	2시 30분	3시 45분	5시	6시 15분	7시 30분	8시 45분	10시

고장 난 시계가 오후 10시를 가리키면 정확한 시계는 오후 8시를 가리킵니다.

최상위 사고력 A 한 시간에 6분씩 빨라지는 시계와 한 시간에 4분씩 느려지는 시계는 한 시간에 10분씩 차이납니다.

두 시계가 처음으로 같은 시각을 나타내려면 12시간(=720분) 차이가 나야 하므로 720÷10=72(시간), 72÷24=3(일) 후에 같아집니다.

해결 전략
고장 난 시계를 정확한 시계의 시각에 맞춘 다음 고장 난 시계가 처음으로 정확한 시계와 같은 시각을 가리키는 때는 정확한 시계와 고장 난 시계가 가리키는 시각의 차가 12시간일 때입니다.

최상위 사고력 B 고장 난 시계는 9시부터 12시까지 3시간 동안 15분이 느려지므로 1시간에 15÷3=5(분)씩 느려집니다.

정확한 시계로 1시간마다 고장 난 시계의 시각을 구하면 다음과 같습니다.

정확한 시계	9시	10시	11시	12시	1시	2시	3시	4시	5시	6시	7시	8시	9시	10시	11시
고장 난 시계	9시	9시 55분	10시 50분	11시 45분	12시 40분	1시 35분	2시 30분	3시 25분	4시 20분	5시 15분	6시 10분	7시 5분	8시	8시 55분	9시 50분

따라서 고장 난 시계가 오후 9시 50분을 가리키면 정확한 시계의 시각은 오후 11시입니다.

최상위 사고력

108~109쪽

1 262초

2 10대

3 130마리

4 8시 40분

---

1 1층에서 4층까지 3층을 올라가는 데 21초가 걸리므로 한 층을 올라가는 데 21÷3=7(초)가 걸립니다. 같은 빠르기로 4층에서 20층까지 20−4=16(층)을 올라가는 데 7×16=112(초)가 걸립니다.
한 층을 올라가면 반드시 10초씩 쉬므로 20−4−1=15(번) 쉬면 모두 10×15=150(초) 쉽니다.
따라서 4층에서 20층까지 올라가는 데 걸리는 시간은 112+150=262(초)입니다.

주의
20층에 올라가서는 쉬지 않습니다.

2 낮 12시에 서울역에서 출발하는 부산행 기차는 오후 2시 30분에 부산역에 도착하므로 부산에서 출발하는 서울행 기차 중 낮 12시부터 오후 2시 30분 사이에 운행하고 있는 기차를 표를 그려 찾습니다.

부산역에서 출발하는 서울행 기차 시간표

출발	……	오전 9시 40분	오전 10시 10분	오전 10시 40분	오전 11시 10분	오전 11시 40분
도착	……	오후 12시 10분	오후 12시 40분	오후 1시 10분	오후 1시 40분	오후 2시 10분

출발	오후 12시 10분	오후 12시 40분	오후 1시 10분	오후 1시 40분	오후 2시 10분	……
도착	오후 2시 10분	오후 3시 10분	오후 3시 40분	오후 4시 10분	오후 4시 40분	……

따라서 낮 12시에 서울역에서 출발하는 부산행 기차는 부산역에서 출발한 서울행 기차 10대와 만납니다.

3 시간이 지남에 따라 늘어나는 미생물의 수를 구하여 규칙을 찾아봅니다.

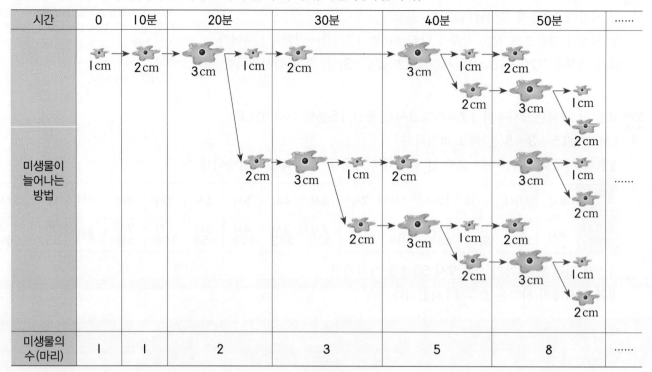

시간	0	10분	20분	30분	40분	50분	……
미생물이 늘어나는 방법							
미생물의 수(마리)	1	1	2	3	5	8	……

시간이 지남에 따라 미생물의 수는 10분 전의 미생물의 수와 20분 전의 미생물의 수를 더하는 규칙이 있습니다.

몸의 길이가 1 cm인 미생물 1마리는 1시간 후에 5+8=13(마리)가 됩니다.

따라서 몸의 길이가 1 cm인 미생물 10마리는

1시간 후에 13×10=130(마리)가 됩니다.

4 1시간에 1분씩 빠르게 가는 시계와 1시간에 2분씩 느리게 가는 시계는
1시간마다 1+2=3(분)씩 차이가 납니다.

24시간 안에 빠른 시계는 9시를 가리키고

느린 시계는 8시를 가리키므로 9−8=1(시간) 차이가 나고 시계를

정확히 맞추어 놓은 시각부터 60÷3=20(시간)이 지난 것입니다.

20시간 동안 1분씩 빨리 가는 시계는 20분 빨리 가므로 실제 시각은

9시−20분=8시 40분입니다.

> **보충 개념**
> 1시간=60분

최상위 사고력 **12** **속력과 거리**

12-1. 방향과 거리   110~111쪽

1 서쪽으로 200 m   **2** 3 km

최상위
사고력 **100 m**

저자 톡! 동, 서, 남, 북 4가지 방향과 거리에 대한 정보를 이용하여 길이를 구하는 내용입니다. 설명만으로는 문제를 이해하기 어려울 수 있으므로 그림을 그리고, 규칙을 찾아 문제를 해결하도록 합니다.

1 다음과 같은 순서로 병원의 위치를 찾습니다.

① 첫 번째, 네 번째 조건에 따라 그림을 그립니다.

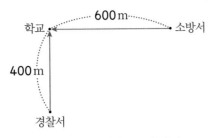

해결 전략
소방서 위치를 정하고 주어진 길이와 방향에 따라 학교, 경찰서, 구청, 병원 순서로 그림을 그려 위치를 찾아봅니다.

② 두 번째, 세 번째 조건에 따라 그림을 그립니다.

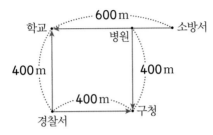

따라서 병원은 소방서에서 서쪽으로 $600-400=200$(m)만큼 떨어져 있습니다.

2 다음과 같은 순서로 ㉠부터 ㉢까지 길의 길이를 구해 봅니다.

① 첫 번째, 두 번째 조건에 따라 그림을 그립니다.

해결 전략
5가지 조건을 보고 가장 먼저 알 수 있는 조건부터 사용합니다.

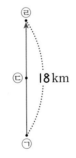

② 세 번째, 네 번째 조건에 따라 그림을 그립니다.

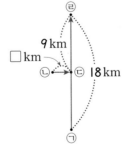

㉠에서 ㉢까지 길의 길이는 $18-9=9$(km)입니다.

따라서 ㉡에서 ㉢까지 길의 길이를 □km라 하면 다섯 번째 조건에 따라

□$=9\div3=3$(km)입니다.

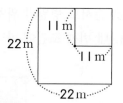

최상위 사고력 중심에서 위쪽, 아래쪽, 왼쪽, 오른쪽 중 한 방향으로 11 m만큼 걸어 가면 가장자리에 닿게 되므로 위, 아래로 이동하는 경우와 왼쪽, 오른 쪽으로 이동하는 경우로 나누어 생각합니다.

표를 이용하여 규칙을 찾아 구해 봅니다.

직선으로 걸어가는 횟수	1	2	3	4	5	6	7	8	9	10
중심에서 왼쪽, 오른쪽으로 떨어진 거리	오른쪽		왼쪽		오른쪽		왼쪽		오른쪽	
	1		4		5		8		9	
중심에서 위, 아래로 떨어진 거리		아래		위		아래		위		아래
		3		4		7		8		11

—— 거리의 규칙: 3, 1, 3, 1 ……씩 늘어납니다.

—— 거리의 규칙: 1, 3, 1, 3 ……씩 늘어납니다.

10번째에 무대의 가장자리에 닿게 되므로 걸어야 하는 거리는
$1+3+5+7+9+11+13+15+17+19=20\times5=100$(m)입니다.

> **다른 풀이**
> 중심을 지나는 세로선을 기준으로 왼쪽, 오른쪽으로 얼마나 떨어져 있는지, 가로선을 기준으로 위, 아래로 얼마나 떨어져 있는지 그림을 그려 규칙을 찾아봅니다.

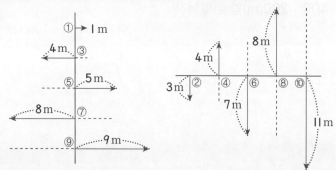

따라서 10번째에 무대의 가장자리에 닿게 되므로 걸어야 하는 거리는
$1+3+5+7+9+11+13+15+17+19=20\times5=100$(m)입니다.

12-2. 빠르기

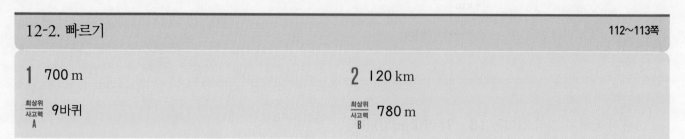

112~113쪽

1 700 m

2 120 km

최상위 사고력 A 9바퀴

최상위 사고력 B 780 m

[저자 톡!] 앞에서 배운 고장 난 시계에서는 1시간씩 기준을 정하여 정확한 시계와 고장 난 시계의 시각을 비교하였다면 이 단원에서는 1시간, 1분 등을 기준으로 정하여 두 대상 간의 거리를 비교합니다. 반드시 두 대상 간의 공통적인 기준을 정하여 거리를 비교하도록 합니다.

1 5분 동안 자동차와 자전거의 이동 거리를 구하면 다음과 같습니다.

시간	1분	2분	3분	4분	5분
자동차 이동 거리(m)	1000	2000	3000	4000	5000
자전거 이동 거리(m)	860	1720	2580	3440	4300

따라서 5분 동안 자동차는 5000 m를 가고 자전거는 4300 m를 가므로 자동차는 자전거보다 5000−4300=700(m)를 더 달릴 수 있습니다.

해결 전략
단위가 같아야 이동 거리를 비교할 수 있습니다.

$$1 \text{ km} = 1000 \text{ m}$$

다른 풀이
자동차는 자전거보다 1분에 1000−860=140(m) 더 달립니다. 따라서 5분 동안 5×140=700(m) 더 달릴 수 있습니다.

2 8분 동안 달릴 수 있는 거리: 12 km
↓×10   ↓×10
80분 동안 달릴 수 있는 거리: 12×10=120 (km)

보충 개념
1시간을 분으로 바꾸면
1시간 20분=60분+20분=80분입니다.

최상위 사고력 A
㉠ 10초 동안 회전할 수 있는 바퀴 수: 6바퀴
↓÷2   ↓÷2
5초 동안 회전할 수 있는 바퀴 수: 6÷2=3(바퀴)
↓×9   ↓×9
45초 동안 회전할 수 있는 바퀴 수: 3×9=27(바퀴)
㉡ 15초에 회전할 수 있는 바퀴 수: 12바퀴
↓×3   ↓×3
45초 동안 회전할 수 있는 바퀴 수: 4×9=36(바퀴)
따라서 45초 동안 회전한 두 수레바퀴의 회전 수의 차는
36−27=9(바퀴)입니다.

해결 전략
두 수레바퀴가 5초 동안 도는 횟수를 기준으로 정합니다.

최상위 사고력 B
진우가 8분 동안 걸어서 도착한 지점에서 학교까지는 13−8=5(분) 더 걸어가야 하고 남은 거리는 300 m이므로 진우는 1분에 300÷5=60(m)의 빠르기로 걸었습니다.
따라서 진우가 집에서 학교까지 가는 데 13분이 걸리므로 진우네 집에서 학교까지의 거리는 13×60=780(m)입니다.

해결 전략
진우가 1분에 몇 m의 빠르기로 걷는지 구합니다.

12-3. 만나기   114~115쪽

1 (1) 4분   (2) 450 m

최상위 사고력 A 30초   **최상위 사고력 B** 60초

저자 톡! 빠르기가 다른 두 사람이 일직선으로 이동하는 경우와 운동장에서 이동하는 경우 서로 만날 때에 걸리는 시간과 거리에 대한 내용입니다. 먼저 그림을 그려 문제를 이해한 후 두 사람이 만나기 위해서는 어떻게 해야 하는지 문제를 해결하도록 합니다.

1 (1)

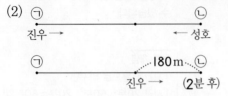

민수는 2분에 500 m를 뛰므로 1분에 250 m를 뜁니다.

승호는 1분에 300 m를 뛰므로 승호는 민수보다 1분에 300−250=50(m)씩 더 뜁니다.

민수가 승호보다 200 m 앞에서 뛰므로

승호가 민수를 따라잡는 것은 출발한 지 200÷50=4(분) 후입니다.

(2)

ㄱ————————————•————————————ㄴ
진우 →   ← 성호

ㄱ————————————————•180m•ㄴ
진우 →   (2분 후)

해결 전략

ㄱ, ㄴ 사이의 거리는 진우가 성호와 만날 때까지 걸은 거리와 만난 다음 ㄴ까지 걸은 거리의 합입니다.

두 사람이 중간에 한 번 만나고 진우가 2분 후에 ㄴ에 도착하였으므로 두 사람이 중간에 만난 곳에서 ㄴ까지의 거리는

90×2=180(m)입니다.

180 m는 성호가 처음 걸어왔던 거리이므로 두 사람이 만나기 전까지 걸은 시간은 180÷60=3(분)입니다. 따라서 진우는 두 사람이 만나기 전 3분 동안 90×3=270(m)를 걷고, 180 m를 더 걸었으므로 ㄱ, ㄴ 사이의 거리는 270+180=450(m)입니다.

최상위 사고력 A 두 사람이 두 번째 만날 때까지 걸은 거리의 합은

50×3=150(m)입니다.

두 사람이 처음 만날 때까지 걸린 시간이 10초이므로 두 사람이 걸은 거리의 합이 50 m일 때 10초 걸린 것입니다.

따라서 두 사람이 걸은 거리의 합이 150 m일 때 두 번째 만나므로

150÷50×10=3×10=30(초) 걸립니다.

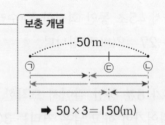

보충 개념

➡ 50×3=150(m)

최상위 사고력 B 아빠가 민아보다 더 빨리 돌므로 아빠와 민아가 만나려면 아빠가 민아보다 같은 시간에 운동장을 반 바퀴 더 돌아야 합니다.

아빠는 운동장을 한 바퀴 도는 데 20초가 걸리므로 반 바퀴 도는 데 10초가 걸리고, 민아는 운동장을 한 바퀴 도는 데 24초가 걸리므로 반 바퀴 도는 데 12초가 걸립니다.

두 사람이 운동장을 도는 바퀴 수에 따라 걸리는 시간을 구하여 반 바퀴 차이 나는 시간을 구합니다.

바퀴 수	반 바퀴	1바퀴	1바퀴 반	2바퀴	2바퀴 반	3바퀴	……
민아의 시간	12초	24초	36초	48초	60초	72초	……
아빠의 시간	10초	20초	30초	40초	50초	60초	……

따라서 아빠와 민아가 처음 만나는 데 걸리는 시간은 60초입니다.

1 680바퀴

2 9시 45분

3 4400 m

4 116분

---

1 큰 톱니바퀴가 1바퀴 회전할 때 작은 톱니바퀴는 2바퀴 회전하므로
큰 톱니바퀴가 1분에 4바퀴 회전하면 작은 톱니바퀴는 1분에
$4 \times 2 = 8$(바퀴) 회전합니다.
따라서 작은 톱니바퀴는 1시간 25분(=85분) 동안 $8 \times 85 = 680$(바퀴)
회전합니다.

해결 전략
기준이 1바퀴일 때 큰 톱니바퀴와 작은 톱
니바퀴는 각각 몇 바퀴씩 회전하는지 구해
봅니다.

2

9시 30분

민수가 자전거를 타고 가면 1 km를 가는 데 2분이 걸리므로
1분에 500 m를 갑니다. 그러므로 3 km 500 m를 가는 데
$2 \times 3 + 1 = 7$(분)이 걸립니다.
학교에서 도서관까지 걸어가면 1 km를 가는 데 10분이 걸리므로
100 m를 가는 데 1분, 800 m를 가는 데 8분이 걸립니다.
따라서 집에서 도서관까지 가는 데 총 $7 + 8 = 15$(분)이 걸리므로
도서관에 도착한 시간은 9시 30분+15분=9시 45분입니다.

보충 개념
1 km를 가는 데 걸리는 시간: 2분
  ↓÷2   ↓÷2
500 m를 가는 데 걸리는 시간: 1분
  ↓×7   ↓×7
3500 m를 가는 데 걸리는 시간: 7분

3 조건에 따라 알 수 있는 거리를 그림으로 나타내어 봅니다.
이때, 길이가 같은 부분은 ●, ▲, ■, ★, ♥으로 각각 나타냅니다.

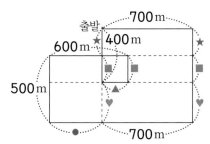

따라서 자동차가 달린 거리는
$700 + (★+■+♥) + (700+●) + 500 + 600 + ■+▲+400$
$= 2900 + (★+■) + (♥+■) + (●+▲)$
$= 2900 + 400 + 500 + 600 = 4400(m)$입니다.

4

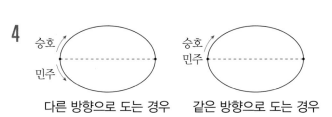

다른 방향으로 도는 경우   같은 방향으로 도는 경우

해결 전략
먼저 호수의 둘레는 몇 m인지 구합니다.

호수의 둘레는 승호와 민주가 서로 반대 방향으로 4분 동안 걸은 거리의 합이므로
$75 \times 4 + 70 \times 4 = 580$(m)입니다.
승호가 민주보다 더 빠르므로 같은 방향으로 돌 때 승호와 민주가 만나려면 승호가 민주보다
같은 시간에 호수의 둘레를 한 바퀴 더 돌아야 합니다.
승호는 같은 시간에 민주보다 $75 - 70 = 5$(m)씩 더 빨리 걸으므로
같은 방향으로 돌 때 승호가 민주를 따라잡는 데 걸리는 시간은
$580 \div 5 = 116$(분)입니다.

Review IV 측정

1 동쪽으로 19 m, 남쪽으로 5 m

2 4분 후

3 오후 4시

4 5분 27초

5 540 m

6 오후 4시 50분

1 재희가 걸어간 방법을 그림으로 나타내어 봅니다.

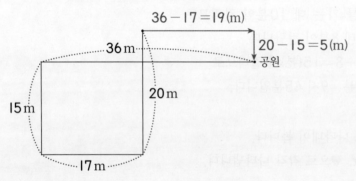

해결 전략
공원 위치를 정하고 주어진 길이와 방향에
따라 선을 그어 봅니다.

따라서 재희가 출발점으로 돌아가려면 동쪽으로 19 m, 남쪽으로
5 m만큼 걸어가야 합니다.

2 직사각형의 둘레의 길이는 $(4+6) \times 2 = 20$(m)입니다.
두 개미는 1분에 $3+2 = 5$(m)씩 움직이므로
두 개미가 처음 만나는 것은 $20 \div 5 = 4$(분) 후입니다.

3 고장 난 시계는 정확한 시계보다 1시 30분−1시=30(분) 빠르므로
정확한 시계로 1시간씩 지날 때마다 고장 난 시계의 시각을 표로 그려
찾아봅니다.

해결 전략
고장 난 시계와 정확한 시계는 몇 분 차이가
나는지 알아봅니다.

정확한 시계	12시	1시	2시	3시	4시
고장 난 시계	12시	1시 30분	3시	4시 30분	6시

따라서 고장 난 시계가 오늘 오후 6시를 가리키면 정확한 시계는 오늘
오후 4시를 가리킵니다.

최상위 사고력 3A **80**

4 20층까지 올라가는 데 걸리는 시간을 구간을 나누어 구해 봅니다.

주의
20층에 도착해서는 쉬지 않습니다.

층	1층~6층	6층~15층	15층~20층
쉬지 않고 올라갈 때 걸리는 시간	$5 \times 5 = 25$(초)	$8 \times 9 = 72$(초)	$10 \times 5 = 50$(초)
쉬는 시간	$10 \times 18 = 180$(초)		

따라서 1층에서 출발하여 20층에 도착할 때까지 모두
$25 + 72 + 50 + 180 = 327$(초)$= 5$분 27초 걸립니다.

5 진호는 중간에 정수를 한 번 만나고 3분 후에 ㉡에 도착하였습니다.
3분 동안 걸은 거리 $60 \times 3 = 180$(m)는 정수가 진호를 만나기 전까지
걸은 거리이므로 정수가 처음 출발하여 진호를 만나기까지
$180 \div 30 = 6$(분)이 걸렸습니다.
따라서 진호는 모두 $6 + 3 = 9$(분) 동안 ㉠부터 ㉡까지 걸어간 것이므로
㉠과 ㉡ 사이의 거리는 $60 \times 9 = 540$(m)입니다.

6 승호가 집에서 수영장에 갈 때 걸린 시간을 □분이라 하고, 장소에 따라 그림을 그려 나타냅니다.

보충 개념
1시간 40분=60분+40분=100분이므로
(□×2)분=1시간 40분=100(분),
□=100÷2=50(분)입니다.

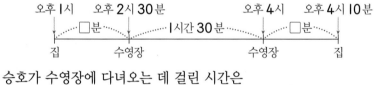

승호가 수영장에 다녀오는 데 걸린 시간은
□분+1시간 30분+□분=1시간 30분+(□×2)분이고,
집 시계로 오후 4시 10분−오후 1시=3시간 10분 동안 다녀온 것이므로
1시간 30분+(□×2)분=3시간 10분, (□×2)분=1시간 40분,
□=50입니다.
수영장의 시계는 정확한 시계이므로 승호가 집에 도착한 정확한 시각은
오후 4시+50분=오후 4시 50분입니다.

V 수

이번 단원에서는 학교 수학에서 학습한 분수의 기본적인 개념을 바탕으로 분수의 의미와 분수의 크기 비교에 대한 주제를 깊이 있게 다루게 됩니다.

13 분수의 의미에서는 분수가 나타내는 의미를 삼각형, 사각형, 원 등 다양한 도형을 이용하여 그 의미를 다시 한 번 되새겨 보고, 이어서 크기가 같은 분수를 간단히 만드는 방법에 대해 학습합니다.

14 분수의 크기 비교에서는 교과 수학에서 학습한 분모가 같은 분수, 분자가 1인 분수 이외에도 다양한 분수의 크기를 비교하는 4가지 방법에 대해 학습하게 됩니다.

15 분수의 활용에서 지금까지 학습한 내용을 기초로 하여 조건에 맞는 분수, 규칙이 있는 분수, 분수 문장제로 단원을 마무리합니다.

분수를 처음 학습하는 3학년 때 분수의 의미를 깊이 있게 이해하여 이후에 배우게 될 분수의 덧셈, 뺄셈, 곱셈, 나눗셈의 분수 계산과 비와 비율 등을 자신감 있게 배울 수 있도록 준비합니다.

최상위 사고력 **13** 분수의 의미

13-1. 분수만큼 색칠하기   122~123쪽

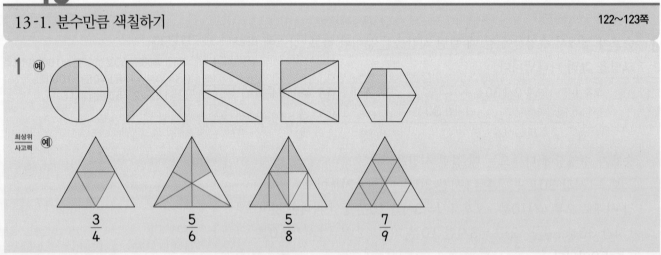

저자 톡! 전체를 똑같이 나눈 것 중에 일부분이라는 분수의 의미에 대해 다시 한번 생각해 보는 내용입니다. 전체를 똑같이 나누어야 한다는 부분에 주의하며 주어진 분수만큼 여러 가지 도형을 색칠해 봅니다.

---

1 $\frac{1}{4}$은 전체를 똑같이 4로 나눈 것 중의 1입니다.

먼저 도형을 똑같이 4로 나눈 도형을 찾고 그중에서 1만큼을 색칠합니다.

^{최상위}^{사고력} 삼각형을 똑같이 분모의 수만큼 나눈 다음 분자의 수만큼 색칠합니다.

$\frac{3}{4}$: 삼각형을 똑같이 4로 나누고 그중에서 3만큼을 색칠합니다.

$\frac{5}{6}$: 삼각형을 똑같이 6으로 나누고 그중에서 5만큼을 색칠합니다.

$\frac{5}{8}$: 삼각형을 똑같이 8로 나누고 그중에서 5만큼을 색칠합니다.

$\frac{7}{9}$: 삼각형을 똑같이 9로 나누고 그중에서 7만큼을 색칠합니다.

> **주의**
>
> $\frac{1}{4}$은 전체를 4로 나눈 것 중의 1이라고만 생각하면 안됩니다. 전체를 똑같이 나누어야 한다는 조건도 잊지 않도록 주의합니다.

> **참고**
>
> 다음과 같이 삼각형의 밑변을 4등분하여 삼각형을 4로 나누고 그중에서 3만큼을 색칠하여 $\frac{3}{4}$을 나타낼 수도 있습니다.
>
>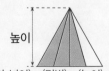
>
> (삼각형의 넓이)=(밑변)×(높이)÷2이므로 삼각형 4개의 넓이는 모두 같습니다.

1 (1) $\dfrac{5}{9}$ (2) $\dfrac{4}{9}$

2 $\dfrac{5}{16}$

최상위
사고력 $\dfrac{5}{24}$

저자 톡! 앞에서는 도형을 똑같이 나눈 후 분수만큼 색칠하였다면 이 단원에서는 도형에서 색칠한 부분을 보고 분수로 나타내어 봅니다. 전체를 똑같이 나누는 방법뿐만 아니라 필요에 따라서는 도형을 변형하여 움직일 수 있어야 합니다.

1 (1) 색칠한 부분 중 일부분을 크기가 같은 곳으로 옮겨서 생각하면 전체를 9로 나눈 것 중의 5입니다.

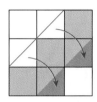

따라서 색칠한 부분은 전체의 $\dfrac{5}{9}$입니다.

(2) 색칠한 부분 중 일부분을 크기가 같은 곳으로 옮겨서 생각하면 전체를 9로 나눈 것 중의 4입니다.

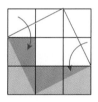

따라서 색칠한 부분은 전체의 $\dfrac{4}{9}$입니다.

해결 전략

색칠한 부분을 옮겨서 작은 정사각형으로 만들 수 있는 곳을 찾아봅니다.

보충 개념

(1) ◰ 은 정사각형 1개를 반으로 나눈 것이므로, 2개가 모이면 정사각형 1개가 됩니다.

(2) ▱ 은 정사각형 2개를 반으로 나눈 것이므로, 정사각형 1개와 같습니다.

2 칠교판을 ㉢ 조각과 모양과 크기가 같도록 똑같이 나누면 칠교판 전체는 16개, ㉠은 2개, ㉡은 2개로 나누어집니다.

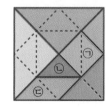

따라서 전체는 16, ㉠+㉡+㉢=2+1+2=5이므로 ㉠+㉡+㉢의 조각은 전체의 $\dfrac{5}{16}$입니다.

해결 전략

칠교판을 가장 작은 조각과 모양과 크기가 같도록 똑같이 나누어 봅니다.

최상위 사고력 전체는 작은 삼각형 **24**개, 색칠한 부분은 작은 삼각형 **5**개로 나누어 집니다.

해결 전략
전체를 모양과 크기가 같은 작은 삼각형으로 똑같이 나누어 봅니다.

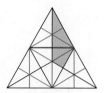

따라서 색칠한 부분은 전체의 $\dfrac{5}{24}$ 입니다.

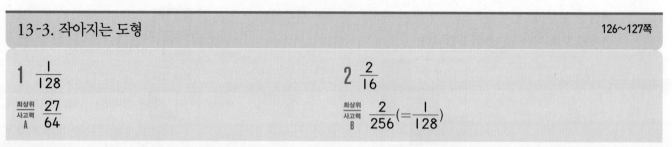

1 $\dfrac{1}{128}$

2 $\dfrac{2}{16}$

최상위 사고력 A $\dfrac{27}{64}$

최상위 사고력 B $\dfrac{2}{256}\left(=\dfrac{1}{128}\right)$

저자 톡! 점점 작아지는 도형 속에서 규칙을 찾아 색칠한 도형을 분수로 나타내는 내용입니다. 도형이 작아질수록 그림을 분수로 나타내는 것이 어려울 수 있으므로 분수의 규칙을 이용하여 분수를 추론하도록 합니다.

1 전체를 반씩 나눈 후 나누어지는 가장 작은 직사각형은 전체의 얼마인지 분수로 나타내면 다음과 같습니다.

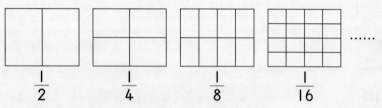

$\dfrac{1}{2}$ $\dfrac{1}{4}$ $\dfrac{1}{8}$ $\dfrac{1}{16}$

➡ 분모가 **2**배씩 커지는 규칙이 있습니다.

따라서 색칠한 부분은 **7**번째에 나오는 직사각형이므로 분수로 나타내면

$\underbrace{\dfrac{1}{2\times2\times\cdots\cdots\times2}}_{7개}=\dfrac{1}{128}$ 입니다.

보충 개념
우리가 자주 사용하는 A4용지는 전체를 반씩 나누는 규칙으로 만들어집니다.

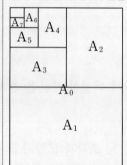

2 처음 정사각형을 크기가 똑같은 작은 정사각형 **16**개로 나누고, 색칠한 부분 중 작은 직각삼각형 **2**개를 크기가 같은 빈 곳으로 옮깁니다.

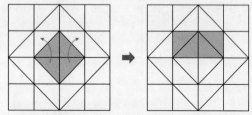

따라서 색칠한 부분은 작은 정사각형 **16**개 중 **2**개이므로 전체의 $\dfrac{2}{16}$ 입니다.

최상위
사고력
A
주어진 도형을 가장 작은 조각을 기준으로 나누어 살펴보면 나누어진 삼각형의 수는 1개, 4개, 16개……로 4배씩 커지는 규칙이 있고, 색칠한 삼각형의 수는 1개, 3개, 9개……로 3배씩 커지는 규칙이 있습니다.

> **해결 전략**
> 첫 번째, 두 번째, 세 번째 도형을 보고 나누어진 삼각형의 수와 색칠한 삼각형의 수의 규칙을 각각 찾아봅니다.

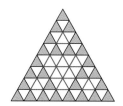

순서	첫 번째	두 번째	세 번째	네 번째
나누어진 삼각형의 수(개)	1	4	16	64
색칠한 삼각형의 수(개)	1	3	9	27

따라서 네 번째 도형에서 색칠한 부분은 전체의 $\frac{27}{64}$입니다.

최상위
사고력
B

첫 번째　　　두 번째　　　세 번째　　　네 번째

> **해결 전략**
> 새롭게 색칠되는 부분은 전체의 몇 분의 몇인지 규칙을 찾아봅니다.

새롭게 색칠한 부분은 전체의 얼마인지 차례로 분수로 나타내면

$\frac{2}{4}$, $\frac{2}{16}$, $\frac{2}{64}$ ……로 분모가 4배씩 커지는 규칙이 있습니다.

➡ 네 번째 도형에서 새롭게 색칠한 부분은 전체의 $\frac{2}{256}(=\frac{1}{128})$입니다.

최상위 사고력

128~129쪽

1 $\frac{1}{2}$

2 ③, ⑤

3 $\frac{8}{16}(=\frac{2}{4}=\frac{1}{2})$

4 $\frac{4}{16}$

---

1 색칠한 부분은 전체의 반인 직각삼각형의 크기와 같습니다.

따라서 색칠한 부분은 전체의 $\frac{1}{2}$입니다.

> **해결 전략**
> 색칠한 부분 중 일부분을 크기가 같은 곳으로 옮겨서 생각합니다.

2 정사각형의 $\frac{1}{4}$은 나누어진 작은 정사각형 1개만큼을 나타냅니다.

색칠한 부분 중 일부분을 크기가 같은 곳으로 옮겨서 작은 정사각형 크기와 같아지는지 알아봅니다.

해결 전략

색칠한 부분을 옮겨서 전체의 $\frac{1}{4}$을 만들 수 있는지 알아봅니다.

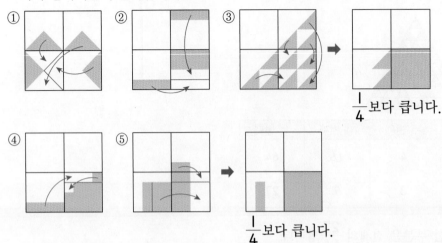

$\frac{1}{4}$보다 큽니다.

$\frac{1}{4}$보다 큽니다.

따라서 전체에 대하여 색칠한 부분의 크기가 $\frac{1}{4}$이 아닌 것은 ③, ⑤입니다.

3 칠교판은 작은 직각삼각형 16개, 오른쪽 모양은 작은 직각삼각형 8개로 나누어집니다.

해결 전략

칠교판과 오른쪽 모양을 가장 작은 직각삼각형 조각과 모양과 크기가 같도록 똑같이 나누어 봅니다.

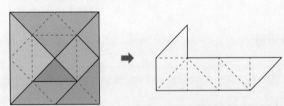

따라서 오른쪽 모양은 칠교판 전체의 $\frac{8}{16}(=\frac{2}{4}=\frac{1}{2})$입니다.

다른 풀이

칠교판의 7조각 중 몇 조각을 사용하여 오른쪽 모양을 만들면 다음과 같습니다.

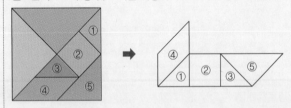

오른쪽 모양을 만드는 데 사용된 조각(①~⑤)은 칠교판 전체의 반이므로 $\frac{1}{2}$입니다.

지도 가이드

$\frac{1}{2}=\frac{2}{4}=\frac{8}{16}$임은 크기가 같은 분수 만드는 방법(분모와 분자에 0이 아닌 같은 수를 각각 곱해 크기가 같은 분수를 만듭니다.)을 이용하면 바로 알 수 있습니다. 하지만 이 방법을 아직 배우기 전이므로 그림을 그려 $\frac{1}{2}=\frac{2}{4}=\frac{8}{16}$임을 이해할 수 있도록 지도합니다.

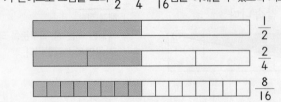

4 접은 모양을 거꾸로 펼쳐봅니다.

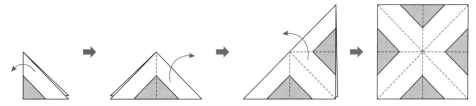

자르기 전의 정사각형을 크기가 똑같은 작은 정사각형 16개로 나누고
잘라낸 부분 중 작은 직각삼각형 4개를 크기가 같은 빈 곳으로 옮기면
다음과 같습니다.

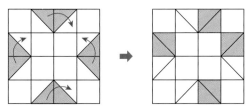

따라서 잘라낸 부분은 작은 정사각형 16개 중 4개이므로 처음 정사각형의

$\dfrac{4}{16}$ 입니다.

최상위 사고력 **14 분수의 크기 비교**

14-1. 크기가 같은 분수

130~131쪽

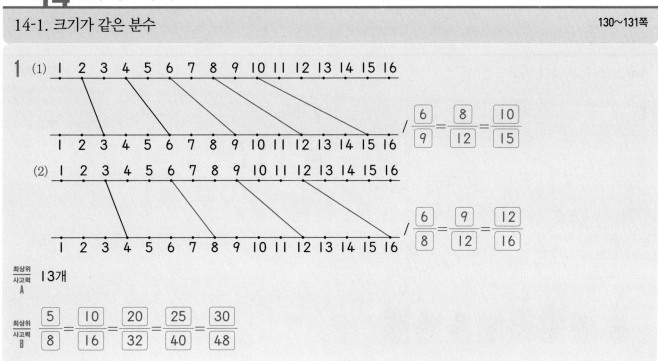

1 (1) $\dfrac{6}{9} = \dfrac{8}{12} = \dfrac{10}{15}$

(2) $\dfrac{6}{8} = \dfrac{9}{12} = \dfrac{12}{16}$

최상위
사고력
A
13개

최상위
사고력
B
$\dfrac{5}{8} = \dfrac{10}{16} = \dfrac{20}{32} = \dfrac{25}{40} = \dfrac{30}{48}$

저자 톡! $\dfrac{2}{3}$, $\dfrac{4}{6}$와 같은 크기가 같은 분수는 분수만큼 색칠했을 때 색칠한 부분이 서로 같기 때문에 전체를 나눈 부분의 수는 달라도 부분을
나타내는 양은 같습니다. 처음에는 그림을 그려 크기가 같은 분수를 찾아보고, 이어서 크기가 같은 분수를 쉽게 만드는 방법에 대해 학습합니다.

1 분수는 전체에 대한 부분의 양이므로 전체를 늘리는 만큼 부분을 늘리면 크기가 같은 분수가 됩니다.

보충 개념
■부터 ●까지의 수의 개수
➡ (● − ■) + 1

최상위 사고력 A

$\dfrac{3}{7}$의 분모와 분자에 곱하는 수를 □라 하면 분모가 두 자리 수인 분수가

되기 위해서는 $9 < 7 \times \square < 100$이어야 합니다.

$9 < 7 \times \square < 100$, □ = 2, 3 …… 14이므로 $\dfrac{3}{7}$과 크기가 같은 분수는

모두 13개입니다.

최상위 사고력 B

$\dfrac{15}{24}$의 분자와 분모가 각각 가장 작게 되도록 0이 아닌 같은 수로 나누어

크기가 같은 분수를 만든 후, 분자와 분모에 2부터 차례로 작은 수를
곱하여 분모가 50이 넘지 않는 크기가 같은 분수를 구합니다.

➡ $\dfrac{15}{24} = \dfrac{5}{8} = \dfrac{10}{16} = \dfrac{20}{32} = \dfrac{25}{40} = \dfrac{30}{48}$

14-2. 분수의 크기 비교

132~133쪽

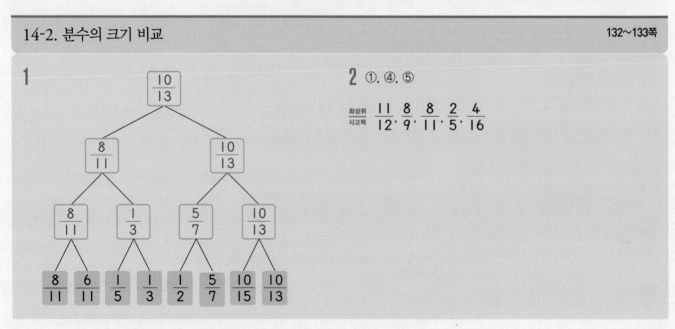

2 ①, ④, ⑤

최상위 사고력 $\dfrac{11}{12}, \dfrac{8}{9}, \dfrac{8}{11}, \dfrac{2}{5}, \dfrac{4}{16}$

저자 톡! 분수에 대한 기본적인 의미를 생각하며 분수의 크기를 4가지 방법 (① 분모가 같을 때 비교하기, ② 분자가 같을 때 비교하기, ③ $\dfrac{1}{2}$을 기준으로 비교하기, ④ 분모와 분자의 차가 같은 분수로 만들어 비교하기)으로 비교해 봅니다.

1

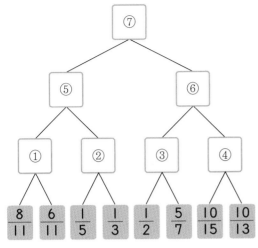

① 분모가 같은 분수는 분자가 클수록 큽니다. ➡ $\dfrac{8}{11} > \dfrac{6}{11}$

② 분자가 같은 분수는 분모가 작을수록 큽니다. ➡ $\dfrac{1}{5} < \dfrac{1}{3}$

③ 분자가 같은 분수로 만들어 비교합니다. ➡ $\dfrac{1}{2} = \dfrac{5}{10} < \dfrac{5}{7}$

④ 분자가 같은 분수는 분모가 작을수록 큽니다. ➡ $\dfrac{10}{15} < \dfrac{10}{13}$

⑤ $\dfrac{1}{2}$을 기준으로 분수의 크기를 비교합니다. ➡ $\dfrac{1}{3} < \dfrac{1}{2} < \dfrac{8}{11}$ ➡ $\dfrac{8}{11} > \dfrac{1}{3}$

⑥ 분자가 같은 분수로 만들어 비교합니다. ➡ $\dfrac{5}{7} = \dfrac{10}{14} < \dfrac{10}{13}$

⑦ 분모와 분자의 차가 같은 분수는 분모와 분자가 클수록 큽니다. ➡ $\dfrac{8}{11} < \dfrac{10}{13}$

2 ㉠은 0과 1 사이를 똑같이 9로 나눈 것 중의 4이므로 $\dfrac{4}{9}$입니다.

해결 전략
수직선에서 오른쪽에 있을수록 큰 수, 왼쪽에
있을수록 작은 수입니다.

㉠보다 왼쪽에 있는 수는 ㉠보다 작은 수이므로 $\dfrac{4}{9}$보다 작은 수를 찾습니다.

① $\dfrac{2}{5} \left(= \dfrac{4}{10} \right) < \dfrac{4}{9}$ (분자가 4로 같으므로 분모가 클수록 작습니다.)

② $\dfrac{4}{8} > \dfrac{4}{9}$ (분자가 4로 같으므로 분모가 작을수록 큽니다.)

③ $\dfrac{5}{9} > \dfrac{4}{9}$ (분모가 9로 같으므로 분자가 클수록 큽니다.)

④ $\dfrac{1}{10} < \dfrac{4}{10} \left(= \dfrac{4}{40} \right) < \dfrac{4}{9}$ (분자가 4로 같으므로 분모가 클수록 작습니다.)

⑤ $\dfrac{2}{6} \left(= \dfrac{4}{12} \right) < \dfrac{4}{9}$ (분자가 4로 같으므로 분모가 클수록 작습니다.)

따라서 ㉠보다 왼쪽에 놓이는 분수는 $\dfrac{2}{5}$, $\dfrac{1}{10}$, $\dfrac{2}{6}$입니다.

$\dfrac{\text{최상위}}{\text{사고력}}$ $\dfrac{4}{16}\left(=\dfrac{1}{4}\right)<\dfrac{2}{5}$ (분모와 분자의 차가 3으로 같으므로 분모가 클수록 큽니다.)

$\dfrac{2}{5}\left(=\dfrac{8}{20}\right)<\dfrac{8}{11}$ (분자가 8로 같으므로 분모가 작을수록 큽니다.) ➡ $\dfrac{4}{16}<\dfrac{2}{5}<\dfrac{8}{11}$

$\dfrac{8}{11}<\dfrac{8}{9}$ (분자가 8로 같으므로 분모가 작을수록 큽니다.) ➡ $\dfrac{4}{16}<\dfrac{2}{5}<\dfrac{8}{11}<\dfrac{8}{9}$

$\dfrac{8}{9}<\dfrac{11}{12}$ (분모와 분자의 차가 1로 같으므로 분모가 클수록 큽니다.) ➡ $\dfrac{4}{16}<\dfrac{2}{5}<\dfrac{8}{11}<\dfrac{8}{9}<\dfrac{11}{12}$

따라서 큰 수부터 차례대로 쓰면

$\dfrac{11}{12}$, $\dfrac{8}{9}$, $\dfrac{8}{11}$, $\dfrac{2}{5}$, $\dfrac{4}{16}$ 입니다.

14-3. 수 카드로 분수 만들기

134~135쪽

1 [방법1] $\dfrac{\boxed{7}}{\boxed{1}\ \boxed{4}}=\dfrac{\boxed{2}\ \boxed{9}}{\boxed{5}\ \boxed{8}}$ [방법2] $\dfrac{\boxed{9}}{\boxed{1}\ \boxed{8}}=\dfrac{\boxed{2}\ \boxed{7}}{\boxed{5}\ \boxed{4}}$

2 $\dfrac{13}{24}$, $\dfrac{14}{23}$, $\dfrac{21}{34}$, $\dfrac{23}{41}$, $\dfrac{24}{31}$, $\dfrac{31}{42}$, $\dfrac{32}{41}$

$\dfrac{\text{최상위}}{\text{사고력}}$ **33개**

저자 톡! 수 카드를 이용하여 조건에 맞는 분수를 모두 찾는 내용입니다. 앞에서 배운 크기가 같은 분수와 분수의 크기 비교를 이용하고, 찾아야 하는 분수가 많은 경우에는 곱셈을 이용하여 간단히 찾도록 합니다.

---

1 $\dfrac{3}{6}=\dfrac{1}{2}$ 이므로 분모가 두 자리 수이고,

분자의 2배인 분수를 만들어야 합니다.

먼저 $\dfrac{\boxed{}}{\boxed{}\ \boxed{}}$ 에서 분자에는 5, 7, 8, 9가 들어갈 수 있으므로

분자에 7을 넣어 $\dfrac{7}{14}$, 9를 넣어 $\dfrac{9}{18}$ 를 먼저 만들고,

남은 수들을 $\dfrac{\boxed{}\ \boxed{}}{\boxed{}\ \boxed{}}$ 에 알맞게 써넣습니다.

➡ [방법1] $\dfrac{3}{6}=\dfrac{7}{14}=\dfrac{29}{58}$ [방법2] $\dfrac{3}{6}=\dfrac{9}{18}=\dfrac{27}{54}$

> **보충 개념**
> • 분자에 5가 들어가는 경우
> $\dfrac{\boxed{3}}{\boxed{6}}=\dfrac{\boxed{5}}{\boxed{1}\ \boxed{0}}$ (×)
> ➡ 0은 사용할 수 없습니다.
> • 분자에 8이 들어가는 경우
> $\dfrac{\boxed{3}}{\boxed{6}}=\dfrac{\boxed{8}}{\boxed{1}\ \boxed{6}}$ (×)
> ➡ 6이 중복됩니다.

2 숫자 카드 4장을 모두 사용하여 만든 분수가 $\dfrac{1}{2}$보다 크려면

분모가 분자보다 크지만 분자의 2배보다는 작아야 하므로

$\dfrac{\boxed{}\boxed{}}{\boxed{}\boxed{}}$ 형태의 분수이어야 합니다.

분자에 작은 수부터 넣어 $\dfrac{1}{2}$보다 크고 1보다 작은 분수를 만들면

$\dfrac{13}{24},\ \dfrac{14}{23},\ \dfrac{21}{34},\ \dfrac{23}{41},\ \dfrac{24}{31},\ \dfrac{31}{42},\ \dfrac{32}{41}$ 입니다. 000

해결 전략

$\dfrac{1}{2}$보다 큰 분수는 분모가 분자의 2배보다 작고, 1보다 작은 분수는 분모가 분자보다 큽니다.

최상위 사고력 사용하는 카드 수에 따라 나누어 찾아봅니다.

• 2장을 사용하는 경우 $\left(\dfrac{\boxed{\text{ⓛ}}}{\boxed{\text{ⓙ}}}\right)$: $\dfrac{1}{2},\ \dfrac{1}{3},\ \dfrac{2}{3}$ ➡ 3개

• 3장을 사용하는 경우 $\left(\dfrac{\boxed{\text{ⓛ}}}{\boxed{\text{ⓙ}}\boxed{\text{ⓔ}}}\right)$

: (ⓙ에 들어갈 수 있는 수의 가짓수)×(ⓛ에 들어갈 수 있는 수의 가짓수)
×(ⓔ에 들어갈 수 있는 수의 가짓수)＝3×2×2＝12(개)

• 4장을 사용하는 경우 $\left(\dfrac{\boxed{\text{ⓛ}}}{\boxed{\text{ⓙ}}\boxed{\text{ⓔ}}\boxed{\text{ⓟ}}},\ \dfrac{\boxed{\text{ⓛ}}\boxed{\text{ⓟ}}}{\boxed{\text{ⓙ}}\boxed{\text{ⓔ}}}\right)$

i) $\dfrac{\boxed{\text{ⓛ}}}{\boxed{\text{ⓙ}}\boxed{\text{ⓔ}}\boxed{\text{ⓟ}}}$ 인 경우

(ⓙ에 들어갈 수 있는 수의 가짓수)×(ⓛ에 들어갈 수 있는 수의 가짓수)
×(ⓔ에 들어갈 수 있는 수의 가짓수)×(ⓟ에 들어갈 수 있는 수의 가짓수)
＝3×2×2×1＝12(개)

ii) $\dfrac{\boxed{\text{ⓛ}}\boxed{\text{ⓟ}}}{\boxed{\text{ⓙ}}\boxed{\text{ⓔ}}}$ 인 경우

ⓙ과 ⓛ에 0이 올 수 없고, ⓙⓔ＞ⓛⓟ인 분수를 찾습니다.

$\dfrac{13}{20},\ \dfrac{10}{23},\ \dfrac{12}{30},\ \dfrac{21}{30},\ \dfrac{20}{31},\ \dfrac{10}{32}$ ➡ 6개

따라서 만들 수 있는 분수 중에서 1보다 작은 분수는 모두
3＋12＋12＋6＝33(개)입니다.

해결 전략

분수가 1보다 작아야 하므로 분모가 분자보다 커야 합니다.

보충 개념

• ⓙ에는 $\boxed{0}$ 을 제외한 나머지 3장의 수 카드가 들어갈 수 있으므로 3가지입니다.
• ⓛ에는 ⓙ에 들어간 카드와 $\boxed{0}$ 을 제외한 나머지 2장의 수 카드가 들어갈 수 있으므로 2가지입니다.
• ⓔ에는 ⓙ과 ⓛ에 들어간 카드 2장을 제외한 나머지 2장의 수 카드가 들어갈 수 있으므로 2가지입니다.

1 $\dfrac{1}{2}$ 을 기준으로 분수의 크기를 비교하면

$\dfrac{5}{12} < \dfrac{6}{12} = \dfrac{1}{2} = \dfrac{21}{42} = \dfrac{16}{32} < \dfrac{17}{32}$ 입니다. ➡ $\dfrac{5}{12} < \dfrac{21}{42} < \dfrac{17}{32}$

$\dfrac{17}{32} < \dfrac{17}{20}$ (분자가 17로 같으므로 분모가 작을수록 큽니다.)

따라서 $\dfrac{5}{12} < \dfrac{21}{42} < \dfrac{17}{32} < \dfrac{17}{20}$ 이므로 작은 수부터 차례대로 쓰면

$\dfrac{5}{12}, \dfrac{21}{42}, \dfrac{17}{32}, \dfrac{17}{20}$ 입니다.

> **해결 전략**
> 먼저 $\dfrac{1}{2}$ 을 기준으로 $\dfrac{1}{2}$ 보다 큰 수와 작은 수로 나누어 봅니다.

2 2는 짝수이고 나머지 수 3, 7, 9는 모두 홀수이므로 분모와 분자를 같은 수로 나누어 $\dfrac{1}{3}$ 로 만들려면 <u>2는 분모의 일의 자리에 올 수 없습니다.</u> 또한 <u>분모는 세 자리 수가 될 수 없습니다.</u>

따라서 $\dfrac{1}{3} = \dfrac{2}{6} = \dfrac{3}{9} = \cdots\cdots = \dfrac{9}{27}$ 이므로 수 카드로 만들 수 있는 분수 중에서 $\dfrac{1}{3}$ 과 크기가 같은 분수는 $\dfrac{3}{9}, \dfrac{9}{27}$ 로 모두 2개입니다.

> **보충 개념**
> (짝수)÷(홀수)=(짝수)
> (짝수)÷(짝수)=(짝수)

> **보충 개념**
> (분모)÷(분자)=(세 자리 수)÷(한 자리 수)=(두 자리 수)이므로 $\dfrac{1}{3}$ 과 크기가 같은 분수를 만들 수 없습니다.

3 $\dfrac{2}{7} < \dfrac{1}{\square} < \dfrac{5}{12}$
　　　　　　ⓐ　　ⓑ

① $\dfrac{2}{7} < \dfrac{1}{\square}$

$\dfrac{1}{4} = \dfrac{2}{8} < \dfrac{2}{7} < \dfrac{2}{6} = \dfrac{1}{3} < \dfrac{1}{2}$ 이므로 $\square$ 안에 들어갈 수 있는 수는 2, 3입니다.

② $\dfrac{1}{\square} < \dfrac{5}{12}$

$\dfrac{1}{3} = \dfrac{4}{12} < \dfrac{5}{12} < \dfrac{6}{12} = \dfrac{1}{2}$ 이므로 $\square$ 안에 들어갈 수 있는 수는 3, 4, 5……입니다.

따라서 $\square$ 안에 공통으로 들어갈 수 있는 수는 3입니다.

> **다른 풀이**
> 분자가 10으로 같은 분수를 만들어 비교합니다.
> $\dfrac{2}{7} = \dfrac{10}{35}, \dfrac{1}{\square} = \dfrac{10}{10 \times \square}, \dfrac{5}{12} = \dfrac{10}{24}$
> ➡ $\dfrac{10}{35} < \dfrac{10}{10 \times \square} < \dfrac{10}{24}$
> $10 \times \square$ 가 24보다 크고 35보다 작아야 하므로 $\square$=3입니다.

4 분모가 2, 3, 4, 5, 6인 경우로 나누어 구합니다.

분모가 2인 경우: $\frac{1}{2}(>\frac{1}{3})$

분모가 3인 경우: $\frac{2}{3}(=\frac{4}{6}<\frac{4}{5})$

분모가 4인 경우: $\frac{2}{4}, \frac{3}{4}$

분모가 5인 경우: $\frac{2}{5}(>\frac{2}{6}=\frac{1}{3}), \frac{3}{5}$

분모가 6인 경우: $\frac{3}{6}, \frac{4}{6}(<\frac{4}{5})$

따라서 만들 수 있는 분수는 모두 **8**개입니다.

해결 전략

분자가 같은 분수는 분모가 작을수록 크고, 분모와 분자의 차가 같은 분수는 분모, 분자가 클수록 크다는 사실을 이용하여

$\frac{1}{3}<\frac{\square}{\square}<\frac{4}{5}$ 를 만족하는 분수를 구해 봅니다.

최상위 사고력 **15** 분수의 활용

15-1. 조건에 맞는 분수   138~139쪽

1 (위에서부터) $\frac{3}{8}$ / $\frac{5}{9}, \frac{4}{7}$ / $\frac{1}{4}$ / $\frac{2}{3}, \frac{3}{5}$

최상위 사고력 A 9개

2 $\frac{75}{175}$

최상위 사고력 B $\frac{10}{19}$

저자 톡! 조건이 여러 개 있을 때 조건에 알맞은 분수를 찾는 내용입니다. 조건에 맞는 자연수를 찾았을 때와 같은 방법으로 가장 먼저 이용해야 하는 조건을 찾는 것에 중점을 두고 학습합니다.

1 주어진 분수를 한 조건에 따라 분류한 다음 나머지 조건에 따라 분류합니다.

분모와 분자의 합이 10보다 큽니다.	$\frac{5}{9}, \frac{3}{8}, \frac{4}{7}$
분모와 분자의 합이 10보다 작습니다.	$\frac{2}{3}, \frac{1}{4}, \frac{3}{5}$

➡

	$\frac{1}{2}$보다 작습니다.	$\frac{1}{2}$보다 큽니다.
분모와 분자의 합이 10보다 큽니다.	$\frac{3}{8}$	$\frac{5}{9}, \frac{4}{7}$
분모와 분자의 합이 10보다 작습니다.	$\frac{1}{4}$	$\frac{2}{3}, \frac{3}{5}$

2 분모와 분자에 곱하는 수를 $\square$라 하면

분모와 분자의 차는 $7\times\square-3\times\square$이므로

$7\times\square-3\times\square=100$, $4\times\square=100$, $\square=25$입니다.

따라서 분모와 분자의 차가 100인 분수는

$\frac{3\times\square}{7\times\square}=\frac{3\times25}{7\times25}=\frac{75}{175}$입니다.

해결 전략

분모와 분자에 0이 아닌 같은 수를 곱해서 크기가 같은 분수를 만들어 봅니다.

크기가 같은 분수	$\dfrac{3}{7}$	$\dfrac{6}{14}$	$\dfrac{9}{21}$	$\dfrac{12}{28}$	$\dfrac{15}{35}$	……
분모와 분자의 차	4	8	12	16	20	……

$+4$ $+4$ $+4$ $+4$

분모와 분자의 차가 4씩 커지는 규칙이 있고, $4 \times 25 = 100$이므로

분모, 분자의 차가 100인 분수는 $\dfrac{3 \times 25}{7 \times 25} = \dfrac{75}{175}$ 입니다.

최상위
사고력
A

분자가 1, 2……인 경우로 나누어 구합니다.

분자가 1인 경우: $\dfrac{1}{3}$, $\dfrac{1}{4}$, $\dfrac{1}{5}$, $\dfrac{1}{6}$, $\dfrac{1}{7}$, $\dfrac{1}{8}$

분자가 2인 경우: $\dfrac{2}{5}$, $\dfrac{2}{6}$, $\dfrac{2}{7}$

분자가 2보다 큰 경우: 두 조건을 만족하는 분수가 없습니다.

따라서 분모와 분자의 합이 10보다 작은 분수 중에서 $\dfrac{1}{2}$보다 작은

분수는 모두 9개입니다.

해결 전략

$\dfrac{1}{2}$보다 작은 분수는 분모가 분자의 2배보다 커야 합니다.

최상위
사고력
B

분모가 두 자리 수이므로 십의 자리 숫자가 1, 2, 3……9인 경우로 나누어 생각합니다.

십의 자리 숫자가 1인 분수: $\dfrac{1}{10}$, $\dfrac{2}{11}$, $\dfrac{3}{12}$, $\dfrac{4}{13}$ …… $\dfrac{9}{18}$, $\dfrac{10}{19}$

└── 분모와 분자의 차가 9로 같습니다.

➡ 가장 큰 분수는 $\dfrac{10}{19}$입니다.

십의 자리 숫자가 2인 분수: $\dfrac{2}{20}$, $\dfrac{3}{21}$, $\dfrac{4}{22}$, $\dfrac{5}{23}$ …… $\dfrac{10}{28}$, $\dfrac{11}{29}$

└── 분모와 분자의 차가 18로 같습니다.

➡ 가장 큰 분수는 $\dfrac{11}{29}$입니다.

십의 자리 숫자가 3인 분수: $\dfrac{3}{30}$, $\dfrac{4}{31}$, $\dfrac{5}{32}$, $\dfrac{6}{33}$ …… $\dfrac{11}{38}$, $\dfrac{12}{39}$

└── 분모와 분자의 차가 27로 같습니다.

➡ 가장 큰 분수는 $\dfrac{12}{39}$입니다.

⋮

십의 자리 숫자가 9인 분수: $\dfrac{9}{90}$, $\dfrac{10}{91}$, $\dfrac{11}{92}$, $\dfrac{12}{93}$ …… $\dfrac{17}{98}$, $\dfrac{18}{99}$

└── 분모와 분자의 차가 81로 같습니다.

➡ 가장 큰 분수는 $\dfrac{18}{99}$입니다.

$\dfrac{10}{19}$, $\dfrac{11}{29}$, $\dfrac{12}{39}$ …… $\dfrac{18}{99}$ 중에서 $\dfrac{10}{19} > \dfrac{1}{2}$이고 나머지 분수는 $\dfrac{1}{2}$보다

작으므로 $\dfrac{10}{19}$이 가장 큽니다.

보충 개념

분모와 분자의 차가 같은 경우 분모와 분자가 큰 쪽이 더 큽니다.

1 $\dfrac{2}{8}$

2 $\dfrac{377}{610}$

최상위 사고력 95번째

저자 톡! 자연수에서 분수로 수를 확장하여 규칙을 이용하여 수를 찾는 내용입니다. 앞, 뒤에 있는 분수 뿐만 아니라 분수를 구성하는 분모와 분자의 관계도 생각하며 규칙을 찾아봅니다.

1 분자가 1씩 커지다가 분자와 분모가 같아지면 다시 분모가 1씩 커지는 2가지 규칙이 있습니다.

> **보충 개념**
> 분자가 2보다 1 작은 수이고, 분모와 분자가 같은 수인 분수는 $\dfrac{1}{1}(=1)$입니다.

$\dfrac{1}{1}$	$\dfrac{1}{2}$	$\dfrac{2}{2}$	$\dfrac{1}{3}$	$\dfrac{2}{3}$	$\dfrac{3}{3}$	$\dfrac{1}{4}$	$\dfrac{2}{4}$	$\dfrac{3}{4}$	$\dfrac{4}{4}$
$\dfrac{1}{5}$	$\dfrac{2}{5}$	$\dfrac{3}{5}$	$\dfrac{4}{5}$	$\dfrac{5}{5}$	$\dfrac{1}{6}$	$\dfrac{2}{6}$	$\dfrac{3}{6}$	$\dfrac{4}{6}$	$\dfrac{5}{6}$
$\dfrac{6}{6}$	$\dfrac{1}{7}$	$\dfrac{2}{7}$	$\dfrac{3}{7}$	$\dfrac{4}{7}$	$\dfrac{5}{7}$	$\dfrac{6}{7}$	$\dfrac{7}{7}$	$\dfrac{1}{8}$	♥ $\dfrac{2}{8}$

따라서 ♥$=\dfrac{2}{8}$입니다.

2 $\dfrac{1}{2},\ \dfrac{2}{3},\ \dfrac{3}{5},\ \dfrac{5}{8},\ \dfrac{8}{13}\cdots\cdots$

> **해결 전략**
> 분모는 분모끼리, 분자는 분자끼리의 관계를 찾습니다.

분자는 앞의 두 분수의 분자의 합, 분모는 앞의 두 분수의 분모의 합인 규칙입니다.

규칙에 맞게 분모와 분자를 각각 13번째까지 차례로 구합니다.

분자: 1, 2, 3, 5, 8, 13, 21, 34, 55, 89, 144, 233, ⃝377

분모: 2, 3, 5, 8, 13, 21, 34, 55, 89, 144, 233, 377, ⃝610

따라서 13번째 분수는 $\dfrac{377}{610}$입니다.

최상위 사고력 분모와 분자의 합이 같은 분수끼리 묶어서 생각합니다.

> **해결 전략**
> 같은 분수에서 분모와 분자의 관계를 찾고, 같은 특징을 가진 분수끼리 묶습니다.

$\left(\dfrac{1}{1}\right),\ \left(\dfrac{1}{2},\ \dfrac{2}{1}\right),\ \left(\dfrac{1}{3},\ \dfrac{2}{2},\ \dfrac{3}{1}\right),\ \left(\dfrac{1}{4},\ \dfrac{2}{3},\ \dfrac{3}{2},\ \dfrac{4}{1}\right)\cdots\cdots$

1개   2개   3개   4개

각 묶음 안에서 분수의 개수는 1개, 2개, 3개, 4개……로 1개씩 늘어나고, 분자는 1부터 1씩 늘어나는 규칙입니다.

$\left(\dfrac{1}{14},\ \dfrac{2}{13},\ \dfrac{3}{12},\ \dfrac{4}{11}\cdots\cdots\right)$이므로 $\dfrac{4}{11}$는 14번째 묶음에서 4번째에 나오는 분수입니다.

따라서 $1+2+3+4+\cdots\cdots+13=91$(개)이므로

$\dfrac{4}{11}$는 $91+4=95$(번째) 분수입니다.

1 영호   **2** 140 m

최상위 사고력   3600원

저자 톡! 지금까지 학습한 분수의 의미와 분수의 크기 비교를 바탕으로 다양한 상황과 함께 문장으로 제시된 문제를 해결하는 내용입니다. 문장을 직접 이해하기보다 그림을 그리면 문제 해결의 실마리를 좀 더 쉽게 찾을 수 있습니다.

1 $\dfrac{8}{9}$, $\dfrac{11}{12}$, $\dfrac{2}{5}$, $\dfrac{8}{11}$의 크기를 비교하면 다음과 같습니다.

$$\underset{\text{(지민)}}{\dfrac{2}{5}} < \underset{}{\dfrac{1}{2}} < \underset{\text{(영호)}}{\dfrac{8}{11}} < \underset{\text{(민수)}}{\dfrac{8}{9}} < \underset{\text{(희영)}}{\dfrac{11}{12}}$$ 입니다.

따라서 세 번째로 달리고 있는 사람은 영호입니다.

> **해결 전략**
> 분수의 크기가 클수록 달린 거리가 길므로 빨리 달린 것입니다.

2

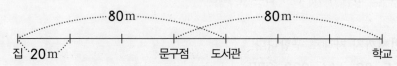

문구점과 도서관 사이의 거리는 집과 학교 사이의 거리의 $\dfrac{1}{7}$이므로

다음과 같이 집과 학교까지의 거리를 7칸으로 똑같이 나눕니다.

4칸이 80 m이므로 1칸은 20 m입니다.

따라서 집에서 학교까지의 거리는 $20 \times 7 = 140$(m)입니다.

> **해결 전략**
> 일직선 상에 지우네 집, 문구점, 도서관, 학교 순으로 그림을 그립니다.

최상위 사고력   수지가 처음 가진 돈을 그림을 그려 생각해 봅니다.

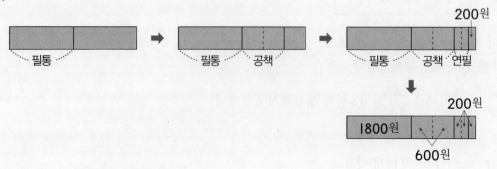

따라서 수지가 처음에 가지고 있던 돈은

$1800 + 600 + 600 + 200 + 200 + 200 = 3600$(원)입니다.

1 6개

2 $\dfrac{1}{18}$

3 23개

4 $\dfrac{5}{16}$

---

1 분모와 분자의 합이 20인 분수는

$\dfrac{1}{19}$, $\dfrac{2}{18}$, $\dfrac{3}{17}$, $\dfrac{4}{16}$, $\dfrac{5}{15}$, $\dfrac{6}{14}$, $\dfrac{7}{13}$, $\dfrac{8}{12}$, $\dfrac{9}{11}$, $\dfrac{10}{10}$ 입니다.

$\dfrac{1}{19} < \dfrac{2}{18} < \dfrac{3}{17} < \dfrac{4}{16} < \dfrac{5}{15} < \dfrac{6}{14} < \dfrac{1}{2} < \dfrac{7}{13} < \dfrac{8}{12} < \dfrac{9}{11} < \dfrac{10}{10}$ 이

므로 $\dfrac{1}{2}$ 보다 작은 분수는 모두 6개입니다.

> **해결 전략**
> 분수가 $\dfrac{1}{2}$ 보다 작으려면 분모가 분자의 2배보다 커야 합니다.

2 소희는 피자 전체의 $\dfrac{2}{9}$ 를 먹었으므로 피자를 9조각으로

똑같이 나눈 것 중의 2조각을 먹었습니다.
정우는 소희의 3배를 먹었으므로 피자 9조각 중
6조각을 먹었습니다.

하영이는 남은 1조각($\dfrac{1}{9}$)의 절반을 먹었으므로 $\dfrac{1}{18}$ 을 먹었습니다.

따라서 남은 피자는 전체의 $\dfrac{1}{18}$ 입니다.

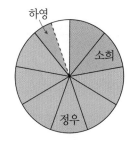

3
· 분자가 1인 분수: $\dfrac{1}{2}$, $\dfrac{1}{3}$, $\dfrac{1}{4}$, $\dfrac{1}{5}$, $\dfrac{1}{6}$, $\dfrac{1}{7}$, $\dfrac{1}{8}$, $\dfrac{1}{9}$ ➡ 8개

· 분자가 2인 분수: $\dfrac{2}{3}$, $\dfrac{2}{4}$, $\dfrac{2}{5}$, $\dfrac{2}{6}$, $\dfrac{2}{7}$, $\dfrac{2}{8}$, $\dfrac{2}{9}$ ➡ 7개

· 분자가 3인 분수: $\dfrac{3}{4}$, $\dfrac{3}{5}$, $\dfrac{3}{6}$, $\dfrac{3}{7}$, $\dfrac{3}{8}$, $\dfrac{3}{9}$ ➡ 6개

· 분자가 4인 분수: $\dfrac{4}{5}$, $\dfrac{4}{6}$, $\dfrac{4}{7}$, $\dfrac{4}{8}$, $\dfrac{4}{9}$ ➡ 5개

· 분자가 5인 분수: $\dfrac{5}{6}$, $\dfrac{5}{7}$, $\dfrac{5}{8}$, $\dfrac{5}{9}$ ➡ 4개

이 중에서 크기가 같은 분수는

$\dfrac{1}{2} = \dfrac{2}{4} = \dfrac{3}{6} = \dfrac{4}{8}$, $\dfrac{1}{3} = \dfrac{2}{6} = \dfrac{3}{9}$, $\dfrac{1}{4} = \dfrac{2}{8}$, $\dfrac{2}{3} = \dfrac{4}{6}$ 입니다.

따라서 크기가 같은 분수를 제외하면

$(8+7+6+5+4)-7=23$(개)입니다.

> **해결 전략**
> 분수는 1보다 작아야 하므로 분모가 분자보다 큰 분수를 찾습니다.

> **보충 개념**
> 0과 1 사이에 점으로 표시해야 하므로 $\dfrac{1}{1}(=1)$ 은 표시할 수 없습니다.

4 분모와 분자의 합이 3, 5, 7, 9······인 분수끼리 묶어서 생각합니다.

$$\left(\frac{1}{2}\right), \left(\frac{1}{4}, \frac{2}{3}\right), \left(\frac{1}{6}, \frac{2}{5}, \frac{3}{4}\right), \left(\frac{1}{8}, \frac{2}{7}, \frac{3}{6}, \frac{4}{5}\right), \left(\frac{1}{10}, \frac{2}{9}, \frac{3}{8}, \frac{4}{7}, \frac{5}{6}\right)\cdots\cdots$$

1개 2개 3개 4개 5개

각 묶음 안에서 분수의 개수는 1개, 2개, 3개, 4개······로 1개씩 늘어나고,
분자는 1부터 1씩 늘어납니다.

9번째 묶음까지 분수는 1+2+3+4+······+9=45(개) 있으므로
50번째 분수는 10번째 묶음 안의 분수 중에서 5번째 분수입니다.

10번째 묶음 안의 분수는 분모와 분자의 합이 3+2×9=21이므로

$$\frac{1}{20}, \frac{2}{19}, \frac{3}{18}, \frac{4}{17}, \frac{5}{16}\cdots\cdots\frac{10}{11}$$입니다.

따라서 50번째에 놓일 분수는 $\frac{5}{16}$입니다.

> **보충 개념**
> 묶음 안의 분수의 분모와 분자의 합은 3, 5, 7, 9······로 3부터 2씩 커지므로 □번째 묶음 안의 분수의 분모와 분자의 합은 3+2×(□−1)이고, 10번째는 3+2×9=21입니다.

Review V 수

146~148쪽

1 예

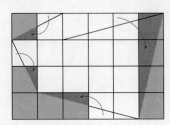

$\frac{1}{6}$ $\frac{3}{8}$

2 $\frac{9}{24}$

3 15개

4 5개

5 $\frac{10}{16}\left(=\frac{5}{8}\right)$

6 $\frac{1}{16}$

---

1 $\frac{1}{6}$: 삼각형을 똑같이 6으로 나누고 그중에서 1만큼을 색칠합니다.

$\frac{3}{8}$: 삼각형을 똑같이 8로 나누고 그중에서 3만큼을 색칠합니다.

> **해결 전략**
> 먼저 삼각형을 똑같이 분모의 수만큼 나눈 다음 분자의 수만큼 색칠합니다.

2 전체는 작은 정사각형 24개이고, 색칠한 부분은 작은 정사각형 9개입니다.

> **해결 전략**
> 색칠한 부분 중 일부분을 크기가 같은 곳으로 옮겨서 생각합니다.

따라서 색칠한 부분은 전체의 $\frac{9}{24}$입니다.

3 $\dfrac{1}{6}$의 분모와 분자에 곱하는 수를 □라 하면 분모가 두 자리 수인 분수가

되기 위해서는 $9 < 6 \times \square < 100$이어야 합니다.

$9 < 6 \times \square < 100$, $\square = 2, 3 \cdots\cdots 16$이므로

$\dfrac{1}{6}$과 크기가 같은 분수는 모두 15개입니다.

4 분자가 1, 3인 경우로 나누어 구합니다.

· 분자가 1인 경우: $\dfrac{1}{3}$, $\dfrac{1}{4}$, $\dfrac{1}{6}$, $\dfrac{1}{8}$

· 분자가 3인 경우: $\dfrac{3}{8}$

따라서 $\dfrac{1}{2}$보다 작은 분수는 모두 5개입니다.

해결 전략
$\dfrac{1}{2}$보다 작은 분수는 분모가 분자의 2배보다
커야 합니다.

5

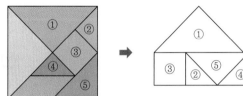

칠교판은 작은 직각삼각형 16개로 나누어지고, 오른쪽 모양은 작은
직각삼각형 ① 4개, ② 1개, ③ 2개, ④ 1개, ⑤ 2개로 나누어집니다.
따라서 오른쪽 모양은 칠교판 전체의

$\dfrac{4+1+2+1+2}{16} = \dfrac{10}{16}\left(=\dfrac{5}{8}\right)$입니다.

보충 개념
칠교판과 오른쪽 모양을 똑같이 나누는 방법에
따라 답은 $\dfrac{10}{16}$, $\dfrac{5}{8}$ 모두 될 수 있습니다.

6 A_3용지는 A_2용지를 똑같이 2로 나눈 것 중의 1
A_4용지는 A_2용지를 똑같이 2×2로 나눈 것 중의 1
A_5용지는 A_2용지를 똑같이 $2 \times 2 \times 2$로 나눈 것 중의 1
A_6용지는 A_2용지를 똑같이 $2 \times 2 \times 2 \times 2$로 나눈 것 중의 1
➡ A_6용지는 A_2용지를 똑같이 16으로 나눈 것 중의 1이므로

A_6용지의 크기는 A_2용지의 크기는 $\dfrac{1}{16}$입니다.

해결 전략
전체를 반씩 나눈 후 나누어지는 가장 작은 직
사각형은 전체의 얼마인지 분수로 나타내어
봅니다.

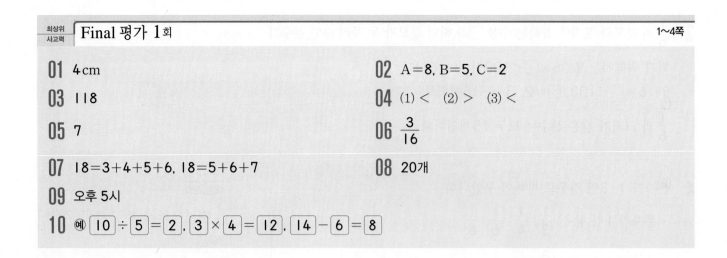

01 4 cm

02 A=8, B=5, C=2

03 118

04 (1) < (2) > (3) <

05 7

06 $\dfrac{3}{16}$

07 18=3+4+5+6, 18=5+6+7

08 20개

09 오후 5시

10 예 $\boxed{10} \div \boxed{5} = \boxed{2}$, $\boxed{3} \times \boxed{4} = \boxed{12}$, $\boxed{14} - \boxed{6} = \boxed{8}$

---

01 ①~④ 순서로 길이를 구합니다.

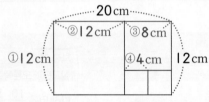

따라서 정사각형 가의 한 변의 길이는 4 cm입니다.

해결 전략
정사각형은 가로와 세로가 같다는 성질을 이용합니다.

02
$$\begin{array}{r} A\,B \\ \times\quad 3 \\ \hline C\,B\,B \end{array}$$

① B×3의 일의 자리 숫자가 B이므로 B가 될 수 있는 수는 5×3=15 ➡ B=5입니다.

➡

$$\begin{array}{r} A\,5 \\ \times\quad 3 \\ \hline C\,5\,5 \end{array}$$

② 일의 자리에서 십의 자리로 1을 받아올림했으므로 A×3의 일의 자리 숫자는 4가 되어야 합니다. 8×3=24이므로 A=8, C=2입니다.

➡

$$\begin{array}{r} 8\,5 \\ \times\quad 3 \\ \hline 2\,5\,5 \end{array}$$

따라서 A=8, B=5, C=2입니다.

---

03 2부터 세 수씩 묶어서 계산한 후 규칙을 찾아 모두 더합니다.

1+(2+3−4)+(5+6−7)+(8+9−10)+ …… +(26+27−28)
=1+1+4+7+10+13+16+19+22+25
=1+26+26+26+26+13
=118

보충 개념
세 수씩 묶은 수는 1부터 3씩 커지는 규칙이 있습니다.

04 (1) 크기가 같은 분수 또는 분자가 같은 분수를 이용합니다.

$$\frac{1}{3}=\frac{2}{6}<\frac{2}{5} \;\Rightarrow\; \frac{1}{3}<\frac{2}{5}$$

(2) $\frac{1}{2}$을 기준으로 분수의 크기를 비교합니다.

$$\frac{2}{3}>\frac{1}{2}>\frac{3}{8} \;\Rightarrow\; \frac{2}{3}>\frac{3}{8}$$

(3) 분자와 분모의 차가 1로 같으면 분자나 분모가 클수록 큽니다.

$$\Rightarrow \frac{6}{7}<\frac{9}{10}$$

05 ㉠<1, 1<㉠<6, ㉠>6인 경우로 나누어 생각합니다.

① ㉠<1(㉠=0)인 경우   ② 1<㉠<6인 경우

```
  6 1 0          6 ㉠ 1
- 1 0 6        - 1 ㉠ 6
  5 0 4              5
  ( × )          ( × )
```

일의 자리 계산이
맞지 않습니다.

③ ㉠>6인 경우

```
  ㉠ 6 1              7 6 1
- 1 6 ㉠    ㉠=7    - 1 6 7
  5 9 4     ⇒        5 9 4
```

따라서 ㉠은 7입니다.

주의
㉠=0인 경우
0은 백의 자리에 올 수 없으므로 가장 작은
수는 106입니다.

06 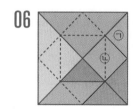 칠교판 전체는 ㉠과 크기와 모양이 같은 삼각형 16개로 나누어지고 ㉡은 ㉠과 크기와 모양이 같은 삼각형 2개로 나누어집니다.
따라서 전체 넓이는 16, ㉠+㉡=1+2=3이므로

㉠+㉡은 전체의 $\frac{3}{16}$입니다.

해결 전략
칠교판을 가장 작은 직각삼각형 조각과 모양과 크기가 같도록 똑같이 나누어 생각해 봅니다.

07 18을 두 수의 곱으로 나타내면 18=2×9=3×6이므로 연속된 수의 개수는 3개, 9개입니다.

① 18=2×9   ➡   18=3+④+⑤+6
   (2쌍 가운데 두 수의 합)

② 연속수가 3개일 때
   18=3×6   ➡   18=5+⑥+7

해결 전략
연속수가 9개이면 가운데 수가 2가 되므로 연속수를 구할 수 없습니다.

08 작은 정사각형을 포함하는 개수에 따라 ♥을 포함하는 직사각형을 나누어 세어 봅니다.

주의
정사각형도 빠뜨리지 않고 세야 합니다.

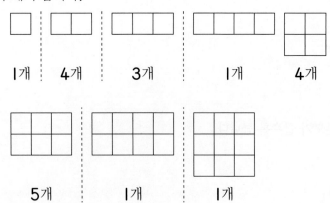

|개   4개   3개 |개   4개

5개 |개 |개

따라서 ♥을 포함하는 직사각형은 모두
1+4+3+1+4+5+1+1=20(개)입니다.

09 정확한 시계가 오전 8시부터 I시간씩 지날 때마다 20분씩 느리게 가는 시계는
몇 시를 가리키는지 차례로 구해봅니다.

정확한 시계	8시	9시	10시	11시	12시	1시	2시	3시	4시	5시
느린 시계	8시	8시 40분	9시 20분	10시	10시 40분	11시 20분	12시	12시 40분	1시 20분	2시

따라서 느린 시계가 오후 2시를 가리키면 정확한 시계는 오후 5시를
가리킵니다.

10 나눗셈식을 곱셈식으로 바꾸어 생각합니다.

□ × □ = □   □ × □ = □   □ − □ = □

14는 곱셈식에 들어갈 수 없으므로 뺄셈식에 넣습니다.
또한 3보다 큰 두 수를 곱하면 10, 12, 14를 만들 수 없으므로
2와 3은 서로 다른 곱셈식에 넣어야 합니다.

2 × □ = □   3 × □ = □   14 − □ = □

남은 수를 식에 알맞게 써넣습니다.

2 × 5 = 10   3 × 4 = 12   14 − 6 = 8

➡ 10 ÷ 5 = 2   ➡ 4 × 3 = 12   ➡ 14 − 8 = 6

➡ 10 ÷ 2 = 5

01 13개   **02** 1998

03 2분   **04** 32 cm

05 270 mm   **06** 200 m

07 32개   **08** 예 $\boxed{1} \times \boxed{2} \times \boxed{7} = \boxed{5} + \boxed{9}$

                                              $\boxed{6} \div \boxed{3} = \boxed{8} \div \boxed{4}$

09 8가지   **10** 오전 11시 15분

---

01 7에 어떤 수를 곱하여 두 자리 수가 되는 경우를 모두 찾아봅니다.

$7 \times 2 = 14$, $7 \times 3 = 21$, $7 \times 4 = 28 \cdots\cdots 7 \times 14 = 98$이므로

$\dfrac{5}{7}$와 크기가 같은 분수는 모두 13개입니다.

$$\dfrac{10}{14}, \dfrac{15}{21}, \dfrac{20}{28}, \dfrac{25}{35}, \dfrac{30}{42}, \dfrac{35}{49}, \dfrac{40}{56}, \dfrac{45}{63}, \dfrac{50}{70}, \dfrac{55}{77}, \dfrac{60}{84}, \dfrac{65}{91}, \dfrac{70}{98}$$

> **해결 전략**
> 분자와 분모에 0이 아닌 같은 수를 곱하여 크기가 같은 분수를 만들 수 있습니다.

> **다른 풀이**
> $\dfrac{5}{7}$의 분모와 분자에 곱하는 수를 $\Box$라 하면 분모가 두 자리 수인 분수가 되기 위해서는
> $9 < 7 \times \Box < 100$이어야 합니다. $9 < 7 \times \Box < 100$, $\Box = 2, 3 \cdots\cdots 14$이므로 $\dfrac{5}{7}$와 크기가
> 같은 분수는 모두 13개입니다.

02 3장의 수 카드로 만들 수 있는 세 자리 수는

234, 243, 324, 342, 423, 432로 모두 6개입니다.

백의 자리 숫자끼리의 합: $(2+3+4) \times 2 \times 100 = 1800$

십의 자리 숫자끼리의 합: $(2+3+4) \times 2 \times 10 = 180$

일의 자리 숫자끼리의 합: $(2+3+4) \times 2 = 18$

➡ $1800 + 180 + 18 = 1998$

03 길이가 4 m 20 cm인 통나무를 70 cm씩 자르면 통나무는

$420 \div 70 = 6$(도막) 생기므로 모두 $6 - 1 = 5$(번) 잘라야 합니다.

통나무를 1번 자르는 데 걸리는 시간은 12초이므로

통나무를 자르는 데에만 걸리는 시간은 $12 \times 5 = 60$(초)입니다.

또 1번 자른 후에 반드시 15초 동안 쉬어야 하므로

쉬는 횟수는 $5 - 1 = 4$(번)이고

쉬는 시간은 모두 $15 \times 4 = 60$(초)입니다.

따라서 통나무를 모두 자르는 데 걸리는 시간은

$60 + 60 = 120$(초) $= 2$분입니다.

> **보충 개념**
> 4 m 20 cm $= 400$ cm $+ 20$ cm
> $= 420$ cm

> **주의**
> 마지막에는 통나무를 자르고 쉬지 않습니다.

04 잘라낸 정사각형의 한 변의 길이를 □cm라 하여 도형의 길이를 □를
이용하여 나타냅니다.

해결 전략
직사각형의 한 변의 길이를 구하지 않고
직사각형의 둘레를 구할 수 있습니다.

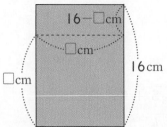

남은 직사각형의 가로는 □cm, 세로는 (16-□)cm이므로
둘레는 □+(16-□)+□+(16-□)=32(cm)입니다.

05 남은 양초의 길이가 처음 길이의 $\frac{4}{5}$만큼이므로

탄 양초의 길이는 처음 양초 길이의 $\frac{1}{5}$입니다.

양초는 20분에 6mm씩 타므로 3시간에

$6 \times 9 = 54$(mm) 탑니다.

보충 개념
3시간=60+60+60=180(분)
➡ 20×9=180(분)

처음 양초 길이의 $\frac{1}{5}$이 54mm이므로 처음 양초의 길이는

$54 \times 5 = 270$(mm)입니다.

06 지호는 1분에 근우보다 $75-67=8$(m) 더 빨리 걷습니다.
따라서 같은 방향으로 25분 동안 근우보다
$8 \times 25 = 200$(m) 더 많이 갔으므로
이 운동장의 둘레는 200m입니다.

해결 전략
지호가 근우보다 더 빠르므로 지호와 근우
가 처음으로 만나려면 지호가 근우보다 같
은 시간에 운동장의 둘레를 한 바퀴 더 돌
아야 합니다.

07 전체 모양은 ⊠ 모양과 이 모양의 크기가 커진 것이 겹쳐진 모양입니다.

크고 작은 직각삼각형은 ⊠ 에서 직각삼각형의 개수를 구한 후

2배 하여 구합니다.

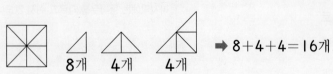

따라서 전체 모양에서 찾을 수 있는 크고 작은 직각삼각형은
$16 \times 2 = 32$(개)입니다.

08 □×□×□=□+□에서 □+□<18이므로 □×□×□의

빈칸에 1이 반드시 들어갑니다.

또한 □÷□=□÷□에서 4÷2=6÷3 또는 6÷2=9÷3 또는 6÷3=8÷4입니다.

① 4÷2=6÷3인 경우

  나머지 수 5, 7, 8, 9를 한 번씩 모두 사용하여

  1×□×□=□+□에 알맞은 식을 만들 수 없습니다.

② 6÷2=9÷3인 경우

  나머지 수 4, 5, 7, 8을 한 번씩 모두 사용하여

  1×□×□=□+□에 알맞은 식을 만들 수 없습니다.

③ 6÷3=8÷4인 경우

  나머지 수 2, 5, 7, 9를 한 번씩 모두 사용하면

  $\boxed{1}×\boxed{2}×\boxed{7}=\boxed{5}+\boxed{9}$를 만들 수 있습니다.

따라서 올바른 식은 $\boxed{1}×\boxed{2}×\boxed{7}=\boxed{5}+\boxed{9}$, $\boxed{6}÷\boxed{3}=\boxed{8}÷\boxed{4}$입니다.

09 직각을 낀 두 변이 가로와 세로로 놓인 경우와 비스듬히 놓인 경우로
나누어 찾아 봅니다.

해결 전략
변의 길이가 짧은 것부터 긴 것까지 변의
길이를 늘려 가며 찾습니다.

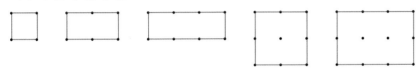

따라서 직사각형은 모두 8가지 그릴 수 있습니다.

10 민수가 동물원에 갈 때 걸린 시간을 □라 하고, 동물원에서 집에
돌아오는 데 걸린 시간을 장소에 따라 그림을 그려 나타냅니다.

민수가 집에서 출발하여 다시 집으로 돌아오는 데까지 걸린 시간은
오후 6시 20분−오전 9시=9시간 20분입니다.

또한 민수가 장소에 따라 동물원에 다녀오는 데 걸린 시간은

□+5시간+(□−10)=4시간 50분+(□×2)이므로

4시간 50분+(□×2)=9시간 20분, □×2=4시간 30분,

□=2시간 15분으로 집에서 동물원까지 가는 데 2시간 15분이 걸렸습니다.

따라서 민수가 동물원에 도착한 시각은

오전 9시+2시간15분=오전 11시 15분입니다.

보충 개념
오후 6시 20분은 오후 18시 20분으로
나타낼 수 있습니다.

보충 개념

 MEMO

 MEMO

심화 완성 최상위 수학S, 최상위 수학

개념부터
심화까지

수학 좀 한다면

상위권의 힘, 사고력 강화
최상위 사고력

따라올 수 없는 자신감!
디딤돌 초등 라인업을 만나 보세요.

수준별 수학 기본서	디딤돌 초등수학 원리	3~6학년	교과서 기초 학습서
	디딤돌 초등수학 기본	1~6학년	교과서 개념 학습서
	디딤돌 초등수학 응용	3~6학년	교과서 심화 학습서
	디딤돌 초등수학 문제유형	3~6학년	교과서 문제 훈련서
	디딤돌 초등수학 기본+응용	1~6학년	한권으로 끝내는 응용심화 학습서
	디딤돌 초등수학 기본+유형	1~6학년	한권으로 끝내는 유형반복 학습서

상위권 수학 학습서	최상위 초등수학 S	1~6학년	심화 개념 · 심화 유형 학습서
	최상위 초등수학	1~6학년	심화 개념 · 심화 유형 학습서
	최상위 사고력	7세~초등 6학년	경시 · 영재 · 창의사고력 학습서
	3% 올림피아드	1~4과정	올림피아드 · 특목중 대비 학습서

연산학습 교재	최상위 연산은 수학이다	1~6학년	수학이 담긴 차세대 연산 학습서

국사과 기본서	디딤돌 초등 통합본(국어 · 사회 · 과학)	3~6학년	교과 진도 학습서

국어 독해력	디딤돌 독해력	1~6학년	수능까지 연결되는 초등국어 독해 훈련서